Okt 2001

Bassam Tibi
Die neue Weltunordnung

BASSAM TIBI

DIE NEUE WELTUNORDNUNG

Westliche Dominanz und
islamischer Fundamentalismus

PROPYLÄEN

Die Deutsche Bibliothek – CIP-Einheitsaufnahme

Tibi, Bassam:
Die neue Weltunordnung : westliche Dominanz und islamischer
Fundamentalismus / Bassam Tibi. [Aus dem Amerik. von
Klaus-Dieter Schmidt]. – Berlin : Propyläen, 1999
Einheitssacht.: The challenge of fundamentalism <dt.>
ISBN 3-549-05788-1

Titel der amerikanischen Originalausgabe:
The Challenge of Fundamentalism.
Political Islam and the New World Disorder
Published by University of California Press
© 1998 The Regents of the University of California
Aus dem Amerikanischen von Klaus-Dieter Schmidt
in Zusammenarbeit mit Hans-Ulrich Seebohm und Jost Esser
© 1999 by Ullstein Buchverlage GmbH & Co. KG, Berlin
Propyläen Verlag
Alle Rechte vorbehalten
Satz: Utesch GmbH, Hamburg
Druck und Verarbeitung:
Graphischer Großbetrieb Pößneck GmbH, Pößneck
ISBN 3 549 05788 1
Printed in Germany 1999

Gedruckt auf alterungsbeständigem Papier
mit chlorfrei gebleichtem Zellstoff

INHALT

9

Vorwort zur
amerikanischen Originalausgabe

Dieses Buch beschäftigt sich mit der Frage der Ordnung in der gegenwärtigen Weltpolitik. Untersuchungsgegenstand in diesem Zusammenhang ist der islamische Fundamentalismus, nicht die vielbeschworene »islamische Bedrohung«. Meiner Ansicht nach ist der Islam als tolerante Religion keine Bedrohung und kann es nicht sein, und es dient nicht dem Weltfrieden, wenn man von einer der großen Weltreligionen in Begriffen wie »Bedrohung« oder »Konfrontation« spricht. Meine Religion ist weder eine intolerante politische Ideologie noch ein Konzept der Weltordnung, wie es islamische Fundamentalisten – und manche westliche Beobachter – so eifrig behaupten, sondern ein geistesoffener Glaube. Der Koran gebietet unmißverständlich: »Es gibt keinen Zwang in der Religion« (Sure 2: *al-Baqarah* [Die Kuh], Vers 256). Der islamische Fundamentalismus oder politische Islam ist etwas anderes: Diese Spielart des Fundamentalismus stellt eine ernste Herausforderung an Weltpolitik, Sicherheit und Stabilität dar.

In diesem Buch geht es also um eine Variante der vielen religiösen Fundamentalismen auf der Welt, nicht um den Islam als Religion. Durch die Analyse der fundamentalistischen Herausforderung will dieses Buch zwei Dinge klarstellen: erstens, daß der religiöse Fundamentalismus als politisches Phänomen, das nicht auf die Welt des Islam beschränkt ist, eine aggressive Politisierung der Religion zu nichtreligiösen Zwecken darstellt, und zweitens, daß er, ob islamisch oder nicht, nur oberflächlich eine Form des Terrorismus oder Extremismus ist; die Begriffe *Usuliyya*/Fundamentalismus und *Tatarruf*/Extremismus sind nicht austauschbar, und ich verwende sie nicht in dieser Weise. Indem ich die von den islamischen Fundamentalisten vertretenen Ansichten über die jeweilige innenpolitische wie die internationale Ordnung darstelle, hoffe ich die von dieser Variante des Fundamentalismus ausgehende unheilvolle politische Herausforderung offenzulegen.

Das Schicksal von Nasr Hamid Abu-Zaid, einem ägyptischen Universitätsprofessor und muslimischen Gelehrten, ist ein gutes Beispiel für meine These. In den vergangenen Jahren ist Abu-Zaid zum Gegenstand internationaler Schlagzeilen geworden. Um zu dieser Berühmtheit zu gelangen, hat er nicht mehr getan, als in seinen Publikationen darauf hinzuweisen, daß die linguistische Forschung auch theologische Fragen einbeziehen könne, indem sie die islamischen Basistexte (Koran und authentische Überlieferung des Propheten) einer entsprechenden Analyse unterziehe. In seinem Buch *Naqd al-khitab al-dini* (Eine Kritik des religiösen Diskurses; Kairo, Neuausgabe 1995) vertrat er die Überzeugung, Muslime müßten lernen,

> »zwischen Religion und menschlichem Verständnis von Religion zu unterscheiden. ... Mein Argument lautete, daß wir, wenn wir im 20. oder 21. Jahrhundert leben wollen, wissen müssen, wie man wissenschaftliche Erkenntnisse erlangt« (*International Herald Tribune*, 23. Juli 1993, Titelseite).

Für diese auf den ersten Blick harmlose Äußerung mußte der Kairoer Professor bitter bezahlen: Er wurde von islamischen Fundamentalisten zum *Murtad*/Apostaten erklärt, und die Fundamentalisten waren in diesem Fall keine Terroristen; vielmehr gehörten angesehene Rechtsanwälte zu ihnen, die vor Gericht zogen, um Abu-Zaid gegen beider Willen von seiner Frau Younes scheiden zu lassen, weil er sich angeblich als Häretiker erwiesen hatte. Die Kairoer Richter ließen die Klage der fundamentalistischen Anwälte zu, da eine muslimische Frau laut *Schari'a*/islamischem Recht nicht mit einem »Apostaten« verheiratet sein könne.

Zwei Jahre darauf, im Juni 1995, entschied ein Kairoer Gericht im Sinne der Klage und verfügte, daß sich das Ehepaar trennen und seine Ehe aufgelöst werden müsse (*Süddeutsche Zeitung*,

19. Juni 1995, Seite 9). Abu-Zaid floh mit seiner Frau nach Leiden in den Niederlanden und legte Berufung gegen den Richterspruch ein. Doch das Oberste Gericht Ägyptens bestätigte das *Murtad*-Urteil und damit auch die Zwangsscheidung des Ehepaars. Die Beweise für Abu-Zaids Ketzerei wurden in seinen Schriften gefunden (siehe *Frankfurter Allgemeine Zeitung*, 10. August 1996, Seite 4), und die Grundlage des Urteils war das am 29. Januar 1996 vom ägyptischen Parlament verabschiedete *Hisbah*-Gesetz (vgl. meine Besprechung des Falls Abu-Zaid und des *Hisbah*-Gesetzes in der *FAZ* vom 3. Juli 1996, Seite 34). Dieses Gesetz sanktioniert die Bestrafung von Muslimen, die gegen die *Schari'a* verstoßen, selbst wenn jene, die sie anzeigen und gegen sie klagen, nicht direkt von dem Rechtsstreit betroffen sind. Dieser in Ägypten, einem säkularen Staat, geschaffene Präzedenzfall zeugt ebenso wie die Tatsache, daß Fundamentalisten in der säkularen Türkei an die Macht gelangen konnten (Necmettin Erbakan amtierte dort von Juli 1996 bis Juni 1997 als Ministerpräsident), von der institutionellen Unterwanderung des Staates durch Fundamentalisten. Deren erklärtes Ziel ist zwar das *Nizam Islami*/islamische System (bzw. Ordnung), doch schaffen sie Unordnung, nicht Ordnung.

In unserem Zusammenhang interessiert jedoch weniger die empörend ungerechte Behandlung Abu-Zaids und seiner Frau. Es geht vielmehr um die Implikationen des Falls für die Verbreitung des Fundamentalismus. In einem Interview mit dem Nachrichtenmagazin *Der Spiegel* hat Abu-Zaid zu Recht festgestellt, die Stärke der islamischen Fundamentalisten liege nicht nur in Terror und Blutvergießen. Nicht nur damit könnten sie

»ein Land an den Rand des Abgrunds bringen. Die Versuche, Justiz und Staatsapparat zu unterwandern, sind letztlich viel gefährlicher als die Sprengsätze und Attentate. Es ist der [ägyptischen] Regierung ja gelungen, das Treiben der terroristischen Banden weitgehend zu beenden. ... Ich rate dem [ägyptischen] Präsidenten, jetzt die geistige Auseinandersetzung [mit den Fundamentalisten] voranzutreiben. ... Besonders verheerend sind die Auswirkungen [der fundamentalistischen Propaganda] an den Schulen und Universitäten.« (*Der Spiegel*, Nr. 27/1995, S. 122 f.)

Der Fall Abu-Zaid illustriert die beiden Grundthesen dieses Buchs: daß der islamische Fundamentalismus nicht dem Islam per se entspricht und daß die islamischen Fundamentalisten auf lange Sicht als Machtideologen wesentlich gefährlicher sind denn als Extremisten, die morden, Kehlen durchschneiden (wie in Algerien) und Bomben werfen. Der Fundamentalismus ist eine Weltanschauung, die eine eigene Ordnung durchzusetzen und so die Völker der islamischen Zivilisation vom Rest der Menschheit zu trennen versucht, während er gleichzeitig für seine eigene Weltsicht universelle Gültigkeit beansprucht. Die angestrebte Separation und der universalistische Anspruch stehen nur scheinbar im Widerspruch zueinander, denn sie werden von den Fundamentalisten als aufeinanderfolgende Stufen ein und desselben Prozesses verstanden.

Die islamischen Fundamentalisten fordern die säkulare Ordnung des politischen Gemeinwesens heraus und unterminieren sie, um sie durch eine göttliche Ordnung, die sogenannte *Hakimiyyat Allah*, zu ersetzen. Diese wird nicht nur als neue lokale Ordnung, sondern als Grundlage einer neuen Weltordnung betrachtet, die an die Stelle der existierenden treten soll. So gesehen, wird der islamische Fundamentalismus zu einer ernsten Herausforderung heutiger Standards der Weltpolitik. Gewiß fehlen der Bewegung die Mittel, die nötig wären, um ihr Ziel zu erreichen, aber ich kann die von ihr ausgehende Herausforderung dennoch nicht, wie manch anderer, als »rein rhetorisch« abtun. Zwar sind die islamischen Fundamentalisten nicht in der Lage, der Welt ihre »Ordnung« aufzuzwingen, aber sie können gewaltige *Unordnung* schaffen, und auf innerstaatlicher Ebene tun sie es bereits – in Algerien, Afghanistan, Ägypten, Saudi-Arabien und anderswo. Während die Türkei auch unter einem fundamentalistischen Ministerpräsidenten ein säkularer Staat geblieben ist, schwebt den

Traditionalisten, die gegenwärtig in Afghanistan die Oberhand gewonnen haben – ethnisch sind es Paschtunen –, eine göttliche Ordnung vor, obwohl sie, so wie ich den Begriff hier verstehe, nur schwer als Fundamentalisten einzuordnen sind. Im Iran und im Sudan sind die Fundamentalisten schon an der Macht, und beide Länder unterstützen eine Reihe von fundamentalistischen Untergrundbewegungen durch Geldzuwendungen, Ausbildung ihrer irregulären Kämpfer und logistische Hilfe bei der Verbreitung von Unordnung. Diese Herausforderung ist ernst zu nehmen, und die Ereignisse in den Jahren, seit ich dieses Buch zu schreiben begann, bestärken mich in meiner tiefen Besorgnis hinsichtlich der zukünftigen Entwicklung.

Gleichzeitig dürfen wir nie den Unterschied zwischen Islam und islamischem Fundamentalismus aus den Augen verlieren. Wenn man unter dem Deckmantel eines Zusammenpralls der Zivilisationen Feindseligkeit gegenüber dem Islam selbst schürte, würde man unabsichtlich den Bemühungen der Fundamentalisten in die Hände spielen, den Westen als Feindbild aufzubauen.

Dieses Buch ist also keine Aneinanderreihung sensationeller Ereignisse und empörender Taktiken, sondern eine in die Tiefe gehende Analyse des globalen Phänomens der Politisierung der Religion, das sich nicht auf die islamische Zivilisation beschränkt. In meiner Analyse versuche ich nicht nur das Phänomen in seiner islamischen Ausprägung zu erklären, sondern auch in die tieferen Schichten seiner Entstehung und Anziehungskraft vorzudringen.

Die Welt verwandelt sich rapide in ein »globales Dorf«, und globale Fragen müssen in einem Bezugsrahmen von globalen Lösungen behandelt werden. Deshalb möchte ich meinen Lesern nicht nur das sich ausbreitende weltweite Phänomen des religiösen Fundamentalismus näherbringen, sondern auch eine Alternative präsentieren. Nach meiner Ansicht besteht diese Alternative in einer Übereinkunft über säkulare Demokratie und Menschenrechte. Diese doppelte Zielsetzung sollte die Substanz einer kulturübergreifenden internationalen Moralität bilden, die es Völkern aus unterschiedlichen Zivilisationen und Kulturen ermöglichen könnte, friedlich zusammenzuleben, statt ständig aufeinanderzuprallen. Das Buch schließt mit einer Untersuchung dieser Alternative.

Mit »*al-Islam al-siyasi*/dem politischen Islam« und der Krise der islamischen Zivilisation in der modernen Zeit beschäftige ich mich seit Ende der siebziger Jahre. Zuvor galt mein Interesse der säkularen Ideologie des arabischen Nationalismus und dem arabischen Militär, dessen Führer in dieser Epoche angeblich modernisierende Eliten bildeten. Diese säkularen Themen waren Gegenstand meiner 1971 und 1973 auf deutsch erschienenen ersten beiden Bücher. Doch wie sich auf schmerzliche Weise herausgestellt hat, sind sowohl der säkulare arabische Nationalismus als auch die ebenfalls säkularen arabischen militärischen Eliten gescheitert: Die säkularen Nationalisten waren unfähig, die existierenden nominellen Nationalstaaten zu echten Nationalstaaten, die auf demokratischen Institutionen basieren, weiterzuentwickeln, und die angeblich modernisierenden militärischen Eliten erwiesen sich als üble Diktatoren. Sie importierten die »fortschrittlichste Regierungstechnik« (Gabriel Ben-Dor) und kombinierten sie mit modernen Varianten der heimischen Tradition der Willkürherrschaft.

In meinem 1981 veröffentlichten Buch *Die Krise des modernen Islams* versuchte ich, auf einige der aktuellen Fragen eine Antwort zu geben. Diese Forschung setzte ich in der 1985 erschienenen Studie *Der Islam und das Problem der kulturellen Bewältigung sozialen Wandels* fort, in der ich mich mit dem Scheitern der Versuche, die Moderne in die islamische Zivilisation einzuführen, auseinandersetzte. Dieses Scheitern trat nach der demütigenden arabischen Niederlage im Sechstagekrieg von 1967, die ich in *Konfliktregion Naher Osten* (1989) behandelt habe, zutage und wurde zum Nährboden der fundamentalistischen Ideologie und ihres Projekts einer neuen Weltordnung.

Aus einer politische Kultur stammend, die den einzelnen der Gruppe unterordnet – ich bin in Damaskus geboren und habe in dieser Kultur meine die Persönlichkeit prägenden Jahre verbracht–, und in Europa zum faszinierten Anhänger der Kultur der *individuellen* Menschenrechte geworden, bin ich immer ein einsamer Arbeiter in den intellektuellen Gefilden gewesen, der seine Arbeit aber trotz der scheinbaren Isolation genossen hat. In jüngster Zeit jedoch hat mir das Fundamentalismusprojekt der Amerikanischen Akademie der Wissenschaft und Künste, an dem ich 1989 bis 1992 mitarbeitete, vor Augen geführt, wie anregend die Arbeit in Forschungsteams sein kann. Überaus dankbar bin ich den Projektleitern Martin Marty und Scott Appleby sowie dem Koordinator meiner Gruppe, Everett Mendelsohn von der Harvard University, für die geistige Führung, während ich meinen Studien über den politischen Islam und den Fundamentalismus nachging. Ich hatte die Ehre, als Koautor am zweiten, *Fundamentalism and Society* (1993), von insgesamt fünf Bänden, die aus diesem Projekt hervorgingen, mitwirken zu dürfen.

An dem vorliegenden Buch habe ich während meines Aufenthalts als Forschungsprofessor an der Harvard University (1988–1993) zu arbeiten begonnen. Einen ersten Entwurf der ersten acht Kapitel verfaßte ich auf Englisch im Frühjahr 1994 während meiner Tätigkeit als Gastprofessor für Friedens- und Konfliktforschung an der University of California in Berkeley. Vom geistigen Austausch mit meinen Lektoren bei University of California Press, Douglas Arava und Bill Carver, profitierend, revidierte ich den Text und schrieb weitere Entwürfe, nachdem ich Berkeley verlassen hatte und an meine Heimatuniversität Göttingen zurückgekehrt war, wo das Buch in seiner englischen Fassung in den Jahren 1994 bis 1996 fertiggestellt wurde. Sehr zu schätzen wußte ich auch die Unterstützung von Marilyn Schwartz, der Cheflektorin in Berkeley.

Die letzten beiden Kapitel dieses Buches beruhen auf zehnjähriger Forschungsarbeit und fortgesetztem interkulturellen Austausch sowohl im Westen als auch in der Welt des Islam. Die im vorletzten Kapitel wiedergegebenen Gedanken wurden im Mai 1994 nach meiner Rückkehr aus Berkeley der wissenschaftlichen Gemeinde des Fachbereichs Asienstudien der Katholischen Universität Löwen in Belgien vorgestellt. Dort gilt mein Dank besonders Professor Michèle Schmiegelow, von der ich viele Anregungen bekam. Ein Jahr später erhielt ich als Gastprofessor die Gelegenheit, meine Ideen an der Bilkent-Universität in Ankara ausführlich zu diskutieren. Meinem türkischen Gastgeber, Professor Ali Karaosmanoglu, verdanke ich viele Einsichten. Im letzten Kapitel schließlich, das sich mit den Menschenrechten beschäftigt, sind Gedanken zusammengefaßt, die auf verschiedenen internationalen Foren wie dem *Pen International* und in kulturübergreifenden Gesprächen über den Mittelmeerraum als Brücke oder Grenze zwischen Europa und der Welt des Islam diskutiert wurden. In diesem Kapitel erläutere ich, warum die Menschenrechte für die Untersuchung des Fundamentalismus relevant sind. Hinsichtlich des Verhältnisses des Islam zu den Menschenrechten waren die offenen Gespräche, die ich in Djakarta in Indonesien mit Vertretern des ICMI (*Itakan Cendekiawan Muslim Indonesia*/Verband Muslimischer Intellektueller Indonesiens) führte, überaus aufschlußreich. Nach meiner Ansicht geben die südostasiatischen Muslime Anlaß zu der Hoffnung, daß die verzweifelte Lage der islamischen Zivilisation verbessert und der Zerfall der Weltordnung an der Wende zum neuen Jahrhundert aufgehalten werden kann.

Meinen Mitarbeitern in Göttingen schulde ich großen Dank für ihre Unterstützung bei der Fertigstellung der endgültigen Fassung des Buchs. Frau Anke Ringe gab meine zahlreichen Entwürfe zuverlässig in den Computer ein, und meine wissenschaftlichen Mitarbeiter Katja Bruder, Jost Esser und Daniela Heuer waren mir in vieler Hinsicht eine Hilfe, vom Korrekturlesen der Entwürfe bis zum Überdenken meiner Argumente und zur Überprüfung der Anmerkungen. Ohne die Hilfe aller vier Mitarbeiter wäre ich nicht in der Lage gewesen, das Buch zu vollenden. Daneben gilt mein Dank den Lektoren des Verlages University of California Press, insbesondere Bill Carver, der auf hervorragende Weise meine sprachlichen Mängel im englischen Original behoben hat. Meine geliebte Frau Ulla war mir während meines Aufenthalts in Harvard und Berkeley sowie während meiner Reisen in viele Teile der islamischen Welt und der arbeitsreichen Wochen in Göttingen, die sich nach jeder Heimkehr anschlossen, eine große emotionale Stütze.

Ich möchte dieses Vorwort nicht schließen, ohne betont zu haben, daß ich auf islamischer Grundlage gegen den Fundamentalismus eingestellt bin oder, wie es mein reformistischer Glaubensbruder Said al-Aschmawi umgekehrt ausgedrückt hat: »l'islamisme contre l'Islam«, der Islamismus steht gegen den Islam. Für mich ist der religiöse Glaube des Islam, wie es Sufi-Muslime formulieren, die »Liebe zu Gott« und keine politische Ideologie. Im Herzen bin ich deshalb ein Sufi, während ich mich mit der Ratio dem *'Aql*/der Vernunft verschrieben habe. Damit folge ich dem islamischen Rationalismus von Ibn Ruschd (Averroës). Darüber hinaus lese ich die islamische Schrift wie jeden Text im Licht der Geschichte, so wie es der große islamische Geschichtsphilosoph Ibn Khaldun vorgemacht hat. Die islamische Vorstellung, die am besten in den intellektuellen Bezugsrahmen dieses Buches paßt, ist das Ideal von *al-Madina al-fadila*/der tugendhaften Ordnung, wie es der große islamische politische Philosoph al-Farabi skizziert hat. Al-Farabis »tugendhafte Ordnung« ist eine rationale, das heißt säkulare Ordnung und wird vorzugsweise von einem von der Vernunft geleiteten Philosophen regiert. Dies ist meine Alternative zum Konzept einer göttlichen Ordnung, das die Fundamentalisten vertreten und aus dem ihre Herausforderung und ihr Streben, die Welt neu zu gestalten, erwachsen. Mir scheint eine Kombination dieser islamischen Quellen – der Sufi-Liebe von Ibn 'Arabi, der auf der Vernunft beruhenden Orientierung von Ibn Ruschd, dem historisierenden Denken von Ibn Khaldun und al-Farabis säkularem Ordnungskonzept – das beste Rezept für eine islamische Aufklärung zu sein. Ich behaupte, daß dies im Gegensatz zum politischen Islam des islamischen Fundamentalismus der wahre Islam ist. So wie die »offene Gesellschaft« ihre Feinde hat, um eine Formulierung Karl Poppers aufzugreifen, so hat auch der »offene Islam« seine Feinde: die Fundamentalisten. Sie sind nicht nur eine Herausforderung für die Weltordnung, sondern auch für uns liberale Muslime.

Bassam Tibi
Abteilung für Internationale Beziehungen
am Seminar für Politikwissenschaft der
Georg-August-Universität zu Göttingen
Juli 1997

Vorwort zur deutschen Ausgabe

Die amerikanische Originalfassung dieses Buches ist aus meiner Mitwirkung am großen *Fundamentalism Project* der *American Academy of Arts and Sciences* in Cambridge/Massachusetts und Chicago sowie aus in diesem Rahmen vorgenommenen Forschungen in vielen Teilen der Welt des Islam selbst, insbesondere in Kairo, hervorgegangen. Obwohl aus Debatten und in Teamarbeit in einem internationalen Kreis von Fundamentalismus-Experten entstanden, das heißt entsprechend wissenschaftlich fundiert, ist dieses Buch jedoch für ein breites Laienpublikum geschrieben und entsprechend konzipiert. Mit diesem Buch verfolge ich ein doppeltes Ziel: Einerseits will ich den Fundamentalismus als globale Erscheinung der Weltpolitik einem Laien-Leserpublikum verständlich darstellen und darüber aufklären, andererseits will ich – von einem ethisch-tolerant, liberal und offen verstandenen Islam ausgehend – eine kritische Bestandsaufnahme der Politisierung der Religion und ihrer freiheitsfeindlichen Auswüchse vorlegen. Das Stichwort hierfür ist: Neue Welt*un*ordnung.

Die Politisierung der Religion stellt die Grundlage für das Denken und Handeln religiöser Fundamentalisten in allen Weltreligionen dar, also nicht nur im Islam. Hieraus resultiert eine totalitäre Ideologie mit politischen Ordnungsvorstellungen, die jedoch das Gegenteil, nämlich Unordnung und Instabilität hervorruft. Der religiöse Fundamentalismus ist die dominante Ideologie im Übergang zum neuen Jahrtausend, und die angesprochene Unordnung der Welt ist die Folge der politischen Aktionen ihrer Anhänger.

Von dem direkt auf Englisch verfaßten amerikanischen Original unterscheidet sich diese auf einer überarbeiteten Übersetzung basierende Ausgabe vor allem dadurch, daß sie um eine in deutscher Sprache verfaßte Einleitung erweitert worden ist. Darin erläutere ich die zentrale These des Buches, die von Fundamentalisten verursachte Neue Welt*un*ordnung, und veranschauliche sie an aktuellen Beispielen.

Die Sehnsucht der islamischen Fundamentalisten nach einer »Weltmacht Islam« steht im Kontext der islamischen Ordnungsvorstellungen. Das Nachrichtenmagazin *Der Spiegel* hat im Rahmen seiner sich über 55 Hefte erstreckenden Serie »Spiegel des Jahrhunderts« am Übergang zum neuen Jahrtausend einen sechsteiligen Block »Das Jahrhundert der Imperien« im November/Dezember 1998 veröffentlicht, in den als dritter Teil ein von mir verfaßter Essay unter eben dem Titel »Weltmacht Islam?« (*Der Spiegel* Nr. 48/1998, S. 165–184) aufgenommen wurde. Das hinzugefügte Fragezeichen bringt meine Zweifel daran zum Ausdruck, daß dieser politische Traum einer »Weltmacht Islam« je Realität wird.

Im 21. Jahrhundert wird es keine Imperien mehr, dafür aber viele regionale Konflikte mit weltpolitischer Bedeutung geben, die Unordnung, Instabilität und Zersplitterung in unsere Welt bringen werden. Das ist genau der Inhalt dieses Buches und seiner zentralen Thesen, in denen die islamische Spielart des hier behandelten Phänomens im Mittelpunkt steht; sie bringt keine »Weltmacht Islam« zustande, sondern eine Weltunordnung.

Die Personen und Institutionen, die vorwiegend in den USA zur Entstehung dieses Buches beigetragen haben, wurden im vorangestellten Vorwort zum amerikanischen Original angeführt. Maßgeblich an der Entstehung dieser deutschen Ausgabe beteiligt war Herr Christian Seeger vom Lektorat des Propyläen Verlags. Ihm gilt daher mein herzlicher Dank und meine Verbundenheit für sein Verständnis und seine Geduld bei den Korrekturarbeiten an der Übersetzung. Bei der Überprüfung der Übersetzung waren mir Hans-Ulrich Seebohm und Jost Esser eine wertvolle Hilfe, und ich danke beiden dafür ebenso herzlich wie Herrn Seeger für die Koordination. Bei der Redigierung der neuen, deutschen Einleitung sowie bei der Aufstellung der neuen Bibliographie waren Anke Ringe und Silke Fauzi sehr hilfreich. Ich hoffe, daß meine deutschen Leser und Rezensenten diese deutsche Ausgabe ebenso freundlich und wohlmeinend aufnehmen, wie die internationale Leserschaft und die Kritiker das amerikanische Original aufgenommen haben.

Bassam Tibi
Weatherhead Center for International Affairs
Harvard, Februar 1999

Einleitung
Der fundamentalistische Traum von einer Weltmacht Islam.
Die Ordnungsvorstellungen des Islamismus und die Realität einer Weltunordnung

Dem bis zum Ende des Kalten Krieges andauernden Ost-West-Konflikt lag eine bipolare Ordnung zugrunde. Die USA und die Sowjetunion bildeten die beiden Pole der Weltpolitik. Nach dem renommierten Harvard-Gelehrten für Internationale Beziehungen, Stanley Hoffmann, sind hingegen »Disorders/Unordnungen«[1] das zentrale Merkmal der auf das Ende des Ost-West-Konflikts folgenden Zeit unserer post-bipolaren Welt. Die These von der *World Disorder*/Weltunordnung habe ich in diesem nunmehr in einer deutschen Ausgabe vorliegenden, ursprünglich auf englisch geschriebenen und zunächst in den USA veröffentlichten Buch entwickelt. Meine These lautet kurz und bündig: Wir leben in einem Zeitalter der Zivilisationskonflikte, also in einer Zeit der Krise, in der alle Weltreligionen politisiert und zu Heilslehren gemacht werden. Samuel Huntington glaubt in seinem vieldiskutierten Werk *The Clash of Civilizations*[2] (falsch übersetzt in *Der Kampf der Kulturen*), daß das 21. Jahrhundert eine auf Zivilisationen basierende neue Weltordnung hervorbringen werde. Ich dagegen argumentiere in diesem Buch, daß wir eher auf eine Weltunordnung hinsteuern, sollte es dazu kommen, daß der religiöse Fundamentalismus im neuen Jahrhundert das Rad der Geschichte lenkt.

Die Politisierung der Religion ist eines der Kennzeichen des Zivilisationskonflikts; sie resultiert im religiösen Fundamentalismus. Religion ist eine Ethik und ein Gottesglauben, politisierte Religionen hingegen sind Ideologien, die religiös-zivilisatorische

Ordnungsvorstellungen predigen. Das ist genau der Inhalt des religiösen Fundamentalismus, der nach Kommunismus und Faschismus als neue übernationale Ideologie auf die Bühne der Weltpolitik getreten ist. Ebenso wie es viele Spielarten von Kommunismus und Faschismus gab, ist auch der Fundamentalismus vielfältig, und so ist es fundierter und angemessener, hiervon im Plural, also von Fundamentalis*men*, zu sprechen. Nach meiner Auffassung ist der Krieg der Zivilisationen ein weltanschaulicher Krieg der Fundamentalismen, und hieraus erwächst die »Neue Weltunordnung«, die im Mittelpunkt dieses Buches steht.

Die Politisierung des Zivilisationskonflikts als eine Herausforderung an die bestehende Weltordnung: Die irregulären Krieger

Im Fall der islamischen Zivilisation nimmt der religiöse Fundamentalismus die Gestalt einer weltpolitischen Ideologie an, deren Ordnungsvorstellungen die Illusion einer von einer islamischen Weltmacht getragenen Weltordnung – eine *pax islamica* als Ersatz für eine *pax americana* – enthalten. Dieser Anspruch korrespondiert mit der Tatsache, daß der Islam – etwa im Gegensatz zum Hinduismus oder dem Judentum – eine universelle Religion ist und entsprechende Ansprüche pflegt. Daraus leitet sich ein Geltungsanspruch für die ganze Welt, das heißt für die gesamte Menschheit, ab. Somit resultiert die Politisierung dieses Universalismus in dem Anspruch auf eine islamische Weltordnung – anders als etwa im jüdischen Fundamentalismus, der sich mit einem Eretz Israel/Groß-Israel begnügt, oder dem Hindu-Fundamentalismus, der nur Hindustan/Groß-Indien, also nur eine lokale oder regionale Ordnung anstrebt.

Grundsätzlich deute ich den Fundamentalismus als Politisierung der Religion und als Ideologie der Konfrontation – im Gegensatz zum Dialog – im Zeitalter der Zivilisationskonflikte. Eine

Überhöhung meiner These zum Zwecke der wissenschaftlichen Analyse, wie sie im Titel des vorliegenden Buches vorgenommen wird, resultiert aus der Überlegung, daß der Anspruch der Islamisten auf eine neue Weltordnung aufgrund der bestehenden Konstellationen aber das Gegenteil, also eine Welt*un*ordnung, herbeiführt. Der Grund hierfür ist, daß islamischen Fundamentalisten sämtliche Voraussetzungen fehlen, um ihren politischen Traum in die Wirklichkeit umzusetzen. Sie können jedoch destabilisierend wirken und Unordnung hervorrufen; dies sollte schwerwiegend genug sein, um sie in der Weltpolitik ernst zu nehmen. Der religiöse Fundamentalismus ist keine rudimentäre Übergangserscheinung.

An der Wende zum Jahr 2000 müssen wir also die Sehnsucht der Islamisten nach einer Wiederherstellung der imperialen Größe des Islam im Sinne der Bildung der eingangs angeführten neuen Weltmacht zur Kenntnis nehmen, wenngleich es klar ist, daß diese Utopie ein Luftschloß ist. Ich möchte hierfür als Illustration anführen, wie ein in den westlichen Medien prominent gewordener Islamist diese Vision erläutert:

»Die wichtigste Erfahrung, die wir Muslime im Afghanistan-Krieg gemacht haben, bestand darin, daß wir eine Weltmacht zu Fall bringen konnten.«

Diese Worte stammen von dem ausgebürgerten saudischen Multimillionär Usamah Ibn Laden, der seinen fundamentalistischen Bart augenfällig zur Schau stellt. Er machte die zitierte Aussage gegenüber dem CNN-Reporter Peter Arnett, der es im August 1997 geschafft hatte, den Mäzen des islamisch legitimierten Terrorismus in der afghanischen Wildnis aufzustöbern und zu interviewen. Der islamisch legitimierte Terrorismus unserer Zeit ist eine Ausgeburt des Afghanistan-Krieges.[3] Die Aktivitäten des Ibn Laden stehen in diesem Kontext; er finanziert mit seinen Millionen die gewalttätigen Aktionen der Islamisten, weil er darin eine Vorarbeit an der Vision von einer »Weltmacht Islam« sieht.

Während des Afghanistan-Krieges hat Ibn Laden islamische *Mudjahidin*/Gotteskämpfer in ihrem Kampf gegen die »gottlosen Kommunisten« der damaligen sowjetischen Besatzungsmacht in Afghanistan gefördert. Selbst der CIA-Analytiker Anthony Arnold[4], der den Afghanistan-Krieg aus eigener Erfahrung kennt, räumt ein, daß jener Krieg den Zerfall der Sowjetunion ins Rollen gebracht hat. Auf dieser Tatsache bauen die islamischen Fundamentalisten ihre Illusion in bezug auf den Niedergang des Westens, an dessen Platz eine »Weltmacht Islam« treten soll, auf.

Ibn Laden war zu jener Zeit eine zentrale Figur des islamischen Antikommunismus und fand dabei volle Unterstützung durch den amerikanischen Geheimdienst CIA. Nach dem Zusammenbruch des Sowjetreiches wendete sich Ibn Laden gegen die andere Supermacht: die USA. Er glaubt im Ernst, diesen dasselbe Schicksal wie der einstigen Sowjetmacht bereiten zu können; dann wäre der Weg frei für die von ihm angestrebte »Weltmacht Islam«. Zu seinen Gefolgsleuten gehört der blinde ägyptische Scheich Omar Abdel-Rahman, der als Drahtzieher bei dem Mord an Präsident Sadat und als geistiger Führer der *Djihad*-Organisation[5], auf deren Konto auch der Anschlag auf das World Trade Center im Februar 1993 geht, eine führende Rolle gespielt hat. Finanziert von Ibn Laden und in enger Zusammenarbeit mit den USA waren die rund zwanzigtausend Araber, die neben den afghanischen *Mudjahidin* als Freiwillige gegen die sowjetischen Truppen kämpften, in Peschawar an der pakistanisch-afghanischen Grenze in irregulärer Kriegführung ausgebildet worden. Nach der Ansicht führender Kriegsforscher gehört der zwischenstaatliche Krieg organisierter Armeen Clausewitzschen Musters der Vergangenheit an. An seine Stelle tritt der irreguläre Krieg[6], in dem große Armeen mit ihren herkömmlichen Strategien machtlos sind. Im Südlibanon zum Beispiel unterlag die mächtigste Armee im Nahen Osten, nämlich die israelische, in zwei Katjuscha-Kriegen[7] nur mehreren hundert irregulären Gotteskämpfern der *Hizbullah*.[8]

Nach dem Ende des Afghanistan-Krieges waren die »arabischen Afghanen« ohne Aufgabe; die meisten von ihnen kehrten in ihre Ursprungsländer zurück[9], wo sie eine andere Zielscheibe als die bisherigen sowjetischen Ungläubigen gefunden haben: Ihr Kampf richtet sich nun gegen die USA sowie gegen die angeblich gottlos gewordenen, mit den Amerikanern paktierenden Muslime im eigenen Lager. Seit dem Ende des Afghanistan-Krieges zogen diese als »*al-Afghan al-'Arab*/arabische Afghanen« bezeichneten Terroristen von Südasien in die Mittelmeerregion um und machen mit ihren Terroranschlägen noch größere Schlagzeilen, als sie je im Krieg gegen die Sowjetunion in Afghanistan gemacht haben. Der jüngste Akt in dieser Horrorgeschichte war der Anschlag im August 1998 gegen die amerikanischen Botschaften in Daressalam und Nairobi. Die Planung des Anschlags erfolgte aus Afghanistan, aber diesmal in enger Kooperation mit fundamentalistischen Bewegungen in Afrika und dem Mittelmeerraum und im Bündnis mit den neuen afghanischen Machthabern, den Taliban[10], die – wie die arabischen Afghanen selbst – früher US-amerikanische Förderung genossen hatten. Ein deutscher, als Experte plakatierter Journalist einer bekannten Wochenzeitung sagte im ZDF nach einem Blitzbesuch in Afghanistan, die Taliban würden Ibn Laden ausliefern; diese »Experten-Aussage« erwies sich jedoch als Flop – wie viele dieser Art!

Bei dem eingangs zitierten CNN-Interview mit Ibn Laden sprach dieser im Anschluß an seine selbstgefällige Feststellung, er und seine Gotteskämpfer hätten die Sowjetunion zu Fall gebracht, die Warnung aus:

»Wir fordern die Amerikaner und alle Westler auf, das heilige Land der Muslime (Saudi-Arabien) zu räumen; auch die Sicherheit ihrer Zivilisten können wir nicht garantieren.«

Als der das Interview führende Peter Arnett ihn fragte, was seine nächste Aktion sei, lautete Ibn Ladens Antwort: »Das werden Sie der Presse entnehmen.« Die Bewegung, die ein Jahr später die Verantwortung für die – in zwei Ländern koordinierten – Terroranschläge vom August 1998 übernahm, nennt sich »Armee zur Befreiung der heiligen Stätten des Islam«. Über diese Anschläge wurde in den Medien sofort mit den plakativen Schlagzeilen »Kampf der Kulturen«, »Bedrohung durch den Islam« und vor allem »Aufstieg der Weltmacht Islam« berichtet. Das sind die deutschen Fehldeutungen des Zivilisationskonflikts, der kein »Kulturkampf«[11] ist. Daß Ibn Laden und seine Gefolgsleute kein geringeres Ziel anstreben, als eine »Weltmacht Islam« zu begründen, ist dennoch etwas anderes, als die beanstandeten westlichen Presseberichte meinen; ihre Autoren verstehen die fundamentalistische Herausforderung an die bestehende Weltordnung nicht! Ich hoffe, daß dieses Buch zu einem besseren Verständnis beitragen wird.

Oft wird die fundamentalistische Herausforderung mit der zunächst richtigen Beobachtung kommentiert, hierbei handele es sich um »Rhetorik«. Dennoch bleiben die Fragen bestehen: Wie ernst ist die Rhetorik der Islamisten zu nehmen? Ist der Islam eine Religion, oder ist er auf dem Weg zu einer »Weltmacht«? Auf diese Fragen bietet das vorliegende Buch genaue Antworten. Dabei müssen viele historische Zusammenhänge vergegenwärtigt werden, da ohne sie keine fundierte Analyse möglich ist. In dieser Einleitung will ich eine Rückblende auf das 20. Jahrhundert vornehmen, um den historischen Kontext als Basis für die Beantwortung der anstehenden Fragen zu rekonstruieren.

Die islamische Ordnung und ihre Auflösung

Das Osmanische Reich verkörperte die letzte islamische Ordnung der Weltgeschichte. Im Jahre 1923 hat Kemal Pascha, genannt Atatürk, die säkulare Republik in der Türkei und somit die erste laizistische Ordnung im Islam begründet. Erstmals wurde in der islamischen Geschichte bestimmt, daß die Religion des Islam von der Politik zu trennen sei. Als Voraussetzung hierfür mußte die letzte islamische Ordnung, das osmanische Kalifat, aufgelöst werden. Zur Globalisierung unserer Welt gehört auch die Tatsache, daß der Kemalismus heute nicht nur von der Türkei aus, sondern auch von Türken im christlichen Deutschland herausgefordert wird.

Vom Gebiet der Bundesrepublik Deutschland aus haben islamistische, das Asylrecht genießende Terroristen des ICCB (*Islam Cemaatlevi ve Cemiyet Birligi*) unter Führung des »Kalifen von Köln«, Kaplan, ihren Racheakt gegen Kemal Atatürk geplant: Bei der 75-Jahr-Feier der türkischen Republik in Ankara, im Oktober 1998, hätten sie die Feierlichkeiten im Atatürk-Mausoleum in ein Blutbad verwandelt, wäre ihr Wahnsinn nicht von den türkischen Sicherheitskräften im Vorfeld entdeckt worden. Auf die Untaten von Neonazis reagiert der deutsche Staat mit allen Mitteln, die ihm zur Abwehr zur Verfügung stehen. Derselbe deutsche Staat reagiert jedoch auf den Wahnsinn fundamentalistischer Rechtsradikaler nicht, er bleibt »tolerant« und somit tatenlos! Der selbsternannte Kalif der Muslime agiert als irregulärer Krieger weiterhin aus dem christlichen Köln unter dem Genuß des deutschen Sonderwegs, den manche »Toleranz« nennen.

Zum Verständnis dieser Zusammenhänge bedarf es einer Erläuterung des Begriffs Kalifat. Seit dem Tod des Propheten Mohammed haben Muslime über Jahrhunderte hinweg eine islamische Ordnung tradiert, das Kalifat. Dieses Wort läßt sich allerdings in dieser Bedeutung im heiligen Buch des Islam, dem Koran, nirgends finden. Kalif ist ein arabisches Wort und heißt »Nachfolger«. Kalifat bedeutet daher die von einem islamischen Herrscher getragene Ordnung, in der der Anspruch erhoben wird, die Tradition des Propheten fortzuführen.

Nach dem Tod Mohammeds im Jahre 632 waren die Muslime zunächst ratlos, weil weder der Gesandte Gottes noch der offenbarte Korantext auch nur ein einziges Wort über eine islamische Ordnung oder gar über die Nachfolge des Propheten verkündet hatte. Damals beschlossen führende Muslime, daß die von Mohammed geschaffene islamische *Umma*/Gemeinschaft aller Muslime von einem einzigen Imam anzuführen sei. Rein religiös ist der

Imam im Islam ein Vorbeter, im Kalifat ist er jedoch ein politischer Führer, obwohl dies nicht im Koran steht. Die Frage, die sich im Zusammenhang mit dieser Tradition seit dem 7. Jahrhundert für die Muslime stellt, lautet: Wer ist der wahre Imam[12] aller Muslime? Die klassische Antwort war: der Kalif.

Islamische Fundamentalisten unserer Gegenwart berufen sich auf die angeführte Tradition der Suche nach einer von einem Imam getragenen politischen Ordnung, verwenden jedoch den Begriff des Kalifen seit der Auflösung der islamischen Ordnung 1924 nicht mehr. Einziger »Kalif« im Übergang zum dritten Millenium ist der türkische Asylant von Köln, der die fundamentalistische »Föderation der Islamischen Gemeinden und Gemeinschaften/ICCB« anführt und – laut türkischen Berichten – den oben erwähnten, aber vereitelten Terroranschlag geplant hatte. Aufgeklärte Türken und andere Muslime staunen über deutsche Zeitungen, die eine »Erfindung« dieser Nachricht unterstellen! Dank dieser »Toleranz« bleibt Kaplan der »Kalif aller Muslime«, also ihr Imam, als selbsternannte »Stimme des Islam« im christlichen Köln.

Bereits im Jahre 632 begann der Kampf unter den Muslimen auf der Suche nach einer Antwort auf diese für den Bestand der *Umma* so wichtige Frage nach dem »wahren Imam«. Der Streit ging schon im 7. Jahrhundert um folgendes: Muß der Imam aus dem mekkanischen Stamm Quraisch, das heißt dem Stamm, dem der Prophet angehörte, kommen? Oder haben die Bewohner von Medina, die zwei anderen Stämmen angehörten, das Vorrecht, den Imam zu stellen? Im Gegensatz zu den Mekkanern haben die Medinenser dem Propheten nach seiner *Hidjra*/Migration aus Mekka im Jahre 622, dem Beginn der islamischen *Hidjra*-Zeitrechnung, Schutz geboten. Der Prophet entfloh nach Medina, um der Verfolgung durch seinen eigenen Stamm zu entkommen. Erst 630, zwei Jahre vor seinem Tode, nahm der Prophet Mekka ein, wobei die Quraischiten verspätet (8 Jahre nach ihren Glaubensbrüdern in Medina) dem Islam beitraten. Aber weder die Mekkaner noch die Medinenser konnten sich auf einen Imam einigen – schließlich setzten sich Teile der Obrigkeit von Quraisch durch. Abu Bakr, der Schwiegervater des Propheten, wurde erster Kalif im Islam und somit Imam aller Muslime, wenn auch nicht mit Zustimmung aller um diese Position streitenden Parteien.

Die Entscheidung für Abu Bakr als ersten Kalifen aller Muslime erfolgte kämpferisch und nicht konsensuell; sie richtete sich nicht nur gegen die Medinenser, sondern auch gegen *Ahl al-bayt*, das heißt die enge Familie des Propheten, deren Kandidat für das Kalifat Mohammeds Schwiegersohn ʾAli war. Das war die Saat für das 29 Jahre später, also 661, erfolgte Schisma im Islam in Sunna und Schia.[13] Bereits fünf Jahre zuvor hatte der erste innerislamische Krieg mit der Kamelschlacht[14] 656 zwischen der Lieblingsfrau des Propheten, Aischa[15], und seinem Vetter und Schwiegersohn ʾAli begonnen. Schon damals ist die Einheit der islamischen *Umma* zerbrochen und innerislamische Gewalt gesät worden.

Seit dem Tod des Propheten herrscht also keine Einigkeit über den »wahren Imam«. Drei der vier direkt ausgewählten und als rechtgeleitet *(al-Raschidun)* bezeichneten Kalifen (Periode 632–661) wurden ermordet. Auf diese Weise wurde eine Tradition begründet, nach der ein islamischer Herrscher/Kalif nicht von sich aus zurücktritt: Entweder stirbt er, oder er wird ermordet. Besonders folgenreich war der Mord am dritten rechtgeleiteten Kalifen ʾUthman (656), weil dieser Mord den ersten innerislamischen Krieg, die sog. *Fitna*, ausgelöst hat. *Fitna* bedeutet im Islam die Schönheit einer Frau und zugleich die innere Unruhe als innerislamische Unordnung. Der *Fitna*-Krieg (vgl. Anm. 14) wurde – wie soeben angeführt – zwischen der Lieblingsfrau des Propheten, Aischa, der ersten Feldherrin in der islamischen Geschichte, und dem Vetter und Schwiegersohn des Propheten, ʾAli, der als Gegner Abu Bakrs gilt, ausgetragen. Der tunesische Historiker Hichem Djaït schreibt in seinem Buch über den *Fitna*-Krieg, daß die bei jenen Ereignissen der frühislamischen Geschichte erfolgte Verknüpfung von Religion und Politik stets zu Blutvergießen geführt hat; seit der *Fitna*, so argumentiert er, sei dies ein nachhaltig wirkendes Merkmal islamischer Geschichte geworden.[16]

Doch blieb die Verknüpfung von Religion und Politik im Islam nicht unwidersprochen. Der Einspruch kam im Hoch-Islam des Mittelalters vor allem von zwei unterschiedlichen Strömungen: Zu jener Zeit waren gleichermaßen islamische Rationalisten und Sufi-(Mystiker-)Muslime bemüht, im Islam nur einen *Iman/* Glauben zu sehen, um ihn als Religion von dem bereits seit 656 erfolgten innerislamischen Blutvergießen als Folge der Bindung an die Politik abzugrenzen. Doch die islamische Orthodoxie gewann im Verlauf der islamischen Geschichte die Oberhand und hat diese islamische Aufklärung[17] schon im Keim erstickt. Die Werke islamischer Rationalisten wurden stellvertretend für sie öffentlich verbrannt; nicht besser erging es den Sufi-Muslimen wie al-Halladj. Dieser wurde hingerichtet, die Bücher von Rumi und Ibn 'Arabi wurden – wie bei den Rationalisten, zum Beispiel Averroës – stellvertretend für ihre Autoren verbrannt. Sufi-Muslime hatten Religion als Liebe, nicht als Gottesgesetze gedeutet.[18] Rationalisten trennten ebenfalls zwischen Religion und Politik, aber sie hatten Religion als Ethik verstanden und wollten keinen Widerspruch zwischen religiösem Glauben und dem Primat der Vernunft sehen.[19]

Diese Rückblende auf den Frühislam und auch auf den Kampf solcher Lichtblicke in der islamischen Geschichte wie Sufismus und Rationalismus gegen die islamische Orthodoxie ist von grundlegender Bedeutung für das Verständnis der islamischen Gegenwart, die von vergleichbaren innerislamischen Kämpfen geprägt wird und die ich im folgenden beleuchten will. Ordnungsvorstellungen im Islam – wie das Kalifat – sind ein menschliches Produkt und kein Bestandteil der islamischen Offenbarung. Die innerislamischen Kämpfe in unserer Gegenwart werden von den Versuchen ausgelöst, eine islamische Ordnung zu errichten. Diese Ordnungsvorstellung gerät in einen Konflikt mit dem säkularen Nationalstaat.

Vom Kalifat zur modernen Nation

Dem Auftreten der modernen Nation geht das Zeitalter der Imperien voraus. Trotz der Uneinigkeit der Muslime darüber, wer sie als *Umma* in der Eigenschaft des wahren Imam anführen soll, war es in der Vormoderne im Islam zur Bildung von drei Weltreichen gekommen. Die politische Geschichte der islamischen Zivilisation wird von diesen drei Kalifaten zwischen 661 und 1924 verkörpert. Die islamische Gegenwart steht auch im Schatten des Erbes jener drei Hauptkalifate. Diese waren das Kalifat der Umaiyyaden von Damaskus (661–750), das der Abbasiden von Bagdad (750–1258) und schließlich das der türkischen Osmanen vom Beginn des 14. Jahrhunderts bis zum Jahre 1924. Es gab auch einige Nebenkalifate, deren wichtigstes in Córdoba war; auch das Kalifat von Córdoba gehört zur Blütezeit des Islam.

Die Abschaffung des Kalifats des Osmanischen Reiches 1924, der letzten imperialen Ordnung im Islam, durch Kemal Atatürk gehört in die Weltgeschichte der Auflösung der Reiche. Die Sehnsucht nach der in diesen drei Kalifaten dokumentierten imperialen Größe des Islam hat zu keinem Zeitpunkt wirklich nachgelassen. Unter türkischen Fundamentalisten, die einen Kalifen im deutschen Exil in Köln installiert haben, nimmt diese Sehnsucht die Form des Neo-Osmanismus[20] an, der auf Eroberung ausgerichtet ist. Die zweitgrößte Moschee in Deutschland (Pforzheim) trägt den Namen *al-Fatih*/der Eroberer. Das ist der Titel von Mehmet II., der 1453 Konstantinopel eroberte. Andere Moschee-Vereine begnügen sich mit dem Attribut »osmanisch«, sprich: neo-osmanisch. Das wirkt wie eine Fortsetzung der osmanischen Eroberungs- und Besatzungspolitik in Europa und ist jeder Integrationspolitik abträglich.

Oberflächlich betrachtet, trat der Islam nach der Auflösung des Kalifats 1924 politisch in den Hintergrund. In den dreißiger Jahren des 20. Jahrhunderts wurde zwar die islamische »Bewegung zur Wiederherstellung des Kalifats« auf dem indischen Subkontinent gebildet. Auch die erste fundamentalistische, eine islamische

Ordnung predigende Bewegung, die Muslimbruderschaft von Hassan al-Banna, wurde im Jahre 1928 in Ägypten gegründet. Aber solche Bestrebungen nach einer islamischen Ordnung galten damals, bevor der politische Islam eine populäre Strömung wurde, als Anachronismus, weil säkulare Bewegungen die damalige Hauptströmung repräsentierten. Der Islamismus unserer Gegenwart trägt den Stempel der Sehnsucht nach einer islamischen Ordnung, diesmal im Weltmaßstab, also einer islamischen Weltordnung. Wie ist dieser Anspruch einzuschätzen?

Blicken wir auf die Vergangenheit zurück, dann können wir feststellen: Bereits im 18. Jahrhundert konnte nicht mehr die Rede sein von einer »Weltmacht Islam«. Seit dem 19. Jahrhundert galt das Osmanische Reich als der »kranke Mann am Bosporus«. Die Sultane waren bemüht, ihr Reich durch Reformen neu zu beleben.[21] Sein Fortbestehen verdankte das Reich dem Umstand, daß sich die europäischen Kolonialmächte darüber uneinig waren, wie sie den Kuchen unter sich aufteilen sollten. Die ersten nach Paris entsandten Emissäre des islamischen Kalifen von Istanbul, die herausfinden sollten, worin das Geheimnis der neuen Weltmacht Westen bestand, kamen mit der einfachen Botschaft zurück: »Wissenschaft und moderne Technologie«.[22] Seitdem waren die Muslime bemüht, sich diese neuen Errungenschaften anzueignen[23], wobei die auf eine Ordnung bezogene Verbindung von Religion und Politik schon vor der Auflösung des Osmanischen Reiches im islamischen Denken des Reformismus in den Hintergrund trat.

Die Muslime wollten von Europa nur die Instrumente übernehmen. Es war ihnen zu Beginn nicht bewußt, daß sich die Moderne nicht in einen instrumentell zu übernehmenden und einen kulturell abzulehnenden Teil halbieren läßt; man kann die moderne Wissenschaft und Technologie nicht übernehmen und zugleich ihren Geist der Säkularität ablehnen (siehe Anmerkung 22). Ich habe diese Illusion den »islamischen Traum von der halben Moderne« genannt.

Zwischen dem ersten islamischen Reformer Tahtawi († 1883), der das arabische Wort *Watan* für das französische *patrie* einführte, und der Auflösung des Osmanischen Reiches lag ein Jahrhundert des islamischen Reformismus. Das Scheitern des Reform-Islam wurde nach dem Ersten Weltkrieg deutlich. Auf die islamischen Reformbemühungen folgte ein halbes Jahrhundert eines säkularen, am Westen orientierten Nationalismus[24], der das westliche Muster der »Nation« in den Islam einführte. Nach der umfassenden Niederlage der Araber im Sechstagekrieg 1967 begann der Zerfallsprozeß des panarabischen Nationalismus; sein Ende ebnete den Weg für eine Rückbesinnung auf den Islam. Die Krise des Nationalstaats trug diese Erscheinung in die gesamte Welt des Islam. Der Islam kehrte zurück, aber die Rückkehr war nicht die eines aufgeklärten, liberalen, sondern eines politischen, an Gottesordnungsvorstellungen orientierten Islam: Die Niederlage im Sechstagekrieg 1967 war die Geburtsstunde des heutigen islamischen Fundamentalismus.[25]

Vom säkularen Nationalismus zum religiösen Fundamentalismus

Die neue, auf der Politisierung der Religion basierende Strömung wird im Westen mit vielen unterschiedlichen Begriffen bezeichnet. Da ist die Rede von »Integrismus« bei den Franzosen, von »Fundamentalismus« bei den Amerikanern und bei den Deutschen von »Islamismus«.[26] Bei den Muslimen ist eher die Rede von »*al-Islam al-siyasi*/dem Politischen Islam«.[27] Die Träger des Phänomens selbst bevorzugen die Bezeichnung »*al-Sahwa al-Islamiyya*/das islamische Erwachen«.[28] Es ist nicht ganz ohne Belang, für welchen der angeführten Begriffe man sich entscheidet, aber vorrangig und unstrittig ist bei allen Beteiligten der Anspruch, der mit dieser neuen Bewegung verbunden ist: Es geht um die Wiederherstellung des *Dar al-Islam*/Haus des Islam als einheitlicher Territorialität zur Vorbereitung der Entstehung einer neuen Weltmacht. Das ist der Inhalt der erneuten Bindung des Islam an die Politik mit dem Ergebnis »politischer Islam«. Wir dürfen aber nie aus den Augen verlieren, daß die Politisierung der Religion eine globale, also nicht auf den Islam beschränkte Erscheinung ist. Aus diesem Grunde halte ich in diesem Buch am Gebrauch des Fundamentalismus-Begriffes fest, so wie wir es an der Amerikanischen Akademie der Wissenschaft und Künste in unserem überregional vergleichenden Fundamentalismusprojekt getan haben, aus dem die ursprünglich amerikanische Fassung dieses Buches hervorgegangen ist.

Zum Verständnis des politischen Islam ist es wichtig, die Hintergründe der Auflösung der letzten islamischen Macht, des Osmanischen Reiches, zu beleuchten. Hierzu gehört das Eindringen des Westens in die Welt des Islam auf allen Ebenen. Der Fundamentalismus ist eine Revolte gegen den Westen. Die Aufnahme der Idee der Nation durch die Muslime erschütterte das islamische universelle *Umma*-Verständnis. Als Muslime sich während der ersten Hälfte des 19. Jahrhunderts in Europa aufhielten und das Phänomen der modernen Nation kennenlernten, fanden sie in ihren orientalischen Sprachen, vor allem in der Offenbarungssprache des Koran, also dem Arabischen, keine Entsprechung für den europäischen Begriff der Nation, eben weil das Phänomen dem Islam fremd ist (vgl. Anmerkungen 24 u. 25). Zuletzt entschlossen sie sich, »Nation« mit »*Umma*« zu übersetzen. Doch haben beide Begriffe nicht dieselbe Bedeutung, und die Folgen dieser Gleichsetzung waren unübersehbar. Die Diskrepanz – so der Untertitel meiner international zum Klassiker gewordenen Studie über den arabischen Nationalismus – lag *Between Islam and the Nation-State* (vgl. Anmerkung 25). Diese Formel beschreibt die große Spannung zwischen Islam und dem säkularen Nationalstaat.

Umma bedeutet im traditionellen Islam die Einheit aller Muslime. Die Kernbevölkerung des Islam, Araber, Türken und Perser, gehören zum Beispiel zur selben *Umma*, obwohl sie ethnisch, sprachlich und kulturell verschieden sind. Die Übernahme des Konzepts der Nation bringt schwerwiegende Folgen mit sich. Denn die Aneignung der europäischen Nationsidee führt zur Unterteilung der islamischen *Umma* in jeweils eine arabische, türkische und persische Nation neben vielen weiteren. Heute gibt es 55 islamische Nationalstaaten, aber keine einheitliche Weltmacht Islam, die als Träger einer islamischen Ordnung fungieren könnte.

Türken und Araber, die auf der Basis des islamisch definierten Osmanismus gemeinsam gegen den Despoten Abdülhamid II. politisch wirkten, mußten sich auf der Grundlage der Nation trennen.[29] Die Türken haben sich mit Rückblick auf ihren Urahnen Turan im europäischen Sinne als eine Nation definiert, jedoch mit ethnischer Bedeutung. Im Gegenzug hat der geistige Vater des arabischen Nationalismus Sati al-Husri († 1968) die Türken von der arabischen Nation ausgegrenzt (vgl. zu Husri Anmerkung 24). Im Anschluß an die deutsche Nationsidee hat Husri als geistiger Begründer des säkularen Panarabismus die Auffassung vertreten, daß die Gemeinsamkeit in Sprache und Geschichte, nicht in der Religion, eine Nation ausmacht. In diesem Sinne wurden die Araber ein halbes Jahrhundert lang in der Maxime »Religion ist eine Sache Allahs, das Vaterland gehört allen« erzogen. Ich gehöre zu dieser arabischen Generation, die bereits in der Schule gelernt hat, daß Christen Teil der arabischen Nation, Perser und Türken demnach aber Ausländer sind. Im Rahmen der europäischen Kolonisation wurden viele islamische Weltteile zu europäischen Kolonien. Nach der Auflösung der Kolonialreiche verwandelten sich diese islamischen Gebiete in europäisch definierte Nationalstaaten. Ich habe schon angeführt, daß die Welt des Islam aus 55 Staaten, die mehrheitlich eine islamische Bevölkerung haben, besteht. Das ist die Zahl der Mitglieder der Organization of the Islamic Conference (OIC). Diese saudisch dominierte Organisation beansprucht kein islamisches Weltreich, im Gegensatz zu den Islamisten, die dies sehr offen tun, indem sie die nationalstaatliche Aufteilung der islamischen *Umma* als das Produkt einer westlichen Verschwörung/*Mu'amarah* ablehnen. Es stellt sich die Frage: Werden die Islamisten im Übergang zum neuen Jahrtausend in der Lage sein, eine imperiale »Weltmacht Islam« alternativ zur Nationalstaatlichkeit aufzubauen? Bereits der Titel dieses Buches, *Die Neue Welt*unordnung, gibt eine dezidiert negative Antwort auf diese Frage.

Von der Entpolitisierung zur Repolitisierung des Islam

Bisher habe ich eine Rückblende auf die islamische Ordnung vorgenommen, um historische Zusammenhänge zu beleuchten. Die Antwort auf die Frage, ob eine Weltmacht Islam entstehen könnte, werde ich später aus einer Jahrhundertperspektive heraus, also nach einem Rückblick auf das bald zu Ende gehende Jahrhundert, geben. In diesem Abschnitt will ich zunächst fragen, warum der bereits im 19. Jahrhundert begonnene islamische Reformismus dem säkularen Nationalismus weichen mußte. Diese nationalstaatliche Entwicklung der Welt des Islam gipfelte in der *Entpolitisierung der Religion*. In unserer Zeit wird der Islam dagegen wieder repolitisiert.

Verwirrend wirkt auf die Menschen im Westen, die mit der Auflösung der Imperien und der Trennung von Religion und Politik als einer Selbstverständlichkeit vertraut sind, wenn sie nun auf den Ruf nach einer »Weltmacht Islam« stoßen und dabei die Einheit von Religion und Politik als Ordnungsprinzip gefordert wird. Das neue Phänomen kommt nicht »hinten weit in der Türkei« (Goethe) vor. Im Zuge der Migration der Muslime nach Europa lebten im Jahre 1998 mehr als 15 Millionen Muslime im eigenen europäischen Umfeld. Die islamische Herausforderung an die Säkularität ertönt mitten in Europa.

Wie wir bereits aus den vorausgegangenen Ausführungen wissen, sitzt der Türke Metin Kaplan – wie zuvor sein Vater – als Kalif aller Muslime in Köln und plant von deutschem Boden aus seine Terroraktionen. Sehr vorsichtig aufgrund der Befürchtung, daß Islam und Fundamentalismus gleichgesetzt werden könnten, muß ich anführen, daß der Islamismus auch in Kreisen des Diaspora-Islam in westlichen Gesellschaften als ein Bestandteil dieses Phänomens zu beobachten ist.[30] Die wichtigsten islamistischen Bewegungen haben ihre Büros in London, Stockholm, Berlin und anderen europäischen Hauptstädten. Ist eine »Weltmacht Islam« nur eine Rhetorik dieser Exilgruppen? Lenin wirkte vor seiner Machtergreifung auch im europäischen Exil. Können wir auf der Basis eines solchen Vergleichs eine realistische Prognose für das 21. Jahrhundert erstellen? Es empfiehlt sich, zunächst die Fakten anzuschauen.

Der Islamismus unserer Zeit geht auf die siebziger Jahre zurück. Ich habe bereits die umfassende arabische Niederlage gegen Israel im Sechstagekrieg von 1967 als Geburtsstunde des sunnitischen islamischen Fundamentalismus angeführt. Die Schia-Entwicklung ist eine andere.[31] Die arabischen Muslime waren durch die Niederlage gleichermaßen erschüttert und gedemütigt. Sie fragten sich: Wie kann ein kleiner Staat, Israel, die Armeen aller arabischen Staaten[32] nicht nur politisch besiegen, sondern auch militärisch und moralisch erniedrigen? Bereits Anfang der siebziger Jahre kam die Antwort von einem ägyptischen Scheich der Muslimbruderschaft, der heute als wichtigster Ideologe des Islamismus gilt: Yusuf al-Qaradawi. In einer dreibändigen, heute in allen islamischen Ländern verbreiteten Buchreihe »al-Hall al-Islami/Die islamische Lösung«[33] predigt er, daß die Muslime bisher in ihrer Auseinandersetzung mit dem Westen gescheitert seien, weil sie auf den Islam verzichtet, sprich: den Islam von der Politik ferngehalten hätten. Dieser führende Islamist, al-Qaradawi, nennt die aus dem Westen übernommenen Modelle des Nationalstaats, der Demokratie und des Sozialismus »Hulul mustaurada/importierte Lösungen« und ruft dazu auf, sie abzulegen, um zur islamischen Lösung und somit zur imperialen Macht dieser Religionsgemeinschaft zurückzukehren.

Bereits im ersten Band »Die islamische Lösung und die importierten Lösungen« schreibt al-Qaradawi:

> »Muslime benötigen die gläubige Führung, die weiß, wie sie die islamische *Umma* anspricht und sie und ihre Energien mobilisiert. Eines Tages werden sich die Machtverhältnisse in der Welt verändern ... Selbst westliche Orientalisten räumen ein, daß,

40

wenn die Muslime den richtigen Führer finden, der die Sprache des Islam beherrscht, sie auf dieser Basis durch eine Rückkehr des Islam den Aufstieg zu einer der stärksten Weltmächte bewerkstelligen werden.«[34]

Das ist die Ankündigung einer »Weltmacht Islam« für das 21. Jahrhundert. Nach dieser Auffassung müßten die Muslime zunächst jedoch die Irrtümer der Verwestlichung des 20. Jahrhunderts überwinden – sprich: sich entwestlichen.

Im Westen dominiert die falsche Vorstellung, daß der Islamismus mit der islamischen Revolution im Iran und mit dem Khomeinismus begonnen habe; die Anfänge des Anspruchs »Weltmacht Islam« sollen nach dieser westlichen Wahrnehmung des islamischen Erwachens auf Khomeini zurückgehen. In Wirklichkeit kommt dieser Anspruch vom Sunna-Islam und vom arabischen Kerngebiet des Islam, nicht vom Schia-Islam und nicht aus dem Iran. Die Leistung der iranischen Revolution besteht allein darin, dem bereits vorhandenen politischen Islam Aufschwung gegeben zu haben, weil sie seinen Anspruch auf Eroberung der Vorherrschaft politisch untermauert hat. Seit der iranischen Revolution fühlen sich die Islamisten in ihrer Hoffnung bestärkt, auch in anderen Ländern die Macht ergreifen zu können. Die iranische Revolution hat den Islamismus in eine politische Realität umgesetzt, nicht aber diesen erzeugt. Sunnitische Muslime haben ihre Bewunderung für die islamische Revolution im Iran mit bemerkenswerter Distanz verbunden; die von ihr ausgegangenen Demonstrationseffekte sind exportierbar, nicht aber die Revolution selbst. Der Versuch des Iran, den Export der Revolution durch Terrorismus zu fördern, ist mißlungen.[35]

Im Westen gibt es jahrhundertelang tradierte Feindbilder und Vorurteile gegenüber dem Islam[36], die von einigen Medien geschürt werden. Aber bei aller Kritik an diesen sensationsheischenden Medien zeigen die Fakten, daß der Anspruch auf eine »Weltmacht Islam« für das 21. Jahrhundert wirklich besteht und kein Medienprodukt ist; Führungspersönlichkeiten des Islamismus vertreten diesen Anspruch in Wort und Schrift, und sie verfügen über eine große Anhängerschaft. Hierfür ist der zitierte al-Qaradawi ein prominentes Beispiel.

Aufklärung und Bekämpfung der Feindbilder über den Islam ist nicht dadurch zu erreichen, daß Fakten über den Islamismus übersehen werden. In der deutschen Diskussion, die auf dem niedrigen Niveau von Pro und Contra geführt wird, geht dies völlig verloren. An ihr läßt sich zwar vieles über die »deutsche Kunst der Diskussion« ablesen, man erfährt jedoch wenig über den Islam. Ein gut informierter und zugleich geisteswacher Deutscher nannte diese Debatte »Feinde und Freunde des Islam«.[37]

Der Islamismus und die Feindbilder

Eine sachlich begründete und aufklärerische Diskussion ist über den anstehenden Gegenstand nur möglich, wenn zwischen Islam als Religion und Gottesglauben und dem Islamismus als politischer Ideologie mit dem Anspruch auf eine Weltmachtstellung unterschieden wird. Ich bin selbst ein Muslim und betrachte die Zugehörigkeit zum Islam als meine Identität, lehne aber den politischen Anspruch des Islamismus auf eine religiös begründete Ordnung ab. Dieses kritische Buch über den Fundamentalismus habe ich als ein bekennender Muslim geschrieben, der diese Ideologie, die nicht zum religiösen Glauben oder zur Ethik des Islam gehört, zurückweist. Der Kampf darum, wer *der wahre Imam* als Führer aller Muslime ist, hat in der islamischen Geschichte zu viel Blutvergießen geführt. Für die Doktrin des wahren Imam als Kalif/Nachfolger des Propheten findet sich im Koran oder in der Überlieferung des islamischen Propheten Mohammed keinerlei Grundlage. Daher steht meine Aufforderung, von dieser Tradition abzurücken (siehe Anmerkung 12), nicht im Widerspruch zu meiner islamischen Identität; bei der Trennung zwischen Religion und Politik gerate ich nicht in einen Identitätskonflikt.

Der Fundamentalisten-Scheich al-Qaradawi, der in der Tradition der Suche nach einem »wahren Imam« einen »einzigen Führer« der Muslime als ihren Imam fordert, um sie zur Weltmacht emporsteigen zu lassen, übersieht vierzehn Jahrhunderte islamischer Geschichte, in der kein Konsens über einen Imam als politischen Führer aller Muslime gefunden werden konnte, dafür aber viel Blut vergossen wurde. Ein Blick auf die politischen Aktivitäten der Islamisten unserer Zeit zeigt, daß sich diese Geschichte des blutigen Dissenses in ihren eigenen Reihen mit den gleichen gewaltförmigen Konsequenzen wiederholt. Für aufgeklärte Muslime bieten diese Vorgänge keine erstrebenswerte Perspektive.

Es muß auch für Muslime bedenklich sein, wenn zum Beispiel in Algerien Muslime andere Muslime ermorden. Die Anzahl der Opfer beläuft sich inzwischen auf weit mehr als 100 000. Die Mörderbande *Groupe Islamique-Armée* (GIA) ist keine einheitliche Bewegung, sondern eine Ansammlung von bewaffneten Terrorgangs, deren Mitglieder morden und sich der strafrechtlichen Verfolgung durch die Flucht in das europäische Asyl entziehen. Jede einzelne Gang hat ihren eigenen Imam, der ihnen den Mord an anderen Muslimen mit der Begründung, diese seien vom Islam abgefallen, befiehlt. Diese Gruppen sind nicht in der Lage, sich auf eine Ordnung in Algerien[38] zu verständigen; wie wollen sie dann eine Weltordnung errichten? Ihre Zersplitterung und die damit korrespondierenden Gewaltaktionen führen genau zum Gegenteil. Daher der Titel dieses Buches: *Die neue Weltunordnung*.

Nicht anders verhält es sich mit den »*Djama'at al-Islamiyya*/islamischen Gruppen« in Ägypten, unter denen ebenfalls Uneinigkeit herrscht.[39] Und im von dieser Szene nicht allzu fernen Afghanistan wirken die Taliban (siehe Anmerkung 10), die alle aus dem Paschtu-Stamm kommen; sie wollen ihre *Paschtunwali*, das heißt ihr stammesbezogenes Verständnis der *Schari'a* als Basis einer islamischen Ordnung allen anderen Stämmen des Landes aufzwingen. Als sie Kabul eroberten, erhoben sie ihren Führer zum »*Amir al-mu'minin*/Oberhaupt der Gläubigen«. So lautet der Titel eines islamischen, politisch definierten Imam, der den Herrschaftsanspruch über alle Muslime beinhaltet; wer diesen Titel trägt, beansprucht zugleich diese Funktion. Ausnahme ist der moderne marokkanische König Hassan II., der mit diesem Titel nur den Herrschaftsanspruch über sein Land verbindet.[40] Dagegen wollen die afghanischen Taliban stellvertretend für alle Muslime auftreten, sind jedoch noch nicht einmal in der Lage, ihrem eigenen, also paschtunischen »Oberhaupt der Gläubigen« Anerkennung im gesamten Afghanistan zu verschaffen, wo es viele andere Stämme neben den Paschtunen gibt. Ich frage wieder: Wie soll ein solcher Imam der Islamisten dann Führer einer »Weltmacht Islam« werden?

Ich habe bereits darauf hingewiesen, daß die Beantwortung dieser Frage nicht ohne die erforderliche Vergegenwärtigung der entsprechenden Zusammenhänge islamischer Geschichte möglich ist. Erst dies versetzt uns in die Lage, den hier thematisierten Gegenstand des politischen Islam und seiner weltpolitischen Bedeutung in unserem Zeitalter der Extreme angemessen zu verstehen.

Rückblick auf das 20. Jahrhundert

Einleitend zu meiner Retrospektive möchte ich die Tatsache nicht unterschlagen, daß die Islamisten die Zeitrechnung »20. Jahrhundert« nicht akzeptieren. Die Muslime haben eine eigene Zeitrechnung und entsprechend ein anderes Zeitverständnis als der Westen, der sich auf den Übergang in das einundzwanzigste Jahrhundert vorbereitet. Im christlichen Jahr 1999 befinden sich die Muslime in ihrem fünfzehnten Jahrhundert und schreiben das Jahr 1420.

Wenn wir aber die globale Zeitrechnung vom Christentum abkoppeln und unsere Zeit unter der Bedingung der vom Westen ausgegangenen Globalisierung als »Weltzeit« verstehen, dann ist es gerechtfertigt, die Perspektive des 20. Jahrhunderts auch auf den Islam und seine Zivilisation auszudehnen. Dieses 20. Jahrhundert hat unter Bedingungen der Herausforderung an die Muslime durch die westliche Zivilisation mit einer Weiterentwicklung der Islam-Reform begonnen und setzte sich fort mit der Verbreitung der säkularen westlichen Nationsidee in allen Teilen der Welt des Islam. Gegenwärtig erleben wir nun den Aufstieg des Islamismus, verbunden mit einem globalen Anspruch auf eine »Weltmacht Islam«. Das Pendeln zwischen Islam-Reform, säkularem Nationalismus und Islamismus markiert unterschiedliche Erscheinungsformen des Prozesses, den ich bereits Anfang der achtziger Jahre in einem entsprechenden Werk als *Krise des modernen Islams*[41] bezeichnet habe.

Im folgenden werde ich erklären, wie die drei Richtungen Reform-Islam, säkularer Nationalismus und Islamismus aufeinander folgen. Meine Retrospektive auf das 20. Jahrhundert kann die Basis für die Beantwortung der Frage liefern, ob die islamistische Sehnsucht nach einer imperialen »Weltordnung des Islam« im 21. Jahrhundert eine Realität wird oder ob sie – wie ich behaupte – in einer neuen Weltunordnung resultiert.

Das 20. Jahrhundert wurde mit einem Höhepunkt des islamischen Reformismus[42] eingeläutet. Von dem angeführten Rifa'a al-Tahtawi († 1883), der sich in Paris (1826–1831) zunächst als Vorbeter der ersten islamischen Studentengruppe, später dann auf eigenen Wunsch selbst als Student aufhielt, wurde der erste Beitrag zur Islam-Reform geleistet. Tahtawi[43] erkannte in Paris, daß die Moderne auf der Basis der modernen Wissenschaft aufgeblüht ist, und merkt an:

> »Man wird somit die Überlegenheit dieser Christen in den Wissenschaften erkennen und zugleich einsehen, daß es viele von diesen in unseren Ländern gar nicht gibt.«[44]

Er empfahl seinerzeit dem islamischen Herrscher, der ihn nach Paris entsandte, Mohammed Ali, »nach den fremden Wissenschaften zu streben« und sie sich anzueignen. Er macht aber deutlich:

»Selbstverständlich billige ich nur das, was nicht im direkten Widerspruch zum Wortlaut unseres islamischen Gesetzes steht.«[45]

Die wichtigsten islamischen Modernisten waren Djamaludin al-Afghani (1838–1897) und Muhammad 'Abduh (1849–1905). Besonders letzterer war im großen und ganzen darum bemüht, die Grundlagen für die Akzeptanz der modernen Wissenschaft durch die Muslime dadurch zu legen, daß er im Islam eine Zivilisation, nicht eine Ordnungsmacht sah. Abduh verfaßte große Werke, in denen er versuchte, die Vernunftorientierung des Islam nachzuweisen. In seinem Werk *Der Islam und das Christentum zwischen der Wissenschaft und der Zivilisation*[46] argumentiert er, daß das Christentum im Gegensatz zum Islam vernunftfeindlich sei, weshalb sich die europäische Aufklärung gegen die Religion stellen mußte. Dagegen sei der Islam vernunftfreundlich, weshalb die Muslime die Rolle der Religion nicht in gleicher Weise reduzieren müßten.

Zwanzig Jahre nach dem Tode des großen Islam-Reformers 'Abduh erschien im Jahre 1925 ein wichtiges Buch mit dem letzten großen Reform-Versuch im Islam des 20. Jahrhunderts; sein Verfasser war der Azhar-Scheich 'Ali 'Abd al-Raziq. Wie 'Abduh in Paris wirkte, war 'Abd al-Raziq vor der Veröffentlichung seines großen Werkes *Der Islam und die Grundlagen der Herrschaft*[47] in Oxford. In diesem Werk argumentiert er zu Recht, daß die islamische Ordnung des Kalifats eine Erfindung von Menschen sei und nicht von Gott komme; der Islam sei eine Religion, keine politische Ideologie. Islamische Herrscher hätten den Islam stets zur Legitimierung ihrer Macht mißbraucht. Für diese mutigen, nichts anderes als die Wahrheit aussprechenden Thesen mußte 'Abd al-Raziq teuer bezahlen: Er wurde zwar nicht ermordet, aber seine materielle Existenz wurde vernichtet.

Der Schlag gegen den Reform-Islam kam zunächst nicht von dem Islamismus, den es damals im Jahr 1925 noch nicht gab, sondern vom religiösen Establishment der Kairoer Azhar-Universität, wo 'Abd al-Raziq lehrte und als Richter mit *Fetwa*-Befugnis wirkte. Dieses Establishment, das die religiöse Orthodoxie im Islam verkörpert, entzog 'Abd al-Raziq Amt und Würden und entkleidete ihn all seiner Ämter. Eine später erfolgte Bekundung der Reue half 'Abd al-Raziq wenig bei dem Versuch, seine zerstörte Existenz wiederherzustellen; er starb als letzter Islam-Reformer in Isolation, Kummer und Verzweiflung. Nur drei Jahre nach dem Erscheinen von 'Abd al-Reziqs Buch wurde die Bewegung der Muslimbruderschaft[48] von Hassan al-Banna[49] ebenfalls in Kairo gegründet. Es war die allererste fundamentalistische Bewegung in der gesamten Welt des Islam; sie hat die Zeichen für den politischen Islam und seinen Anspruch auf Weltherrschaft gesetzt. Wie es in der islamischen Geschichte schon so oft geschehen ist, wurde neben vielen anderen auch der die Imam-Funktion beanspruchende Banna 1948 ermordet. Die Bewegung der Muslimbruderschaft hat diesen Versuch der Schwächung aber überlebt.

Der starke Widerstand gegenüber dem Versuch des Islam-Reformers 'Ali 'Abd al-Raziq, Religion und Politik im Islam zu trennen, markiert das Scheitern und zugleich das Ende der Islam-Reform. Obwohl in jener Zeit die erste fundamentalistische Bewegung – die oben erwähnte Muslimbruderschaft (1928 gegründet) – ans Tageslicht trat, hat damals noch nicht der Islamismus die Stelle des Reform-Islam eingenommen: Der Reform-Islam wurde – wie bereits angeführt – vom säkularen panarabischen Nationalismus[50] und anderen säkularen Ideologien abgelöst. Der politische Islam war zu jener Zeit noch sehr rudimentär. Ebenso wie der Reform-Islam war der aufkommende Nationalismus für die Abkoppelung der Politik von der Religion. In der arabischen Welt wurde der religiöse Glaube vom säkularen Glauben an eine einheitliche panarabische Nation *(Umma 'Arabiyya Wahida)* ersetzt. Der Begriff *Wahida* erinnert in häretischer Weise an die Einheit Gottes. Auch in anderen Teilen der Welt des Islam nahm der Nationalismus politisch den Platz des Islam ein, oder sie vermischten sich wie in Pakistan und Algerien.

Bei den Arabern wurden die Ideen von dem genannten sunnitischen Muslim Sati' al-Husri formuliert, der sich bereits in den zwanziger Jahren einen »arabischen Bismarck« wünschte, um ein »arabisches 1871« zu verwirklichen.[51] Diesen panarabischen Messias gab es nicht, als Husri seine Ideen Mitte der zwanziger Jahre veröffentlichte, doch wurden sie von einem arabischen Christen, Michel al-Aflaq, der Anfang der vierziger Jahre die Baath-Partei gründete, aufgenommen. Diese »Partei der arabischen Wiedergeburt«[52] regiert seit den siebziger Jahren bis heute in Syrien und Irak, also in zwei arabischen Ländern, die bitter miteinander verfeindet sind.[53] Daran zeigt sich deutlich die Brüchigkeit des Panarabismus. Die Baath-Partei hat eine Reihe von syrischen und irakischen zivilen Politikern und militärischen Diktatoren hervorgebracht, aber es blieb einem Ägypter vorbehalten, die Rolle des »arabischen Bismarck« zu übernehmen: Gamal Abdul Nasser. Dieser ergriff mit einem Militärputsch am 23. Juli 1952 die Macht und ersetzte die Monarchie in Ägypten durch eine Republik. Damals wurde Nasser zum Helden der Araber, wie zuvor Atatürk zum Helden der Türken geworden war.

Nasser war so populär, daß sich zunächst selbst die syrische Baath-Partei seiner Führung beugte und 1958 mit ihm die Vereinigte Arabische Republik/VAR zwischen Syrien und Ägypten gründete; sie bestand aber nur drei Jahre, bis zum September 1961. Unter Nassers Herrschaft wurde von 1952 bis zum Ausbruch des Sechstagekrieges im Jahre 1967 die Propagierung des säkularen, also zwischen Religion und Politik trennenden Panarabismus großgeschrieben. Hierdurch wurde im Nahen Osten eine Situation hervorgerufen, die der 1984 von Schia-Islamisten ermordete Präsident der American University of Beirut, Malcolm Kerr, in seinem Klassiker *The Arab Cold War*[54] nannte. Es war ein kalter Krieg nicht nur unter den Anhängern Nassers, also den Nasseristen, und den Baathisten im Wettbewerb um die Führung der arabischen Welt. Es war auch ein kalter Krieg zwischen arabischen Säkularisten und Vertretern des Islam als Herrschaftsform. Letztere waren damals keine fundamentalistischen Islamisten, sondern islamische Traditionalisten, für die die islamisch legitimierten

Monarchien in Saudi-Arabien und Marokko beispielhaft standen. Islamisten gab es damals zwar schon, doch waren sie noch – wie ihre zentrale Organisation, die Muslimbrüder – eine Randerscheinung. Während des »arabischen Kalten Krieges«, der stellvertretend für die gesamte Welt des Islam geführt wurde, ging es nicht um den Anspruch auf eine Weltordnung, sondern nur um eine regionale Ordnung im Nahen Osten, dem Kerngebiet der islamischen Zivilisation. Die nach den Regeln des Kalten Krieges, wenn auch manchmal – wie im Falle des Jemenkrieges – »heiß« umstrittenen Alternativen bezogen sich darauf, ob das Modell Saudi-Arabien (islamische Monarchie) oder Ägypten (revolutionärer Republikanismus) für die Zukunft der Araber gelten solle.[55]

Bieten die Araber Vorbilder für den Rest der Welt des Islam?

Vom Islam zu reden, in der Analyse jedoch eine Konzentration auf die arabische Welt zu üben, läßt Zweifel an der Generalisierbarkeit der Aussagen aufkommen. Doch läßt sich der Fokus durch folgende Tatsache erklären und rechtfertigen: Der Islam wurde in Arabien gestiftet, und die arabische Welt war und bleibt das Kerngebiet und gleichermaßen kulturell und politisch auch der Spiegel der gesamten islamischen Welt, mit der kleinen Ausnahme der Schia-Minderheit. Der Kampf zwischen säkularen Nationalisten und islamischen Traditionalisten war wie ein Abbild der Entwicklungen, die auch in anderen Teilen der Welt des Islam – gleich ob sunnitisch oder schiitisch – stattfinden. Es waren also Entwicklungen, die sich in der Folge weiterverbreiten sollten.

Zwischen den zwanziger Jahren und dem Stichjahr 1967 lag ein knappes halbes Jahrhundert, in dem der arabische säkulare Nationalismus und andere Nationalismen in der Region trotz des arabischen Kalten Krieges fast unbestritten dominierten. Der panarabische Nasserismus hatte Einfluß nicht nur in der Welt des Islam (zum Beispiel auf die Mossadeq-Erhebung im schiitischen Iran), sondern bis nach Lateinamerika (wie zum Beispiel in Peru), vor allem aber auch in Schwarzafrika (wie zum Beispiel auf Lumumba) und in vielen asiatischen Ländern. Der Niedergang Nassers und der von ihm vertretenen säkularen Ausrichtung begann als Folge der umfassenden Niederlage im Sechstagekrieg 1967 (siehe Anmerkung 25). Ich habe argumentiert, daß jener Krieg für die Araber eine sehr demütigende Niederlage mit sich brachte, die ich als Zeitgenosse an der eigenen Person miterlebt habe.

Die erste Frage, die nach der 1967er Niederlage gestellt wurde, lautete: Warum kann ein kleiner jüdischer Staat die Mehrheit der Muslime in ihrer eigenen Umwelt so vernichtend besiegen? Die Antwort meiner Generation aufgeklärter Araber war, wie ich in einem einflußreichen, in Beirut auf arabisch erschienenen[56], zehn Jahre lang diskutierten Essay darstellte: Wir müssen unsere Selbstverherrlichung und Selbstblendung reflexiv überwinden. Zusammen mit Aufklärern wie dem Dichter Adonis und dem Philosophen Sadiq Djalal al-'Azm[57] trat ich für eine Aufklärung ein. Eine andere, sehr konträre Antwort kam von den Islamisten, die folgendermaßen argumentieren: Die Juden stehen zu ihrer Religion, deswegen sind sie stark, die Muslime haben sich von ihrem Islam abgewandt, und deswegen sind sie schwach; die Parole »Zurück zum Islam« meinte aber nichts anderes als eine Repolitisierung des Islam.[58] Diese Entwicklung wurde zuerst im arabischen Kern der islamischen Zivilisation eingeleitet; sie wurde nachgewiesenermaßen von dort auf die große Welt des Islam übertragen.

Die Zukunft: Entsäkularisierung durch Islamisierung der Politik?

Die Entwicklung seit 1967 läßt sich mit folgenden Sätzen zusammenfassen: Säkulare Ideologien büßten an Legitimität ein, und das Ergebnis war der Aufstieg des politischen Islam, der auch Islamismus genannt wird. Das ist nichts anderes als die islamische Spielart des religiösen Fundamentalismus – eine globale Erscheinung unserer Zeit, wie ich in diesem Buch argumentiere. Der Islamismus hat seither den Platz des säkularen arabischen Nationalismus eingenommen. Zwar gibt es in unserer Gegenwart immer noch panarabische Regime wie in Syrien und im Irak oder in Libyen, aber diese haben weder Legitimität, noch genießen sie auch nur die geringste Popularität bei der Bevölkerung. Die Islamisten denunzieren sie als »Regime des Unglaubens« und bekämpfen sie vielleicht sogar noch erbitterter als den Westen. Die islamische Spielart des religiösen Fundamentalismus bietet sich als Alternative zu diesen Regimen an und trägt den Kampf mit dem Westen zunächst innerislamisch aus: sich als erstes der »Verbündeten« des Westens in den eigenen Reihen zu entledigen und sich dann dem eigentlichen Feind zuzuwenden!

Der Fundamentalismus islamischer Prägung läßt sich als Bestrebung nach einer Islamisierung der Politik, um eine islamische Ordnung zu begründen, definieren. Der Anspruch auf eine imperiale »Weltmacht Islam« läßt sich nur in diesem Zusammenhang verstehen, weil die angestrebte Ordnung nicht allein auf die Welt des Islam beschränkt bleiben soll. So wie der Islam ein Glaube für die gesamte Menschheit ist, so ist der Islamismus eine politische Ordnung für die gesamte Welt.

Bei der Deutung des Fundamentalismus ist die Einstellung zur Moderne ein wichtiger Aspekt. Fundamentalisten sind im Gegensatz zu islamischen Traditionalisten nicht gegen Wissenschaft und Technologie, ganz im Gegenteil, sie befürworten sie.[59] Niemand in der Welt des Islam nutzt die moderne Kommunikationstechnologie, vom Internet bis zum Fax, intensiver als die Islamisten. Doch wollen sie diese Instrumente – wie schon angeführt – von der kulturellen Moderne trennen. Das ist die Illusion, die ich den »islamischen Traum von der halben Moderne« nenne (siehe Anmerkung 22). Technologie und Wissenschaft werden bejaht, gleichzeitig aber wird zu Säkularität, zur Demokratie und zu den individuellen Menschenrechten ein entschiedenes »Nein« gesagt. Das ist die »halbe Moderne«.

Bei der Einschätzung der Zukunftschancen des Islamismus

sind folgende Unterscheidungen von zentraler Bedeutung: Islamischer Fundamentalismus ist nicht gleichzusetzten mit islamischer Orthodoxie.[60] Erstere wollen den Gottesstaat, die letzteren bestehen nur auf einer lockeren Bindung der Politik an die Religion. Der saudische Wahhabismus – die Legitimität der Ölmonarchie – ist ein Beispiel für die Kombination von orthodoxem Islam und Politik. Orthodoxe Muslime hängen dem islamischen Universalismus an, das ist aber nicht unbedingt identisch mit der Illusion von einer islamischen Weltherrschaft. In ihrer Einstellung zur Moderne und Laizität (Trennung von Religion und Politik) lassen sie sich jedoch von denselben Weltbildern leiten.

Als eine weitere wichtige Unterscheidung ist die zwischen Islamismus und Terrorismus anzuführen.[61] Gerade für ein westliches Publikum ist es wichtig, die Tatsache zu vermitteln, daß nicht jeder islamische Fundamentalist ein Terrorist ist. Es gibt viele islamistische Bewegungen, die die Arbeit in politischen Institutionen anstelle der Gewaltanwendung bejahen. Prominentestes Beispiel hierfür ist Necmettin Erbakan, der mit weißem Hemd und Krawatte, nicht mit Bart und Bombe auftritt und wirkt.[62] Trotz aller internen Differenzen unter den Islamisten selbst, bei denen es sich ohnehin nur um Nuancen handelt, sind Islamisten in Abgrenzung zu Islam-Reformern und islamischen Aufklärern in ihren Weltbildern und Anschauungen einig. Doch ist der Anspruch, das *Dar al-Islam* in eine »Weltmacht Islam« zu verwandeln, das wichtigste Merkmal des Islamismus. Den meisten islamistischen Bewegungen haftet ein konstantes Merkmal islamischer Geschichte an: die Personifizierung der Politik. Herrschaft und Führung werden an eine Person gebunden, die ein allseits zu akzeptierender Imam sein muß. Im Islamismus wird die vierzehn Jahrhunderte alte Tradition der Suche nach dem »wahren Imam/*al-Imam al-salih*« fortgesetzt (siehe Anmerkung 12); Islamisten scheinen aus dem Blutvergießen bei ihrer Suche nicht nur nicht zu lernen, nein, sie wollen diese Geschichte mit vergleichbarem Blutzoll wiederholen.

Es bleibt die Frage: Was wird aus dem Islam? Meine Antwort lautet: In unserem Zeitalter im Übergang zum neuen Jahrtausend wird die islamische Zivilisation zweifelsohne eine größere Bedeutung als bisher in einer zunehmend entwestlichten Welt spielen, aber eine »Weltmacht Islam« wird es aus vielen Gründen dennoch nicht geben. Die ersehnte imperiale Macht, dies räumt der große islamistische Scheich unserer Zeit, Yusuf al-Qaradawi, ein, kann nur durch die Akzeptanz eines einzigen, alle Muslime vereinigenden Imam als Führer der gesamten islamischen *Umma* zustande kommen.

Zum Abschluß dieser Einleitung zur deutschen Ausgabe meines Buches möchte ich eine eingangs gestellte Frage wiederholen: Wenn sich die GIA in Algerien nicht auf einen Imam einigen kann, die Taliban in Afghanistan und die *Djama'at* in Ägypten schon in ihrem inneren Kreis darin versagen, die Autorität eines einzigen Imam anzuerkennen, wie sollten sich dann die Führer islamistischer Bewegungen auf einen Imam einigen können, der in 55 Staaten dieser Welt und von 1,3 Milliarden Muslimen anerkannt wird?

Meine Antwort ist zugleich nüchtern und *nicht* westlich geprägt. Die Zukunft des Islam liegt in der politischen und kulturellen Vielfalt und in der Abkoppelung der Religion von der Politik, nicht im Festhalten an der Frage, wer der wahre Imam aller Muslime ist, der sie zu einer Weltmacht emporsteigen läßt. Ich bin fest davon überzeugt, daß der Islam in zunehmendem Maße eine größere Bedeutung in der Welt des 21. Jahrhunderts haben wird, dies jedoch ohne einen »wahren Imam«. Die Muslime werden aus vierzehn Jahrhunderten islamischer Geschichte die Lehre zu ziehen haben, daß die Doktrin vom »wahren Imam« sie auch in ihrer vom Islamismus neu gefaßten Form nicht weiterbringt. Nochmals: Eine »Weltmacht Islam« wird es in diesem Sinne nicht geben, wohl aber wird der Islam als Zivilisation seinen Platz in einer pluralistischen Welt einnehmen und darin Anerkennung als große Weltzivilisation finden.

Setzen sich diese Erkenntnisse bei den Islamisten als Lernprozesse nicht durch und hält ihre fundamentalistische Herausforderung an die säkularen Ordnungen in der Welt an[63], dann bleibt als einzige Alternative zu der erwünschten Pluralität der Kulturen und Zivilisationen eine bedrohliche Welt*un*ordnung. Als Muslim bete ich zu Allah, daß uns Muslimen und dem Rest der Welt diese Horrorzukunft erspart bleibe. Als islamischer Rationalist glaube ich nicht an ein unabwendbares Schicksal/*Qismet*: Wir Menschen können durch Aufklärung unser Schicksal selbst bestimmen und unsere Zukunft bewußt gestalten! Dieser Gegenstand betrifft auch Europa, weil auf diesem Kontinent mehr als 23 Millionen Muslime (15 Millionen Migranten in Westeuropa und 8 Millionen auf dem Balkan) leben. Ein aufgeklärter Euro-Islam kann in Europa heimisch werden. Der Islamismus ist dagegen, wie jeder Rechtsradikalismus, eine Gefahr für Demokratie, Zivilgesellschaft und individuelle Menschenrechte.

I

DER KONTEXT: GLOBALISIERUNG, FRAGMENTATION UND UNORDNUNG

Kein aufrichtiger Beobachter der Weltpolitik würde bestreiten, daß mit dem Zusammenbruch des Kommunismus und dem Ende der Bipolarität der Westen den politischen Faktor verloren hat, der in den vier Jahrzehnten nach 1945 seine Einigkeit sicherte. Die westlichen Reaktionen auf den Balkankrieg haben die Uneinigkeit des Westens nach dem Sturz des Kommunismus deutlich zutage treten lassen. Während des Kalten Krieges wurden Angriffe auf den Kommunismus von Friedensforschern und Pazifisten als westliche Versuche abgetan, die eigenen Probleme herunterzuspielen. Zwar fanden derlei Ansichten in Nordamerika kaum Anklang, dafür in Europa um so mehr. Nicht nur linke Schriftsteller, sondern auch Liberale verurteilten den Antikommunismus als unmoralisch und bezeichneten Kritiker des Kommunismus, ob in Europa oder den Vereinigten Staaten, abschätzig als »Kalte Krieger«. Sogar Menschenrechtsverletzungen in der Sowjetunion und Osteuropa wurden von dem damals vorherrschenden Schweigen über den expansiven Charakter des Kommunismus zugedeckt. Der Grund dafür lag nicht darin, daß Friedensforscher Menschenrechtsverletzungen befürwortet hätten, sondern in der Absicht, das internationale Konfliktpotential im Namen des Friedens so gering wie möglich zu halten. Läßt sich in dieser Hinsicht nicht eine ominöse Parallele zur heutigen westlichen Haltung gegenüber dem Fundamentalismus ziehen?

Beunruhigend ist, daß dieselben Leute, die sich jegliche Kritik am totalitären Charakter des Kommunismus verbaten, nun, da es angebracht erscheint, über den religiösen Fundamentalismus als neuen Faktor der globalen Politik kritisch nachzudenken, die gleiche Taktik anwenden, nur daß sie jetzt der neuen Mode der »po-

litical correctness« folgen. Aus ethischen Gründen teile ich die Besorgnis einiger Liberaler darüber, daß der Fundamentalismus zur Dämonisierung anderer Zivilisationen benutzt wird. Als bekennender Muslim bin ich jedoch ebenso über die Gleichsetzung von Islam und Fundamentalismus besorgt, zumal sie nicht nur von Gegnern des Islam vorgenommen wird, sondern auch von manchen, die glauben, den Islam gegen den Begriff einer mißverstandenen »islamischen Bedrohung« in Schutz nehmen zu müssen. Kurz, ich stelle in Abrede, daß es politisch inkorrekt sei, offen und direkt über den Fundamentalismus zu sprechen und zu schreiben. Den Beweis dafür werde ich in diesem Buch antreten.

Im Folgenden werde ich die These darlegen, daß der islamische Fundamentalismus nur eine von mehreren Spielarten eines neuen globalen Phänomens der Weltpolitik ist. In jedem Fall geht es um eine politische Ideologie und nicht um die Religion, die auf zynische Weise mit ihr verknüpft wird. In meinen Augen ist der Fundamentalismus eine für den »Zusammenprall der Zivilisationen« symptomatische Ideologie. Er ist nicht die Ursache, sondern sowohl ein Ausdruck der gegenwärtigen Krise unserer Welt als auch eine Antwort darauf. Eine Lösung ist er nicht. Indem er Konflikte anzettelt und die im Gang befindliche kulturelle Fragmentation der Welt vertieft, führt er vielmehr zu Unordnung. Viele der Experten, die mit mir darin übereinstimmen, daß die fundamentalistische Agitation Aufruhr in die islamische Welt bringt, scheuen allerdings vor der Feststellung zurück, daß dieser Trend auch die Weltpolitik berührt. Deshalb werde ich zunächst erläutern, warum der islamische Fundamentalismus keine rein innerislamische Angelegenheit ist, sondern eine der Säulen einer im Entstehen begriffenen Neuen Weltunordnung darstellt.

Islamischer Fundamentalismus, der Westen und die Weltordnung

Lange vor dem Ende des Kalten Krieges hatten Gelehrte die Politisierung der Religion als neues globales Phänomen erkannt und schlugen vor, es als *religiösen Fundamentalismus* zu bezeichnen und zu analysieren.[1] Durch die effekthaschende Verknüpfung mit der Revolution der Ajatollahs im Jahr 1979 und das nachfolgende Klima von religiösem Fanatismus und Extremismus im Iran wurde der Begriff allerdings bald stark aufgeladen. Ein Jahrzehnt später, nach dem Fall der Berliner Mauer, meinten einige Beobachter, zumeist des linken Spektrums, durch den Zusammenbruch des Kommunismus habe der Westen seinen Erzfeind verloren. Seitdem wurde dem Westen vorgeworfen, er sei auf der Suche nach einem Ersatzmonster, und der islamische Fundamentalismus schien für diese Rolle geradezu prädestiniert zu sein. Dahinter stand die Behauptung, der Westen brauche einen neuen Feind, um den Fortbestand seiner politischen und militärischen Einigkeit und Vorherrschaft zu gewährleisten. Unglücklicherweise gab der frühere NATO-Generalsekretär Willy Claes in dieser zynischen Atmosphäre eine Erklärung ab, die diesen Verdacht zu bestätigen schien. Claes bezeichnete den islamischen Fundamentalismus als die künftige große Bedrohung der westlichen Zivilisation, und tatsächlich läßt die Rhetorik der islamischen Fundamentalisten eine solche Haltung der NATO schlüssig erscheinen. Aber genügt Rhetorik allein, ohne die entsprechenden Mittel, um Trends in der Weltpolitik zu begründen?

In der Tat greifen die islamischen Fundamentalisten den Westen an und glauben inbrünstig, daß er im Verfall begriffen sei und sie daher bald in der Lage sein würden, die diskreditierte westliche Weltordnung durch eine neue zu ersetzen. Ihr Verständnis dieser neuen Ordnung beruht, wie sie sagen, auf den politischen Dogmen des Islam, zumindest wie er von ihnen interpretiert wird. Man muß kein Experte für islamische Bewegungen sein, um zu erkennen, wie schwach und zerstritten diese sind, und daraus auf ihre Unfähigkeit zu schließen, die von ihnen mit derart elektrisierender Rhetorik proklamierte neue Weltordnung zu schaffen. Gewiß können Fundamentalisten in erschreckendem Ausmaß den Terrorismus organisieren und auf andere Weise die Straßen in Aufruhr versetzen, aber es ist kaum vorstellbar, daß die rivalisierenden islamisch-fundamentalistischen Bewegungen lange genug zusammenfinden könnten, um eine neue Ordnung aufzubauen, selbst wenn sie die dafür nötigen ökonomischen, politischen und militärischen Mittel besäßen. In diesem Buch wird die These vertreten, daß diese Bewegungen dennoch in der Lage sind, in ihren eigenen Ländern Unordnung hervorzurufen, und dies auf lange Sicht ausreicht, um eine sowohl regionale als auch globale Unordnung zu verursachen, die hier als Neue Weltunordnung bezeichnet wird. Dieser Ansatz ist weder auf Effekthascherei aus noch als Anklage gemeint. Vielmehr beschreibt er eine internationale Tendenz. Nach der hier vorgelegten Analyse erleben wir heute eine Gleichzeitigkeit von struktureller Globalisierung sowie nationaler und internationaler kultureller Fragmentation. Die Auswirkungen dieser simultan ablaufenden Prozesse liegen dem weltweiten Aufstieg der religiösen Fundamentalismen zugrunde.

Die neue Weltunordnung bedeutet jedoch mehr als Aufruhr. Indirekt machen sich ihre Folgen bereits in der Krise des Nationalstaats in den meisten asiatischen und afrikanischen Ländern bemerkbar. Noch einmal: Fundamentalismus ist wesentlich mehr als Extremismus und Terrorismus, nämlich eine machtvolle Herausforderung an die existierende Ordnung des internationalen Systems säkularer Nationalstaaten. Angesichts des westlichen Ursprungs dieser Institution ist die Revolte gegen ihn auch eine »Revolte gegen den Westen«.[2]

Was hat der Islam mit dieser Revolte zu tun, und warum assoziiert man den Islam mit dem Fundamentalismus? In Wirklichkeit ist der Islam sowohl eine Weltreligion als auch eine bedeutende Zivilisation, die ein Fünftel der Menschheit umfaßt. In unserem Zeitalter des »Zusammenpralls der Zivilisationen«[3] bedeutet Weltfrieden einen normativen Konsens unter den Zivilisationen im Dialog auf der Grundlage von Gleichheit sowie gegenseitiger Achtung und Anerkennung.[4] Von diesem Standpunkt aus gesehen, bedeutet die Infragestellung der gegenwärtigen Vorherrschaft des Westens nicht, diese durch eine neue Hegemonie ersetzen zu wollen, sei sie islamischer oder sonstiger Art, sondern der Gleichheit der Zivilisationen untereinander und der Gerechtigkeit den Vorzug vor jeglicher Hegemonie zu geben. Bei näherem Hinsehen stellt man fest, daß dies nicht der Standpunkt der islamischen Fundamentalisten ist, denen für das 21. Jahrhundert eine neue Weltordnung unter Führung der islamischen Zivilisation vorschwebt. Dabei muß man deutlich unterscheiden zwischen dem Islam als Religion und Zivilisation und dem Islamismus als politischer Ideologie, die in diesem Buch und allgemein als Fundamentalismus bezeichnet wird. Beides sind völlig verschiedene Dinge. Über den islamischen Fundamentalismus aufzuklären ist eine Sache. Dämonisierung des Islam und die Verbreitung eines Feindbildes sind etwas völlig anderes.

Indem sie – wie ich – von der Vorstellung einer »islamischen Bedrohung«[5] Abstand nehmen, scheinen manche Experten diese beiden Aspekte des Islam jedoch zu vermengen. Die Religion des Islam ist eindeutig keine Bedrohung, aber der islamische Fundamentalismus ist eine. Allerdings ist er dies nur insofern, als er in großem Ausmaß Unordnung schafft, und nicht, weil er – wie häufig unterstellt – als »neuer globaler Feind des westlichen Bündnisses« an die Stelle des Kommunismus tritt. Darüber hinaus ist von vornherein klarzustellen, daß der islamische Fundamentalismus »an unterschiedlichen Orten sehr verschieden« und »eine gemeinsame Basis ... schwer zu finden« ist, wie Mathew Horsman und Andrew Marshall in ihrem Buch *After the Nation-State* richtig beobachtet haben.[6] Interessant ist in dieser Hinsicht ein Interview, das der islamische Herrscher König Hassan II. von Marokko vor einem Besuch in Washington gegeben hat. Es ist erhellender, muslimische Führer über den Fundamentalismus sprechen zu hören, als westlichen Ansichten über dieses Phänomen zu lauschen.

Der marokkanische König ist sich der fundamentalistischen

Herausforderung bewußt, und im Gegensatz zu jenen westlichen Linken, die dem Westen vorwerfen, er habe diese imaginäre Bedrohung erfunden, um sie an die Stelle des Kommunismus zu setzen, kennt er den Fundamentalismus als einen Teil des politischen Lebens in der islamischen Welt aus erster Hand. In Anspielung auf die oben erwähnte Äußerung von NATO-Generalsekretär Claes erklärte er, die NATO sei »eine Verteidigungsorganisation der nordatlantischen Region«, um dann fortzufahren:

> »Ich glaube, die NATO wurde nicht dafür geschaffen, den Fundamentalismus zu bekämpfen, sondern dafür, sowjetische Kanonen und Raketen abzuwehren. ... Auf alle Fälle wäre der Fundamentalismus, wenn es denn zur Auseinandersetzung käme, nicht mit Panzern zu bekämpfen. Die Fundamentalisten besitzen keine gepanzerten Divisionen, sie besitzen keine Scud-Raketen und keine Atomwaffen.«[7]

Die offenbare Besorgnis über die Dämonisierung des Islam im Westen hielt den marokkanischen König nicht davon ab, implizit auch die Meinung jener zurückzuweisen, die den Fundamentalismus als kulturelle Neubelebung des Islam im Zuge der gegenwärtigen Identitätssuche auffassen. In seinen Augen stellt der Fundamentalismus eine Herausforderung dar, und zwar eine politische, keine militärische. Außerdem ist ihm klar, daß diese Strömung keine religiöse Renaissance bedeutet:

> »An dem Tag, an dem ich erlebe, daß ein Fundamentalist die Liebe zu Gott predigt, werde ich sagen, gut, hören wir ihm zu. Aber bis jetzt habe ich das nicht erlebt. ... [Der Fundamentalismus] ist eine Verhaltensfrage, eine Psychologie, die nicht mit Armadas bekämpft werden kann, sondern [nur] mit anderen Ideen« (ebd.).

Angesichts der Herausforderung durch den Fundamentalismus muß man ihn zuerst verstehen und dann nach Mitteln für den richtigen Umgang mit ihm suchen. In diesem Buch versuche ich das nötige Verständnis zu fördern. Als Muslim und Islamforscher, der auch in nichtislamischen Ländern gearbeitet hat, bin ich mir des globalen Charakters des in Frage stehenden Phänomens bewußt.[8] In Indien konnte ich den Konflikt zwischen Hindus und Muslimen über den Charakter des säkularen indischen Staats beobachten. Der Hindu-Fundamentalismus, eine weitere Spielart der Herausforderung der säkularen Ordnung, verfolgt eine Vision von Indien als Hindustan, das heißt als einem rein hinduistischen Staat. Allerdings strebt er nicht mehr als die politische Territorialisierung des Hinduismus innerhalb der Grenzen Indiens an.[9] Im Gegensatz zum territorial begrenzten Hindu-Fundamentalismus ist der islamische Fundamentalismus ein absolutistischer Universalismus mit dem Ziel einer weltweiten, auf dem Islam beruhenden Ordnung. Aus diesem Grund – und nicht wegen einer »Feindschaft gegenüber dem Islam« – müssen der Islam und der Westen im Mittelpunkt der Diskussion über Fundamentalismus und Weltpolitik stehen. Traditionell hatten beide ein Feindbild voneinander[10], doch der Kontext von Globalisierung und Fundamentalismus ist – trotz aller Ähnlichkeiten – ein völlig anderer.

Fundamentalismus: Eine Antwort auf die Probleme von Globalisierung und Fragmentation

Mein Ausgangsargument an dieser Stelle lautet, daß die Globalisierung zwar auf den Gebieten Wirtschaft, Politik, Kommunikation, Transport und Technologie um sich greift, jedoch nicht, was Kultur und Zivilisation betrifft. Anzumerken ist, daß ich die Begriffe von »Kultur« und »Zivilisation« nicht austauschbar verwende. In Anlehnung an die Kulturanthropologie von Clifford Geertz verstehe ich Kultur als lokale Sinnstiftung, das heißt als Ausdruck des Lebens in einer lokalen Umgebung.[11] Innerhalb des Islam gibt es eine Vielzahl von Kulturen. Allein in einem einzigen islamischen Land wie Indonesien sind dreihundert unterschiedliche Kulturen vertreten, ganz zu schweigen von den vielfältigen Formen des indischen, arabischen und afrikanischen Islam. Gemeinsam ist allen diesen lokalen Kulturen jedoch ihre islamische Weltanschauung, die das Fundament der ganzheitlichen islamischen Zivilisation der Vergangenheit bildete und inmitten einer Welt aus modernen Nationalstaaten im Islam auch weiterhin vorherrscht. Mit anderen Worten, wir haben es mit einer großen Vielfalt lokaler Kulturen zu tun, die mehr oder weniger in eine einzige große Zivilisation eingebettet sind. In anderen Zivilisationen ist es ähnlich. Der Westen, zum Beispiel, ist einerseits durchweg westlich und andererseits von großen lokalkulturellen Unterschieden geprägt.

Die Globalisierung hat die meisten Lebensbereiche erfaßt, insbesondere die Wirtschaft (das heißt die Weltwirtschaft) und die Politik (das heißt das internationale Staatensystem), aber – wie ich behaupte – nicht die Kulturen und Zivilisationen. Das bedeutet, daß es zwar ein *Weltsystem* gibt, aber keine entsprechende holistische *Weltzivilisation*. Im Zuge der »technologischen Vereinheitlichung der Welt« haben sich globale Strukturen herausgebildet, die zum »Schrumpfen des Globus« geführt haben, jedoch »aus sich selbst heraus keine Einheit der Anschauungen schaffen und es bis jetzt auch nicht getan haben«, wie der verstorbene Hedley Bull, ein führender Experte auf dem Gebiet Internationaler Beziehungen, es zutreffend formuliert hat.[12] Das Ergebnis ist eine stärker globalisierte, aber auch stärker fragmentierte Welt. Globalisierung ist strukturell, Fragmentation kulturell, wobei sich in der kulturellen Fragmentation die Mängel der strukturellen Globalisierung manifestieren.

Bei der Untersuchung des Zusammenhangs zwischen Globalisierung und Fragmentation einerseits und dem Postulat der kommenden Weltunordnung, die meiner Ansicht nach vom Fundamentalismus als einer Uneinigkeit stiftenden politischen Kraft vorangetrieben wird, werde ich mich auf den Nationalstaat konzentrieren. Die »Revolte gegen den Westen« beginnt als Revolte gegen den heimischen Nationalstaat.

Der säkulare Nationalstaat:
Hauptangriffsziel des Fundamentalismus

Ursprünglich war der Nationalstaat eine im frühen 19. Jahrhundert geschaffene europäische Institution, die zum Fundament des ehemals ausschließlich europäischen Staatensystems wurde. »Aus dem Staatensystem, das einst eine Besonderheit Europas darstellte, hat sich ein System von Nationalstaaten entwickelt, das den Erdball mit einem Netz von nationalen Gemeinschaften überzieht … Stammesgesellschaften wurden entweder vernichtet oder in größere soziale Einheiten integriert«[13], wie es bei Anthony Giddens in der besten Studie über den Nationalstaat heißt. In bezug auf die großen Veränderungen der Weltordnung in neuerer Zeit hebt er zwei Faktoren hervor, die »für diese außerordentlichen Veränderungen verantwortlich waren, die globale Konsolidierung des industriellen Kapitalismus und die globale Vorherrschaft des Nationalstaats«.[14]

Die damit angesprochene Globalisierung ist also ein struktureller Prozeß, dessen universelle Zielsetzungen sich von spezifischen Normen und Werten herleiten, die eine säkulare Weltanschauung untermauern. Doch diese in ihrem Ursprung abendländischen Normen und Werte sind *nicht* universell geworden. Der Fortschritt der Globalisierung von Strukturen im vergangenen Jahrhundert ging nicht mit einem vergleichbaren Prozeß der Universalisierung von Normen und Werten einher. Gewiß haben Ausbreitung und Vorherrschaft der westlichen Bildung in nichtwestlichen Zivilisationen verwestlichte Eliten geschaffen, aber sie hat dort keine Wurzeln geschlagen[15], und selbst diese Eliten lassen in der Krise die westlichen Normen und Werte fallen, um zuerst sich selbst und dann – in dem hier interessierenden Fall – die Welt des Islam zu entwestlichen. Kulturelle Rückbesinnung endet in politischen Strategien für die Rückkehr zu angeblich authentischen lokalen kulturellen Wurzeln. Deshalb ist es nicht verwunderlich, daß sich unter den Führern des islamischen Fundamentalismus an westlichen Universitäten ausgebildete Akademiker finden, wie der Algerier Abbasi Madani, der an der Universität von London, und der Sudanese Hassan al-Turabi, der an der Pariser Sorbonne promovierte.

Die islamische Zivilisation verfügt gleichfalls über Anschauungen, für die sie Universalität beansprucht, aber im Gegensatz zur westlichen Zivilisation ist es ihr nicht gelungen, Globalisierungsprozesse nach ihren Vorstellungen auszulösen. Während der Bipolarität des Kalten Krieges wurden die Interessen der islamischen Zivilisation dem globalen Konflikt untergeordnet, doch im internationalen System der Zeit nach dem Kalten Krieg stehen westliche und islamische Zivilisation erneut im Wettstreit miteinander. Nach seinem eigenen Selbstverständnis besitzt der politische Islam sowohl Anspruch als auch Mandat, die islamische Zivilisation gegen den Westen zu mobilisieren und obendrein die westliche Institution des Nationalstaats zu attackieren. Dessen Bedeutung liegt, Giddens zufolge, »nicht so sehr in der Anerkennung bestimmter Staatsgrenzen als vielmehr in der Anerkennung der Authentizität des Nationalstaates als legitimen Gebieter über seine inneren Angelegenheiten«.[16]

Trug die Globalisierung des Systems der Nationalstaaten dazu bei, ein vergleichbares Legitimitätsmuster in den Regierungen und Staatsangelegenheiten nichtwestlicher Länder einzuführen? Im Unterschied zu den europäischen Nationalstaaten entstanden jene der islamischen Welt, insbesondere im Nahen Osten, weder durch die politischen Prozesse der Mobilisierung und Integration noch durch wirtschaftliche Wachstumsprozesse. Vielmehr wurden ihnen die neuen nationalstaatlichen Strukturen nach der Zerstörung der islamischen Ordnung durch den Westen aufgezwungen.[17] Aus diesem entmutigenden Hintergrund resultiert die schwache Legitimität der gegenwärtigen Institution. In den Augen islamischer Fundamentalisten sind diese Staaten *Hulul mustaurada*/importierte Lösungen. Für sie ist das »Primat des Nationalstaats als universeller politischer Form der heutigen Epoche«[18] ein unannehmbares Konstrukt, und ihre Revolte gegen den Nationalstaat fördert den Prozeß seiner Delegitimierung.

Die Legitimitätskrise[19] des Nationalstaats in der Welt des Islam ist freilich nicht durch den islamischen Fundamentalismus herbeigeführt worden. Es ist vielmehr umgekehrt: Die Legitimitätskrise ist entstanden, weil der Nationalstaat in einer fremden Zivilisation nicht Fuß zu fassen vermochte, und der Fundamentalismus ist das aus ihr resultierende Produkt; er ist als politischer Ausdruck der Krise hervorgetreten. (Tatsächlich sind diese Entwicklungen nicht auf muslimische Länder beschränkt. Die Nationalstaaten der sogenannten Dritten Welt sind im allgemeinen als »Quasi-Staaten« bezeichnet worden[20], die ich in meinen Arbeiten einfach »nominelle Nationalstaaten« nenne; siehe Anmerkung 17.) Dem ägyptischen Botschafter Tahsin Baschir zufolge können die gegenwärtigen arabischen Staaten im Nahen Osten und Nordafrika, abgesehen von Ägypten und Marokko, auch als »Stämme mit Nationalflaggen« beschrieben werden.[21] In diesem weiträumigen Kernland der Welt des Islam haben es die Nationalstaaten versäumt, die doppelte Herausforderung der Sicherung des Wirtschaftswachstums und der Errichtung von Institutionen der politischen Partizipation zu erfüllen. Es ist ihnen, kurz gesagt, nicht gelungen, Wohlstand mit Demokratie zu verknüpfen. (Zwei Staaten in Südostasien – Malaysia und Indonesien – sind trotz Asienkrise und politischer Tumulte bei weitem die einzigen islamischen Ausnahmen in dieser Beziehung.) Mit dem Verweis auf diesen Mißerfolg rechtfertigen die islamischen Fundamentalisten die von ihnen betriebene Delegitimierung des Nationalstaats in der Welt des Islam.[22] Als Alternative zur nationalstaatlichen Ordnung empfehlen sie das *Nizam Islami*/islamische System[23] (siehe Kapitel 5 und 7).

Einer der Hauptprozesse, die ich hier behandeln werde, besteht darin, daß islamische (und andere) Fundamentalisten in Verfolgung ihrer Vision der »Neugestaltung der Welt« nicht nur Wissenschaft, Familie und Bildung (siehe Anmerkung 8), sondern auch den Begriff der Ordnung für sich vereinnahmen.[24] Doch während sie den Nationalstaat als Ausdruck eines westlichen, dem Islam fremden Verständnisses von Ordnung verdammen und durch eine eigene authentische Ordnung ersetzen wollen, stiften sie Unordnung – mit möglicherweise globalen Auswirkungen.

Warum gewinnen diese Prozesse in unserer Zeit an Stärke und Bedeutung? Warum geschah dies nicht früher? Und spielt das Ende des Kalten Krieges dabei wirklich eine Rolle?

Nach dem Kalten Krieg: Zunehmende Fragmentation

Dem Beobachter weltpolitischer Entwicklungen können Auswirkungen des Endes des Kalten Krieges nicht entgehen, vor allem die Auflösung der bipolaren Struktur des internationalen Systems. Wie Horsman und Marshall in ihrer Studie *After the Nation-State* feststellen, hatten

>»die jüngsten geopolitischen Veränderungen ... extreme Auswirkungen. ... [Der] Fundamentalismus in Ländern mit einer großen islamischen Bevölkerung ... wird dazu dienen, jeden Fortschritt in Richtung auf selbst rudimentäre Formen der liberalen Demokratie zu verlangsamen. ... Es wird jetzt wohl weitaus häufiger zu Teilungen, Grenzscharmützeln und sezessionistischen Bewegungen kommen.«[25]

In der Epoche des Kalten Krieges waren regionale und lokale Konflikte wie die im Nahen Osten und in Südasien dem globalen System der Bipolarität und des Wettstreits zwischen den Supermächten untergeordnet.[26] Die beiden Supermächte dämmten die vorhandenen Konflikte effektiv ein – der iranisch-irakische Krieg 1980–1988 war eine Ausnahme – und hielten die Widersacher im Zaum. Doch die Welt hat sich seither radikal verändert, wie der langwierige, barbarische und kostspielige Balkankrieg gezeigt hat. Während des Kalten Krieges hätte ein solcher heißer Krieg nicht stattfinden können. Zwar wurden in der Zeit des Ost-West-Konflikts viele Kriege geführt, man denke nur an die arabisch-israelischen[27] und die indisch-pakistanischen Auseinandersetzungen[28], aber mit Ausnahme des iranisch-irakischen Krieges zog sich keiner von ihnen so lange hin wie der Balkankrieg.

Indem er ihre Überzeugung untermauerte, daß es zwischen dem Westen und der Welt des Islam keinen Frieden geben könne, hat der Balkankrieg den islamischen Fundamentalisten gute Dienste geleistet. In ihren Augen war er – wie schon der Golfkrieg – Beleg für einen christlichen Kreuzzug gegen den Islam.[29] Der Westen steht diesen Veränderungen machtlos und gespalten gegenüber. Im Rahmen ihres Nachdenkens über die Zeit »nach dem Nationalstaat« schreiben Horsman und Marshall:

> »Bis jetzt gibt es noch keine adäquate internationale politische Sicherheitsstruktur, um auf systematische Art und Weise mit diesen Veränderungen umzugehen. Die NATO ist in ihrem gegenwärtigen Zustand kaum von Nutzen, denn sie ist auf Bedrohungen aus dem Osten eingerichtet, nicht auf interne Auseinandersetzungen auf dem Balkan.«[30]

Noch auf politische Aktionen fundamentalistischer Bewegungen, möchte ich im Gedanken an das zitierte Interview mit dem marokkanischen König hinzufügen. Verweise auf eine sich herausbildende »Weltmacht Islam«[31] sind irreführend und nutzlos; sie verleiten nur dazu, überholte Strategien der NATO wiederaufleben zu lassen. Es ist unbedingt erforderlich, über das sicherheitspolitische Neuland nachzudenken und neue Formen des Umgangs mit den aktuellen Herausforderungen zu entwickeln.

Für die internationale Sicherheit am wichtigsten sind die Ereignisse im Zusammenhang mit der Delegitimierung des Nationalstaats in der Welt des Islam. Insbesondere im Nahen Osten weisen diese Staaten, wie Horsman und Marshall unterstreichen, »eine schlechte Bilanz in bezug auf die Menschenrechte« auf, haben »kaum Erfahrung mit dem friedlichen Wechsel von Regimen« und besitzen »nur wenige der liberalen Institutionen der Zivilgesellschaft. Viele sind von dynastischen Herrscherfamilien regierte autoritäre Regime ... oder von den Streitkräften gestützte Prätorianerregime.«[32] Der Nahe Osten ist sowohl die instabilste als auch die geopolitisch bedeutendste Region in der islamischen Welt, und ihre Instabilität zu verschärfen war und ist ein wirkungsvolles Instrument des erstarkenden islamischen Fundamentalismus. Die Fundamentalisten mögen nicht in der Lage sein, sich einen besseren Namen zu machen als die Regime, an deren Stelle sie treten oder treten wollen, aber durch deren Delegitimierung schaffen sie Unordnung und tragen zur Intensivierung der im Gang befindlichen globalen Fragmentation bei, und diese »gestaltet die Aufgabe, die politischen Systeme zum Funktionieren zu bringen, schwieriger, nicht einfacher«.[33]

Aus der Analyse der Gleichzeitigkeit von struktureller Globalisierung und kultureller Fragmentation ergibt sich die Frage, warum dieser Prozeß für das internationale System insgesamt und den Westen im besonderen von Bedeutung ist. Wieso führen der ständige Aufruhr und die Delegitimierung des nominellen Nationalstaats, die wir in der Welt des Islam beobachten, zu globaler Unordnung?

Die »islamische Erneuerung«:
Zwei Ansichten

Die umstrittene Behauptung, in der Ära nach dem Kalten Krieg trete der Islam als eine »neue Weltmacht« hervor, ist sowohl im Westen (siehe Anmerkung 31) als auch – im Rahmen ihres Strebens nach einer »islamischen Weltordnung« – von den islamischen Fundamentalisten selbst zu hören. Fred Halliday, einer der kenntnisreichsten Nahostexperten, tut sie als »Demagogie auf beiden Seiten« ab. Nach seiner Ansicht geht es bei

»der gegenwärtigen Herausforderung durch den ›Islam‹ ... nicht um zwischenstaatliche Beziehungen, sondern darum, wie diese islamischen Gesellschaften und Staaten sich selbst organisieren werden und welche Implikationen dies für ihre Beziehungen zur Außenwelt haben wird. Die Dynamik ist interner, oft auf zerstörerische Weise rückschrittlicher Natur.«[34]

Obwohl diese Bemerkung zutrifft, übersieht Halliday, daß die internationalen Beziehungen in der Ära nach dem Kalten Krieg immer weniger staatlich orientiert sind und sich trotz der formal weiterbestehenden Rolle des Staates als vermeintlichem Hauptakteur der internationalen Politik stärker auf der Ebene von Beziehungen zwischen Zivilisationen abspielen. Darüber hinaus läßt Halliday die Tatsache außer acht, daß die mit seiner Delegitimierung in der Welt des Islam beginnende Abwertung des Nationalstaats kein ausschließlich innerislamischer Vorgang ist. Vielmehr wird diese »interne Dynamik« erhebliche Auswirkungen auf die Außenwelt haben, und genau darin besteht die Herausforderung. Für Theoretiker wie David Beetham, die in allgemeine Studien zur Legitimation von Macht auch den Islam einbeziehen, stellt die Aussicht auf einen islamischen Staat, im Gegensatz zu der Reihe säkularer Nationalstaaten in der Region, eine klare Herausforderung der ausschließlich säkularen Grundlage der Legitimität in der westlichen Tradition dar.[35] Da das System globalisierter säkularer Nationalstaaten den politischen Interaktionsrahmen bildet, auf dem die internationale Ordnung beruht, muß jeder Angriff auf dieses Muster tiefgreifende Folgen für die Weltordnung selbst haben.

Man muß sich von der Ansicht verabschieden, die internationale Politik sei in unserer Zeit weiterhin grundsätzlich Staatspolitik. Halliday zum Beispiel zieht den Schluß, auch eine Machtübernahme durch islamische Fundamentalisten stelle wegen der Schwäche der islamischen Staaten keine Gefahr dar:

»Sie sind unfähig, eine gemeinsame Herausforderung zu organisieren, geschweige denn, Grenzen neu zu ziehen. ... In dieser Hinsicht ist Europa ... immun – der Strom von Arbeitsimmigranten und die Ausbreitung des Terrorismus nahöstlicher Gruppen unterscheiden sich stark von den militärischen und seeräuberischen Angriffen früherer Jahrhunderte.«[36]

Hallidays Bemühen, die westliche Öffentlichkeit über die »Demagogie der islamischen Bedrohung« aufzuklären, ist anerkennenswert, und ich teile seine aufrichtigen Motive von ganzem Herzen. Es läßt sich nicht übersehen, daß im Westen ein Anti-Islamismus im Entstehen ist, der zum Teil in der Wiederbelebung archaischer Ängste vor dem Islam begründet ist, worauf Halliday mit dem Hinweis auf die »seeräuberischen Angriffe« früher islamischer Eindringlinge in Europa und die späteren, von der nordafrikanischen Berberküste ausgehenden Beutezüge anspielt. Aber die notwendige Belehrung der westlichen Öffentlichkeit entlastet den Analytiker nicht von der ebenso notwendigen Pflicht, sich mit den *wirklichen* Gefahren auseinanderzusetzen. Es *gibt* eine Herausforderung, und die läßt sich nicht auf die Beobachtung reduzieren, daß »ethnische und kommunitäre Bewegungen, die muslimische Interaktion mit Nichtmuslimen zum Gegenstand haben«, zunehmend dazu neigen, »eine islamistische Form anzunehmen«.[37]

Die Auswirkungen dieser Tendenz beschränken sich nicht darauf, daß jene, »die an den Grenzen der islamischen Welt leben, … in den kommenden Jahren mit vielen Schwierigkeiten konfrontiert sein werden«, wie Halliday ausführt. Vielmehr wird es zu Konflikten kommen, die sowohl lokal wie auch regional und in den seltensten Fällen einfach nur auf den Staat bezogen stattfinden werden. Gelöst werden können sie durch die »Stärkung von Demokratie und politischer Toleranz«, wie Halliday selbst richtig betont. Für islamische Fundamentalisten gehört die Lösung dieser Konflikte jedoch nicht zu ihren Prioritäten; im Gegenteil, sie ist eines der Ziele ihres Zerstörungsprogramms.

Ali Benhadj, einer der Führer der algerischen *Front Islamique du Salut*/Islamischen Heilsfront (FIS), verdammt die Demokratie unmißverständlich als *Kufr*/Unglauben.[38] Ein anderer führender Fundamentalist, der an der Sorbonne promovierte Jurist Hassan al-Turabi, der als Chefideologe der islamischen Fundamentalisten im Sudan dient, hat die individuellen Menschenrechte als »Import aus dem Westen«, für den Muslime »keine Verwendung« hätten, abqualifiziert.[39]

Der politische Islam als Spielart
des Fundamentalismus

In diesem Buch konzeptualisiere ich den politischen Islam als
»Fundamentalismus«. Doch gerechterweise muß gefragt werden,
ob diese Einschätzung zutrifft. Halliday hält den Begriff für »irreführend« (siehe Anmerkung 34), und er steht damit nicht allein.
Im Gegensatz zu ihm verkennen jedoch andere Autoren, auch
wenn sie mit ihm in der Ablehnung des Begriffs übereinstimmen,
nicht die globale Bedeutung des Phänomens. Der Einsatz der Religion zur Entfachung von Konflikten in den internationalen Beziehungen ist eine sehr ernst zu nehmende Neuerung in der gegenwärtigen Weltpolitik. Mark Juergensmeyer spricht angesichts
der Konfrontation des säkularen Staats durch religiöse Gruppen
von einem »Neuen Kalten Krieg«. Die Sehnsucht nach einer »einheimischen Form religiöser Politik, die vom Makel der westlichen
Kultur frei ist, wurde ausgedrückt von … Vertretern unterschiedlicher Glaubensrichtungen überall auf der Welt«.[40] Zwar ist diese
Sehnsucht nicht neu, aber die Rolle, die sie in der internationalen
Politik zu spielen beginnt, ist es, und Juergensmeyer hebt hervor,
daß nur das Ende des Kalten Krieges diesem »Neuen Kalten
Krieg« den Weg ebnen konnte. Wie er schreibt, ist die

> »neue Weltordnung, die an die Stelle der bipolaren Mächte des
> alten Kalten Krieges tritt, nicht nur durch den Aufstieg neuer
> ökonomischer Kräfte, den Zerfall alter Imperien und die Dis-
> kreditierung des Kommunismus gekennzeichnet, sondern auch
> durch die Wiederbelebung parochialer, auf ethnischen und re-
> ligiösen Bindungen beruhender Identitäten«.[41]

Die vom Westen als ein vielversprechendes neues Zeitalter ent-
worfene »Neue Weltordnung« – man denke nur an Francis Fu-
kuyama und den früheren US-Präsidenten George Bush – ist
etwas ganz anderes, und ihre Rhetorik braucht nicht ernst genommen zu werden; sie wird lediglich als Reaktion auf die Realitäten

einer neuen Weltunordnung propagiert, die aus der »Konfrontation des säkularen Staates« folgt, wie Juergensmeyer zutreffend bemerkt. Er zieht es allerdings vor, die neue Herausforderung nicht als Fundamentalismus zu bezeichnen, sondern als »religiösen Nationalismus«, wofür er drei Gründe nennt: erstens »der Begriff Fundamentalismus ist weniger beschreibend als anklagend«; zweitens »Fundamentalismus ist eine ungenaue Kategorie für Vergleiche zwischen Kulturen«; und drittens gehe es beim Fundamentalismus um Haltungen, »die allein von religiösen Überzeugungen bestimmt sind, und nicht von einem umfassenden Interesse am Zustand der Gesellschaft und der Welt«.[42]

Das Fundamentalismusprojekt der Amerikanischen Akademie der Wissenschaft und Künste, an dem ich beteiligt war[43], hat dazu beigetragen, durch überregionale und interdisziplinäre Forschungen alle drei von Juergensmeyer erhobenen Einwände gegen den Begriff Fundamentalismus als unberechtigt zu verwerfen. So wichtig es ist, die ungenaue und effekthaschende Verwendung des Begriffs durch die Medien, durch die er derart aufgeladen wurde, zu überwinden, so klar ist auch, daß es dem Fundamentalismus eben um die Politisierung der Religion geht. In diesem Sinne befürworte ich die strikte Unterscheidung zwischen dem *Islam als religiösem Glauben*, zu dem ich selbst mich bekenne, und dem *islamischen Fundamentalismus als politischer Ideologie*, die auf einer ebenso selektiven wie willkürlichen Politisierung der Religion beruht. Bei dem Fundamentalismusprojekt gelangten wir zu dem Schluß, daß der Fundamentalismus ein globales Phänomen darstellt, das in allen Weltreligionen anzutreffen ist.[44] Wird die weltpolitische Perspektive auf die islamisch-westlichen Beziehungen beschränkt, kann es leicht passieren, daß für manche Beobachter die Diskussion über den Fundamentalismus einen anklagenden Charakter annimmt. Dieser verengte Diskurs stellt jedoch weder den Bezugsrahmen dieses Buches noch seinen Gegenstand dar. Vorurteile in der internationalen Politik sind ein wichtiges Forschungsfeld, aber nicht dasjenige, mit dem wir uns hier befassen wollen.

Weiterhin führten Spezialisten für Regionalstudien *(area studies)* im Zuge des Fundamentalismusprojekts eine vergleichende Untersuchung über Fundamentalismen in *allen* Weltreligionen durch. Dabei zeigten sie auf, daß der Begriff des Fundamentalismus, so wie ich ihn hier interpretiere, den richtigen Rahmen für kulturübergreifende Vergleiche abgibt. Und schließlich geht es im Fundamentalismus nicht um religiöse Überzeugungen, sondern um sozio-politische Weltanschauungen (siehe Anmerkung 43), das heißt um ein umfassendes Interesse am Zustand von Staat, Gesellschaft und Weltpolitik, auch wenn es sich in religiösen Symbolen artikuliert.

Wie Scott Appleby und Martin Marty, die beiden Leiter des Fundamentalismusprojekts, darlegen, haben dessen Forschungen gezeigt, daß die

»Personen und Gruppen, die heute als Fundamentalisten bekannt sind, aus verschiedenen Regionen dieser Welt stammen, sich auf verschiedene heilige Bücher stützen beziehungsweise unterschiedliche Interpretationen desselben heiligen Buchs vertreten oder anstelle eines heiligen Buchs einer ehrwürdigen Tradition folgen«.[45]

Dabei sehen sie sich selbst als »Akteure in einem eschatologischen Drama, das sich im Geist Gottes entfaltet und den Lauf der menschlichen Geschichte bestimmt« (ebd., S. 819).

Obwohl sie die Religion pragmatisch einsetzen, ist der Kontext eher politisch als religiös und bezieht sowohl die lokale als auch die globale Politik mit ein. Die Fundamentalisten

»bestätigen die alten Lehren, heben sie geschickt aus ihrem ursprünglichen Kontext heraus, schmücken sie aus, institutionalisieren sie und verwenden sie als *ideologische Waffen gegen eine feindselige Welt.* ... [Indem] sie derart die Welt umformen, demonstrieren die Fundamentalisten *eine größere Affinität zum Modernismus als zum Traditionalismus*« (ebd., S. 826 f.).

73

Und schließlich ist der Fundamentalismus *nicht* Ausdruck einer religiösen Erneuerung, sondern die Verkündung einer neuen Ordnung, denn die

> »Fundamentalisten wollen die vorhandenen Strukturen durch ein umfassendes System ersetzen, das aus religiösen Prinzipien erwächst und Recht, Politik, Gesellschaft, Wirtschaft und Kultur umfaßt. ... [Der] Fundamentalismus enthält einen totalitären Impuls« (ebd., S. 824).

Um es zu wiederholen, Fundamentalisten sind Modernisten, keine Traditionalisten. Sie sehen die Tradition im Licht der Moderne und wählen aus beiden einzelne passende Elemente aus, um ihr Konzept der politischen Ordnung voranzubringen, sei es lokal wie im Fall von Hindustan, dem Hindu-Indien, oder global wie bei dem *Nizam Islami*/islamischen System, das – der Rhetorik zufolge – die ganze Welt umfassen soll (siehe Kapitel 5 und 7). *Dar al-Islam*/das Haus des Islam ist identisch mit *Dar al-salam*/dem Haus des Friedens, jedoch nur unter dem Banner des Islam.[46] Kurz gesagt, Fundamentalisten erhalten durch die verfehlte Politik der säkularen Regime Auftrieb und stellen im nächsten Atemzug den Nationalstaat als solchen in Frage. In der Wirklichkeit führt die göttliche Ordnung, die ihnen als alternatives Modell vorschwebt, allerdings zu Unordnung, wenngleich dies nicht ihre Absicht ist.

Die entstehende innere Unordnung – in Algerien zum Beispiel – ist wahrhaft eine »Herausforderung für die muslimischen Völker selbst«, wie Halliday richtig anmerkt. Aber wie kann diese Herausforderung auf die Völker einer Zivilisation beschränkt sein, zu der immerhin 1,3 Milliarden Menschen gehören, die in fünfundfünfzig Staaten die Mehrheit und in vielen anderen eine bedeutende Minderheit stellen? Wie können solche tiefgreifenden Veränderungen – Unruhe und Aufruhr – in der Welt des Islam ohne Auswirkungen auf die Außenwelt bleiben? Trotzdem befindet Halliday, die Herausforderung durch den »Islamismus«, wie er den Fundamentalismus nennt, beziehe sich »nicht auf die nicht-islamische Welt«.

Fundamentalisten politisieren die Religion und fragmentieren Loyalitäten. »Der Prozeß kann leicht in Gewalttätigkeit ausarten. Insgesamt wird die Bewahrung der internationalen Ordnung in einer Zeit der fragmentierten Loyalitäten nicht einfach sein.«[47] Was wir nach dem regionalen Niedergang des Nationalstaats heute schon erleben, scheint der Beginn einer neuen Weltunordnung zu sein, die das herbeiführt, was bereits als »kommende Anarchie« bezeichnet wurde.[48]

Angesichts der unzureichenden Unterscheidung zwischen Islam und islamischem Fundamentalismus in den westlichen Medien ist es wichtig, nicht nur klar zwischen beiden zu differenzieren, sondern auch deutlich zu machen, daß der Fundamentalismus kein auf die islamische Welt beschränktes Phänomen ist. Als globales Phänomen tritt es auch in anderen Zivilisationen auf. Nach den vom Ende des Kalten Krieges ausgelösten Veränderungen muß vom Beginn einer neuen Epoche der Weltpolitik gesprochen werden, in der neue Phänomene auftauchen, während alte sich wandeln und größeres Gewicht gewinnen. Zu diesen Phänomenen gehört die Politisierung der Weltreligionen. Obwohl die Art dieser Politisierung aufgrund der konkreten Umstände von einer Zivilisation zur anderen variiert, wird dieses neue Phänomen allgemein als Ausdruck von religiösem Fundamentalismus charakterisiert.

Aufgrund meiner Untersuchungen des Fundamentalismus in verschiedenen Regionen der islamischen Welt (im Nahen Osten, Nord- und Westafrika, Zentral- und in jüngster Zeit auch Südostasien) bin ich zu dem Schluß gelangt, daß der Aufstieg miteinander konkurrierender politischer Religionen, die von verschiedenen ethnischen Identitäten geprägt sind, eines der hervorstechenden Merkmale unseres Zeitalters ist, das uns bis weit ins nächste Jahrhundert begleiten wird. Der Zerfall des Kommunismus im Osten und die Sinnkrise im Westen haben nichtwestlichen Zivilisationen – vor allem dem Islam – die Möglichkeit eröffnet, die westliche Moderne und die Dominanz des Westens herauszufordern.

Die Konfrontation zweier Universalismen: Ein »Zusammenprall der Zivilisationen«?

Meiner Ansicht nach ist der Islam aus einem einfachen Grund zum größten Herausforderer des Westens geworden, und zwar weil die islamische Perspektive im Gegensatz etwa zum Hinduismus nicht auf nationale oder regionale Grenzen beschränkt ist. Darin gleicht der Islam der westlichen Zivilisation insofern, als auch sein Anspruch und seine Zielsetzung universell sind. Daher ist es kein Wunder, daß der Islam und der Westen häufiger aneinandergeraten als andere konkurrierende Zivilisationen. Doch anders als die westliche Zivilisation ist der Islam trotz seiner universellen Natur nicht in der Lage gewesen, die *Da'wa*/islamische Mission in der gesamten modernen Welt zu verbreiten. Im Verlauf des Globalisierungsprozesses, der im Zuge der europäischen Expansion stattfand, hat sich die westliche Zivilisation als durchsetzungsfähiger erwiesen und den Islam in schwere Bedrängnis gebracht. Zeitgenössische Muslime haben das Gefühl, daß der Westen dem Islam seine Hauptfunktion genommen hat, nämlich die Menschheit zu führen. Wer mit den Äußerungen muslimischer Fundamentalisten vertraut ist und die Schriften von Sayyid Qutb und Abu al-A'la al-Maududi gelesen hat, weiß, daß diese politische Bewegung nicht einfach aus der Sehnsucht nach vergangenem Ruhm entsteht oder lediglich, um eine politische Revolte gegen die Vorherrschaft des Westens zu entfachen. In Wirklichkeit *konkurriert* das von diesen Fundamentalisten vertretene Konzept der Weltordnung mit dem westlichen Universalismus. Ich pflichte Halliday darin bei, daß den islamischen Fundamentalisten die Möglichkeiten fehlen, ihre Vorstellungen in großem Rahmen durchzusetzen, aber ihre Vision erschöpft sich nicht in Rhetorik, und sie sind heute bereits in der Lage, erhebliche Unordnung zu stiften.

Um dies zu verdeutlichen, möchte ich es anhand bedeutender politischer Ereignisse erläutern. Viele Muslime und sogar der CIA-Analytiker Anthony Arnold sind der Ansicht, der Islam habe wegen der Folgen des Afghanistankrieges einen Anteil am Zusammenbruch des Kommunismus gehabt.[49] Diese Muslime fragen sich seither, warum es nun nicht auch möglich sein sollte, den Westen zu besiegen. Sie haben diese Frage im Golfkrieg gestellt, und sie stellen sie weiterhin, obwohl der Krieg mit einer islamischen Niederlage endete. Indem Saddam Hussein ihn als »*Djihad*/Heiligen Krieg« bezeichnete und damit behauptete, im Namen des Islam gegen den Westen zu kämpfen, sicherte er sich die Unterstützung der meisten fundamentalistischen Bewegungen der muslimischen Welt. Im Westen sind sich nur wenige bewußt, daß der Golfkrieg für die meisten Muslime außerhalb des Westens eine Auseinandersetzung zwischen ihrer eigenen Zivilisation und der des Westens gewesen ist. Noch Jahre nach Kriegsende vertreten Muslime in Büchern und Artikeln diese Auffassung, was die Beobachtung bestätigt, daß die meisten Muslime weiterhin dafür einstehen, daß der Golfkrieg ein »Kreuzzug des Westens« gegen ihre eigene Zivilisation war. Der Krieg in Bosnien wurde – wie ich bereits angedeutet habe – in der islamischen Öffentlichkeit als Fortsetzung dieses »Kreuzzugs« verstanden. Obwohl diese Einschätzung in beiden Fällen der Realität widerspricht, genügt sie doch, den Ruf nach einem *Djihad* laut werden zu lassen, der nicht als eigene Initiative, sondern als die islamische *Antwort* auf eine mächtige äußere Bedrohung angesehen wird.

Diese Projektion der klassischen Geschichte des islamischen *Djihad* und der christlichen Kreuzzüge auf die zeitgenössische Politik zielt auf die Frage ab, wer nach dem Zerfall des kommunistischen Blocks die Welt führen soll. Damit wird eine Verknüpfung hergestellt zwischen dem Zusammenbruch des Kommunismus, dem Ende des Kalten Krieges und dem neuen Gewicht, das der *Djihad*-Doktrin von den islamischen Fundamentalisten nach dem Golfkrieg beigemessen wird.[50] Daß letzterer mit einer vernichtenden militärischen Niederlage endete, spielt keine Rolle.

Vielmehr hat es den Anschein, als hätte der Westen den Golfkrieg zwar militärisch gewonnen, politisch aber verloren. Wissenschaftler der Internationalen Beziehungen, die die internationale Politik nur im Rahmen zwischenstaatlicher Beziehungen begreifen, können weder dieses Phänomen noch den darin zum Ausdruck kommenden »Zusammenprall der Zivilisationen« nachvollziehen. In jüngster Zeit hat die von dem Harvard-Professor Samuel P. Huntington ausgelöste Debatte über diesen Zusammenprall – trotz aller bedauerlichen Mängel und Mißverständnisse – bei vielen, die sich mit den internationalen Beziehungen befassen, einen begrüßenswerten Wechsel der Perspektive bewirkt. Bisher wurden »Kultur« und »Zivilisation« von den auf den »Staat« fixierten Forschern auf dem Gebiet der Internationalen Beziehungen als Themen meistens ignoriert.

In diesem Zusammenhang habe ich vorgeschlagen, den Fundamentalismus als eine Ideologie zu betrachten, die zu dem beiträgt, was ich als »Krieg der Zivilisationen« bezeichne. Mit »Krieg« meine ich eben keinen militärischen Konflikt, sondern eine Auseinandersetzung zwischen Weltanschauungen als unterschiedlichen Bezugsrahmen im Umgang mit Politik. Aber es ist nicht der *Begriff*, der zählt; in Frankreich wird derselbe Vorgang in der von mir verwendeten Bedeutung *intégrisme* genannt. Was zählt, ist, daß in einigen dieser Fälle die Religion durch eine Politisierung von Weltanschauungen mit unterschiedlichen Nationalismen verbunden wurde. Der serbisch-orthodoxe Fundamentalismus zum Beispiel, der das orthodoxe Christentum politisiert hat[51], verfolgt in Wirklichkeit eine nationalistische Strategie, wenn auch im religiösen Gewand. Daher erscheint der jeweilige Konflikt als lokale Angelegenheit, bei der es um das erklärte politische Ziel geht, auf dem Balkan ein »Großserbien« oder in Indien ein »Hindustan« als Hindu-Staat zu errichten. Wenngleich man ähnliche Verknüpfungen von Religion und Politik auch in anderen lokalen Kulturen und Zivilisationen findet, scheint es mir nicht angemessen zu sein, dieses Phänomen allgemein als »religiösen Nationalismus« zu bezeichnen. Meiner Ansicht nach ist »Fundamentalismus« der passendere Begriff für die politisierte Weltsicht konkurrierender Zivilisationen.

Im Fall des Islam geht es in der Tat nicht um die »Nation« – im Sinne der gegenwärtigen nationalen Grenzen. Die Neubelebung der islamischen Idee der *Umma* als »universeller islamischer Gemeinschaft« unterscheidet sich grundlegend von der säkularen Idee der *Umma* als »Nation«. Tatsächlich ist das Denken und Handeln der gegen die westliche Weltordnung opponierenden islamischen Revivalisten *gegen* die Institutionen des Nationalstaats und die heimischen muslimischen Eliten gerichtet, die an deren Spitze stehen. Das heißt, islamische Fundamentalisten werfen ihren Herrschern vor, Erfüllungshilfe für westliche Strategien zu leisten, die darauf abzielen, die universelle *Umma* in eine Vielzahl säkularer Nationen nach dem Modell des westlichen Nationalstaats aufzuspalten (siehe Anmerkung 22). Noch einmal: Der Begriff des »Fundamentalismus« scheint mir diese ideologische Haltung am adäquatesten wiederzugeben, da er auf der Ebene der Zivilisation die Politisierung der betreffenden Religion umfaßt. Doch die fundamentalistische Herausforderung hat viele Gesichter, und ihre Ideologie ist nicht monolithisch, weshalb das angeführte Fundamentalismusprojekt stets von »Fundamentalismen« im Plural spricht.

Da mein Schwerpunkt nicht auf den tagespolitischen Ereignissen liegt, die im Zusammenhang mit dem politischen Islam stehen, fehlen in diesem Buch Studien über einzelne Regionen. Es ist nicht meine Absicht, die Sensationsmeldungen der Medien und des populären Schrifttums, denen wir ständig ausgesetzt sind, aufzubereiten. Mein Interesse gilt vielmehr dem islamischen Fundamentalismus als zentralem Thema der Weltpolitik. Die von ihm geschaffene Unordnung könnte im kommenden Jahrzehnt eine deutliche Veränderung des Charakters des internationalen Systems zur Folge haben. Wie in Kapitel 3 näher erläutert, war der Golfkrieg, eines der aufregendsten Ereignisse für Fernsehzuschauer, aus islamischer Sicht eine Auseinandersetzung zwischen der Formel von einer »Neuen (westlichen) Weltordnung« und der angestrebten islamischen Weltordnung. Mit George Bushs Wahl-niederlage von 1992 verschwand seine eher einfältige Vision einer »Neuen Weltordnung« in der Versenkung. Geblieben aber ist die islamische Idee eines *Nizam Islami*/islamischen Systems, das der politischen Welt eine neue Gestalt geben will. Die Vision einer islamischen Weltordnung ist ein langfristiges Ziel, das *nicht* auf staatlicher Politik, sondern auf Mehrheitsoptionen politisch akti-ver Mitglieder der muslimischen Gemeinschaft beruht. Diesen Optionen liegen nicht die existierenden islamischen Staaten, son-dern die *Umma* zugrunde. Dazu steht auch nicht im Widerspruch, daß den islamischen Fundamentalisten nach der Überwindung der derzeitigen staatlichen Strukturen die Errichtung eines »isla-mischen Staats« vorschwebt. Dementsprechend wird es nicht die von den Saudis dominierte Gemeinschaft islamischer Staaten, die sich in der *Organization of the Islamic Conference* (OIC) zusam-mengefunden hat, sein, die diese Art der Herausforderung formu-liert.[52]

Erkennen wir die Herausforderung, die sich aus der politisier-ten Auffassung der *Umma* ergibt, so verstehen wir auch, daß der »Zusammenprall der Zivilisationen« über geographische und staatliche Grenzen hinausgeht. Zusätzlich kompliziert wird die Lage durch die zunehmende Migration aus der islamischen Welt in den Westen, nach Europa wie nach Amerika gleichermaßen. John Kelsay formuliert es in seinem Buch *Islam and War* wie folgt:

»Die Traditionen, die wir ›westlich‹ und ›islamisch‹ nennen, können nicht mehr mit bestimmten geographischen Regionen identifiziert werden.... Die Schnelligkeit der muslimischen Mi-gration ... deutet darauf hin, daß wir bald nicht mehr nur vom Islam *und* dem Westen, sondern vom Islam *im* Westen sprechen müssen.«[53]

In Westeuropa und den USA agierende islamische Fundamentali-sten fordern unter Berufung auf den Multikulturalismus und einen instrumentellen Gebrauch der westlichen liberalen Toleranz im Namen des *Kommunitarismus* bereits Ghettorechte für islamische Minoritäten ein.[54] Damit erweisen sie dem Islam – als Religion – und seiner demokratischen Einbeziehung in die westlichen Demokratien einen Bärendienst, doch das stört sie wenig. Daß der islamische Fundamentalismus eine politische Ideologie und kein rein religiöses Phänomen darstellt, zeigt sich auch in der geringen Beteiligung von Fundamentalisten an den theologischen Debatten. Ich stimme mit dem französischen Autor Jean François Revel darin überein, daß der islamische Fundamentalismus gerade deshalb die bedenklichste Herausforderung der säkularen Demokratie ist, weil seine Vertreter erklärtermaßen die Säkularität durch eine göttliche Ordnung ersetzen wollen.[55] Die von den meisten Fundamentalisten vertretene Idee der *Hakimiyyat Allah*/Gottesherrschaft stellt nicht weniger dar als die Vision einer totalitären Herrschaft[56] – schändlicherweise ausgeübt im Namen Gottes. Kenner des Islam wissen, daß diese Idee neueren Datums ist und weder im Koran noch im *Hadith*/der Überlieferung des Propheten zu finden ist, den einzigen autoritativen Quellen des Islam, die von allen Muslimen anerkannt werden. Wiederum erweist sich, daß der Islam als *Glaube* etwas völlig anderes ist als die zeitgenössische *politische Ideologie* des Fundamentalismus. Da ich in Deutschland in diesem Punkt häufig absichtlich mißverstanden worden bin, muß ich zum wiederholten Mal betonen, daß meine Kritik *nicht* gegen den Islam als Glauben, zu dem ich selbst mich bekenne, sondern gegen die Ideologie des Fundamentalismus gerichtet ist. Was nur wenige im Westen verstehen, ist, daß die im westlichen Exil agierenden islamischen Fundamentalisten sich als die wahren Sprecher des Islam präsentieren und jede Kritik an ihren totalitären Ansichten abschmettern, indem sie ihren Kritikern bewußt eine antiislamische Haltung vorwerfen.

Ich vertrete die Forderung nach einem echten, mehr politischen als interkonfessionellen islamisch-christlich-jüdischen Dialog als Weg zum Frieden im neuen Jahrhundert und Jahrtausend. Die jüdisch-palästinensischen Friedensgespräche sind ein solcher Dialog, der von den Fundamentalisten beider Seiten abgelehnt wird. Deshalb wende ich mich gegen jeden Versuch, Religionen zu politisieren, um sie als Waffen beim »Zusammenprall der Zivilisationen« einzusetzen.

Darüber hinaus setze ich mich für eine auf Demokratie und Menschenrechten beruhende internationale Moralität ein, die von allen Religionen geteilt werden kann, weshalb ich die westliche Vorherrschaft und den Anspruch auf eine islamische Hegemonie gleichermaßen mißbillige. In den abschließenden Kapiteln 9 und 10 werde ich auf diese Themen zurückkommen.

Wenn die Menschheit nicht in den Geboten internationaler Moralität einen gemeinsamen Nenner findet, wird unsere Welt Schauplatz einer neuen Weltunordnung sein. Zumal in Krisenzeiten ist es beunruhigend, zu beobachten, wie die Anziehungskraft des religiösen Fundamentalismus in allen Zivilisationen wächst. Manche Experten in internationalen Sicherheitsfragen, wie der kenntnisreiche Albert Wohlstetter von der Universität von Chicago, meinen, daß Bosnien ein Miniaturmodell künftiger internationaler Konflikte überall auf der Welt darstelle, und auch heute, da der Krieg in Bosnien vorüber zu sein scheint, stellt Wohlstetters Szenario eine erschreckende Aussicht für das kommende Jahrhundert dar. Doch obwohl die Anzeichen der neuen Weltunordnung bereits zutage treten, könnte es der Menschheit noch gelingen, diese Entwicklung aufzuhalten. Die Kritik am religiösen Fundamentalismus ist ein Beitrag dazu.

II

Das Studium des islamischen Fundamentalismus: Gegenstand und Reichweite der Untersuchung

Der religiöse Fundamentalismus wird hier nicht als spiritueller Glaube, sondern als politische Ideologie gedeutet, die auf der Politisierung der Religion zu sozio-politischen und wirtschaftlichen Zwecken beruht und das Ziel verfolgt, eine göttliche Ordnung zu errichten. Diese Ideologie ist per definitionem in dem Sinne exklusiv, daß sie abweichende Meinungen bekämpft, insbesondere jene säkularen Ideen, die der Verknüpfung der Religion mit der Politik im Wege sind. Demzufolge sind die Fundamentalismen ihrem Wesen nach absolutistisch, und sie scheinen an der Jahrhundertwende der Weltpolitik ihren Stempel aufzudrücken.

Religion, Fundamentalismus und Zivilisationen

Für Fundamentalisten ist Religion Ausdruck einer göttlichen Ordnung, die unserer säkularen Ordnung schematisch gegenübergestellt wird. Aus dieser Perspektive ersetzt die Gottesherrschaft das Konzept, dem zufolge die Menschheit sich selbst regieren kann. Daraus geht klar hervor, daß der Fundamentalismus nicht einfach nur vormoderne religiöse Weltanschauungen wiederbelebt, sondern vielmehr auf die praktische Politik ausgerichtet ist. Religiöse Fundamentalisten debattieren nicht in Intellektuellen-Klubs, noch lassen sie sich auf theologische Kontroversen ein. Sie sind Ideologen und politische Aktivisten, denen es vor allem um politische Macht geht. Zudem ist der religiöse Fundamentalismus nicht auf den Islam beschränkt, sondern – wie jeder aufmerksame Beobachter politischer Ereignisse rund um die Welt erkennen wird – ein globales Phänomen. Der Einsatz der Religion für politische Zwecke kann in allen großen Weltreligionen beobachtet werden, im Hinduismus ebenso wie im Buddhismus, Konfuzianismus, Christentum und Judentum.[1]

Die anthropologische Theorie betrachtet Kultur als Ausdruck einer sozialen Sinnstiftung innerhalb eines spezifischen lokalen Bezugsrahmens.[2] Manche Religionen umschließen mehrere Kulturen, sind aber auf eine einzige geographische Region begrenzt, wie im Fall der Hindu-Zivilisation in Südasien, die weder eine Mission für die gesamte Menschheit noch einen universellen Anspruch besitzt. Abgesehen vom Judentum, pflegen jedoch alle monotheistischen Religionen einen universellen Anspruch und verstehen ihre Lehre als absolute Wahrheit für die gesamte Menschheit.[3] Werden diese Religionen politisiert, entwickeln sie Ideologien eines politischen Universalismus, die auch ein Konzept der Weltordnung enthalten können. Um es durchzusetzen, beabsichtigen diese politisierten Religionen, die lokalen Kulturen ihres Kerngebiets zu vereinen, und bilden auf diese Weise eine breitere *Zivilisation*, was zugleich ihre Fähigkeit vergrößert, die Außenwelt im Sinne ihrer neoabsolutistischen Vision umzuformen. Zwar nicht der Islam als Religion, aber der Islamismus als politische Ideologie bietet ein hervorragendes Beispiel dafür.

In der modernen Welt, die wie die Welt vergangener Zeiten durch kulturelle Vielfalt geprägt ist, suchen Regionen oder Weltanschauungen ein zivilisatorisches Bewußtsein zu entwickeln, indem sie verwandte lokale Kulturen politisch zusammenfassen. In diesem Kontext rücken religiöse Fundamentalismen als Ausdruck politischer Ideologien in den Vordergrund. Indem sie eine Weltanschauung einführen, die ein bestimmtes, auf der Religion beruhendes Verständnis der Welt darstellt, liefern sie Gründe dafür, Bruchbeziehungsweise Frontlinien zu konkurrierenden Zivilisationen zu ziehen. In dieser Hinsicht ist der religiöse Fundamentalismus keine Strategie zur Festigung des Friedens zwischen lokalen Kulturen und regionalen Zivilisationen, sondern eine Ideologie zum Entfachen von Konflikten.

Ungeachtet dieser Bruchlinien muß die Menschheit versuchen,

zwischen Zivilisationen Brücken zu errichten und keine Mauern. Man muß über den Nationalstaat hinausschauen, um zu verstehen, wie Zivilisationen funktionieren und aufeinander einwirken, und es ist wichtig, festzustellen, wovon das Identitätsgefühl der Menschen und die daraus erwachsenden Bindungen tatsächlich bestimmt werden. In den Kapiteln 5 und 6, besonders aber in Kapitel 6, werde ich zeigen, wie wenig der moderne Staat für die meisten Menschen in nichtwestlichen Zivilisationen zur Identitätsfindung beiträgt. Sie finden den identitätsstiftenden Rahmen in ihren lokalen Gemeinschaften, das heißt in ihrer Ethnizität. Diese Identifikation spielt sich auf lokaler oder regionaler Ebene ab, wobei der Bezug auf die subsumtive Zivilisation erst in zweiter Linie von Bedeutung ist.[4] Die Begegnung mit einer anderen Zivilisation läßt im allgemeinen die Vorstellung aufkeimen, es mit Wesensfremdem zu tun zu haben. In Syrien, dem Land, aus dem ich stamme, und den Dutzenden anderer Länder in Asien und Afrika, in denen ich in den letzten zwanzig Jahren gelebt und gearbeitet habe, bin ich nur wenigen Menschen begegnet, die sich – als Bürger – mit dem existierenden Staat identifiziert haben. Für gewöhnlich wenden sich die Menschen anderen Identitätsmerkmalen zu. Die vorhandenen Staaten empfinden sie als oberflächlich und aufgezwungen. Diesem Verständnis liegt die Tatsache zugrunde, daß die neuen Nationalstaaten nur nominelle Gebilde sind, denen die Substanz des modernen Staats – wie er zum Beispiel für Europa typisch ist – fehlt. Sie gebieten über keine große Loyalität, da sie keine wirkliche Identifikation als Grundlage substantieller Staatsbürgerschaft ermöglichen.[5]

Unter diesen Umständen empfinden sich die Menschen auf lokaler Ebene als Angehörige kommunitärer Gruppen, die gleichermaßen konfessionell wie ethnisch geprägt sind. Im größeren Zusammenhang verstehen sie sich als Araber und Muslime, aber nicht als Bürger irgendeines Staats – es sei denn, sie werden formell gebeten, ihren Paß vorzuzeigen. Die in einem solchen Umfeld agierenden religiösen Fundamentalisten verfolgen eine Doppelstrategie: Einerseits berufen sie sich auf den jeweiligen zivilisatorischen Bezugsrahmen, um sich kollektiv von der Außenwelt abzugrenzen; andererseits mobilisieren sie in ihrer konkreten Gemeinschaft Verwandtschaft und ethnische Bindungen. Das beste Beispiel dafür ist Afghanistan mit seinen *Mudjahidin*, in der Vergangenheit ebenso wie in der Gegenwart. Die *Mudjahidin* sind die Krieger, die nach der Invasion Afghanistans gegen die sowjetischen Truppen kämpften. Es gab sieben Hauptgruppen afghanischer *Mudjahidin*, die sich zu einer fundamentalistischen Streitmacht gegen den russischen Feind zusammengeschlossen hatten. Nach dem Rückzug der Sowjets haben sie sich jedoch in ethnische Gruppen aufgesplittert, die einander in einem endlosen Krieg befehden, der uns auch in den kommenden Jahren begleiten wird. Die aus dem Stamm der Paschtunen hervorgehenden Taliban können bedingt als ethnische Fundamentalisten bezeichnet werden.

Wie der Fall Afghanistan zeigt, neigen ethnische Loyalitäten dazu, die ganzheitlichen fundamentalistischen Anschauungen zu untergraben. Die Kluft zwischen den Ethnien schließt sich nur, wenn eine vereinende äußere Bedrohung auftaucht. Während der sowjetischen Invasion führten die afghanischen *Mudjahidin* ihren heiligen Krieg mit einer Erbitterung, als wären sie die vereinten Kämpfer Allahs, doch heute schlachten sie sich traurigerweise als ethnische Krieger gegenseitig ab.[6] Auf globaler Ebene erlaubt der zivilisatorische Bezugsrahmen dem islamischen Fundamentalismus, sich im Fall einer äußeren Bedrohung an die gesamte islamische *Umma* von 1,3 Milliarden Muslimen zu richten. Das afghanische Beispiel hat jedoch vor Augen geführt, daß diese Machtbasis von konfessionellen und ethnischen Differenzen auf lokaler und nationaler Ebene ausgehöhlt wird. Aus diesem Grund versagen die fundamentalistischen Bewegungen so oft bei dem Versuch, die von ihnen geforderte göttliche Ordnung zu errichten. Ihre Aktionen schaffen mehr Unordnung als Ordnung. Nur unter dem Druck einer tatsächlichen oder unterstellten äußeren Bedrohung gelingt es ihnen, ihre Kräfte zu vereinen, und sie sind sich daher auch nicht zu schade, eine solche zu erfinden.

Religiöse Fundamentalismen verknüpfen ein vormodernes

Empfinden mit der Instrumentalisierung der Moderne – zum Beispiel durch den Gebrauch moderner Waffen und Technologien –, weshalb ich die Politisierung der Religion als größte Herausforderung der kulturellen Moderne und ernsteste Bedrohung der Stabilität unserer Welt betrachte. In unserem Zeitalter kann der Weltfrieden nur als Frieden zwischen Zivilisationen geschaffen werden, und weil wir es mit einem globalen Phänomen zu tun haben, müssen wir, um uns dieser Herausforderung stellen zu können, mehr über das Wesen religiöser Fundamentalismen in Erfahrung bringen.

Offensichtlich spiegelt sich in der politischen Wiederbelebung religiöser Zivilisationen eine Erneuerung des Parochialismus in einem von den globalen Standards der modernen Wissenschaft und Technologie geprägten Zeitalter wider. Viele Forscher mit profundem Wissen über Weltzivilisationen sind wie Leslie Lipson der Ansicht, die Zukunft gehöre »nicht den Khomeinis«, weil Wissenschaft und Technik eine unumkehrbare Globalisierung der Zivilisation bewirkten.[7] Von der Realität der islamischen Welt und anderer nichtwestlicher Zivilisationen wird dieser Glaube, in dem sich die Idee der Aufklärung von einem geradlinigen Fortschritt widerspiegelt[8], allerdings Lügen gestraft, denn dort werden Wissenschaft und Technologie ohne Rücksicht auf die Vorstellungen von einer globalen Zivilisation übernommen. In der Tat scheint die westliche Zivilisation insofern einzigartig zu sein, als sie tiefgreifend von säkularen Maßstäben der kulturellen Moderne, insbesondere von Renaissance, Reformation und Aufklärung, geprägt ist. Und obwohl auch das Christentum von einer fortschreitenden Politisierung der Religion nicht unberührt blieb, ist die westliche Zivilisation für den religiösen Fundamentalismus vielleicht doch nicht so anfällig wie andere Zivilisationen. Im Westen stellen fundamentalistische Gruppen bislang eine Randerscheinung dar, doch im nichtreformierten Ostchristentum rücken bereits orthodoxe Glaubenssätze ins Zentrum, die auf eine künftige Konfrontation sowohl mit dem Islam als auch mit dem Westen hindeuten.[9] Dafür spricht zum Beispiel, daß nicht nur die orthodoxe slawische

Zivilisation, sondern auch die griechisch-orthodoxe Kirche die von den Serben in Bosnien begangenen Greuel unterstützt hat. Durch die Politisierung der orthodoxen Kirche auf dem Balkan wird das Fundament einer Verbindung von religiösem Fundamentalismus und ethnischem Nationalismus gelegt, für die ich den Begriff »Ethnofundamentalismus« geprägt habe.[10]

Die gewalttätigen Auseinandersetzungen zwischen Muslimen und Serben in Bosnien, Aserbaidschanern und Armeniern im Kaukasus, Muslimen, Hindus und Sikhs in Indien und Sri Lanka sowie Muslimen unterschiedlicher Ethnizität, ob in Afghanistan oder im Guerillakrieg in Pakistan, sind Vorboten einer erschreckenden Zukunft. Angezettelt wurden diese ethnischen Konflikte im wesentlichen durch religiöse Fundamentalisten. Ethnizität kann den Fundamentalismus stärken, aber auch leicht zu einem trennenden Faktor werden, der die so nachdrücklich gesuchte Einheit der religiösen Gemeinschaft zerstört. Afghanistan ist ein gutes Beispiel dafür.

Der Fundamentalismus bedient sich religiöser *Symbole* und füllt sie mit neuem Bedeutungsinhalt. Insofern wiegen Symbole allerdings weit weniger als der *Glaube*, da sie als Vehikel zur Artikulierung von sozio-politischen, wirtschaftlichen und kulturellen Ansprüchen mißbraucht werden. Doch läßt sich die globale Ideologie des religiösen Fundamentalismus nicht mit säkularen Ideologien wie Kommunismus, Nationalismus und Liberalismus gleichsetzen. Religiöse Appelle wiegen schwerer als alle anderen, und religiöse Bindungen sind etwas anderes als politisches Engagement. Religion als kulturelles System ist in einem Maße sinnstiftend, wie es eine Ideologie nie sein kann. Deshalb ist der die Religion politisierende religiöse Fundamentalismus eine Ideologie von besonderem Kaliber.

Umkehrung der kulturellen Moderne:
Zurück zu Kollektiven

Fundamentalismen sind stark durch die Moderne beeinflußt und stellen erklärtermaßen eine gegen die kulturelle Moderne gerichtete Strategie dar. Zu deren Hauptprodukten gehören Demokratie und die politische Kultur von Pluralismus, Menschenrechten und liberaler Toleranz.[11] Schon in der Renaissance hatte Machiavelli das Konzept der göttlichen Ordnung zugunsten des Gedankens fallengelassen, daß der Mensch sich selbst regieren könne.[12] Die Idee der Herrschaft des Volkes über das Volk, das heißt der Volkssouveränität, wurde später zur Hauptlegitimation des säkularen Nationalstaats, und manche glauben, der wissenschaftlich-technische Fortschritt werde zu einer globalen Zivilisation führen, welche die gesamte Menschheit vereinen werde.

Aber ist das wahr? Der religiöse Fundamentalismus bestreitet diese Annahme ganz offensichtlich. Während die Moderne die Idee des Menschen als freies Individuum durchgesetzt hat, übergibt der Fundamentalismus das Individuum wieder dem Kollektiv, als dessen bloßes Anhängsel es gilt. Das Menschenbild des Fundamentalismus stellt also der freien Entscheidung, mitbestimmendes Mitglied eines demokratischen Gemeinwesens zu sein, die organische Einbindung in eine Zivilisation gegenüber.

Wie ich in Kapitel 4 zeigen werde, hat die Moderne zwei Dimensionen: eine kulturelle und eine institutionell-strukturelle. Mit *kultureller Moderne* meine ich unter Bezugnahme auf Jürgen Habermas (siehe Anmerkung 11) das »Subjektivitätsprinzip«, dem zufolge der einzelne als Individuum mit einem freien Willen definiert ist, das die Fähigkeit besitzt, sein Schicksal selbst zu bestimmen sowie die soziale und natürliche Umwelt zu verändern. Zu den instrumentellen Leistungen der *institutionellen Moderne* gehören Wissenschaft und Technologie.[13] Daß dies eine Dichotomie mit komplizierten Beziehungen zwischen beiden Gliedern darstellt, zeigt ihre Rezeption in nichtwestlichen Zivilisationen, wo zwar eine institutionelle, *aber keine kulturelle* Moderne strukturelle Wurzeln schlagen konnte.

Im islamischen Teil des Nahen Ostens und in den meisten anderen nichtwestlichen Zivilisationen sind die Menschen hauptsächlich in institutioneller Hinsicht (in Gestalt der Hegemonie sowie der technischen und militärischen Überlegenheit des Westens) mit der Moderne konfrontiert worden, weniger in kultureller Hinsicht (in Gestalt des Projekts der kulturellen Moderne). Dem im Gang befindlichen strukturellen Niedergang der Macht des Westens entspricht ein Prozeß der Entwestlichung, der sich in der Abkehr von westlichen Normen und Werten ausdrückt. Die Ideologie dieser aufkeimenden Revolte gegen den Westen ist der religiöse Fundamentalismus, insoweit er im globalen Maßstab einen Konflikt zwischen den Zivilisationen heraufbeschwört.[14] Im Rahmen dieses Prozesses der Entwestlichung ist Kultur als lokale soziale Sinnstiftung zu verstehen, die wenig mit den amerikanischen Konsummustern gemein hat, die von manchen unter dem Begriff »*American public culture*« zusammengefaßt und mit der prägnanten Wortschöpfung »McWorld« charakterisiert werden. Kultur ist mehr als »McDonaldisation«, Coca-Cola und Seifenopern im Fernsehen.

Wer die These einer sich zunehmend entwestlichenden Welt mit dem Hinweis auf die weite Verbreitung dessen, was ich »Coca-Cola-Kultur« nenne, kontert, geht in die Irre. Die tieferen Dimensionen des religiösen Fundamentalismus müssen in einem angemesseneren Bezugsrahmen betrachtet werden. Im Unterschied zur Minderheit der protestantischen Fundamentalisten in Nordamerika können islamische, hinduistische, orthodox-christliche und andere nichtwestliche Fundamentalisten eine ganze Zivilisation als Kollektivität ansprechen und mit einer nachhaltigen Antwort rechnen, die sich gewiß nicht in den Mustern einer konsumorientierten Alltagskultur à la Coca-Cola erschöpft. Auf die naiven Fragen zweier *Spiegel*-Reporter erwiderte der für seine Verachtung des Westens bekannte malaysische Premierminister Mahathir bin Mohammad zu Recht: »Wenn ich Hamburger esse, heißt das doch nicht, daß ich mein Wertesystem über Nacht ändere.«[15] Der westliche Glaube an die Wirkung dieser Art von Massenkultur behindert das Verständnis für die Gleichzeitigkeit von struktureller Globalisierung und kultureller Fragmentation.

Bekämpfung der Demokratie und Schaffung von Unordnung

Nach allgemeiner Ansicht drückt sich Modernität im Rahmen und in der Dynamik einer demokratischen Ordnung aus. Demokratien sind auf der Volkssouveränität beruhende säkulare Nationalstaaten. Dieses westliche Modell ist trotz zahlreicher Unterschiede von Religion und Ethnizität zur Basis der Einigung der Menschheit geworden. Im Gegensatz dazu verstärkt die von den islamischen Fundamentalisten als globale Alternative zum säkularen Staat vertretene Idee der »Gottesherrschaft« *(Hakimiyyat Allah)* als göttlicher Ordnung die Aufteilung der Menschheit in Zivilisationen. Darüber hinaus fragmentiert fundamentalistische Politik die Bevölkerung bestehender multireligiöser und multiethnischer Gesellschaften – wie im Sudan unter der Herrschaft der Muslimbrüder im Bürgerkrieg geschehen – in verfeindete Gruppen. Ein weiteres Beispiel dafür ist die Trennung der Bevölkerung von Bosnien-Herzegowina in drei, jeweils einer anderen Zivilisation angehörende Kollektive. Wenn die Fundamentalisten fortfahren, die von ihnen öffentlich verkündeten Bruchlinien zu ziehen, kann kein umsichtiger Beobachter für Indien und andere derartige Staaten eine ähnliche Entwicklung ausschließen. Ein Alarmzeichen war in dieser Hinsicht der Zusammenstoß zwischen Muslimen und Hindus in Ayodhya im Dezember 1992. In der globalen Natur des Fundamentalismus kündigt sich ein Zeitalter von Unordnung und offenen Auseinandersetzungen sowohl auf staatlicher Ebene als auch auf der des globalen Systems an.

Wie der oben erwähnte Ali Benhadj betrachten die islamischen Fundamentalisten Demokratie als *Kufr*/Unglauben (siehe Kapitel

1, Anmerkung 38). In ihren Augen ist die *Hakimiyyat Allah*/Gottesherrschaft die zwingend gebotene Alternative zur Demokratie, die sie nicht als Organisationsprinzip des öffentlichen Lebens anerkennen. Mit anderen Worten, zwischen Fundamentalismus und Demokratie besteht ein tiefgreifender Konflikt. Nachdem ich die fundamentalistischen Pamphlete gelesen und mich in verschiedenen Teilen der islamischen Welt mit Fundamentalisten unterhalten habe, fällt es mir schwer, die Ansicht mancher westlicher Experten für den zeitgenössischen Islam nachzuvollziehen, der politische Islam habe eine »Islamisierung der Demokratie« zum Ziel.[16] Meine Erkenntnisse stützen eher die Warnung, daß der islamische Fundamentalismus in unserem Zeitalter die ernsteste Herausforderung der Demokratie darstellt. Um Mißverständnissen vorzubeugen: Ich bin überzeugt, daß der Islam, wenn er mit einer aufgeschlossenen Geisteshaltung interpretiert wird, mit der Demokratie in Einklang gebracht werden kann. Fundamentalisten beharren allerdings auf dem Gegenteil (siehe Anmerkung 26). Für sie ist Demokratie eine *Hall mustaurad*/importierte Lösung[17] und als solche zurückzuweisen.

Fundamentalisten beschränken sich nicht darauf, die Demokratie in ihren eigenen Ländern zu bekämpfen. Sie tun dies auch als Migranten im Westen. Im November 1993 kam es in Frankreich zu einer landesweiten Auseinandersetzung, als muslimische Fundamentalisten versuchten, dort eine logistische Basis für ihre Untergrundaktivitäten in Algerien aufzubauen. In der Pariser Zeitung *Le Figaro* verkündete ein bekannter Imam: »Das Recht Allahs steht über dem französischen Recht.« Die Franzosen, die stolz sind auf ihre *laïcité* – die Säkularität im Sinne der Trennung von Religion und Politik als kulturelles Erbe der Französischen Revolution –, entgegneten nachdrücklich, in ihrem Land gelte einzig und allein das säkulare Recht, genauer gesagt das französische positive Recht. Im Gegensatz zum göttlichen ist das positive Recht von Menschen in demokratischen Institutionen geschaffen worden, und dies sei das Recht, an das man sich in Frankreich zu halten habe. Diese Ereignisse scheinen in Frankreich[18] einen Präzedenzfall geschaffen zu haben; seither sind in Großbritannien[19] und Deutschland[20] ähnliche Probleme mit den dort lebenden muslimischen Gemeinden aufgetreten. So bemühen sich die islamischen Fundamentalisten, die islamischen Gemeinden in der Diaspora vor ihren Karren zu spannen. In dieser Hinsicht ist der Fundamentalismus zu einem Thema für die westlichen Gesellschaften geworden, die bei der Suche nach einem Modell für die islamischen Migrantengemeinden vor der Frage stehen: Kommunitarismus oder Integration als individuelle Staatsbürger im Sinne von *citoyens*.

Kurz, ein auf die Institutionen des Staates ausgerichteter Bezugsrahmen ist eine schwache Basis für das Verständnis des Fundamentalismus als Konfliktherd. Das Wachstum der Welt des Islam ist dem Leser bereits bekannt: Sie umfaßt heute ein Fünftel der Menschheit mit 1,3 Milliarden Muslimen, die als Mehrheitsbevölkerung in den 55 OIC-Staaten (*Organization of the Islamic Conference*) und als beachtliche Minderheiten in einer Reihe weiterer Länder leben. Allein in Indien beläuft sich die islamische Minderheit auf 130 Millionen. In den meisten dieser Staaten wird die Stellung der herrschenden Eliten auf religio-politischer Basis von islamischen Fundamentalisten angegriffen. Ihr erklärtes Ziel ist es, die bestehende Ordnung durch den »islamischen Staat«[21] zu ersetzen. Obwohl diese Formel inhaltlich zu verschwommen ist, um sie in klare Begriffe fassen zu können, ist ihre mobilisierende Kraft im Kampf gegen die zumeist undemokratischen und korrupten Staaten in der Welt des Islam erheblich. Ich pflichte Mark Juergensmeyer darin bei, daß der Angriff religiöser Ideologien, gleich welcher Couleur, auf den säkularen Staat das Kennzeichen unseres Zeitalters sein wird, für das er furchtsam die Bezeichnung »Neuer Kalter Krieg«[22] vorschlägt. Allerdings stimme ich nicht mit ihm darin überein, daß es sich bei dem Ruf nach einem religiösen Staat, im Gegensatz zum säkularen Staat, um »religiösen Nationalismus« handelt. Vielmehr geht es hier um religiösen Fundamentalismus, nicht um irgendeine Art Nationalismus. Mit dem islamischen Fundamentalismus, zum Beispiel, läßt sich überhaupt kein bestimmter Nationalismus verknüpfen, und zwar aus dem einfachen Grund, daß er ein alternatives, universelles, für die gesamte Welt geplantes Modell vertritt. Unbegrenzte religiöse Ideologien sind kein Ausdruck von religiösem Nationalismus.

Nur in wenigen Fällen, wie dem des Ethnofundamentalismus der Serben in Bosnien oder der Hindus in Indien, kann man in bezug auf das hier untersuchte Phänomen dennoch mit einem gewissen Recht von religiösem Nationalismus sprechen. Die vorerst eingedämmte irredentistische Vision der Serben ist ein orthodoxes Großserbien, das nicht nur politisch-nationalistisch, sondern auch religiös definiert wäre (siehe Kapitel 1, Anmerkung 51). In religiöser Hinsicht wäre es christlich-orthodox und in ethnischer serbisch, ähnlich wie das in Indien angestrebte Hindustan politisch und religiös ein reiner Hindu-Staat wäre. In beiden Fälle handelt es sich eindeutig um Ausdrucksformen des Ethnofundamentalismus. Dagegen politisieren die muslimischen Radikalen die Idee der *Da'wa*/islamischen Mission und entwickeln daraus ein Konzept der Weltordnung. Sie beschränken sich nicht auf das heutige Gebiet der islamischen Welt, sondern betrachten die gesamte Welt als Nutznießer ihrer Vision. Aus ihrer Sicht ist die Expansion der westlichen Zivilisation[23] auf Kosten des Islam vonstatten gegangen. Tatsächlich fordert der Vater der islamischen Erneuerung, al-Afghani, die Wiederherstellung der islamischen Dominanz, derer er vom Westen beraubt worden sei:

> »Wir sind dazu übergegangen, die europäischen Nationen nachzuahmen und so … unsere Unterordnung unter ihre Herrschaft zu akzeptieren. Dadurch haben wir den Grundcharakter des Islam, der in Herrschaft *(Sulta)* und Dominanz *(Ghalab)* besteht, aufgegeben. Statt dessen sind wir zu faulen Völkern geworden, die sich mit der Dominanz anderer abfinden.«[24]

Die westliche Vorherrschaft durch ein islamisches *Ghalab*, das heißt islamische Dominanz, zu ersetzen kann nicht zum Weltfrieden führen. Dieser kann meiner Ansicht nach nur auf der Grundlage einer säkularen internationalen Moralität erreicht werden.

Trotz ausgedehnter Untersuchungen zu den Einstellungen islamischer Fundamentalisten vermag ich von der vielgerühmten Macht von Wissenschaft und Technologie für die Einigung der Menschheit nichts zu entdecken.[25] Im Gegenteil, wie ich in Kapitel 5 zeigen werde, geht die Diffusion hegemonialer Macht mit der Verbreitung der modernen Technologie einher. Nicht die Technologie, sondern nur eine internationale Moralität kann der Welt Frieden bringen. Mein Ziel ist es, den Schwerpunkt der Studien über internationale Beziehungen von der formalen Analyse der staatlich zentrierten Macht auf die normativen Voraussetzungen einer für die ganze Menschheit akzeptablen Weltordnung zu verlagern. Ich behaupte, daß die religiösen Fundamentalismen, insbesondere jene mit universalistischem Anspruch, nicht nur ein großes Hindernis für den Weltfrieden darstellen, sondern auch aktiv zu einer gewaltträchtigen Weltunordnung beitragen.

Im wesentlichen bestehen Fundamentalisten darauf, daß die Gottesherrschaft die einzige als Grundlage für den Entwurf einer Weltordnung akzeptierbare religiös-politische Wahrheit sei. Abgesehen von den klerikal-totalitären Implikationen dieser Vorstellung, die für sich genommen bereits abschreckend genug sind, führt jeder Versuch, zu bestimmen, was mit der Gottesherrschaft *konkret* gemeint ist, nicht nur nirgendwohin, sondern zieht auch Differenzen unter den Fundamentalisten selbst nach sich, die sie schließlich in verschiedene Lager spalten. Der bekannteste pakistanische Fundamentalist, der verstorbene Abu al-A'la al-Maududi, hat unmißverständlich erklärt, Islam und Demokratie stünden grundsätzlich im Widerspruch zueinander und seien miteinander unvereinbar.[26] Für den zweiten der wohl prominentesten islamischen Fundamentalisten, den Ägypter Sayyid Qutb, sind alle, die glauben, sie könnten sich selbst regieren, Häretiker. Aus seiner Sicht ist die Idee der Herrschaft des Menschen ein Ausdruck von Größenwahn, denn der Mensch ist von Gott geschaffen worden und kann nur von Gott im Rahmen der *Hakimiyyat Allah* regiert werden.[27]

Am Beginn des modernen Zeitalters, als die Kirche die kulturelle Sphäre beherrschte, stand Europa vor ähnlichen Problemen. Machiavellis These, der Mensch könne sich selbst regieren, wurde von der Kirche mit dem Verdikt beantwortet: »Machiavelli in die Hölle!« (siehe Anmerkung 12). Erwähnenswert ist an dieser Stelle, daß die Renaissance nicht möglich gewesen wäre, wenn die Europäer nicht durch arabische Muslime mit dem im wesentlichen säkular-rationalen Erbe der griechischen Antike bekanntgemacht worden wären. Mit Leslie Lipsons Worten: »Aristoteles schlich sich durch die Hintertür nach Europa zurück. Seine Rückkehr ist den Arabern zu verdanken.«[28] Heute werden die großen arabischen Philosophen, die den griechischen Rationalismus weiterentwickelten, ironischerweise von ihrer eigenen Zivilisation diskriminiert. Auf der Ersten Internationalen Islamischen Philosophiekonferenz über Islam und Zivilisation sprach der ägyptische Philosoph Mourad Wahba vom »Paradoxon des Averroës«[29], um die Tatsache zu beschreiben, daß dieser große rationale Denker des Islam im Westen verehrt, in seiner eigenen Zivilisation aber geächtet wird. Die tiefere Bedeutung der positiven islamisch-westlichen Begegnung, die zur Renaissance führte, besteht in der Lehre, daß Zivilisationen in Vernunft und Rationalität eine gemeinsame Basis finden können, während der Fundamentalismus zu Beschränkungen des Denkens und zum »Krieg der Zivilisationen« (der Auseinandersetzung konkurrierender Weltanschauungen) führt.[30] Kennzeichen des Fundamentalismus ist das Konzept der *Hakimiyyat Allah*/Gottesherrschaft, nicht die Rationalität. Religion dagegen ist kein politisches Herrschaftssystem, sondern ein *Iman*/Glaube.

Im Koran gibt es das Konzept der *Hakimiyyat Allah* nicht, und bei näherem Hinsehen entpuppt sich diese nachträgliche Ergänzung des Islam als Verkündung einer islamischen Form des Totalitarismus, nicht der Demokratie[31], und die beiden zeitgenössischen Beispiele für diese Regierungsform in fundamentalistischen Staaten – der Iran und der Sudan – haben denn auch nichts mit der Demokratie gemein.

Erfindung von Tradition: Das Erbe des islamischen Reformismus und Traditionalismus

Fundamentalismus ist nicht Traditionalismus. Obwohl die Fundamentalisten sich auf die Tradition berufen, tun sie es in einem modernen Kontext und mit nichttraditioneller Gesinnung. Ein Beispiel für diese Art von Zweckdenken ist die *Schura*/Beratung, die als Ersatz für die säkulare Demokratie herhalten soll. Erhellend ist die Diskussion der *Schura*, insofern sie die vorgebliche Verbindung zwischen den politischen Strategien des islamischen Fundamentalismus und dem Bedürfnis nach der sogenannten Islamisierung der Demokratie – was immer dies bedeuten mag – berührt. Im Gegensatz zur säkularen Demokratie ermöglicht es die völlig frei erfundene Tradition[32] der *Schura*, wie die Fundamentalisten versprechen, Freiheit zu schaffen, ohne »in die Falle des Säkularismus zu tappen«.

Das *Schura*-Denken spiegelt tatsächlich eine vorislamische Stammestradition wider, die in den Anfangsjahren der islamischen Ordnung übernommen wurde. Der Koran ehrt diese vorislamische Tradition, indem der Prophet angewiesen wird: »… ziehe sie [die Glaubensbrüder] zu Rate in den [Verwaltungs–]Angelegenheiten *(wa schawiruhum fi al-amr)*« (Sure 3: *Al 'Imran* [Die Sippe 'Imrans], Vers 159). Die einzige andere Passage im Koran zu diesem Thema spricht von jenen, »die die schweren Sünden und die schändlichen Taten meiden und, wenn sie in Zorn geraten, [lieber] vergeben, und die auf ihren Herrn hören und das Gebet verrichten, ihre Angelegenheiten durch Beratung regeln/*wa amruhum schura baynahum*« (Sure 42: *al-Schura* [Die Beratung], Vers 37f.). Diese Gebote bilden die Grundlage der überaus achtbaren politischen Moralität des Islam. Islamische Fundamentalisten nehmen dieses Konzept jedoch in Anspruch und präsentieren es als wahrhaft islamische Alternative zur Demokratie[33], nicht als »Islamisierung der Demokratie«.[34]

In Saudi-Arabien, einer der beiden traditionellen islamischen Monarchien, die sich mit dem Islam legitimieren, findet sich ein weiterer Bezug auf die *Schura*, wobei diese dort weder als islamischer Ersatz für die Demokratie noch als Islamisierung der Demokratie hingestellt wird. Im *Schura*-Erlaß des saudischen Königs Fahd vom August 1993 wird jede Erwähnung der Demokratie sorgfältig vermieden. In der Tat hat der von ihm einberufene *Schura*-Rat absolut keine Macht.[35] *Schura* bedeutet Beratung, die freilich keineswegs bindend ist. Doch nicht einmal diese vorgebliche Funktion kann diese traditionelle Zusammenkunft in Saudi-Arabien erfüllen; einzige Quelle von Macht und politischer Entscheidung sind der König und seine tribal organisierte Großfamilie. Dies ist alte islamische Tradition und gewiß kein Fundamentalismus. Die Tradition, auf die sich die Fundamentalisten berufen, ist eine erfundene.

Wir müssen nunmehr den islamischen Fundamentalismus – als Politisierung der Religion – in einen breiteren islamischen Kontext einordnen. Nachdem ich soeben hervorgehoben habe, daß Fundamentalismus[36] und Traditionalismus divergierende Stränge des islamischen Denkens darstellen, muß ich einer dritten Strömung im modernen islamischen Denken Beachtung schenken: dem islamischen Reformismus oder Modernismus.[37] Der herausragendste Vertreter dieser Richtung, Muhammad 'Abduh, versuchte, die Moderne auf islamische Weise aufzugreifen.[38] Er war mit Sicherheit kein Fundamentalist und läßt sich auch nicht wie sein Zeitgenosse al-Afghani als Vorläufer des heutigen Fundamentalismus vereinnahmen.

Ziel des islamischen Modernismus war es, für kulturelle und institutionelle Moderne einzutreten, indem man eine Synthese dieser Konzepte mit dem Islam suchte, ohne aber das traditionelle theozentrische Weltbild des Islam zu überdenken. Kein islamischer Reformer oder Modernist ging so weit, die theozentrische durch eine anthropozentrische Sicht der Welt zu ersetzen, wie es etwa der Jesuit René Descartes getan hatte.

In diesem Zusammenhang ist zu betonen, daß das Menschenbild der kulturellen Moderne, das heißt die anthropozentrische Weltsicht, nicht gleichbedeutend ist mit Atheismus, denn die Anerkennung der Fähigkeiten und der Verantwortung des Menschen zieht nicht notwendigerweise die Leugnung der Existenz Gottes nach sich. Als Vertreter der »halben Moderne« versuchen auch die islamischen Fundamentalisten, sich der Moderne anzunehmen, allerdings nur zu instrumentellen Zwecken, indem sie sich auf die Übernahme der wissenschaftlich-technischen Errungenschaften beschränken. Das der modernen Wissenschaft und Technologie zugrundeliegende rationale Weltbild lehnen sie vehement ab, und den frühen islamischen Reformern und Modernisten werfen sie vor, den kulturellen Einfluß der Moderne auf den Islam gefördert zu haben. Gewiß haben die islamischen Modernisten dies versucht, und sie sind damit gescheitert, jedoch nicht, weil sie unrecht hatten, sondern weil sie vor Lösungen, die möglicherweise erfolgreicher gewesen wären, zurückschreckten. Was die kulturelle Bewältigung der Moderne betrifft, hängen die islamischen Fundamentalisten sogar noch weit hinter den mäßigen Errungenschaften des islamischen Reformismus zurück.

Von den drei Strömungen des gegenwärtigen Islam – Fundamentalismus, Traditionalismus und Modernismus/Reformismus – ist die dritte die schwächste. Der letzte bedeutende Reformer unserer Zeit, der Sudanese Scheich Mahmoud Taha[39], wurde 1985 unter dem damaligen sudanesischen Diktator Dja'far al-Numairi ohne Prozeß hingerichtet, und jene Intellektuellen, die wie Abdullahi A. An-Na'im und Mohammed Arkoun weiterhin hoffen, sich zum Zwecke einer islamischen Reform der Vernunft bedienen zu können, tun gut daran, dies im westlichen Exil in Paris, London oder Washington zu versuchen. Ihre Ideen werden zwar in Skandinavien diskutiert[40], nicht aber in der islamischen Welt.

Vor allem in Saudi-Arabien finden sich Ansätze von Traditionalismus und auch dort nur oberflächlich. Weil der auf dem Denken von Ibn Abd al-Wahhab (1703–1797) basierende Wahhabismus als Traditionalismus betrachtet wird und gleichzeitig die religiös-politische Legitimierung des saudischen Ölkönigtums bildet, kann die saudische Monarchie selbst als traditionalistisch bezeichnet werden (siehe Anmerkung 35). Fundamentalistisch ist sie jedenfalls nicht.

Abgesehen von den überwiegend apolitischen mystischen Sufi-Orden in verschiedenen islamischen Ländern, gibt es in unserer Zeit keinen echten islamischen Traditionalismus. Nicht einmal Saudi-Arabien ist heute noch ein wahrhaft traditionalistisches Land, obwohl es seine Legitimität vornehmlich aus dieser Quelle bezieht.

Man könnte daneben noch von einer vierten Strömung des Islam sprechen: dem Konformismus. Die meisten Muslime, angefangen mit ihren politischen Führern, passen sich aus Konformismus der Moderne an, das heißt, sie gehen mit Realitäten, die den islamischen Lehren widersprechen, auf eine Weise um, welche die überkommenen islamischen Konzepte und das Weltbild des Islam unangetastet läßt. Da keine Anstrengungen unternommen werden, die Spannung zwischen bekundetem Glauben und abweichendem Handeln aufzulösen, ist der islamische Konformismus durch ein *behavioral lag* gekennzeichnet. In einer mit James Piscatori in Veröffentlichungen[41] ausgetragenen Debatte über den Nationalstaat führte ich an, daß der Konformismus ein fehlgeleitetes Bemühen sei, mit der Moderne zurechtzukommen. Ich stelle dem Konformismus den von mir geprägten Begriff »kulturelle Bewältigung sozialen Wandels« gegenüber (siehe Anmerkung 2) und komme zu dem Schluß, daß es sich um zwei völlig verschiedene Dinge handelt.

Den Unterschied möchte ich an einem Beispiel erläutern. Die zu einer modernen Gesellschaft gehörende Notwendigkeit, für Kredite Zinsen zu zahlen, steht im Widerspruch zum Zinsverbot des Islam. Erhebt man die Zinsen – *Ribah* – aber unter einem anderen Etikett, hat man das Verbot umgangen, das heißt, man zieht zwar tatsächlich *Ribah*-Zinsen ein, nimmt sein Handeln aber anders wahr und kann so weiterhin an das Verbot glauben, das man übertritt. Dies ist ein *behavioral lag*: wahrhafter Konformismus, aber keine Bewältigung des Wandels. Genausowenig ist der Konformismus der islamischen Staaten gegenüber der Weltordnung der Nationalstaaten eine solche Bewältigung, da er die überkommene islamische Zweiteilung der Welt in *Dar al-Is-lam*/Haus des Islam und *Dar al-harb*/Haus des Krieges nicht neu überdenkt. Dagegen bedeutet kulturelle Bewältigung die Fähigkeit und Bereitschaft, seit langem bestehende Glaubenssätze und die mit ihnen verbundenen Normen und Werte zu revidieren, wenn sie obsolet geworden sind und das tägliche Leben behindern. Die kulturelle Moderne kann in einen Satz gefaßt werden: Alles Wissen kann der Reflexion unterzogen werden.

Um zusammenzufassen: Der islamische Traditionalismus gehört entweder der Vergangenheit an oder existiert in stark veränderter Form als kaum beachtete Randerscheinung in den religiösen Enklaven der Sufi-Orden. Der islamische Modernismus/Reformismus ist als Mittel des Umgangs mit der kulturellen und institutionellen Moderne gescheitert. Und die Haltung der meisten islamischen Autoritäten und Institutionen gegenüber den Realitäten unserer Zeit ist vom islamischen Konformismus geprägt. Der skripturalistische islamische Fundamentalismus schließlich revoltiert gegen all diese Strömungen. In der jüngeren Geschichte unternimmt er eher den Versuch, die Moderne zu »islamisieren«, als sie auf kultureller Ebene mit dem Islam in Einklang zu bringen. Die »islamisierte Moderne« ist eine halbe Moderne, wie ich bereits dargelegt habe.

Der Aufbau dieser Untersuchung

Die Hauptthese dieses Buches lautet, daß der Fundamentalismus, welcher Richtung auch immer, Teil eines globalen Phänomens ist. Seine islamische Variante ist insofern einzigartig, als sie im wesentlichen die Forderung nach einer alternativen Weltordnung beinhaltet, die auf islamischen, in modernem Kontext interpretierten Glaubenssätzen beruhen soll. Dies ist eine Besonderheit des islamischen Fundamentalismus, der gleichzeitig die bestehende Weltordnung zu stürzen und die Pfeiler, auf denen sie ruht – ihre Rechtsordnung zum Beispiel –, zu entwestlichen versucht. Zwar sind die Fundamentalisten nicht in der Lage, ihr erklärtes Ziel zu erreichen, aber sie können eine erhebliche Fragmentation bewirken. Das Ergebnis läuft wahrscheinlich auf eine neue Weltunordnung hinaus. Vor dem Schrumpfen des Planeten infolge der von Globalisierungsprozessen in Gang gesetzten Vernetzung hatte jede Zivilisation ihre eigene historische »Zeit«. In einer Ära der Globalgeschichte gibt es nur noch eine Weltzeit.

Tatsächlich sind die Schwierigkeiten mit der Moderne ein Schlüsselelement für das Verständnis des islamischen Fundamentalismus, denn dieser ist eine direkte Antwort auf die Einbeziehung der Welt des Islam in ihm fremde globale Strukturen. Die Moderne bildete den Rahmen für die Globalisierung der westlichen Strukturen, und die gegenwärtige Weltordnung wurde durch die von der Moderne ermöglichte Ausbreitung der westlichen Zivilisation über die ganze Welt geschaffen. Der islamische Fundamentalismus ist weder, wie manche meinen, ein Neotraditionalismus[42], noch zielt er auf eine Retraditionalisierung der islamischen Gesellschaften ab, ungeachtet dessen, wofür die islamischen Fundamentalisten kämpfen – mit Taten oder Worten. Aus der empirischen Untersuchung des Fundamentalismus geht eindeutig hervor, daß dieses neue Phänomen in den Kontext der Weltzeit eingebettet ist. Mit anderen Worten, der Fundamentalismus ist in gewisser Weise eine von der Moderne geprägte, jedoch partikulare Antwort auf die Weltzeit.

Bei genauerer Betrachtung der politischen Konzepte des islamischen Fundamentalismus als eines Ausdrucks der Repolitisierung des Islam für nichtreligiöse Zwecke zeigt sich, daß man es mit einem in traditionelle Symbole verpackten modernen Phänomen zu tun hat. Der *Turath*/das islamische Erbe enthält kein Konzept einer Weltordnung, wie muslimische Fundamentalisten zu glauben bevorzugen. Ihre Forderung nach einer islamischen Weltordnung ist einfach die Übertragung modernen Denkens in klassische islamische Konzepte. Tatsächlich leben die meisten Fundamentalisten in einem modernen Umfeld, und viele von ihnen haben moderne Bildungseinrichtungen durchlaufen.

Der Kontext des Aufstiegs des Fundamentalismus im Nahen Osten war durch Kriege geprägt. Schon vor dem enormen Auftrieb, den der islamische Fundamentalismus durch den Golfkrieg erhielt, war die Bewegung seit der arabischen Niederlage im Sechstagekrieg von 1967 stetig angewachsen. In dieser Kontinuität wurde der Balkankrieg in großen Teilen der arabischen Welt als Fortsetzung des vom Westen geführten Krieges gegen den Islam angesehen. Folge dieser Kriege ist die Ablehnung der vom Westen dominierten Weltordnung. Für islamische Fundamentalisten steht der Kampf gegen die jetzige Weltordnung an erster Stelle, wozu selbstverständlich auch die Verbreitung einer islamischen Alternative gehört. Solche Ideen – das heißt die islamische Forderung nach einer islamischen Weltordnung – lassen sich bis in die Schriften von Sayyid Qutb zurückverfolgen, der 1966 hingerichtet wurde. Damals standen sie allerdings nicht im Vordergrund des Interesses, obwohl Qutb und al-Maududi heute die am häufigsten übersetzten und meistgelesenen Autoren der gesamten islamischen Welt sind, nicht nur ihres arabisch sprechenden Teils. Erst durch den Golfkrieg rückte die Forderung nach einer islamischen Weltordnung in den Mittelpunkt des politischen Denkens und der politischen Präferenzen der islamischen Fundamentalisten. Ich möchte dies mit John Kelsays Worten als »Erbe Saddam Husseins« bezeichnen.[43] In meinen zahlreichen Zeitungsartikeln, die während des Golfkrieges vor allem in der *Frankfurter Allgemeinen Zeitung* erschienen, und in meinen Kommentaren in den Massenmedien ganz Europas habe ich diese Themen aus genau dieser Perspektive angesprochen und dies auch weiterhin getan, während ich über die Auswirkungen des Balkankrieges auf die Welt des Islam berichtete. Ich glaube jedoch, daß Kelsay das Verdienst zukommt, diese Formel in das nordamerikanische Denken eingeführt zu haben.

Die Brutstätte des islamischen Fundamentalismus ist das immerwährende islamische Dilemma mit der Moderne gewesen. Zur ersten Begegnung mit der Moderne kam es infolge der schmerzlichen Niederlagen islamischer Heere, welche die Welt des Islam nach Europa ausdehnen wollten.[44] Diese Niederlagen veranlaßten muslimische Herrscher, dem Westen nachzueifern, indem sie die europäische Armee importierten.[45] Keine Zivilisation kann jedoch die Aufnahme der Moderne auf die instrumentelle Übernahme der Kriegstechnologie beschränken, die im Westen damals auf industriellen Standard gehoben worden war. Denn die industrialisierte Kriegführung[46] zu übernehmen bedeutet, schleichend die Moderne selbst zu übernehmen.

Die mit dem islamischen Dilemma mit der Moderne verbundenen Probleme bilden meinen Ausgangspunkt. In den folgenden beiden Kapiteln 3 und 4 werde ich näher auf sie eingehen, bevor ich mich in Kapitel 5 der Weltordnung selbst und dem historischen Kontext ihrer Ablehnung nicht nur durch islamische Fundamentalisten zuwende. Letztere bekämpfen diese Ordnung nicht nur, weil sie auf der Vorherrschaft des Westens beruht, sondern auch und vor allem, weil sie die Normen und Werte ablehnen, auf denen sie beruht. Die von islamischen Fundamentalisten angestrebte göttliche Ordnung steht in jeder Hinsicht im Widerspruch zur säkularen Ordnung der Welt als einer Ordnung von souveränen Nationalstaaten.[47] Algerien und Ägypten, die schon so lange in der Moderne verwurzelt sind, sich jetzt aber zunehmend mit innerem Aufruhr konfrontiert sehen, sind gute Beispiele dafür.

Sich mit dem Zerfall des nominellen Nationalstaats in der Welt des Islam zu beschäftigen heißt, sich mit den Herausforderungen zu befassen, denen er von seiten der islamischen Fundamentalisten ausgesetzt ist. Dabei stelle ich in Kapitel 6 auch die Frage, ob Religion in der politisierten Gestalt des Fundamentalismus die Lösung dieser Krise sein kann. Einerseits wirkt die politisierte Religion als vereinigende Kraft gegen den Westen, andererseits wird sie im Zusammenhang mit der Ethnizität zu einem trennenden Faktor innerhalb der betroffenen Gesellschaften und zwischen ihnen. Diese innerislamischen, im wesentlichen ethnisch begründeten Konflikte nehmen den Fundamentalisten ihre Wirkung und verleihen ihrer Herausforderung der

Weltordnung einen rhetorischen Charakter. Allerdings ziehen diese Konflikte globale Konsequenzen nach sich, denn obwohl ich nicht glaube, daß sich eine weltweite »islamische Bedrohung« abzeichnet, sehe ich in den destabilisierenden Auswirkungen des Fundamentalismus Vorboten einer sich herausbildenden Weltunordnung.

In den Kapiteln 7 und 8 stelle ich die Schriften und das Denken islamischer Fundamentalisten vor. Im wesentlichen beruht der islamische Fundamentalismus auf den Konzepten des *Nizam Islami*/islamischen Systems im Gegensatz zur säkularen Ordnung, der *Schari'a*/des göttlichen Rechts im Gegensatz zum menschlichen, positiven Recht und vor allem der Idee einer *Hakimiyyat Allah*/Gottesherrschaft.

Ich bekenne mich zu religiöser Toleranz und glaube, daß Religion ein Glaube bleiben muß. Wird sie politisiert, führt es dazu, daß sich muslimische, jüdische, hinduistische und orthodoxchristliche Fundamentalisten gegenseitig abschlachten und ihre Greuel mit der Religion legitimieren. Diese Besorgnis liegt meiner Suche nach einer von allen Zivilisationen und religiösen Gemeinschaften geteilten internationalen Moralität zugrunde. Meiner Ansicht nach sind Demokratie und Menschenrechte die Elemente dieser Moralität.[48] Daher endet die vorliegende Arbeit, in den Kapiteln 9 und 10, mit einer Untersuchung, wie sich diese beiden Säulen der internationalen Moralität in der islamischen Zivilisation anwenden ließen. Als arabischer Muslim, der zum Bürger Europas geworden ist, sehe ich meine Aufgabe darin, die Kluft des Unverständnisses zwischen den Zivilisationen zu überbrücken, und der Gedanke einer internationalen Moralität stellt in meinen Augen den dafür benötigten Grundkonsens dar.

Darüber hinaus halte ich die Idee einer internationalen Moralität für vereinbar mit der Ethik des Islam und der meisten anderen Weltreligionen. Dagegen sind Haß und Nichtbeachtung religiöser Ethik gemeinsame Schwächen der Fundamentalisten aller Religionen. Der Fundamentalismus als Politisierung der Religion zu nichtreligiösen Zwecken verursacht Haß zwischen Völkern unterschiedlicher Religionsgemeinschaften und Zivilisationen. So wird die Untersuchung des Fundamentalismus zu einem Studium der Hindernisse, die der Schaffung von Frieden zwischen Zivilisationen und ihren Religionen im Weg stehen.

III
Die Weltordnung und das Erbe Saddam Husseins

Der islamische Fundamentalismus ist ein Universalismus, der davon ausgeht, daß seine Glaubenssätz für die gesamte Menschheit bestimmt sind. Unter den Fundamentalismen der Welt stellt er die bedeutendste Spielart dar. Wenn ich mich im folgenden auf ihn konzentriere, sollte jedoch nie vergessen werden, daß es noch einen anderen Universalismus gibt, den im christlichen Westen, und daß anderswo weitere Fundamentalismen zu finden sind.[1]

Der Fundamentalismus kann als Haupttrend der politischen Opposition im islamischen Teil der Welt bezeichnet werden, der 1,3 Milliarden Menschen in 55 Staaten umfaßt, wo Muslime die Bevölkerungsmehrheit bilden, sowie in Ländern und Regionen, in denen sie eine große Minderheit stellen, wie den Vereinigten Staaten, Kanada, Westeuropa, auf dem Balkan, in Rußland, Indien und sogar China (nicht nur in Xinjiang).[2] Die islamische Spielart des Fundamentalismus ist ein Phänomen, das weder mit traditionellen islamischen Begriffen noch mit dem Verweis auf die Religion des Islam selbst erklärt werden kann. Obwohl der islamische Fundamentalismus sich selbst als Herausforderer präsentiert, ist er in Wirklichkeit eine defensiv-kulturelle Antwort auf globale Vorgänge.[3] Ohne Bezugnahme auf den globalen Kontext der modernen Welt, in den er eingebunden ist, kann er nicht verstanden werden. Um den Fundamentalismus in diesem global-historischen Kontext zu begreifen, sind zwei Grundkonzepte zu untersuchen: die *Weltordnung* und die *kulturelle Moderne*. Der ersteren widme ich mich in diesem, der letzteren im folgenden, dem 4. Kapitel.

Das Vokabular von *al-Usuliyya*/Fundamentalismus ist in den nahöstlichen Sprachen, vor allem im Arabischen als der wichtigsten islamischen Sprache und der Sprache des Korans, eine Neuschöpfung aus jüngerer Zeit. Über die Wahl des Begriffs für das Phänomen, das wir islamischen Fundamentalismus nennen, läßt sich streiten. Man kann es politischen Islam, Islamismus, *al-Sahwa al-Islamiyya*/islamisches Erwachen oder einfach wie die Franzosen *intégrisme* nennen; was gemeint ist und worauf es ankommt, das ist die *Mobilisierung der Religion für politische Zwecke*. Darüber hinaus ist das Phänomen nicht auf den Islam beschränkt; religiösen Fundamentalismus gibt es auch in anderen Zivilisationen, der westlichen ebenso wie in nichtwestlichen (siehe Anmerkung 1). Was die Politisierung der Religion in nichtwestlichen Zivilisationen, besonders in der islamischen, hervorhebt, ist die vorherrschende antiwestliche Ausrichtung. Wer dies als Form von xenophobischem Antiamerikanismus interpretiert, übersieht die tieferen Wurzeln dieses Phänomens, die der Weltöffentlichkeit das erste Mal durch die islamische Revolution im Iran und in spektakulärerer Weise durch die Golfkrise und ihre Nachwirkungen vor Augen geführt wurden. Am deutlichsten wird das Vorhandensein einer starken antiwestlichen Strömung im Ruf nach dem *Djihad*. Die fundamentalistische »Revolte gegen den Westen« ist nicht einfach nur gegen die westliche Hegemonie gerichtet, sondern eine zivilisatorisch untermauerte Haltung, die vor allem gegen die westlichen Normen und Werte aufbegehrt. Von vielen Muslimen wird die Globalisierung als Ausdruck des missionierenden Christentums, als Kreuzzug wahrgenommen, als dessen konkrete Manifestationen die angeblich gegen den Islam geführten Kriege, ob am Persischen Golf, in Bosnien oder Tschetschenien, betrachtet werden. Im *Djihad* sehen islamische Fundamentalisten das angemessene Mittel, um den Kreuzzüglern entgegenzutreten.

Für ein tieferes Verständnis des islamischen Fundamentalismus muß man also über die Fixierung auf Terrorismus und Antiamerikanismus hinausgehen. Hierbei sind Fragen zu stellen wie: Welche Aspekte liegen dem Golfkrieg sowie den Kriegen in Bosnien und Tschetschenien unterhalb tagespolitischer Ereignisse zugrunde? Was ist das zivilisatorische Erbe des Golfkriegs? Welche Entwicklungen hat er ausgelöst? Und warum sehen Muslime eine Verbindung zwischen dem Golfkrieg und dem Krieg auf dem Balkan? In diesem Kapitel will ich versuchen, Antworten auf diese und ähnliche Fragen zu geben.

Das Erbe des Golfkriegs

Die wichtigste Einzelhinterlassenschaft des Golfkriegs ist der hierdurch ausgelöste internationale Streit über die Bestimmung der Weltordnung. Mit dem Begriff der Weltordnung meine ich allerdings nicht die vom damaligen Präsidenten Bush geprägte vage Formel einer »Neuen Weltordnung«, denn zum einen ist das Konzept einer Weltordnung wesentlich älter als die Formel des US-Präsidenten, und zum anderen hat der Begriff eine andere Bedeutung, als Bush sie im Sinn hatte. Grundlage der Weltordnung ist die 1648 durch den Westfälischen Frieden geschaffene internationale Ordnung souveräner Staaten, die später auf die gesamte Erde ausgedehnt wurde.[4] Da diese Expansion der internationalen Gesellschaft[5] auf dem westlichen Universalismus beruhte, beschwor sie einen potentiellen Konflikt mit dem Islam herauf, der gleichfalls einen universellen Anspruch vertritt, und dies bereits lange vor dem Aufstieg des Westens und der Herausbildung des gegenwärtigen Fundamentalismus. Durch den Golfkrieg[6] und Bushs Vision einer »Neuen Weltordnung« wurde dieses Konfliktpotential nur reaktiviert. Ein im Jahr des Golfkriegs in Algerien erschienenes wichtiges fundamentalistisches Buch befindet, nach der Niederlage des Irak laute die Frage, wie der Islam dieser »Neuen Weltordnung« entgegentreten solle: *»L'Islam face au nouvel ordre mondial.«*[7]

Zwischen diesen beiden Zivilisationen kommt es zum Konflikt, weil die Weltordnung – die alle Teile der islamischen Welt ebenso einschließt wie den Rest der Erde – im Widerspruch zum islamischen Universalismus und dessen Vision einer nach den eigenen Vorstellungen organisierten Welt steht. Die vorherrschende Weltordnung beruht auf der Verpflichtung souveräner Staaten, friedlich miteinander umzugehen und von allen anerkannte klar definierte Grenzen zu achten. Aber eine solche Beschreibung von Staatsgrenzen ist der Tradition des Islam entgegengesetzt, die keine Grenzen anerkennt und eine auf die gesamte Menschheit zielende *Da'wa*/universelle Mission für sich in Anspruch nimmt.

Das westliche Verständnis des Nationalstaats als souveräner Handlungseinheit innerhalb der Weltordnung und »*bordered power-container*« (Giddens) stützt sich auf das Prinzip, daß jeder Staat und damit die Weltordnung insgesamt *keine göttliche, sondern eine säkulare Einrichtung* ist. Dies ist der Ausgangspunkt für das Verständnis der Kollision der Volkssouveränität mit der traditionellen islamischen Anschauung, der zufolge nur Gott der Souverän sein könne. Der klassische muslimische Rechtsgelehrte Ibn Taimiyya bezeichnete »Herrschaft der Menschen« geringschätzig als *Ta'til*, als Suspendierung der Gottesherrschaft.[8] Dies gehört zum traditionellen Erbe. Nach der Abschaffung des islamischen Kalifats im Jahr 1924 übernahmen Muslime die der Institution des Nationalstaats zugrundeliegende Idee der Volkssouveränität, doch sie konnte nie richtig Fuß fassen, und die gegenwärtige Krise des Nationalstaats hat zur Politisierung der klassischen islamischen Lehre im Rahmen des neu entstandenen islamischen Fundamentalismus geführt. Es dürfte kaum überraschen, daß die Schriften Ibn Taimiyyas aus dem islamischen Mittelalter zur Grundlektüre heutiger Fundamentalisten gehören.

Von Anfang an hat die Ideologie des politischen Islam darauf hingewiesen, daß die Institution des Nationalstaats der Forderung des Islam, eine universelle islamische Ordnung nach den Richtlinien der *Schari'a*/des islamischen Rechts aufzubauen, entgegenstehe. Deshalb stellen alle oppositionellen islamischen Fundamentalisten die in der Welt des Islam existierenden Nationalstaaten in Frage und fordern, sie durch eine auf der *Schari'a* fußende universelle göttliche Ordnung zu ersetzen. Diese Ordnung wird als *Hakimiyyat Allah*/Gottesherrschaft verstanden.[9] Der nächste Schritt dieses Programms ist der Kampf gegen die Weltordnung selbst, denn diese ist nicht nur das globale Dach dieser säkularen Staaten, sondern auch ein Hindernis für die weltweite Inkraftsetzung der islamischen Sichtweise.

Die *Weltordnung* ist, ich wiederhole es, schlicht das System friedlicher Interaktion zwischen souveränen Staaten. Die jeweilige Ausformung dieses Systems in bestimmten historischen Perioden wird mit dem Begriff der *globalen Ordnung* bezeichnet. Bis zum Ersten Weltkrieg wurde die globale Ordnung durch das vorherrschende System des Machtgleichgewichts aufrechterhalten. Nach dem Zweiten Weltkrieg wurde die Bipolarität zur bestimmenden Gestalt der Weltordnung. Aber bereits 1962 schrieb kein Geringerer als der jüdisch-französische Soziologe Raymond Aron (1905–1983) in einer Studie über Krieg und Frieden in der Weltpolitik, die Bipolarität verschleiere das eigentliche Konfliktpotential, das in Wirklichkeit in der »Heterogenität der Zivilisationen« bestehe. Mit dem Ende des Kalten Krieges tritt dieser vorausgesagte potentielle Konflikt nach und nach zutage und stiftet Unordnung und globalen Aufruhr.[10] Tatsächlich scheint die gegenwärtige Unsicherheit auf eine Übergangsperiode zu einer Weltordnung mit neuem Charakter hinzudeuten. Die irregulären Kriege auf dem Balkan sowie im Kaukasus, in Zentralasien und Somalia, in denen der Islam jeweils eine Rolle gespielt hat, sind allerdings eher Beweise für die Verbreitung von Unordnung als Anzeichen für die Entstehung einer neuen Weltordnung. Der Golfkrieg, der im Gegensatz dazu zwischenstaatlich war, führte jedenfalls nicht zur versprochenen neuen Ordnung. Zwar gilt er im Westen als abgeschlossenes Kapitel, ein Ereignis der jüngeren Zeitgeschichte, aber hinsichtlich der Weltordnung sind seine Nachwirkungen immer noch zu spüren, und daran wird sich auch in den kommenden Jahren nichts ändern. Regionale Konflikte unterscheiden sich im Zeitalter des Fundamentalismus erheblich von denen des Kalten Krieges. Im Gegensatz zum Golfkrieg werden künftige regionale Konflikte vermutlich nicht in zwischenstaatliche Kriege münden. Eher werden irreguläre, also nicht zwischen staatlich organisierten Armeen geführte Kriege in der Tradition des Islam[11] das Szenario der Zukunft bilden.

Als Saddam Hussein zur Legitimation seiner Invasion von Kuwait islamische Grundsätze anführte, benutzte er diese offensichtlich als Vorwand. Was zählt, ist jedoch die symbolische Bedeutung seiner Berufung auf diese Prinzipien. Saddam Hussein bestritt nicht nur die Souveränität Kuwaits, indem er das alte Argument hervorholte, es gehöre zum Irak, sondern er berief sich auch und vor allem auf die historische Tatsache, daß die existierenden Grenzen von den westlichen Kolonialmächten gezogen worden seien und ihnen in der Welt des Islam daher jegliche kulturelle Legitimität fehle. Tatsächlich erkennt der Islam solche Nationalstaatsgrenzen nicht an, und wer den Konflikt zwischen dem Islam und der Idee des Nationalstaats leugnet, verwechselt imperiale und territoriale Staaten, welche die islamische Geschichte kennt, mit dem modernen Nationalstaat, der dem klassischen Islam fremd ist.

Der Panarabismus, eine säkulare Strömung, die in manchen Gegenden während eines Großteils unseres Jahrhunderts aktiv war, projiziert die Vorstellung von *al-Daula al-qaumiyya*/dem Nationalstaat auf den angestrebten riesigen panarabischen Staat, während er gleichzeitig die zahlreichen existierenden arabischen Nationalstaaten als *Daula qitriyya*/Territorialstaaten abtut. Von der fundamentalistischen Ablehnung des Nationalstaats gestützt, wurden diese islamischen und panarabischen Konzepte bewußt in den von Saddam Hussein vorgebrachten ideologischen Legitimationsversuchen vermischt. Ironischerweise ist er selbst kein Fundamentalist, sondern ein panarabischer Nationalist, das heißt jemand, der sich zur Idee des Nationalstaats bekennt, jedoch in der panarabischen Version eines Gebildes, das sich »vom Atlantischen Ozean bis zum Golf« erstreckt. Diese wechselnden und miteinander im Widerstreit stehenden Strömungen zeigen, wie schwach das kulturelle Fundament des säkularen Nationalstaats in der Welt des Islam ist. In Kapitel 6 werde ich auf dieses Thema zurückkommen.

Im Westen ist der Golfkrieg heute nicht mehr als eine verblaßte

Erinnerung. Dennoch besteht seine unleugbare Hinterlassenschaft in der Situation, die weiter oben als »Erbe Saddam Husseins« bezeichnet wurde (siehe Anmerkung 11). Zu diesem Erbe gehören sowohl die von ihm benutzten symbolischen Bezüge als auch die Macht der religiösen Symbole, die er im Bewußtsein der meisten Muslime neu belebt hat. Sogar Halliday, der – wie wir in Kapitel 2 gesehen haben – von der Debatte über einen »Zusammenprall der Zivilisationen« nichts wissen will, gesteht zu, daß diese Bezüge »dazu dienten, in einer Reihe von Ländern zu Saddam Husseins Gunsten islamistische Gefühle zu mobilisieren«.[12] Die wachsende Mobilisierungskraft dieser religiösen Symbole ist im Begriff, zu einem wesentlichen Bestandteil des sich herausbildenden Zivilisationsbewußtseins in der Weltpolitik zu werden. Diejenigen Westler, die der Mobilisierungskraft von Symbolen keine Beachtung mehr schenken und sie als Ausdruck von Rhetorik herunterspielen, verstehen weder den »Zusammenprall der Zivilisationen«[13] noch die Bedeutung, die Symbolen in einem Zeitalter zunehmender Politisierung der Religionen in der Politik zuwächst. Der Golfkrieg war nicht nur ein realer Krieg, in dem der Irak in einen »vorindustriellen Zustand« *(The New York Times)* zurückversetzt wurde, sondern auch ein Krieg der Wahrnehmung von Symbolen und Weltanschauungen, und während der Krieg zwischen den Armeen vorüber ist, wird der vom »Erbe Saddam Husseins« implizierte Wahrnehmungskrieg fortgeführt. Laut John Kelsay ging es im Golfkrieg

»nicht schlicht und einfach nur um Öl oder Märkte und nicht einmal um Territorium. Es war vielmehr ein Kampf um Werte; oder, genauer gesagt, ein Teil des im Gang befindlichen Kampfes darum, wer über Richtung und Grenzen des angemessenen politischen Verhaltens in der modernen Welt entscheidet.«[14]

Aufgrund meiner Forschungsarbeit in zahlreichen islamischen Ländern in jüngster Zeit kann ich dieser Schlußfolgerung nur zustimmen. Auch habe ich mich während und nach dem Golfkrieg bereits in den Medien dahingehend geäußert, daß man jene Fundamentalisten, die im Januar 1991 bei einem Treffen in Bagdad verlangten, Saddam Hussein als neuen Kalifen für den gesamten Islam zu installieren, nicht voreilig als lächerlich abtun sollte (siehe den Bericht von Tony Walker, »Muslim Militants Want Saddam as Caliph« in der *Financial Times* vom 10. Januar 1991, Seite 2; hinter der Versammlung stand vermutlich Saddam Husseins *Mukhabarat* [Geheimdienst], der zu jener Zeit eng mit führenden fundamentalistischen Gruppen zusammenarbeitete). Als Saddam die Araber und Muslime an ihre ruhmreiche Vergangenheit erinnerte, während er dem Westen vorwarf, er sei »in arabisches Land eingedrungen« und habe »die Araber gespalten und schwache Staaten errichtet«[15], um die Vorherrschaft des Westens abzusichern, sprach er nicht nur nostalgische Gefühle an, sondern drückte auch die weitverbreitete Empörung über die Unterordnung der Muslime unter den dominanten Westen aus. Westler, welche die Bedeutung dieser Gefühle nicht begreifen, können die Politik im Nahen Osten nicht verstehen.

Indem Saddam Hussein an die Zeit der muslimischen Überlegenheit erinnerte, »als Bagdad das Zentrum der islamischen Herrschaft und Zivilisation war«[16], erhob er zumindest rhetorisch die Forderung, die muslimische Macht wiederherzustellen. Es erübrigt sich, hervorzuheben, daß weder ein einzelner muslimischer Staat noch irgendein Bündnis die Mittel besitzt, um dieses Ziel zu erreichen. Doch auch in diesem Fall sollte man die Mobilisierungskraft religiöser Symbole in der Politik nicht unterschätzen. Seit dem Golfkrieg ist unter den Muslimen ein ständig wachsendes antiwestliches Zivilisationsbewußtsein entstanden. Ich habe dies in Nordafrika, Zentralasien, Ägypten und den Besetzten Gebieten während zahlreicher Forschungsaufenthalte in diesen Ländern und Regionen beobachtet. Dieses Bewußtsein ist mit einer *Djihad*-orientierten islamischen Revolte gegen die westlichen Ansichten über die Weltordnung gekoppelt. Wenn im Westen von Weltordnung gesprochen wird, hören es Muslime mit Unbehagen, denn

»es gibt einen doppelten Maßstab in der Weltpolitik. Dem Westen und seinen Freunden bringt die gegenwärtige internationale Ordnung Freiheit, Sicherheit und Würde. Für Araber, Muslime und Entwicklungsländer aber gibt es nur Unterdrückung, Ausbeutung und Unehre.«[17]

Im Zuge ihrer Wiederbelebung werden die religiösen Symbole eingesetzt, um ebendiese doppelten Standards des Westens anzuprangern. In diesem Zusammenhang politisieren die islamischen Fundamentalisten ihre Religion zusätzlich, indem sie deren Macht dazu benutzen, die von ihren politischen Strategien versprochene Alternative voranzubringen. Diese besteht in *al-Nizam al-Islami*/dem islamischen System, ihrem *Hall Islami*/der islamischen Lösung der Krise. Das, was sie als *Hulul mustaurada*/ importierte Lösungen betrachten (siehe Kapitel 2, Anmerkung 17), soll durch ein islamisches Regierungssystem ersetzt werden. In Verfolgung dieses Ziels operieren die islamischen Fundamentalisten auf zwei Ebenen – der nationalen und der internationalen. Auf innenpolitischer Ebene streben sie den Sturz der meisten existierenden Regierungen in der Welt des Islam an, um die göttliche Ordnung zu errichten, die ihnen vorschwebt. International fordern sie sowohl die seit langem bestehende Weltordnung als auch die schwammige Idee der »Neuen Weltordnung« (siehe oben, Anmerkung 7) heraus. In der Gegenwartsgeschichte bildet der Golfkrieg den Kontext dieses Konfliktes, doch der umfassendere und zeitlosere Rahmen ist eine Auseinandersetzung zwischen zwei Zivilisationen über die Frage, wie die Weltordnung beschaffen sein soll.

Die Suche nach einer neuen Weltordnung

Auf dem Höhepunkt der Golfkrise im September 1990 prägte der damalige US-Präsident George Bush in seinen Reden den rhetorischen Begriff einer »Neuen Weltordnung«. Später fand es der Journalist Rick Atkinson angemessen, seine Chronik des Golfkriegs *Crusade* (Kreuzzug) zu benennen. Auch sein Buch erschien später unter diesem Titel. Er schließt seine Aufzeichnungen mit der Feststellung, die »Neue Weltordnung« habe sich

»als leere Worthülse erwiesen. … Der Krieg am Persischen Golf ist weder die größte moralische Herausforderung gewesen, vor der Amerika seit 1945 gestanden hat, … noch ist er eine sinnlose Anwendung von Kanonenbootpolitik gewesen. … Die Wahrheit lag irgendwo … und wartete auf ihre Entdeckung.«[18]

Die der Entdeckung harrende Wahrheit scheint in dem von mir postulierten gegenwärtigen Zustand der Fragmentation und Unordnung zu liegen. Obwohl er seine Formel so lauthals verkündet hatte, wandte sich selbst Präsident Bush nach dem Ende des Golfkriegs wieder dem Tagesgeschäft der internationalen Politik, einschließlich der Nahostpolitik, zu. Entsprechend sind die Westmächte seit dem Golfkrieg von ihrem Bemühen auf globaler Ebene zu der bescheideneren der Regionalpolitik im Nahen Osten übergegangen, und zwar im Kontext einer anvisierten Ordnung des Nahen Ostens.

Im Grunde ging es in der Auseinandersetzung um die Entscheidung, wer die Ordnung nicht nur in dem Teil der Welt, den wir den Nahen Osten nennen[19], sondern überall auf der Erde festlegen wird. Jene weltpolitischen Experten, deren Perspektive auf die militärische Sicherheit beschränkt ist, glauben, daß mit dem überwältigenden Sieg über Saddam Hussein die Macht des Westens demonstriert wurde und die Hauptprobleme im wesentlichen gelöst sind. Dabei übersehen sie die zu einem politischen Anspruch geronnene Reaktion der Muslime. Die während des Krieges wiedererweckten öffentlichen Präferenzen sind virulent geblieben und werden heute als »Erbe Saddam Husseins« bezeichnet. Um es noch einmal zu betonen: Der irakische Diktator ist nie Fundamentalist gewesen; seine Bezugnahmen auf den islamischen *Dji-had*/heiligen Krieg und die Überlegenheit des Islam waren einfach probate Notbehelfe, die sich in einer verzweifelten Lage anboten.

Historisch gesehen, löste Saddam Hussein jedoch Einstellungen und Bestrebungen aus, die über die Jahrhundertwende hinweg das politische Denken in der Welt des Islam bestimmen werden. Wer mit den Schriften der intellektuellen Väter des islamischen Fundamentalismus, Sayyid Qutb und Abu al-A'la al-Maududi, vertraut ist, weiß, daß der politische Islam Anspruch auf die Führung der Welt erhebt und den Westen in dieser Rolle ersetzen will. Vor dem Golfkrieg waren diese Ansichten ebenso verbreitet und populär wie heute, ohne jedoch, wie ich meine, als Ausdruck eines Zivilisationsbewußtseins bereits erkannt worden zu sein.

Die bereits überholte Formel von einer »Neuen Weltordnung« war nicht minder rhetorisch, als die aktuellere Vorstellung des *Nizam Islami*/islamischen Systems ist. Beide implizieren jedoch ein konkretes Weltbild und ein besonderes Verständnis der Weltpolitik. Positiv betrachtet, betont das westliche Konzept einer »Neuen Weltordnung« die für die gesamte Menschheit bestehende Notwendigkeit, einige für alle Zivilisationen geltende Gemeinsamkeiten im Hinblick auf eine internationale Moralität einzuführen, das heißt von allen anerkannte Normen, Werte und Prozeduren zur Konfliktlösung. Damit verbunden ist die Notwendigkeit, eine Übereinkunft über die Mittel zur Durchsetzung dieser Standards einer internationalen Moralität zu erzielen. Was die Art dieser Gemeinsamkeiten und Mittel angeht, sind die Ansichten geteilt.

Im Konzept des *Nizam Islami* drückt sich der Anspruch auf die globale islamische Vorherrschaft aus, die sich aus der *Da'wa*, der universellen islamischen Mission, ergibt. Wie die islamischen Fundamentalisten hervorheben, richtet sich diese *Da'wa*/Mission insbesondere gegen den irreligiösen, moralisch bankrotten, aber dominanten Westen. Daraus folgt, daß die antiwestlichen Gefühle eindeutig *nicht* antichristlich sind. Sayyid Qutb hat zur Verurteilung der modernen säkularen Weltordnung den Begriff der *Djahiliyya*/vorislamischen Zeit der Ignoranz wiederbelebt, worauf ich später eingehen werde. Für Qutb, der in der kulturellen Moderne eine neue Form der *Djahiliyya* sah, nämlich die *Djahiliyya djadida*/Neo-*Djahiliyya*, diente dieses Konzept als Grundlage für die Ablehnung der Postulate und Konditionen der modernen Welt, was uns zu Fragen führt, die weit über den Golfkrieg und die Vision einer »Neuen Weltordnung« hinausgehen. Hier geht es nicht mehr um aktuelle, tagespolitische Entwicklungen, sondern um die grundsätzlichen Unterschiede zwischen islamischem und westlichem Weltbild sowie um den Platz der Muslime in einer vom Westen und seinen zivilisatorischen Maßstäben dominierten Weltordnung.

Das heutige internationale System der Nationalstaaten ist, wie erwähnt, aus der Globalisierung des europäischen Systems hervorgegangen, oder mit den Worten von Charles Tilly:

> »Während der nächsten dreihundert Jahre [nach dem Westfälischen Frieden] gelang es den Europäern und ihren Abkömmlingen, dieses System der gesamten Welt aufzuzwingen. Die jüngste Welle der Dekolonisation hat die Einbeziehung des gesamten Globus in dieses System nahezu vervollständigt.«[20]

In Anbetracht des amerikanischen Übergewichts in der gegenwärtigen westlichen Zivilisation sehen wir uns hier dem Anspruch einer *pax americana* gegenüber, der mit demjenigen einer *pax islamica* im Widerstreit steht. Gewiß fehlt den Muslimen heute die Macht, ihren Anspruch durchzusetzen. Tatsache jedoch ist, daß der Anspruch besteht. Ebenso ist es eine Tatsache, daß diese Denkweise nicht nur in einer der größten Religionsgemeinschaften der Welt populär ist (1,3 Milliarden Muslime bei einer Weltbevölkerung von 5,7 Milliarden), sondern auch ihr eigenes Zivilisationsbewußtsein hervorbringt. Deshalb sollte man solche Ansprüche ernst nehmen und sie nicht von vornherein als reine Rhetorik abqualifizieren. Nach Auflösung der Sowjetunion sind die USA als einzige Supermacht übriggeblieben. Aber die *pax americana* ist ein Anspruch, keine Realität, obwohl sie auf den vielfältigen Kapabilitäten einer großen Weltmacht beruht. Dennoch verlieren die Vereinigten Staaten sichtlich an Einfluß auf die internationale Politik.

Viele westliche Experten haben diesen Niedergang nicht nur der westlichen Macht, sondern auch der westlichen Zivilisation richtig beobachtet. Da ich mich auf den Aufstieg des religiösen Fundamentalismus in der gesamten Welt konzentriere, möchte ich hinzufügen, daß der Haupttrend der internationalen Politik in der Ära nach dem Kalten Krieg in der Entwestlichung besteht, die aus den Herausforderungen folgt, die von den anderen Zivilisationen ausgehen, allen voran der islamischen. Es handelt sich nicht um einen Staatenblock, sondern um eine Zivilisation, die den Westen vor diese Herausforderung stellt. In den alten Bezugsrahmen zwischenstaatlicher Beziehungen läßt sich diese neue Strömung nicht einordnen.

Im Gegensatz zu Huntington, der die Beziehungen zwischen Zivilisationen als Konflikte versteht, habe ich in meinem früheren Buch *Die Krise des modernen Islams* vorgeschlagen, die Weltpolitik als »internationale kulturelle Kommunikation« zu betrachten, und in nachfolgenden Arbeiten darauf hingewiesen, daß parallel zur Intensivierung der strukturellen Globalisierung eine zunehmende kulturelle Fragmentation unserer Welt zu beobachten ist.[21] Diese Idee von der *Gleichzeitigkeit von kultureller Fragmentation und struktureller Globalisierung*, auf die ich in Kapitel 5 näher eingehe, hat weitere Widersprüche zur Folge: Konkurrierende Zivilisationen bewegen sich einerseits auf der Interaktionsebene aufeinander zu und driften andererseits immer weiter auseinander, weil ihre Auffassungen über die Weltordnung und ihre Weltanschauungen über das Leben, die Religion, das Recht und andere menschliche Belange im allgemeinen unvereinbar sind. In einem Zeitalter wachsenden Zivilisationsbewußtseins wird die Idee eines Universalismus nach westlichem Vorbild daher zunehmend in Frage gestellt.

Ich bin gewiß kein Anhänger einer der modischen multikulturellen oder postmodernen Anschauungen, denen zufolge universelle Maßstäbe nicht mehr haltbar sind. Meiner Ansicht nach sollten gemeinsame Standards in bezug auf Menschenrechte[22], Demokratie und gegenseitiger Anerkennung der säkularen Souveränität in den internationalen Beziehungen als Grundlage einer internationalen Moralität Beachtung finden. Gewiß muß die Idee der internationalen Moralität weiterentwickelt werden, um kulturübergreifende Maßstäbe aufzustellen. Doch nur wenn diese Maßstäbe von allen am internationalen System beteiligten Staaten anerkannt werden, kann die Menschheit in Frieden und Würde leben (siehe Kapitel 9 und 10). Angesichts der Tatsache, daß die meisten Prinzipien der Weltordnung im wesentlichen noch immer westlicher Herkunft sind, scheinen in unserem Zeitalter einer globalen Entwestlichung einige gemäßigte Kompromisse unvermeidlich zu sein. Der bekannte Schweizer Theologe Hans Küng hat ein »Weltethos« vorgeschlagen, das alle Religionen der Welt auf ethischer Grundlage vereinen soll. Diese Idee ist verlockend, geht aber nicht über die vage Beteuerung ihrer Notwendigkeit hinaus, während die Realitäten des internationalen Systems unbeachtet bleiben. Rundheraus gesagt, ist sie nicht mehr als der Tagtraum eines Theologen. Professioneller wäre ein Ansatz, in dem Normen und Werte auf kulturübergreifender, nicht auf universalistischer Grundlage definiert werden.

Eine internationale Moralität müßte nicht nur von allen Religionen auf einer säkularen Basis geteilt, sondern auch institutionell gestützt werden. Jeweils exklusiv für nur eine Zivilisation geltende Muster religiöser Ethik würden meines Erachtens bedeuten, daß die religiösen Gemeinschaften einander entgegengesetzt blieben, und angesichts der Tatsache, daß der »Zusammenprall der Zivilisationen« durch die politische Interpretation der Religion im Rahmen des Zivilisationsbewußtseins verschärft wird, muß jede Einmischung einer bestimmten Religion in die Weltpolitik zu einer Vergrößerung des aus diesem Zusammenprall hervorgehenden Konfliktpotentials führen. Sosehr ich die Universalisierung des *American way of life* im Sinne eines »Strebens nach Glück« für alle Menschen dieser Welt, wie es sich manche Politiker in Washington vorstellen, auch verwerfen mag, sosehr lehne ich die Behauptung muslimischer Fundamentalisten ab, für die breite Vielfalt unter der Menschheit, der sie ihre *Da'wa*/islamische Mission aufzwingen wollen, moralisch verantwortlich zu sein. Der US-Universalismus soll nicht gegen den islamischen Universalismus ausgetauscht werden. Notwendig ist eine wahrhaft pluralistische Weltordnung, keine einseitig verordnete »Neue Weltordnung«. Die unterschiedlichen Zivilisationen müssen sich also auf gemeinsame Bedingungen für ein friedliches Zusammenleben einigen, die weder auf eine *pax americana* noch auf eine *pax islamica* hinauslaufen dürfen. Entscheidend ist jedoch, daß ein solcher Konsens nicht oktroyiert werden darf, sondern aus freien Stücken angenommen werden muß.

Als rational denkendem Muslim, der im Westen lebt, mißfallen mir manche außenpolitischen Schritte des Westens, aber die »Kreuzzugsmentalität«, die islamische Fundamentalisten in der westlichen Politik zu entdecken glauben, kann ich nicht ausmachen. Die amerikanische Vorherrschaft hat nichts mit dem Christentum zu tun, sondern beruht auf Machtpolitik, und mit der umfassenden Säkularisierung des Westens hat schon vor langer Zeit ein Übergang von christlichen zu säkular-universalistischen Anschauungen begonnen. Der Golfkrieg mag als Schritt zur Sicherstellung der politischen Hegemonie kritisiert werden, aber nicht als »Kreuzzug des Westens«[23], als den ihn muslimische Fundamentalisten in ihren Pamphleten darstellen. Das einzige religiöse Konzept, das ich in diesem Streit darüber, wer den Charakter der Welt bestimmen wird, erkennen kann, ist die von den muslimischen Fundamentalisten favorisierte Weltordnung.

Mit dem Krieg in Bosnien sieht es anders aus. Er hat die islamisch-fundamentalistische Ideologie gefördert. Zugegebenermaßen müssen in diesem Fall die Auswirkungen der Religion erwogen werden. Orthodox-christliche Serben behaupten selbst, einen »Kreuzzug gegen den Islam in Europa« zu führen.[24] Das orthodoxe Christentum hat nie die Stationen von Reformation und Säkularisierung durchlaufen, die das westliche Christentum so tief beeinflußt haben. Nach den Luftangriffen der NATO auf die Serben wurde der Krieg zwar beendet, aber das bedeutet nicht, daß der Konflikt gelöst wäre. Er wird uns auch in den kommenden Jahren beschäftigen. Ungeachtet der Beendigung der Greuel glauben islamische Fundamentalisten weiterhin, daß auf dem Balkan eine konzertierte christliche Kampagne gegen den Islam stattgefunden hat. Daß das orthodoxe Christentum gemeinsam mit Katholizismus und Protestantismus – die heute das säkularisierte westliche Christentum darstellen – gegen den Islam vorgeht, ist zwar eine irrtümliche, möglicherweise eine bewußt irrtümliche Wahrnehmung, aber sie eignet sich dazu, antiwestliche Ressentiments hervorzurufen. Darüber hinaus trug die westliche Balkanpolitik mit ihren Mängeln unfreiwillig dazu bei, diese Ressentiments zu bestärken.

Das Konzept der Ordnung zwischen Kulturrelativismus und Neoabsolutismus

In unserem Zeitalter des »Zusammenpralls der Zivilisationen«, in dem das religionsbezogene Bewußtsein wächst, wird der kulturelle Dialog zwischen konkurrierenden Zivilisationen zu einem bedeutenden Instrument der friedlichen Konfliktlösung oder, um es realistischer auszudrücken, zu einem Mittel des Krisenmanagements. Die Herausforderung durch den religiösen Fundamentalismus in nichtwestlichen Zivilisationen sollte vom säkularen Westen bei der Suche nach einer echten und wechselseitig anerkannten neuen Weltordnung ernst genommen werden. Um andere Kulturen und Zivilisationen zu verstehen, muß man kein Multikulturalist sein. Während nichtwestliche Völker voller Stolz starke Bindungen zu ihren jeweiligen zivilisatorischen Maßstäben entwickeln, gerät der Westen in die Bedrängnis, seine Zivilisation verteidigen zu müssen. Im Westen kann ich zumindest bei den modischen Postmodernisten und Multikulturalisten keine solche Bindung an die westliche Zivilisation erkennen. Indem sie Objektivität und allgemeine Maßstäbe generell leugnen, entkleiden sie ihre eigene Zivilisation ihrer grundlegenden Eigenschaften und Tugenden.[25] So scheint es dank der Verbreitung des Kulturrelativismus zum Beispiel nicht mehr möglich zu sein, die Menschenrechte als universelle Rechte zu verteidigen. Es galt einst als Fortschritt, wenn Soziologen – im Sinne von Karl Mannheims *Wissenssoziologie* – die Lehre vertraten, daß Wissen in die gesellschaftlichen Rahmenbedingungen eingebettet ist, aus denen es erwuchs. Es bedeutet jedoch einen Rückschritt gegenüber der Wissenssoziologie, diese Perspektive auf Kulturen anzuwenden, wie es geschieht, wenn einige Anthropologen von einer *Wissensanthropologie* sprechen und voreilig den Schluß ziehen, es gebe kein universell gültiges Wissen, da jeder Wissensinhalt nur in seiner eigenen Kultur oder, wie man heute sagen müßte, seiner eigenen Zivilisation Gültigkeit besitze.[26] Würde man diese modischen Ansätze auf die internationale Politik anwenden, müßte man den Gedanken einer für alle Zivilisationen verbindlichen Weltordnung aufgeben. Dies wäre eine dramatische Wende der Ereignisse, die sehr wahrscheinlich, wie der Titel eines meiner neueren Bücher warnt, einen *Krieg der Zivilisationen*[27] mit sich bringen würde.

Verblüffend ist in diesem Zusammenhang die Konvergenz zwischen muslimischen Fundamentalisten, die Neoabsolutisten, und Postmodernisten, die Kulturrelativisten sind. Ihre Anliegen sind eindeutig unterschiedlich. Mit der Idee der Entwestlichung des Wissens zielen die islamischen Fundamentalisten auf die Wiedereinführung islamischen Wissens ab, das auf Koran und *Hadith* beruht, dem absoluten, das heißt dem einzig gültigen Maßstab und der einzig möglichen Quelle des Wissens. Darum bekämpfen sie das westliche Wissen. Aus völlig anderen Gründen lassen europäische und amerikanische Postmodernisten, Multikulturalisten und Kulturrelativisten heute die von Renaissance und Aufklärung, das heißt von der kulturellen Moderne, eingeführten säkularen Standards des Wissens fallen (siehe Kapitel 4). Wenngleich diese bedauerliche Haltung im Bewußtsein der meisten Bürger des Westens nicht um sich gegriffen hat, dient sie doch dazu, die Entwestlichungsbemühungen der islamischen Fundamentalisten zu stärken. Wie ich im nächsten Kapitel zeigen werde, ist es die säkulare kulturelle Moderne wert, gegen die Angriffe des religiösen

Fundamentalismus verteidigt zu werden, und ich pflichte Ernest Gellner[28] darin bei, daß Vernunft und Aufklärung auch vor den intellektuellen Abenteurern des Postmodernismus beschützt werden müssen.

Zu den Werten und Normen der Weltordnung in der Ära nach dem Kalten Krieg gehören die individuellen und säkularen Menschenrechte nach Maßgabe des Naturrechts. Wenn diese Rechte – und zwar nicht nur als außenpolitisches Instrument – in den Vordergrund gerückt würden, wäre deren Akzeptanz ein schwerer Schlag für die Kreuzzugsdemagogie der islamischen Fundamentalisten. Bis vor kurzem hat die westliche Bosnienpolitik unabsichtlich deren Propagandabehauptung gestützt, was in Bosnien stattgefunden habe, sei ein christlicher Kreuzzug gegen die dortigen Muslime gewesen (siehe Anmerkung 24).

Einige bekannte Holocaustopfer und jüdische Humanisten, wie Henry Siegman, haben davor gewarnt, die »bosnischen Parallelen zum Holocaust«[29] zu übersehen, und die von den Serben in ihrem Streben nach einem großserbischen Staat begangenen Greuel mit den Verbrechen des Dritten Reichs verglichen. Viele westliche Regierungen riskieren es, jede Glaubwürdigkeit bei der Verteidigung der Menschenrechte zu verlieren, indem sie die zutiefst inhumanen Verletzungen der Menschenrechte durch die »serbischen Kreuzzügler« (Lerch; siehe Anmerkung 24) in Bosnien mit Schweigen übergehen. Dies ist ein weiterwirkendes, schweres Erbe des Bosnienkrieges, auch wenn der Westen eine entscheidende Rolle bei seiner Beendigung gespielt hat. Obwohl die westlichen Werte ein Hauptpfeiler der internationalen Moralität bleiben, trägt ihre Delegitimierung zu eben dem Prozeß bei, den wir oben als Gleichzeitigkeit kultureller Fragmentation und struktureller Globalisierung identifiziert haben. Ihre Delegitimierung beschleunigt so den Prozeß der Entwestlichung.

Trotz gelegentlicher Verweise auf Länder außerhalb dieser Region, wie Indien oder Bosnien, liegt der Schwerpunkt dieser Untersuchung auf dem Nahen Osten, während die islamische Zivilisation ihren mehr allgemeinen Gegenstand ausmacht. Dieser

Fokus ist nicht das Produkt einer arabozentrischen Vorliebe aufgrund meiner ethnischen Herkunft, sondern liegt darin begründet – wie ich in früheren Büchern dargelegt habe (siehe Anmerkung 21) –, daß der Islam in der arabischen Kultur entstanden ist und diese das Fundament seiner Zivilisation bildet. Der Koran wurde in arabischer Sprache offenbart, und der Text dieses heiligen Buchs ist voller Hinweise darauf, daß die Araber von Gott auserwählt worden seien, der einem von ihnen – *an-Nabi*/dem Gesandten, dem Propheten Mohammed – den Koran in ihrer Sprache verkündigt habe. Ich bin mir bewußt, daß dieses Argument nicht so weit gehen darf, den Islam mit dem Arabertum gleichzusetzen, wie es Saddam Hussein und andere säkulare Propheten des arabischen Nationalismus versucht haben. Dieser unziemliche Stolz ist falsch und überdies arabozentrisch, und ich glaube, von diesem Vorurteil frei zu sein. Tatsächlich muß ich gestehen, daß mir der südostasiatische Islam sympathischer als der arabische ist. Meine Begegnung mit dem Islam in Indonesien und Malaysia hat große Bewunderung für Toleranz, Pluralismus und geistige Offenheit der südostasiatischen Muslime in mir geweckt. Doch die Hauptströmung der islamischen Zivilisation ist vom Islam des Kernlandes geprägt.

Indem sie diesem arabozentrischen Verständnis des Islam eine fundamentalistische Form gaben, haben die arabischen Fundamentalisten nicht nur der »islamischen Revolution« im Iran[30], einem nichtarabischen Land, das Recht abgesprochen, die *Umma*/universelle islamische Gemeinschaft zu führen, sondern auch ihren eigenen Neoabsolutismus auf die islamische Zivilisation projiziert. Es ist offenkundig, daß die islamische Zivilisation von einer großen kulturellen Vielfalt gekennzeichnet ist. Während meines Besuches in Indonesien und Malaysia im Frühjahr 1995 bin ich arabischen und sogar einheimischen Muslimen begegnet, die an der Azhar-Universität in Kairo oder an saudischen Universitäten studiert hatten und dort zu schriftorientierten Fundamentalisten geworden waren. Während sie die lokalen Kulturen nicht als wahrhaft islamisch anerkennen, weil sie nicht von der Schrift in ihrer Originalsprache inspiriert sind, versuchen diese Zeloten ihnen das eigene neoabsolutistische Verständnis eines schriftgläubigen arabozentrischen Islam aufzuzwingen. Glücklicherweise bilden diese Eiferer in Südostasien nur eine Randgruppe und nicht, wie ihre Pendants im Nahen Osten, eine Kraft im Zentrum der Gesellschaft.

In Indonesien[31] ist das vom früheren Präsidenten Ahmed Sukarno stammende Konzept der *Pancasila (panca* = fünf, *sila* = Prinzip) in der Verfassung verankert und wird auch nach dem Sturz Präsident Suhartos im Jahr 1998 vom weiterhin bestehenden Regime der Neuen Ordnung anerkannt. Die fünf Prinzipien der *Pancasila*, die den säkularen, pluralistischen Charakter des Staates gewährleisten, sind Gleichheit der Monotheismen, Humanismus, nationale Einheit, Demokratie und Gerechtigkeit. Auf diesem Konzept beruht die Einheit von 205 Millionen Indonesiern, die dreihundert Kulturen und fünf Religionen angehören, unter denen allerdings die Muslime mit fünfundachtzig Prozent die Mehrheit stellen. Wenn die neue westliche Mode des Kulturrelativismus in Indonesien zum Tragen käme, wären Aufruhr und Chaos das Ergebnis. Und falls der Neoabsolutismus des politischen Islam, der in Indonesien von einigen islamischen Parteien und Untergrundgruppen – vermehrt nach der Asienkrise 1997/98 – vertreten wird, zur vorherrschenden Kraft werden sollte, käme es zum Bürgerkrieg. Diesem Szenario baut die *Pancasila* vor, da sie sowohl konstitutionell bindend als auch pluralistisch ist. (Im Rahmen dieser Beschreibung des Islam in Indonesien übersehe ich nicht die von diesem islamischen Staat – vor allem unter Suharto – begangenen und mit viel Publizität bedachten Menschenrechtsverletzungen, insbesondere die Invasion von Osttimor im Dezember 1975 und die Annexion dieser früheren portugiesischen Kolonie im Juli 1976, die gegen den Willen der Bevölkerung und unter Bruch von Resolutionen der Vollversammlung und des Sicherheitsrates der Vereinten Nationen geschah. Doch die Analyse dieser bedauerlichen Episode ist von der Einschätzung des Islam in Indonesien zu trennen.)

Die *Pancasila* ist genau die Art von Moralität, von der ich hoffe, daß sie zur Grundlage einer neuen Ordnung wird, und zwar sowohl auf der ganzen Welt wie auch insbesondere im Nahen Osten. Kann das an der islamischen Peripherie gelegene Südostasien zum Vorbild der Zivilisation des Islam werden?[32] Im Unterschied zum arabischen Kernbereich der islamischen Zivilisation im Nahen Osten hat Südostasien – jedenfalls bis zur Asienkrise – die Aufgabe, ökonomisches Wachstum zu erzielen, erfolgreich bewältigt und einen gewissen Wohlstand erreicht. Darüber hinaus koexistiert der Islam im multiethnischen und multireligiösen Südostasien in pluralistischer Weise friedlich mit anderen Religionen. Der Frieden zwischen den verschiedenen Religionsgemeinschaften ist dort keine Vision; er war bis zur gegenwärtigen Krise eine Realität, die nun allerdings durch die Politisierung des Islam gefährdet wird. Meine Überlegungen zu einer internationalen Moralität in den beiden letzten Kapiteln (9 und 10) werden sich weitgehend auf den demokratischen Frieden konzentrieren. Einige dieser Gedanken sprach ich im März 1995 im Verlauf einer Vorlesungsreihe in Indonesien an. Was mir vorschwebt, ist die kulturübergreifende Bestätigung von Demokratie und Menschenrechten als vereinigenden Faktoren. In Indonesien sind beide Prinzipien, verglichen mit anderen Teilen der islamischen Welt, mehr oder weniger erfolgreich.

Diese Erläuterungen bestärken allem Anschein nach die oben geäußerten Vorbehalte sowohl gegenüber dem kulturrelativistischen Geist des Postmodernismus als auch gegenüber der fundamentalistischen Intoleranz des Neoabsolutismus.

Mit Ausnahme des Pakistani Abu al-A'la al-Maududi sind die meisten führenden Ideologen des sunnitischen islamischen Fundamentalismus arabische Autoren. Darüber hinaus entfaltete sich die Herausforderung durch eine islamische Weltordnung zuerst im arabischen Nahen Osten. Zwischen dieser Herausforderung und der seit dem Golfkrieg geführten Diskussion über die Einführung einer Ordnung in der Nahost-Region gibt es einen Zusammenhang. Den islamischen Fundamentalisten schwebt in Abwehr der westlichen Zivilisation, auf deren Prinzipien die heutige Weltordnung beruht, eine neue Ordnung auf der Grundlage der islamischen Zivilisation vor.

Den feindlichen Einfall des Westens in die Welt des Islam beschreibt ein populäres Buch in arabischer Sprache, das in der gesamten arabischen Welt vertrieben wird (siehe Anmerkung 23): Der von dem ehemaligen ägyptischen General Sa'duldin al-Schadhli, Held des Oktoberkrieges 1973, verfaßte Bestseller über den Golfkrieg trägt den Titel *Der achte christliche Kreuzzug*, und ich fand dieses Buch in den meisten arabischen Städten, die ich zwischen 1992 und 1994 besuchte. Bei einer Vorlesungsreise, die mich an viele Universitäten im gesamten Maghreb – Algerien, Tunesien und Marokko – führte, und während meiner Besuche in Ägypten und den palästinensischen Gebieten in dieser Zeit bin ich ähnlichen antiwestlichen Einstellungen begegnet, wie sie in al-Schadhlis Bestseller zum Ausdruck kommen. Am beunruhigendsten fand ich die Gleichsetzung der Angehörigen der westlichen Zivilisation mit »Kreuzzüglern« – ein Nachhall des Golfkriegs, der sich auch in dem Buch des ägyptischen Generals wiederfindet. Die Errichtung einer in die Weltordnung der Ära nach dem Kalten Krieg integrierten stabilen neuen Ordnung im Nahen Osten würde der fundamentalistischen Vision der Abkopplung des Nahen Ostens von der gegenwärtigen Weltordnung zuwiderlaufen. Im Nahen Osten ist die globale Fragmentation sowohl auf lokaler als auch auf regionaler Ebene zu beobachten, und wiederum ist es der Fundamentalismus, der eine der Haupttriebkräfte der kulturellen Fragmentation darstellt.

Die Regionalisierung der Weltpolitik und die Politisierung des nahöstlichen Islam

Gewalt ist im Nahen Osten endemisch. Die jüngste Geschichte dieser Region ist eine von Kriegen.[33] Im Unterschied zu früheren Kriegen – auch zum Sechstagekrieg, dem verheerendsten von ihnen – hat der Golfkrieg den Nahen Osten mit der umfassenderen Zivilisation des Islam verbunden, da er von der gesamten islamischen Gemeinschaft – sogar in Südostasien – als »Kreuzzug des christlichen Westens« gegen die islamische Zivilisation empfunden wurde (siehe Anmerkungen 18 und 23). Manche westliche Beobachter spielen diese Tatsache mit dem Hinweis herunter, das vermeintlich islamischste aller Länder, Saudi-Arabien, habe ebenso wie andere gewichtige islamische Staaten wie Syrien, Ägypten und Pakistan auf der Seite des Westens an dem Krieg teilgenommen. In Wirklichkeit *mißbilligte* die Bevölkerung dieser vier Länder die Vorstellung, auf seiten des Westens zu kämpfen, und die meisten ihrer Bewohner *bedauerten* die Niederlage des Irak. Wie im ersten Kapitel betont, ist diese Untersuchung nicht staatszentriert. Im Mittelpunkt steht vielmehr der islamische Fundamentalismus in seinem Bezug zu den von der Bevölkerung befürworteten politischen Optionen, die nicht durch Regierungspolitik, sondern von den Einstellungen der Menschen, die einer bestimmten Zivilisation angehören, geprägt sind. Im Fall des Golfkriegs bezog sich die Wahrnehmung der Bevölkerung auf einen Krieg zwischen dem Westen und der islamischen Zivilisation.

Im Sinne dieses Ansatzes möchte ich zur Illustration auf anekdotischer Ebene zwei Witze wiedergeben, die in Ägypten, dessen Präsident sich dafür entschied, auf seiten des Westens in den Golfkrieg einzutreten, häufig erzählt werden. In dem einen heißt es, daß der saudische König nicht mehr den Titel *Khadim al-haramayn al-scharifayn*/Hüter der heiligen Schreine von Mekka und Medina trage, weil Präsident Bush diesen Titel an sich selbst delegiert habe. Der andere Witz berichtet von einem *Sa'idi*/ oberägyptischen Bauern, der – obwohl im Arabischen Analphabet – Englisch lernen will und dies den anderen Dorfbewohnern damit erklärt, daß er seine Ersparnisse für eine *Hadj*/Pilgerfahrt nach Mekka verwenden wolle, und dafür müsse er Englisch lernen, um nach dem Weg fragen zu können, nachdem die Amerikaner sich dort eingerichtet hätten. (Die ägyptischen Sa'idis sind mit den Ostfriesen der Deutschen vergleichbar.) Es ist unmöglich, die ägyptische Art, Witze zu erzählen, wiederzugeben, und auch die kulturellen Nuancen gehen in der Übersetzung verloren, aber was im Westen nicht sonderlich komisch wirken mag, ist es im Nahen Osten durchaus.

Im Golfkrieg hat sich gezeigt, daß der Islam, als Zivilisation begriffen, den Bezugsrahmen für eine politische Identität in einer »geglaubten Gemeinschaft« bilden kann. Einerseits hat der Golfkrieg den Islam in einem in der neueren Geschichte beispiellosen Ausmaß in Anspruch genommen und ihn so in den Mittelpunkt der Weltpolitik gerückt. Andererseits hat er vor Augen geführt, wie gering der Organisationsgrad unter den Menschen ist, die der islamischen Zivilisation angehören; unter ihren Mitgliedstaaten gibt es *keinen* starken Konsens.

Eine der Konsequenzen des Endes des Kalten Krieges und des Golfkriegs ist der zunehmende Trend zum Regionalismus in der Weltpolitik, der schon lange vor dem Ende des Kalten Krieges zu beobachten war und zu einem »stärker regionalisierten Weltsystem« beitrug, wie Hedley Bull es bereits 1977 ausgedrückt hat.[34] Auch in der islamischen Zivilisation ist die Regionalisierung zu beobachten. Es gibt grundverschiedene Regionen in der Welt des Islam; so unterscheidet sich der Nahe Osten erheblich von Südostasien. Von diesem Standpunkt aus ist die islamische Einheit eine nur wahrnehmungspsychologische Größe, der die strukturelle Grundlage fehlt. Globalisten in der akademischen Disziplin der Internationalen Beziehungen, die mit diesen regionalen Bindungen nicht vertraut sind, können die Einstellungen und Vorgänge im Nahen Osten oder in anderen Regionen der islamischen Zivilisation kaum verstehen. Regionen beziehen sich unter anderem auf lokale Kulturen und deren Gruppierung in Zivilisationen. Von den Regionalisierungsmustern und -mechanismen sind die politischen Entwicklungen in allen nichtwestlichen Regionen der Welt betroffen[35], und die vor sich gehende Entwestlichung und Regionalisierung der Welt erfordern es, daß man sich von den vorherrschenden eurozentrisch-globalistischen Ansätzen löst, um diese Probleme zu verstehen. Daß ich die genannten Kräfte erkenne, widerspricht aber keineswegs dem Umstand, daß ich zu den Tugenden des universellen Wissens (siehe Anmerkung 26) und internationaler Standards stehe, die zu dem von mir dargelegten Programm der kulturellen Moderne gehören.

Aus der Beobachtung einer zunehmenden Regionalisierung in der Weltpolitik folgt, daß wir Wege finden müssen, Regionalstudien über den Nahen Osten und andere Regionen der islamischen Zivilisation mit den neuen konzeptionellen Ansätzen der internationalen Studien zu verknüpfen. Denkansätze, die in der Frage der Gestaltung der internationalen Beziehungen auf globalistische Lösungen zielen, sind dagegen obsolet geworden.

Von manchen wird die Forderung erhoben, einen auf der islamischen Zivilisation beruhenden Weltblock zu schaffen, doch solche Vorschläge lassen die bedeutenden regionalen Unterschiede innerhalb dieser Zivilisation außer acht. Daher fehlte den jüngsten Anstrengungen, in Zusammenarbeit mit dem Westen eine neue stabile Ordnung im Nahen Osten zu schaffen – zum Beispiel auf dem Mittelmeergipfel in Barcelona im November 1995 –, jegliche Legitimität. Nicht einmal die regionalen Mitglieder des vom Westen dominierten Bündnisses im Golfkrieg standen miteinander auf gutem Fuß, und die islamischen Fundamentalisten sind schon deshalb strikte Gegner solcher Projekte, weil diese schlicht Teil einer vom Westen beherrschten Weltordnung seien.

Auch kulturelle Selbstbehauptung und wachsendes Selbstbewußtsein sind Ursachen der Regionalisierung in der Weltpolitik. Träger dieses Prozesses können religiöse Fundamentalisten sein. Auf sich aufmerksam gemacht hat der islamische Fundamentalismus in den siebziger Jahren, doch das Phänomen ist älter – älter als der Golfkrieg und auch älter als der Sechstagekrieg von 1967, die beide wesentlich zu seiner Verbreitung und Stärkung beigetragen haben. Historisch gesehen, ist der islamische Fundamentalismus schon seit den zwanziger Jahren aktiv; die Muslimbruderschaft zum Beispiel wurde 1928 gegründet. Zur Massenbewegung wurde er aber erst nach dem Sechstagekrieg, in dem zwei Säulen des säkularen arabischen Nationalismus, der Baathismus und der

Nasserismus, Israel herausforderten. Syrien und Ägypten erlitten jedoch eine verheerende Niederlage.[36] Anfang der siebziger Jahre bildeten sich um das Konzept *al-Sahwa al-Islamiyya*/des islamischen Erwachens neue Bewegungen[37], aber erst in den achtziger Jahren begann man Mitglieder und Sympathisanten dieser Bewegungen *Usuliyyun*/Fundamentalisten zu nennen. *Usuliyya*/Fundamentalismus ist ein neoarabischer Begriff zur Bezeichnung des politischen Islam.

Das arabische Wort *Usul* bedeutet Grundlagen, Fundamente, und *Din* bedeutet Religion; eine bedeutende Disziplin der islamischen Jurisprudenz wird *Usul al-din* genannt. Die Fundamentalisten selbst bemächtigten sich dieses Begriffs und fügten *Usul*/ den Fundamenten ein -*iyya*/-ismus an, um klarzumachen, daß es ihr Ziel sei, islamische Prinzipien zur Grundlage des muslimischen öffentlichen Lebens zu machen.[38] Deshalb ist es weder ein Oktroyieren des Begriffs »Fundamentalismus« noch eurozentrisches Vorurteil, wenn man diejenigen, die den Islam politisieren, als Fundamentalisten bezeichnet. Vielmehr hat sich der Begriff in die arabische Gegenwartssprache eingebürgert. Leser arabischer Zeitungen sind bestens vertraut mit dieser Bezeichnung, da sie fast jeden Morgen von den Aktionen der *Usuliyyun* lesen – dem Abschlachten von Intellektuellen in Algerien, der Türkei und Ägypten, zum Beispiel. Es wäre jedoch ein grober Fehler, die Bedeutung von *Usuliyya*/Fundamentalismus auf *al-Tatarruf*/Extremismus zu verengen. Trotz aller berechtigten Kritik ist nicht jeder Fundamentalist auch ein Extremist.

Zur Politisierung der Religion des Islam gehört die Interpretation der islamischen *Umma* als einer internationalen politischen Gemeinschaft. In diesem politischen Verständnis ist die *Umma* nicht auf eine religiöse Gemeinschaft von Gläubigen begrenzt. Interessanterweise hatten vorher schon die säkularen arabischen Nationalisten dem Begriff der *Umma* eine politische Bedeutung gegeben, indem sie von einer *Umma 'Arabiyya*/arabischen Nation sprachen. So verstanden, umfaßt die nationale *Umma* sowohl arabische Muslime als auch arabische Christen, während nichtarabische Muslime wie Iraner und Türken ausgeschlossen werden.[39] Die Fundamentalisten kehren dieses Verständnis um, indem sie wieder auf die eigentliche islamische Idee der universellen *Umma* zurückgreifen, die nicht als Nation interpretiert werden kann. Aus diesem Grund ist es falsch, muslimische Fundamentalisten als »religiöse Nationalisten« zu bezeichnen, denn dies ist ein Widerspruch in sich. Sie haben dem Begriff der *Umma* aber nicht nur seine ursprüngliche Bedeutung zurückgegeben, sondern darüber hinaus eine neue internationalistische Anschauung auf der Grundlage einer universellen islamischen Weltordnung entwikkelt.

Die *Umma*, so stellt es sich der ursprüngliche Islam – *Din al-fitra*/die natürliche Religion der Menschheit – vor, schließt die gesamte Menschheit ein. Daher widersprechen eine Weltordnung aus durch Grenzen getrennten Nationalstaaten oder die sicherheitsorientierte Regionalordnung im Nahen Osten, die nach dem Golfkrieg vorgeschlagen wurde, dem traditionellen Verständnis von Ordnung in der islamischen Zivilisation, das heute, wenn auch in modernem Gewand, wiederbelebt wird. Die islamische Weltanschauung ist ein Universalismus, der sich nicht mit anderen, konkurrierenden Universalismen arrangieren kann, es sei denn, er wird erst einmal säkularisiert. Damit meine ich, daß nur durch die Trennung von Religion und Politik der Boden für eine friedliche Koexistenz mit anderen Weltbildern in einem pluralistischen Rahmen bereitet werden kann.

Die fundamentalistische Weltrevolution: Der *Djihad* zwischen Frieden und Militanz

Nach islamischem Verständnis ist der Islam die Religion des Friedens. Der Koran beruht auf einer verbalen Inspiration, die dem Propheten als letztgültige Offenbarung Gottes an die gesamte Menschheit übermittelt wurde. Im *Dar al-Islam*/dem Haus des Islam, also dem Gebiet der islamischen Zivilisation, wird die strikte Befolgung der Gesetze Allahs erwartet. Es ist daher mit dem *Dar al-salam*/Haus des Friedens identisch. Von den Muslimen wird erwartet, ihre Religion durch *Da'wa*/Mission zu verbreiten, was die Verpflichtung beinhaltet, ihr Geltungsgebiet als Haus des Friedens auszubauen. Dieses Bemühen im Streben nach Frieden, das heißt nach Verbreitung der wahren Religion des Friedens über die ganze Welt, wird *Djihad* genannt[40], was wörtlich »Anstrengung« bedeutet und eigentlich nicht, wie im Westen für gewöhnlich übersetzt, »heiliger Krieg«.[41] Er ist einfach eine Öffnung *(Futuhat)* der Welt für den Islam mit dem Ziel, die gesamte Menschheit zu umfassen, und die Anstrengung beruht auf dem Glauben, daß die durch den Propheten Mohammed von Allah empfangene Botschaft die wahre Religion aller Menschen darstellt.

Es ist nicht leicht, westlichen Lesern nahezubringen, daß *Djihad* im Islam nicht Krieg, sondern ein friedliches Unterfangen zum Wohl der Menschheit bedeutet. In dieser Bedeutung ist *Djihad* einfach eine religiöse Pflicht, die jeder Muslim in Befolgung der Botschaft Allahs zu erfüllen hat. Die *Da'wa*, der Ruf zum Islam, ist eigentlich, wie der christliche Evangelismus, friedlicher Natur. Weigern sich die Völker, denen die Muslime die Botschaft des Islam verkünden, jedoch, sich diesem freiwillig zu unterwerfen – »Islam« bedeutet »Unterwerfung unter Gott« –, sind die Muslime berechtigt, Gewalt anzuwenden, um die *Da'wa* gegen den Widerstand der Ungläubigen zu verteidigen. Diese Verteidigung wird *Qital*/Kampf genannt. Mit anderen Worten, die Gewaltanwendung der Muslime wird nicht als *Harb*/Krieg angesehen, sondern als gerechtfertigte Reaktion auf die Behinderung der Verbreitung der *Da'wa* als Ruf zum Islam durch die Ungläubigen.

Nach islamischem Verständnis führen Muslime grundsätzlich keine *Hurub*/Kriege. Der islamische *Djihad* ist kein Akt der Aggression, sondern eine Anstrengung, den Islam als die wahre Religion zu verbreiten, indem das *Dar al-Islam*/Haus beziehungsweise Zivilisation des Islam mittels *Futuhat*, verstanden als Öffnung der Welt für das *Dar al-salam*/Haus des Friedens, erweitert wird. Nur Ungläubige führen *Hurub*/Kriege im herkömmlichen Sinn des Wortes als ungerechte Aggressionen.

In einem Beitrag zu einem vergleichenden Projekt über die Kriegs- und Friedensethik, das vom Ethikon Institute geleitet und von Princeton University Press herausgegeben wurde (siehe Anmerkung 40), versuchte ich, diese komplizierten Zusammenhänge einer westlichen Leserschaft zu erklären. Mein Versuch läßt sich folgendermaßen zusammenfassen: Das Selbstbild des Islam ist das einer Religion des Friedens. Muslime sind verpflichtet, die *Da'wa*/Mission weltweit zu betreiben. Die *Da'wa* als Ruf zum Islam ist als friedliche Mission konzipiert, doch die Nichtmuslime behindern ihre friedliche Verbreitung. Für westliche Beobachter dagegen sind die *Futuhat* des Sunni-Islam Kriege, und der Widerstand gegen die Ausbreitung des Islam mag ihnen als gerechter Krieg erscheinen. Muslime sehen dies anders. Der klassischen Doktrin zufolge ist die Anwendung von Gewalt zur Verbreitung des Islam nicht Krieg, sondern *Djihad*, im schlimmsten Fall ein »Verteidigungskrieg«, denn der *Djihad* ist niemals eine Aggression. In modernen Interpretationen, zum Beispiel durch den ehemaligen Scheich der Azhar-Universität, Djadulhaq Ali Djadulhaq, ist die Anwendung von Gewalt durch Neuauslegung der Doktrin gänzlich ausgeschlossen worden.

Diese Argumentation ist für westliche Leser zugegebenermaßen schwierig zu verstehen, aber sie offenbart zumindest eines, daß nämlich verschiedene Zivilisationen Begriffe mit völlig unterschiedlichen Bedeutungen belegen. In unserem Zeitalter der Heterogenität von Zivilisationen und ihrer widerstreitenden Weltanschauungen ist die Forderung nach Entwestlichung des Denkens von zentraler Bedeutung, und das islamische Verständnis von *Djihad* ist ein einschlägiges Beispiel dafür. Um es zu wiederholen, die westliche Übersetzung als »heiliger Krieg« ist irreführend, weil Muslime etwas anderes darunter verstehen. Doch ungeachtet dessen, wie Muslime ihre Handlungen sehen mögen, ist man sich in Ost und West sowie in anderen Teilen der Welt weitgehend einig, daß jeder substantielle Einsatz bewaffneter Kräfte nach allen vernünftigen Maßstäben als Akt des Krieges zu betrachten ist. Der Widerspruch liegt in der klassischen Doktrin des Islam selbst, die Gewaltanwendung verbietet, wenn es sich schlicht um Aggression handelt, sie aber legitimiert, wenn sie der Verbreitung des Islam dient.

Hinsichtlich der Neubelebung des *Djihad*-Konzepts besteht der einzige *signifikante Unterschied zwischen den religiösen Fundamentalismen von Schiiten und Sunniten* darin, daß erstere terroristische Selbstmordaktionen billigen und letztere nicht. Was die palästinensischen Selbstmordattentäter – die terroristischen Aktionen zwischen dem 26. Februar und 4. März 1996 – betrifft, so gibt es eindeutige Beweise dafür, daß sie im Südlibanon von schiitischen Fundamentalisten der *Hizbullah* ausgebildet wurden, nachdem sie zwischen Dezember 1992 und Sommer 1993 von Israel nach Marj al-Zuhur deportiert worden waren.

Im heutigen Fundamentalismus findet sich ein neues Verständnis des *Djihad* als Ausdruck der »islamischen Weltrevolution«.[42] Dieses Konzept läßt sich bis auf den Ägypter Sayyid Qutb zurückführen, den politischen Prediger, der als intellektueller Vater des islamischen Fundamentalismus gilt. Seine Laufbahn begann Qutb als Lehrer, bevor er für zwei Jahre (1948–1950) zur weiteren akademischen Ausbildung in die USA ging[43], von wo er als glühend antiamerikanisch und antiwestlich eingestellter Muslim nach Ägypten zurückkehrte, um die Grundlagen für eine Vision des Islam zu legen, die eine Alternative zu der des Westens bieten sollte. Während seines Aufenthalts in New York hatte er das Buch *L'homme cet inconnu* (1935; deutsch: *Der Mensch, das unbekannte Wesen*) des Medizinnobelpreisträgers von 1912, Alexis Carrel, gelesen, in dem der in Amerika wirkende französische Gelehrte in pathetischen Worten die Entfremdung des Menschen in der modernen Industriegesellschaft beschrieb. Qutb fand sich im Westen nicht zurecht und projizierte seine Vorstellung vom Niedergang der westlichen Zivilisation und ihrer Ersetzung durch den Islam auf New York.

In zahlreichen Schriften legte er eindringlich dar, daß der Westen moralisch bankrott sei und kurz vor dem Zusammenbruch stehe.[44] Nach seiner Ansicht ist nur der Islam darauf vorbereitet, die Führung der Welt zu übernehmen, die dem Westen aus den Händen zu gleiten droht. Diese Idee ist das Thema seiner wichtigsten Abhandlungen: *al-Mustaqbal li hadha al-din* (Die Zukunft gehört dieser Religion) und *Ma'alim fi al-tariq* (Wegzeichen).[45] 1966 wurde er unter der Herrschaft Nassers der Subversion angeklagt, zum Tode verurteilt und hingerichtet. Was Verbreitung und Einfluß angeht, können seine Schriften ohne Übertreibung mit dem *Kommunistischen Manifest* in der Zeit der frühen Arbeiterbewegung in Europa und später unter kommunistischer Herrschaft verglichen werden. Qutbs missionarische Grundbotschaft lautete, daß der Weltfrieden nur unter dem Banner des Islam im Rahmen des *Djihad* als Ausdruck der »islamischen Weltrevolution« erreicht werden könne (siehe Anmerkung 42).

Der Golfkrieg und die westlichen Versuche, den Nahen Osten, das Kerngebiet der Welt des Islam, gemäß der westlichen Sicherheitspolitik neu zu ordnen, haben den Bemühungen, Qutbs Verurteilung des Westens als dem »erbitterten Feind des Islam« wiederzubeleben, erheblichen Auftrieb verliehen. Die westliche Zivilisation bezeichnete Qutb verächtlich als *Djahiliyya djadidah*/Neo-*Djahiliyya*, als Rückfall in die Ignoranz des vorislamischen Zeitalters, die sich jetzt in einem neuen »Kreuzzüglergewand« manifestiere. Jenen Wissenschaftlern, die der Idee des »Zusammenpralls der Zivilisationen« ablehnend gegenüberstehen, sei die Lektüre von Qutbs *al-Islam wa muschkilat al-hadara* (Der Islam und die Problematik der Zivilisation) empfohlen. Sie werden ihn darin als Vorboten dieses Zusammenpralls kennenlernen. Neu ist heute nur, daß dieses Konzept erst jetzt auf die Tagesordnung der internationalen Beziehungen gesetzt worden ist.

Für Qutb ist die anthropozentrische kulturelle Moderne die Ursache der tödlichen Krankheit, die den Westen befallen hat und den Islam anzustecken droht. Deshalb war er bestrebt, die Moderne durch einen unbegrenzten Theozentrismus zu ersetzen, in dem für die Demokratie im Sinne von Herrschaft des Volkes über das

Volk kein Platz ist. Herrschen könne nur Allah, der oberste Souverän. Menschen könnten keine Souveränität besitzen, und die islamische Offenbarung habe Vorrang vor der vernunftbestimmten Weltsicht. Seit Qutb ist die Gefährdung der Welt des Islam durch die Moderne und ihre rationale Weltsicht der Ausgangspunkt des politischen und sozialen Denkens des islamischen Fundamentalismus. Haupterrungenschaft der Moderne ist das Prinzip der Subjektivität von Mann/Frau und seiner/ihrer Selbstbestimmtheit als freies, mit bestimmten Rechten ausgestattetes Individuum. Qutb dagegen wollte das Individuum wieder schlicht als Element eines Kollektivs in die Gemeinschaft zurückführen.

Doch auch die Muslime wurden zum Ziel von Qutbs Angriffen auf die Moderne, da sie sich angeblich vom Westen und der Moderne hatten infizieren lassen. Indem sie zuließen, daß der Westen sich auf Kosten des Islam ausbreitete, hätten sie *al-Taghallub*/die Überlegenheit, das Hauptkennzeichen des Islam, vergessen. Daraus zog Qutb den Schluß, daß die Muslime sich selbst auf den Weg zurück in die *Djahiliyya*/vorislamische Zeit der Ignoranz begeben hätten.

In Qutbs Fußstapfen tretend, betrachten die heutigen Fundamentalisten den Kampf gegen muslimische Regierungen und einzelne Muslime, die in die *Djahiliyya* zurückgefallen seien – man denke nur an das Gemetzel an Intellektuellen in Algerien, Ägypten und der Türkei –, als ihre bisher »vernachlässigte Pflicht«.[46] Nur der *Djihad* könne zur Wiederherstellung des *Nizam Islami*/islamischen Systems führen – sogar im Kerngebiet des Islam selbst.

Die Bemühungen des Westens, den Nahen Osten im Anschluß an den Golfkrieg nach seinen Sicherheitsvorstellungen neu zu ordnen, stießen auf den heftigen Widerstand der muslimischen Fundamentalisten. So auch der Friedensprozeß, der in Madrid (30. Oktober bis 4. November 1991) auf den Weg gebracht wurde und am 13. September 1993 seinen Höhepunkt erreichte, als die PLO und Israel auf der Basis des Abkommens von Oslo in Washington vereinbarten, sich gegenseitig anzuerkennen.[47] In diesem

Zusammenhang wurde der ständige Kampf gegen die »Neue Weltordnung« und den Friedensprozeß zum Bestandteil der fundamentalistischen Strategie, und die in den autonomen Palästinensergebieten operierenden islamisch-fundamentalistischen Bewegungen *Hamas* und *Djihad Islami* versuchen durch Terrorakte, die als *Djihad* gerechtfertigt werden, den Friedensprozeß zu hintertreiben.[48] Um dies richtig zu verstehen, muß man einen Blick auf die Hintergründe werfen.

Ausgangspunkt der fundamentalistischen Politik ist die Neuinterpretation des islamischen *Djihad*. In der zweiten Hälfte des 20. Jahrhunderts bemühten sich viele Scheichs der Azhar-Universität in Kairo, die für den sunnitischen Teil der islamischen Welt autoritativ ist, in ihrer modernen Interpretation den Verweis auf den *Djihad* als Rechtfertigung für Gewaltakte zu unterbinden, und sie taten dies, um dem Terrorismus Einhalt zu gebieten. Sie argumentierten, der *Djihad* sei ein friedliches Konzept, das den Kampf des Islam gegen Armut, Analphabetentum und Krankheiten – also gegen Unterentwicklung – beinhalte, und setzten sich dafür ein, den Islam nicht mit Gewalt, sondern mit friedlichen Mitteln zu verbreiten. Der ehemalige Scheich der Azhar-Universität, Djadulhaq Ali Djadulhaq, hat zu dieser modernen Interpretation beigetragen, indem er betont hat, zwischen dem islamischen *Djihad* als Anstrengung für wertvolle Zwecke und dem *Djihad musallah*, der Anwendung von Gewalt, müsse eine klare Trennlinie gezogen werden. Es müsse die Friedfertigkeit der islamischen Botschaft hervorgehoben werden.[49] Heute setzt sein Nachfolger Tantawi diese Linie fort. Djadulhaqs Unterscheidung macht deutlich, daß der Islam ein religiöser Glaube ist, während der islamische Fundamentalismus eine politische Ideologie darstellt. Beides sind also verschiedene Dinge.

Lange bevor sich Djadulhaq aufgrund einer modernen Interpretation des *Djihad* gegen den Terrorismus aussprach, hatte einer der ersten und einflußreichsten islamischen Fundamentalisten, Hassan al-Banna, der Gründer der Muslimbruderschaft, solche friedliebenden Ansichten bereits verworfen. In einem Essay über den *Djihad* hatte er sich über Muslime lustig gemacht, die leugneten, daß der *Djihad* den Einsatz von Gewalt erfordere. Nach seiner Ansicht gibt es zwei Arten von *Djihad*, einen kleinen (*al-Djihad al-asghar*) und einen großen (*al-Djihad al-akbar*), und letzterer, für ihn der wahre islamische *Djihad*, ist entschieden gewalttätig.[50] Qutb erweiterte dieses Verständnis des *Djihad*, um seine »islamische Weltrevolution« (siehe Anmerkung 42) und die Gewaltanwendung in Form des irregulären Krieges mit religiöser Legitimität auszustatten. Nach heutigen internationalen Rechtsnormen fällt diese Art von Gewalt eindeutig in die Kategorie »Terrorismus«.[51]

Im Rahmen der am *Djihad* orientierten islamischen Revolution ist der Widerstand fundamentalistischer Gruppen gegen die gegenwärtige nationalstaatliche Politik, die von den Fundamentalisten sowohl auf regionaler als auch auf globaler Ebene als Neo-*Djahiliyya* klassifiziert wird, berechtigt. Obwohl neu interpretiert und mit neuer Bedeutung erfüllt, wird diese neue Legitimität in klassischen islamischen Begriffen formuliert. Die Fundamentalisten beschuldigen die anderen Muslime nicht nur, von der säkularen Moderne infiziert zu sein, und damit des Rückfalls in die vorislamische *Djahiliyya*, sondern auch des *Kufr*/Unglaubens. Diese Vorwürfe reichen aus, um ihr Gemetzel an Intellektuellen, Journalisten, Künstlern, Rechtsanwälten und anderen »ungläubigen« Muslimen zu rechtfertigen. In der klassischen Doktrin gibt es jedoch *keine* Rechtfertigung für die Tötung von Individuen. Der Koran verbietet Attentate und Angriffe aus dem Hinterhalt (siehe Anmerkung 40).

Aus fundamentalistischer Sicht sind die heutigen islamischen Gesellschaften generell durch eine Mischung aus *Djahiliyya* und *Kufr* gekennzeichnet. Wahre Muslime ziehen sich aus diesen Gesellschaften zurück und folgen damit dem Beispiel des Propheten, der im Jahr 622 Mekka verließ und sich nach Medina aufmachte (*Hidjra*). In den Untergrund zu gehen, um die existierende regionale und globale Ordnung zu bekämpfen, ist eine moderne Form der *Hidjra*, das heißt des Sichzurückziehens. Die *Hidjra* wird jedoch mit dem *Djihad* verbunden, die so unauflösbar miteinander verschmelzen. In moderner Lesart bedeutet *Hidjra* somit, in den Untergrund zu gehen, und *Djihad* wird zum Terrorismus. Muslime, die diese willkürliche Interpretation des Islam zurückweisen, wie der oben erwähnte Scheich der Azhar-Universität, werden als »ungläubige Muslime« verunglimpft. Ägyptische Fundamentalisten geben sogar den ehrenwerten verstorbenen Scheich Djadulhaq der Lächerlichkeit preis.[52]

Während der Golfkrise von 1990 spekulierte Saddam Hussein darauf, daß die Muslime des Nahen Ostens die Vereinnahmung dieser Ideen für seine eigene Politik gutheißen würden. Am 7. August rief er zum *Djihad* auf, und am 5. September wiederholte er den Aufruf mit der Formel *Darb al-kufr kullahu bi al-iman kullahu*/den totalen Unglauben durch den totalen Glauben bekämpfen.[53] In Amman, Rabat, San'a, Algier, Tunis, Kairo und sogar im fernen Indonesien folgten Hunderttausende von Muslimen diesem unter anderem von Radio Bagdad verbreiteten Ruf und gingen auf die Straße, um ihre Unterstützung für Saddam Hussein zu demonstrieren. Ich befand mich zu jener Zeit (August/September 1990) in Indien und war äußerst erstaunt darüber, daß nicht nur Muslime ihre Stimme für Saddam Hussein erhoben. Indische Zeitungen druckten antiamerikanische Losungen ab und feierten Saddam Hussein als »Held der Dritten Welt«, und sogar die Hindus, von denen allgemein angenommen wird, sie ständen dem Islam nicht gerade freundlich gegenüber, nahmen seinen Ruf positiv auf. Der irakische Diktator war zum Symbol antiwestlicher Haltungen geworden und stand für jenes Phänomen, das als »Revolte gegen den Westen« bezeichnet wird. Im Januar 1991 wurden die Führer der wichtigsten fundamentalistischen Bewegungen nach Bagdad gerufen, wo der jordanische Fundamentalist al-Tamimi forderte, Saddam zum neuen Kalifen aller Muslime zu erheben. Im Westen zog man das Ereignis damals ins Lächerliche und hielt es für einen »Witz« in Erinnerung an bessere Zeiten des Islam. Dabei übersah man und bestärkte auch noch jene Tendenzen, die zum Erbe des Golfkriegs werden sollten.

Selbstverständlich geht es hier nicht um diesen grausamen orientalischen Despoten, sondern um die Ideen, auf die er sich berief. Sie stammen nicht von ihm, und sie sind nach seiner verheerenden Niederlage nicht verschwunden. Und sie werden auch nicht verschwinden, wenn er eines Tages gestürzt werden sollte. Manche Beobachter haben sich gefragt, warum die islamischen Fundamentalisten während des Golfkriegs nicht, wie erwartet, in Aktion getreten sind. Eine Erklärung ist, daß diese Bewegung kein wirkliches Zentrum besitzt; sie ist in ihren Vorstellungen wie im Handeln extrem zersplittert und leidet unter ständigen Spaltungen.[54] Diese Tatsachen liegen meiner Einschätzung zugrunde, daß die islamischen Fundamentalisten zwar in der Lage sind, Regime zu destabilisieren und Unordnung zu stiften, aber nicht global organisiert sind. Das ist für den Westen allerdings nur ein schwacher Trost, denn trotz des Ausbleibens des weltweiten fundamentalistischen Aufstands, der während des Golfkriegs befürchtet wurde, bleibt der islamische Fundamentalismus der als legitim erachtete Ausdruck des Kampfs sowohl gegen die bestehende regionale als auch die globale Ordnung. Konkret kommt diese Herausforderung in massiven Mobilisierungsbemühungen und im Rückgriff auf Gewalt, das heißt auf den irregulären Krieg, zum Tragen.

Eine islamische Weltordnung?

Von Sayyid Qutb stammt die Vorhersage, die Tage der westlichen Vorherrschaft seien gezählt und für den Islam sei die Zeit gekommen, seinen Anspruch auf die Führung der Welt anzumelden.[55] Er hat damit den Bezugsrahmen geschaffen, in dem die muslimischen Aktivisten des späten 20. Jahrhunderts die Weltpolitik begreifen, während sie gleichzeitig ihr Zivilisationsbewußtsein entwickeln.

Die genannten Forderungen, auch wenn sie nicht realisierbar sind, und die Instrumentalisierung des Islam zur Legitimierung einer konkreten Politik, die nicht notwendigerweise mit islamischen Glaubenssätzen übereinstimmt, müssen im Licht der elenden sozialen Verhältnisse gesehen werden, unter denen die Fundamentalisten ihre Anhänger mobilisieren und in Aktion treten. Die Zustände in der Welt des Islam, besonders in ihrem Kerngebiet, dem Nahen Osten, sind in jeder Beziehung niederschmetternd: Wirtschaftskrise, rücksichtslose Diktaturen, Delegitimierung und Verfall der politischen Herrschaft und eine tiefgreifende Sinnkrise – alles Ursachen für gesellschaftliche Zerrüttung, Entwurzelung und Gewalt. Von einigen Beobachtern wurde der Begriff einer »Saddam-Hussein-Generation« benutzt, um auf die zugrundeliegenden Probleme anzuspielen, die verzweifelte Menschen dazu bringen, ihre Hoffnungen an die unberechenbaren Taten eines unbarmherzigen Diktators zu hängen. Der irakische Schriftsteller Samir al-Khalil alias Kanan Makiya hat den arabischen Intellektuellen aus moralischen Gründen den Vorwurf gemacht, Saddam als einem arabischen Bismarck applaudiert zu haben, ohne die verzweifelten sozialen Bedingungen, unter denen die arabischen Völker leben, angemessen zu berücksichtigen.[56]

Wenn der Diktator verschwindet, wird die Verzweiflung bleiben. Dann wird der Weg für einen anderen »Helden« frei, und das Erbe Saddam Husseins wird die Ereignisse weiterhin bestimmen. Saddam Hussein hat die Not nicht geschaffen, sondern ihr nur Ausdruck verliehen. Seine Niederlage verstärkte die vorhandene Frustration, und die Rhetorik – des Anspruchs, die Welt zu führen, indem man eine islamische Ordnung errichtet – treibt neuen Höhen entgegen.

Im Gegensatz zu jenen westlichen Beobachtern, die den Islam und seine Welt von der Warte des Orientalismus betrachten, untersuche ich den islamischen Fundamentalismus und seine Revolte sowohl gegen die »Neue Weltordnung« als auch gegen die Versuche, den Nahen Osten neu zu ordnen, im Rahmen einer friedlichen Konfliktlösung. Die Fundamentalisten mit politischer Repression zu verfolgen ist keine Lösung. Nur wenn die dem Aufstieg des Fundamentalismus zugrundeliegenden politischen, wirtschaftlichen und sozialen Bedingungen[57] sich bessern, statt sich weiter zu verschlechtern, ist ein dauerhafter Frieden möglich. Die Elemente dieser Revolte, die sich aus der erzwungenen Einbeziehung der islamischen Welt in die globalisierte Moderne in ihrer kulturellen wie institutionellen Dimension ergeben, sind Gegenstand des nächsten Kapitels. Denn die Haltung der Muslime im allgemeinen und der islamischen Fundamentalisten im besonderen lassen sich nicht begreifen, wenn man ihre Reaktion auf die gegenwärtigen Bedingungen nicht gründlich im globalen Gesamtzusammenhang untersucht.

Die Auswirkungen der Globalisierung des europäisch-westlichen Systems werden von den Muslimen besonders schmerzlich empfunden. Wie andere nichtwestliche Zivilisationen erleben sie die konkreten Effekte von Zerrüttung und Entwurzelung, aber im Unterschied zu diesen besitzen sie eine Weltsicht, die sie zur Dominanz bestimmt. Im Gegensatz dazu werden sie in der Realität jedoch von anderen dominiert, denen sie sich dank ihrer religiösen Offenbarung überlegen fühlen. Wer diesen Punkt übersieht, kann nicht nachvollziehen, wie Muslime der gegenwärtigen Weltordnung gegenüberstehen.

Rabbaniyya/Theozentrismus und *Tauhid*/Einheit Gottes sind klassische islamische Vorstellungen, die im Mittelpunkt des islamischen Glaubens stehen. Ein Muslim ist ein religiöser, aber nicht unbedingt auch ein politischer Mensch. Als Muslim glaube ich an *Rabbaniyya* und *Tauhid*, doch als liberaler Muslim leite ich daraus nicht den Anspruch ab, daß der Islam im Rahmen einer islamischen Weltordnung über die Welt herrschen muß. Weder im Koran noch im *Hadith*/in der Überlieferung des Propheten gibt es ein Konzept des *Nizam Islami*/islamischen Systems. Was der Nahe Osten als Region braucht, ist ein umfassendes Friedensabkommen[58], nicht die Errichtung einer islamischen Ordnung.

Am meisten schmerzt die Muslime die Tatsache, daß das internationale System, dem sie untergeordnet sind, und die Weltordnung, die diesem System seine Gestalt gibt, angeblich universeller Natur sind, während sie in Wirklichkeit ein Produkt der Standards der westlichen Zivilisation sind. Dieser Zustand widerspricht zutiefst dem Anspruch der Muslime, diese Maßstäbe in

Begriffen ihrer eigenen Zivilisation festzulegen. Das ist keine religiöse, sondern eine zivilisatorische Frage. Es handelt sich um einen Zusammenprall zweier Universalismen – eines säkularen und eines göttlichen –, die beide weltweite Gültigkeit für sich beanspruchen. In den meisten islamischen Schriften über den Westen wird die Überzeugung vertreten, dieser sei nicht nur moralisch verdorben, sondern auch dem Verfall anheimgegeben. Spiegelt sich darin die klassische Geschichtsphilosophie von Ibn Khaldun wider? Dieser hat im 14. Jahrhundert in der berühmten *Muqaddimah*, den Prolegomena (Einleitung zu seiner Weltgeschichte), ausgeführt, daß Zivilisationen, einschließlich der islamischen, zum Niedergang verurteilt sind, wenn sie ihren Höhepunkt überschritten haben. Als Nachfolger für die beherrschende Rolle des scheinbar im Niedergang begriffenen Westens kommt nach Ansicht der islamischen Fundamentalisten nur ihre eigene Zivilisation in Frage. Sie halten dies wegen des Rangs des islamischen Monotheismus als dem letztgültigen Glaubensbekenntnis und wegen seiner Überlegenheit im Vergleich mit allen anderen Religionen für vorherbestimmt. So wird der religiöse Glaube einer universellen islamischen Mission fast unmerkbar zur politischen Vision einer islamischen Weltordnung. Einer der wenigen westlichen Gelehrten, die dieses Phänomen wirklich zu verstehen scheinen, ist der Religionswissenschaftler John Kelsay:

»Die gegenwärtige Hinwendung zum Islam ist zum großen Teil in der Auffassung begründet, die Muslime seien eine Gemeinschaft, die eine Mission zu erfüllen habe. Daß diese Auffassung gelegentlich zu Konflikten führt, ist nicht überraschend. In der Auseinandersetzung zwischen dem Westen und dem Islam geht es um die Frage, *wer die primäre Definition der Weltordnung liefern wird* [eigene Hervorhebung – B. T.]. Wird es der Westen sein mit seinen Vorstellungen von territorialen Grenzen, Marktwirtschaft, privater Religiosität und der Priorität der individuellen Rechte? Oder wird es der Islam sein mit seiner Betonung der universellen Mission einer stammesübergreifenden

Gemeinschaft, die aufgerufen ist, eine Gesellschaftsordnung aufzubauen, die auf dem der Menschheit gemäßen reinen Monotheismus gründet? ... Bereits die Frage deutet auf eine Rivalität zwischen kulturellen Traditionen mit unterschiedlichen Auffassungen von Frieden, Ordnung und Gerechtigkeit hin. Insofern impliziert sie eine pessimistische Haltung hinsichtlich der Forderung nach einer auf der Vorstellung von einer geteilten Menschheit beruhenden Weltordnung.«[59]

Die Idee *al-Sahwa Islamiyya*/des islamischen Erwachens ist wesentlich älter als der Golfkrieg, aber der Fundamentalismus erhielt durch den Krieg enormen Auftrieb. Es geht um einen Wettstreit zwischen Islam und dem Westen als Zivilisationen, und die Arena des Wettstreits ist die Weltpolitik. Obwohl der Golfkrieg mit einer verheerenden Niederlage des irakischen Militärregimes endete, hinterließ er ein mächtiges Erbe: eine islamische Herausforderung sowohl der bestehenden Weltordnung als auch der regionalen Ordnung im Nahen Osten, eine Herausforderung, die noch bestehen wird, wenn Saddam Hussein längst nicht mehr an der Macht ist, ganz gleich, ob er einem Staatsstreich oder einem Attentat zum Opfer fällt.

Zu diesem Erbe gehört der Kampf gegen die gegenwärtigen Grenzen in der Welt des Islam, die vor langer Zeit von den europäischen Mächten gezogen wurden. Muslimische Fundamentalisten erkennen diese Staatsgrenzen genausowenig an wie die separate Souveränität der so umrissenen Nationalstaaten. Ebenso weisen sie die Universalität der westlichen Werte und Normen zurück. Zutage trat dies zum Beispiel auf der Wiener Menschenrechtskonferenz der Vereinten Nationen im Juni 1993. Die Teilnehmer – zu denen ich gehörte – wurden Zeugen insbesondere eines Disputs: über die Natur der Rechte. In der islamischen Zivilisation gibt es keine individuellen Rechte, sondern nur jene der *Umma*/universellen islamischen Gemeinschaft, die den Gläubigen *Fara'id*/Pflichten auferlegt. Dies steht im Widerspruch zu dem, was man im Westen unter Rechten versteht.[60] Von den Muslimen, die in Wien sprachen, wurde als Gegenentwurf zur westlichen Vorstellung von individuellen Rechten das »einzigartige islamische Konzept der Menschenrechte« vorgetragen, doch was sie im Sinn hatten, waren keine Rechte, sondern Pflichten.

Kurz gesagt, im Mittelpunkt des Zivilisationskonflikts, den wir heute beobachten, steht nicht der Glaube an sich oder der Glaube an einen einzigen Gott. In diesem Fall gäbe es keinen »Zusammenprall der Zivilisationen«. Im wesentlichen handelt es sich um einen Konflikt zwischen kultureller Moderne und vormodernen lokalen Kulturen, die zu regionalen Zivilisationen zusammengefaßt sind. Mir schwebt eine internationale Moralität von säkularem Zuschnitt vor, die in der Lage ist, die gesamte Menschheit zu einen (siehe Kapitel 9 und 10). Das Projekt »Aufklärung« bleibt intellektuell bedeutsam, obwohl manche meinen, es sei dazu verurteilt, im Lauf der Zeit von der Macht der religiösen Zugkraft, die auf regionale Zivilisationen einwirkt, überrollt oder von den postmodernen und kulturrelativistischen Moden von innen her aufgelöst zu werden. Der nächste Schritt in unserer Untersuchung wird sein, Fragen zu Fundamentalismus und Moderne zu stellen und Antworten darauf zu suchen.

IV

DER SOZIOKULTURELLE HINTERGRUND UND DIE AUSEINANDERSETZUNG MIT DER KULTURELLEN MODERNE

Der Kalte Krieg war ein »imaginärer Krieg«[1], in dem die kommunistische Bedrohung von Politikwissenschaftlern und Journalisten zuzeiten gewaltig übertrieben wurde. Die internationale Paranoia und der Meinungsstreit, von denen diese Periode gekennzeichnet war, wurden mehr durch die Wahrnehmung einer kommunistischen Herausforderung als vom Kommunismus selbst verursacht. Wegen ihrer Kulturblindheit waren Forscher auf dem Gebiet der Internationalen Beziehungen häufig nicht in der Lage, den gleichzeitig mit der strukturellen Globalisierung ablaufenden Prozeß der kulturellen Fragmentation zu erkennen. Nach dem Ende des Kalten Krieges verspürte man im Westen ein gewisses Triumphgefühl, das mit der irrtümlichen Auffassung verbunden war, die Hauptquelle der internationalen Spannungen sei nunmehr überwunden. Wer so dachte, war nicht darauf gefaßt, statt dessen lokale und regionale Konflikte mit nie dagewesener Heftigkeit ausbrechen zu sehen. Als die eindämmende Kraft der Bipolarität wegfiel, die vorher eine globale Ordnung der *checks and balances* aufrechterhalten hatte, traten Bestrebungen ethnischer Gruppen und religio-politische Ideologien, die während des Kalten Krieges nicht zum Zuge gekommen waren, in den Vordergrund. Erst nach dem Kalten Krieg wurden die diesen Konflikten zugrundeliegenden Faktoren sichtbar. Vorher galten Ethnizität, Religion und Kultur als Feld der Anthropologen, das für das Studium der Internationalen Beziehungen kaum von Interesse war. Das hat sich geändert: Mittlerweile sind Kulturen, Zivilisationen und deren ethnische Untereinheiten ins Zentrum der Aufmerksamkeit gerückt.

148

Kultur in der Weltpolitik:
Globalisierte Strukturen und kulturelle Fragmentation

Ein gewissermaßen angeborenes Problem westlicher Autoren, die mit nichtwestlichen Zivilisationen nicht vertraut sind, besteht darin, daß sie die Universalität westlicher Werte und Normen und des aus ihnen folgenden Weltbildes voraussetzen. So wurde der Kommunismus als das einzige Hindernis auf dem Weg zur weltweiten Errichtung der säkularen Demokratie angesehen. Nur wenige Kulturanthropologen waren sich bewußt, daß Demokratie, individuelle Menschenrechte und Säkularität Produkte der westlichen Zivilisation und des Projekts der Moderne sind, das dieser Zivilisation seinen Stempel aufgedrückt hat. Folge dieser auf den Westen zentrierten Haltung war die Unfähigkeit der meisten westlichen Autoren, zu erkennen, daß diese Produkte nichtwestlichen Zivilisationen fremd sind. Diese Tatsache, so scheint es, blieb denjenigen Wissenschaftlern und Journalisten, die sich allein mit dem Kommunismus beschäftigt hatten, verborgen, so daß es für viele westliche Beobachter ein Schockerlebnis war, als sie sahen, daß dem Zusammenbruch des Kommunismus keine großartige Ära von Einigkeit und Frieden folgte.

Darüber hinaus lösten die Begleiterscheinungen von struktureller Globalisierung und kultureller Moderne nun ein erhebliches Maß an Verwirrung aus. Mittels der europäischen Expansion und der anschließenden Eingliederung der Welt in ein verwestlichtes internationales System ist das globalisiert worden, was Anthony Giddens die »institutionelle Dimension der Moderne« genannt hat.[2] Sie umfaßt zwar Wissenschaft und Technologie sowie die aus ihnen resultierenden Errungenschaften, das heißt die modernen Institutionen und Instrumentarien, aber keine Werte und Normen; diese jedoch bilden die eigentliche Substanz der kulturellen Moderne. Daß der anhaltende Prozeß der Globalisierung nicht die Universalisierung der von Jürgen Habermas in seinem Meisterwerk *Der philosophische Diskurs der Moderne*[3] beschriebenen kulturellen Moderne mit sich brachte, ist offensichtlich. Sie ist ein erkennbar europäisches Phänomen geblieben, das weitgehend auf sein Ursprungsgebiet und die mit ihm verknüpften nordamerikanischen Gesellschaften beschränkt ist. Kulturelle Moderne basiert auf dem Subjektivitätsprinzip, das heißt auf der Auffassung, daß Mann/Frau ein autonomes Subjekt/Individuum ist, das die Freiheit besitzt, die Natur zu entdecken, zu beherrschen und zur Erfüllung der menschlichen Bedürfnisse in den Dienst der eigenen Gesellschaft zu stellen. Da dieses Weltbild sowohl säkular als auch anthropozentrisch ist, erforderte es die Ablösung der kosmologischen Weltanschauungen durch eine auf der modernen Wissenschaft beruhende rationale Weltsicht. Um es noch einmal zu betonen, die greifbareren und unmittelbar nützlichen Produkte der Moderne, insbesondere Wissenschaft und Technologie, wurden auch an andere Zivilisationen weitergegeben, allerdings instrumentell begrenzt, das heißt, sie wurden von den Empfängerzivilisationen ohne das kulturelle Fundament des ihnen zugrundeliegenden Weltbildes übernommen. Insofern nahm mit der strukturellen Globalisierung unserer Welt ihre kulturelle Fragmentation zu. Diesbezüglich habe ich die Formel von der Gleichzeitigkeit von struktureller Globalisierung und kultureller Fragmentation geprägt.[4]

Das Projekt der Modernisierung wurde mit dem beinahe missionarischen Eifer des universalistischen Modernisierungsansatzes vorangetrieben, von dem das amerikanische Denken und westliche Ansätze im allgemeinen während der postkolonialen Phase beherrscht waren.[5] Das Scheitern der Modernisierung, sich außerhalb ihres Ursprungsgebiets zu entfalten, bildet den Hintergrund für den heute ablaufenden Prozeß der kulturellen Wiederbelebung nichtwestlicher Zivilisationen. Obwohl dieses neue Kulturbewußtsein schon lange vor dem Kalten Krieg virulent war, wurde es damals international nicht wahrgenommen. Erst das Ende des Kalten Krieges verlieh diesem Bewußtsein den ersten großen Auftrieb. Bereits 1962 stellte der große französische Soziologe Raymond Aron fest, Hauptquelle der Konflikte in der internationalen Politik sei die »Heterogenität der Zivilisationen«.

Zwar werde dies durch die bipolare Atmosphäre des Kalten Krieges einstweilen noch verschleiert, nach dem Ende der Bipolarität jedoch werde es offen zutage treten.[6] Dies ist der historische Hintergrund und der Inhalt der gegenwärtig vor sich gehenden Entwestlichung der Welt; dieser Prozeß ist nicht mehr zu übersehen. Heute geht es also nicht mehr um Modernisierung, wie sie vor allem von amerikanischen Sozialwissenschaftlern vorgeschlagen worden war, sondern um Entwestlichung. Westliche Sozialwissenschaftler neigten dazu, diejenigen Entwicklungen als Modernisierung zu bezeichnen, die den Effekt haben würden, zur Verwestlichung beizutragen. Auf nichtwestlicher Seite suchte man dagegen eine Modernisierung ohne Verwestlichung zu propagieren. Insofern ist auch der Fundamentalismus kein Traditionalismus, sondern eher eine Neigung zur Entwestlichung in dem Sinne, daß sie der kulturellen Moderne eine Absage erteilt, während sie die instrumentelle Modernisierung durchaus begrüßt. Ich habe diese Neigung als den »islamischen Traum von der halben Moderne« beschrieben.[7]

Zu den Wurzeln zurückzukehren bedeutet, sich der Quellen der eigenen lokalen Kultur zu erinnern. In der heutigen Welt ist dies die Definition der Entwestlichung. Der von Clifford Geertz entwickelten Kulturanthropologie zufolge ist Kultur Ausdruck einer sozialen Sinnstiftung, ein Prozeß, der stets lokal, nie global ist.[8] Miteinander verwandte lokale Kulturen, wie die große Vielfalt islamischer Kulturen, die sich von Südostasien bis auf den Balkan und nach Westafrika erstreckt, bilden eine besondere Form von lockerer Einheit, die ich als Zivilisation bezeichne. Viele Wissenschaftler und Journalisten verwechseln Kultur und Zivilisation und verwenden diese Begriffe zuweilen austauschbar.[9]

Im heutigen Aufbegehren gegen den Westen werden kulturelle Bezüge politisch instrumentalisiert und dienen als Grundlage für ein Zivilisationsbewußtsein und eine regionale, kulturübergreifende Einheit, die zu politischen Zwecken geschaffen wurden. Insofern ist der religiöse Fundamentalismus der politische Ausdruck der »Revolte gegen den Westen«[10], aber im Unterschied zum Prozeß der Dekolonisation vergangener Jahrzehnte ist diese Revolte nicht rein politischer Natur. Nichtwestliche Zivilisationen sind zunehmend einer globalen Matrix ausgesetzt, die kulturelle Modernität und entsprechende Kommunikation vermittelt. Deshalb gehört zur gegenwärtigen antiwestlichen Revolte aus politischen Gründen auch die Vermittlung eines kulturellen Weltbildes. Mit anderen Worten, der religiöse Fundamentalismus kann nicht einfach nur als politisches Phänomen, ohne Bezug auf seinen soziokulturellen Hintergrund, beschrieben werden. Ebensowenig ist er nur eine kulturelle Rückbesinnung. Denn trotz ihrer gegen die Moderne gerichteten Rhetorik sind die Fundamentalisten im Grunde genommen keine Traditionalisten, sondern selbst ein Produkt der Moderne. Sie konfrontieren die modernen säkularen Institutionen, indem sie die Weltanschauung ihrer eigenen Zivilisation wiederbeleben, bleiben aber gleichzeitig in der Moderne gefangen und bedienen sich offen ihrer Instrumente.

Dies ist der historische Kontext des Phänomens des religiösen Fundamentalismus, dem wir in den meisten Zivilisationen begegnen, wenn auch am augenfälligsten in der islamischen. Vor diesem Hintergrund wird deutlich, wie kraß vereinfachend die Gleichsetzung von Fundamentalismus und Terrorismus ist. Gewiß begehen Anhänger des politischen Islam Morde und andere schreckliche Terrorakte, zum Beispiel in Algerien, der Türkei, Ägypten, den Besetzten Gebieten, Afghanistan und Somalia. Aber diese Taten sind nur oberflächliche Manifestationen eines historischen Phänomens, das mit solch primitiven Schlagworten wie »Krieger Allahs« oder »islamischer Terrorismus« nicht erfaßt oder erklärt werden kann. Innerhalb des globalen Phänomens des Fundamentalismus stellt der Terrorismus nur eine untergeordnete Dimension dar.

Welches sind also die wirklichen Bedingungsfaktoren, die dem Aufstieg der fundamentalistischen Ideologie zugrunde liegen? Um sie zu erkennen, muß man sich von dem in den Medien verbreiteten Bild des bärtigen, brüllenden Fanatikers verabschieden. Während meines Forschungssemesters 1995/96, das ich zum Teil in Ägypten verbrachte, begegneten mir islamische Fundamentalisten in Kairo als glattrasierte Rechtsanwälte und Ärzte, die ihren jeweiligen Berufsvereinigungen vorstanden und gleichzeitig zum islamischen Regierungssystem als Ausdruck der »Gottesherrschaft« aufriefen. Was die »ungewaschenen Gesichter« des westlichen Medienimages von den Fundamentalisten angeht, so sollte man nicht vergessen, daß sich die islamischen Fundamentalisten als praktizierende Muslime in Befolgung der rituellen Vorschriften für die täglichen Gebete fünfmal am Tag waschen. Rhetorisch mögen islamische Fundamentalisten die Errungenschaften des Islam aus der Hochzeit der islamischen Zivilisation preisen, doch heute stehen sie im Kontext der Moderne und der mit ihr verbundenen »Weltzeit« (mit »Weltzeit« meine ich den Kontext der zeitgenössischen Globalgeschichte). Nur in diesem Kontext können die Fundamentalisten richtig verstanden werden. Gewiß beziehen sie sich in schriftgläubiger Weise auf religiöse Texte, um ihre Ansichten und Taten zu untermauern, aber ihr Bezug auf den religiösen Text, den sie als einzige autoritative Grundlage, als *sola scriptura,* betrachten, ist nicht nur selektiv, sondern auch mit Bedeutungen befrachtet, die sich spezifisch auf den Kontext unserer zeitgenössischen Welt beziehen. Sie benutzen die Sprache der Moderne, um die Übel der Moderne zu bekämpfen, und ihr Plan besteht darin, sich die Instrumente der Moderne anzueignen, um diese auf ihrem eigenen Feld zu schlagen. Dabei befinden sie sich in einem Dilemma zwischen der selektiven Verwendung der Tradition und der von der Moderne herbeigeführten Fragmentation; manche Fundamentalisten handeln nach einem intellektuell schizoiden Muster.

Kurz gesagt, religiöse Fundamentalisten versuchen die für sie nützlichen Instrumente der Moderne von der Weltanschauung abzukoppeln, die sie hervorgebracht hat. Während sie die Modernisierung anstreben, verdammen sie gleichzeitig das Weltbild der kulturellen Moderne, wie ich in meinem Beitrag im Rahmen des Fundamentalismusprojekts der Amerikanischen Akademie der Wissenschaft und Künste aufgezeigt habe.[11] Dies ist genau der bereits angesprochene fundamentalistische Traum von der halben Moderne (siehe Anmerkung 7), das heißt einer unterstellten »islamischen Moderne«, die ohne das säkulare, rationale Weltbild der Moderne auskommt.

Der islamische Fundamentalismus als halbmoderne, rückwärtsgewandte Utopie in der Auseinandersetzung mit der kulturellen Moderne

Die kulturelle Moderne (siehe Anmerkung 3), das unvollendete Projekt der modernen westlichen Zivilisation, beruht auf einem rationalen, anthropozentrischen Weltbild. Zu den Grundelementen dieses Projekts gehören individuelle Menschenrechte, säkulare Demokratie, die politische Kultur des Pluralismus sowie eine private, von Säkularität bestimmte Religiosität. Die Franzosen sprechen von *laïcité,* der politischen Kultur der Trennung von Religion und öffentlichem Leben, um die politisch-kulturelle Substanz der Moderne zu umschreiben.

Der islamische Fundamentalismus ist das zeitgenössische Ergebnis von Spannungen zwischen dem säkularen Weltbild der kulturellen Moderne und der kosmologischen Weltsicht des islamischen Monotheismus. Diese Spannungen werden zur Quelle internationalen politischen Konflikts. Muslime haben den Westen nicht im Gewand der Aufklärung erlebt, sondern als ihnen militärisch überlegene Streitmacht, denn der Westen zielte nicht so sehr darauf ab, die Muslime aufzuklären, als vielmehr darauf, sie der westlichen politischen Herrschaft zu unterwerfen. Dies ist die Geschichte der europäischen Expansion.

Infolge der strukturellen Globalisierung sind die ökonomischen und politischen Strukturen der westlichen Industriegesellschaften zum Bezugsrahmen der gesamten Welt geworden. Voraussetzung für den Aufstieg des Westens war ein Prozeß, den Geoffrey Parker die »militärische Revolution« genannt hat.[12] Die technologische Überlegenheit des Westens, insbesondere in der Kriegführung, ermöglichte die europäische Expansion und die Einbeziehung der Welt in das europäische System. Um ihrerseits auf diesen überlegenen Stand zu gelangen, versuchten nichtwestliche Zivilisationen, »die europäische Armee zu importieren«.[13] Von Europa zu lernen wurde so gleichbedeutend mit der Aneignung der westlichen Technologie, insbesondere der militärischen. Osmanische Herrscher zum Beispiel schickten Abgesandte nach Paris, um die Ursache der militärischen Überlegenheit des Westens zu ergründen.[14] Die Antwort war klar: Technologie. Aber Technologie ist kein neutrales Werkzeug. Die in Europa vollzogene technische Revolution war untrennbar mit dem radikalen Wandel des westlichen Weltbildes verbunden. Wie der zur Frankfurter Schule gehörende Soziologe Franz Borkenau im Rahmen seiner Untersuchung über die Bedingungsfaktoren der Veränderungen im Weltbild der Europäer nachgewiesen hat, war die moderne Wissenschaft der Schlüsselfaktor zur Entfaltung einer modernen wissenschaftlichen Weltsicht.[15] Ursprung der modernen Wissenschaft wiederum war nach den Untersuchungen von Edgar Zilsel das Zusammentreffen der Humanwissenschaften mit dem praktischen Wissen von Handwerkern und Künstlern als vorwissenschaftlichen Technikern.[16] Moderne Wissenschaft und wissenschaftliches Denken schließlich ermöglichten den Fortschritt im Instrumentarium der Kriegführung vom Handwerkszeug zur Maschine und letztlich zur Industrialisierung des Krieges.[17]

Der Welt des Islam und anderen nichtwestlichen Zivilisationen begegnete der Westen in Gestalt militärischer Überlegenheit, nicht im freundlicheren Rahmen von Habermas' Projekt der kulturellen Moderne, und die Globalisierungsprozesse konfrontierten die Muslime in erster Linie mit der instrumentellen und institutionellen Dimension der Moderne. Nur am Rande erfuhren Muslime von der kulturellen Moderne und ihrer neuen Art, die Welt zu sehen. Die osmanischen Herrscher hatten ihre Abgesandten ebensowenig nach Frankreich geschickt, um dort politische Philosophie zu studieren, wie der Gründer des modernen Ägypten, Mohammed Ali, den Imam Rifa'a Rafi' al-Tahtawi und seine Studenten nach Paris entsandt hatte, um Rousseau und Montesquieu zu lesen.[18] Dennoch war die Begegnung mit der kulturellen Moderne unvermeidlich, wenn auch nur als Nebenprodukt. Der Modernismus eines al-Tahtawi, der islamische Reformismus eines Muhammad 'Abduh und der islamische Liberalismus im allgemeinen stehen im Kontext dieser frühen Begegnungen mit Europa.[19] Schließlich trug die vom Westen übernommene, auf die Nation ausgerichtete Idee des Nationalismus dazu bei, daß Muslime sich auch den ursprünglich europäischen säkularen Gedanken der Trennung von Kirche und Staat aneigneten. Aber weil den von ihnen geformten Nationalstaaten das kulturelle und institutionelle Fundament fehlte, konnte aus der geborgten Institution nur nominell ein Nationalstaat im modernen westlichen Sinne werden.[20]

Um den Aufstieg des Fundamentalismus als einer religiösen Alternative zur kulturellen Moderne angemessen verstehen zu können, bedarf es grundlegender Kenntnis der europäisch-islamischen Begegnungen mit der Globalisierung in der modernen Zeit. Im Unterschied zu Kulturhistorikern, deren Perspektive auf normative Grundlagen beschränkt ist, konzeptualisiere ich das geopolitische Gebiet der Welt des Islam als eine islamische Zivilisation und analysiere die Begegnung zwischen dem Islam und dem Westen auf mehreren Ebenen. Die Begegnung der Muslime mit dem militärisch überlegenen Westen war demütigend und erschütterte ihr Selbstverständnis als Gemeinschaft von Gläubigen, die laut Koran allen anderen überlegen ist: »*Khair umma ukhridjat li al-nas*/[Ihr seid] die beste Gemeinschaft, die je unter Menschen hervorgebracht worden ist« (Sure 3: *Al 'Imran*/Die Sippe 'Imrans, Vers 110). Von Zerrüttung und Desorientierung bis hin zur Entwurzelung hat das ökonomische und strukturelle Eindringen der europäischen Mächte in die Welt des Islam im Rahmen der strukturellen Globalisierung alle möglichen Härten mit sich gebracht.

Für die Auseinandersetzung des Islam mit der kulturellen Moderne gibt es eine Parallele in der klassischen islamischen Geschichte: die Begegnung mit dem Hellenismus. Diese fand allerdings in einem völlig anderen Kontext statt. Aufgrund einer realen Entsprechung der göttlich verfügten Überlegenheit der Muslime brauchten sie das bemerkenswerte griechische Erbe nicht im Rahmen von Dominanz und globaler Unterordnung zu studieren, sondern konnten es in einer echten kulturellen Begegnung als stimulierendes Element aufgreifen. Das griechische Erbe in der damaligen Zeit in die islamische Tradition einzubeziehen war um einiges einfacher, als heute der kulturellen Moderne ein islamisches Gesicht zu geben. Doch sosehr ich simplifizierende, eindimensionale Analysen verachte, sosehr lehne ich auch monokausale Erklärungen ab. Folglich reicht der Kontext der Dominanz nicht aus, um die Spannungen zwischen dem heutigen Islam und der kulturellen Moderne zu erfassen. Schon im klassischen Islam zogen sich islamische Philosophen, die dem rationalen griechischen Denken positiv gegenüberstanden, die Kritik von Vertretern der islamischen Orthodoxie zu, die der Vernunft hinsichtlich der Erkenntnis von Gesellschaft und Natur nicht den Vorzug vor der Schrift geben wollten. Die beiden einflußreichsten mittelalterlichen Juristen, Ibn Taimiyya (1263–1328) und al-Mawardi (974–1058), unterstrichen ihre Ablehnung einer rationalen islamischen Philosophie mit der Feststellung, nicht die Vernunft, sondern nur die göttliche Offenbarung dürfe als Hauptquelle des Wissens anerkannt werden.[21] In ähnlicher Weise bekämpfen die Fundamentalisten unserer Zeit – auf den Ruinen einer gescheiterten kulturellen Bewältigung – die Moderne nicht nur in den Teilen ihrer institutionellen Dimension, die als westliche Vormachtstellung wahrgenommen werden, sondern auch als kulturelles Projekt eines rationalen, anthropozentrischen Weltbildes. In beiden Fällen, im klassischen wie im zeitgenössischen Islam, hat ein Zusammenprall von religiöser und rationaler Weltsicht stattgefunden, der eine kulturelle Bewältigung sozialen Wandels erschwert, wenn nicht gar verhindert. Ohne in den Verdacht des Essentialismus kommen zu wollen, sehe ich hierin ein kulturelles Dilemma der Welt des Islam.[22]

Europas Reise in die Moderne begann in der Renaissance mit der Entdeckung des griechischen Wissens und Denkens. Leslie Lipson formulierte es in seiner Globalgeschichte der Zivilisationen wie folgt:

>»Aristoteles schlich sich durch die Hintertür nach Europa zurück. Seine Rückkehr ist den Arabern zu verdanken. … Die Hauptinspiration Europas verlagerte sich vom Christentum zurück nach Griechenland, von Jerusalem nach Athen. Sokrates, nicht Jesus, ist der Mentor der Zivilisation gewesen, die in der modernen Zeit den Großteil des Planeten beeinflußt oder dominiert hat.«[23]

Weil im klassischen Islam rationale Disziplinen nicht institutionalisiert worden waren[24], hatte die Aneignung des griechischen Erbes keine nachhaltigen Auswirkungen auf die islamische Zivilisation, im Gegensatz zu Europa. Worauf es hier jedoch ankommt, ist die Tatsache, daß Europa und die islamische Zivilisation in jener Zeit, vermittelt durch die Hinterlassenschaft der griechischen Antike, einen gemeinsamen Nenner besaßen und einander näher waren. Definierten sich beide Zivilisationen jedoch mittels ihrer Religion, trafen sie im *Djihad* oder Kreuzzug aufeinander, das heißt als Feinde. In seiner Ansprache am 1. Juni 1996 in Salzburg vor dem Westlich-Islamischen Forum für den Euro-Islamischen Dialog, das vom Euro-Islamischen Institut der Europäischen Akademie der Wissenschaft und Künste begründet wurde – ich erhielt bei dieser Gelegenheit meine Berufung zum Direktor dieses Instituts –, charakterisierte der seinerzeitige jordanische Kronprinz Hassan, ein Haschimit und damit ein Nachfahre der Familie des Propheten, die islamisch-westlichen Beziehungen zutreffend folgendermaßen:

>»Die historische Beziehung zwischen Europa und der muslimischen Welt schwankte zwischen Herzlichkeit und Brutalität, aber sie war immer eine bedeutsame Beziehung, nicht zuletzt

deshalb, weil sie die Identität des anderen prägte. … Ihre schlimmste Seite zeigten Muslime und Europäer, wenn sie sich gegenseitig zu beherrschen, und ihre beste, wenn sie voneinander zu lernen suchten.«

Es ist richtig, westliche Hegemonie zu kritisieren, doch die Umkehr dieser Vorherrschaft durch eine islamische Dominanz, wie sie von islamischen Fundamentalisten angestrebt wird, ist kein Ausweg.

Hassans Worte bringen uns zurück in die Gegenwart: Das Weltbild der kulturellen Moderne und ihre Fortschrittsidee wären undenkbar ohne das griechische Erbe, das Europa durch die Araber übermittelt wurde. Heute verdammen islamische Fundamentalisten aber nicht nur die kulturelle Moderne, sondern sogar den islamischen Rationalismus von Averroës und Avicenna, von Gelehrten also, deren Wirken den Höhepunkt der islamischen Zivilisation darstellte. Es ist kaum verwunderlich, daß sich die heutigen Fundamentalisten in der Politisierung des Islam auf die Lehren von Ibn Taimiyya berufen, den erbitterten Gegner des islamischen Rationalismus. Damit wird in der Auseinandersetzung mit der kulturellen Moderne und der strukturellen Globalisierung der klassische *Fiqh*/Jurisprudenz als politische Doktrin im Dienste der fundamentalistischen Ideologie wiederbelebt. In der islamischen Tradition bezeichnet *Fiqh* das Wissen par excellence, während der allgemeinere Begriff für Wissen *'Ilm* lautet, und im Unterschied zum Christentum beruht der Islam stärker auf *Fiqh* als auf *Kalam*/Theologie. Joseph Schacht schreibt in seinem Standardwerk über das islamische Recht gleich auf der ersten Seite:

»Bereits der Begriff *Fiqh*, ›Wissen‹, zeigt, daß der frühe Islam die Kenntnis des heiligen Rechts als Wissen par excellence betrachtete … [N]ur der Mystizismus war stark genug, die Herrschaft des Rechts über den Geist der Muslime zu erschüttern. … Abgesehen davon, … ist es unmöglich, den Islam ohne das islamische Recht zu verstehen.«[25]

Trotzdem ist *Fiqh*, obwohl es das Wissen über das heilige Recht ist, selbst nicht göttlich, und zwar aus dem einfachen Grund, weil *Fiqh* entgegen der unterstellten göttlichen Natur der *Schari'a* menschliches Wissen ist. Islamische Juristen, die *Fuqaha'* (Plural von *Faqih*, einem Gelehrten des *Fiqh*), interpretieren Koran und *Hadith*/Überlieferung des Propheten als Quellen der *Schari'a;* das Ergebnis ist menschliches Urteilen, das heißt *Fiqh*. Im Gegensatz zur islamischen Tradition bringen die heutigen Fundamentalisten *Fiqh* und *Schari'a* absichtlich durcheinander, um ihren menschlichen Auffassungen göttlichen Charakter zu verleihen. Die Folge ist, daß jeder Gegner zum *Kafir*/Ungläubigen erklärt und so die Ermordung von nichtfundamentalistischen Muslimen gerechtfertigt wird. Auf dem Höhepunkt des klassischen Islam waren islamische Rationalisten ebenfalls Opfer des von ihren Gegnern ausgesprochenen *Takfir*/der Erklärung zum Ungläubigen. Völlig neu ist die Intoleranz des *Takfir* also nicht; neu ist nur ihre fundamentalistische Form.

Die Begegnung mit dem Westen hat die islamische Zivilisation politisch, ökonomisch und kulturell erschüttert. In den vergangenen Jahrzehnten gab es ernsthafte Versuche auf muslimischer Seite, auf verschiedene Art und Weise die im Wandel begriffenen Zuständen zu bewältigen. Sowohl der islamische Reformismus als auch der säkulare Nationalismus können trotz aller Unterschiede als Versuche gewertet werden, Anschluß an die kulturelle Moderne zu finden. Als sie fehlschlugen, entstand eine neue Bewegung, die sich der kulturellen Moderne gegenüber antithetisch verhielt. Das Ergebnis ist der religiöse Fundamentalismus.

Was immer man vom islamischen Fundamentalismus halten mag, er ist Ausdruck der doppelten Krise[26], unter der die Muslime leiden: erstens der sozioökonomischen und politischen Krise infolge der erzwungenen Eingliederung der islamischen Zivilisation in ein westlich dominiertes Weltsystem und zweitens der aus der Begegnung mit der kulturellen Moderne resultierenden Identitäts- oder Sinnkrise. Werden diese (1) *strukturellen* und (2) *interaktionellen* Bedingungsfaktoren auf getrennten analytischen Ebenen abgehandelt, sind allzu vereinfachende und mit Vorurteilen beladene Erkenntnisse die Folge, da die Wechselwirkung zwischen beiden Krisen nicht beachtet wird. Einige in den Vereinigten Staaten veröffentlichte Bücher wie Daniel Pipes *In the Path of God*[27] schreiben den Aufstieg des politischen Islam dem Ölboom zu. Doch der ist mit dem Sinken der Ölpreise zu Ende, und die saudischen Spenden an Fundamentalisten gehen zurück. Trotzdem ist der religiöse Fundamentalismus mächtiger denn je! Ölscheichs und Fundamentalisten unterscheiden sich eben deutlich voneinander, sie sind Menschen mit unterschiedlichem Hintergrund und vertreten sehr verschiedene Ansichten und Ziele.

Im wesentlichen verdammen die religiösen Fundamentalisten die kulturelle Moderne als ein Virus, das den Islam befallen und zur Schwächung der islamischen Zivilisation beigetragen hat. Der politische Islam gibt vor, diese Situation umkehren zu können. Aus der Frontstellung gegen die kulturelle Moderne wird so ein Kampf gegen den Westen und besonders gegen die »intellektuelle Invasion der islamischen Welt«.[28] In dieses Verdammungsurteil gegen den Westen werden neben den säkularen Muslimen, die als *al-Mutagharibun*/Verwestlichte geschmäht werden, auch frühe islamische Modernisten wie al-Tahtawi (1801–1873) und sogar der ehrenwerte Muhammad 'Abduh (1849–1905) einbezogen.

Sowenig die Ölboom-These zur Erklärung des politischen Islam taugt, sosehr muß man die finanzielle Unterstützung hervorheben, die Saudi-Arabien den islamischen Fundamentalisten vor der Golfkrise zukommen ließ. Aus Nützlichkeitserwägungen heraus hat die islamisch legitimierte saudische Monarchie riesige Summen an verschiedene fundamentalistische Bewegungen verteilt, offenbar ohne zu begreifen, daß deren politische Ideologie auch gegen die traditionelle saudische Legitimität gerichtet war. Doch diese Zuwendungen, so hilfreich sie waren, stellten nicht die Ursache des Phänomens dar. Der islamische Fundamentalismus ist ein soziales und politisches Phänomen und nicht das Ergebnis einer saudischen Verschwörung. Es bedurfte offenbar erst des Traumas der Golfkrise, als sie von den islamischen Fundamentalisten als Werkzeug des ungläubigen Westens verdammt wurden[29], um den Saudis die Augen zu öffnen. Daß der Mufti von Saudi-Arabien, 'Abdulaziz al-Baz, die Fundamentalisten öffentlich angriff, war ein Anzeichen für die Vertiefung der Kluft zwischen dem von den Saudis repräsentierten Wahhabi-Islam und dem religiösen Fundamentalismus als entschieden antiwestlicher Protestbewegung. Dies ist ein eindeutiger Beweis dafür, daß der Fundamentalismus kein Neotraditionalismus ist, wie von manchen behauptet, und noch viel weniger eine panislamische Verschwörung. Leider hat das Trauma des Golfkriegs nicht ausgereicht, um die Saudis davon abzuschrecken, weiterhin fundamentalistische Bewegungen, insbesondere solche in der europäischen Diaspora, finanziell zu unterstützen. Offensichtlich versprechen sie sich davon einen politischen Nutzen.

Im Verlauf meiner Tätigkeit hatte ich Gelegenheit, die Einstellungen arabisch-sunnitischer Fundamentalisten gegenüber moderner Wissenschaft und Technologie[30] sowie ihre Reaktionen auf das diesen zugrundeliegende weltanschauliche Fundament der kulturellen Moderne zu studieren. Im Unterschied zu Traditionalisten befürworten Fundamentalisten durchaus die Aneignung der modernen Wissenschaft und Technologie durch den zeitgenössischen Islam. Allerdings beschränken sie sich dabei auf ausgewählte Instrumente, das heißt auf die *Produkte* von Wissenschaft und Technologie, während sie das rationale Weltbild, das diese Errungenschaften erst ermöglicht hat, leidenschaftlich bekämpfen. Wie der große verstorbene Berkeley-Gelehrte Reinhard Bendix gezeigt hat, kann eine »Modernisierung in manchen Lebensbereichen vollzogen werden, ohne zur [vollen] Modernität zu führen«. Im Gegenteil bringt eine »mehr oder weniger willkürliche Aneignung von Teilen der Moderne ... [sogar] Hindernisse hervor, die einer erfolgreichen Modernisierung im Weg stehen«.[31] Der islamische Fundamentalismus ist das beste Beispiel für diese These.

Die islamischen Fundamentalisten verkennen, daß das der Moderne zugrundeliegende Weltbild Voraussetzung für deren Fähigkeit ist, moderne Wissenschaft und Technologie hervorzubringen.

Durch die Ablehnung des wissenschaftlichen Denkens qualifizieren sich die fundamentalistischen Anschauungen als »antiwissenschaftlich«.[32] Der Traum von der halben Moderne (siehe Anmerkung 7) ist ein zweifelhaftes Vorhaben, das in seiner Beschränkung auf instrumentelle Anleihen zu eigener Kreativität nicht fähig und daher zum Scheitern verurteilt ist. Für die islamischen Fundamentalisten kann der Mensch niemals Schöpfer sein, denn er ist selbst ein *Makhluq,* ein Geschöpf Gottes. Nur Gott kann *al-Khaliq*/Schöpfer sein. Der deutsche Historiker Christian Meier hat für die klassische griechische Synthese von *epistéme* (Wissen) und *téchne* (Fertigkeiten) den Begriff »Könnens-Bewußtsein« geprägt, womit das menschliche Bewußtsein vom eigenen Vermögen, schöpferisch zu sein und die Lebensbedingungen verändern zu können, gemeint ist.[33] Durch das Könnens-Bewußtsein weiß der Mensch von der Möglichkeit, Wissen und Fertigkeiten zu vereinen, um die eigenen Bedürfnisse zu befriedigen. Ohne diesen intellektuellen Hintergrund, ohne die Bestimmung des Menschen als schöpferisches Wesen, läßt sich die kulturelle Moderne – einschließlich des gesamten Bereiches von Wissenschaft und Technologie – nicht richtig verstehen.

Bei der Erforschung von Einstellungen und Weltsicht der islamischen Fundamentalisten hinsichtlich der modernen Wissenschaft und Technologie (siehe Anmerkung 30), die hauptsächlich auf der Lektüre ihrer Schriften sowie auf Beobachtung und Befragungen während meiner Feldstudien beruhte, kam ich zu dem Schluß, daß die islamischen Fundamentalisten genau den Gedanken des Könnens-Bewußtseins trotz ihrer positiven Haltung zu Wissenschaft und Technologie niemals übernehmen können und werden, denn in ihren Augen ist die Idee des Könnens-Bewußtseins häretisch.

Ironischerweise scheinen sich die Fundamentalisten nicht darüber im klaren zu sein, daß sie selbst nichts anderes als eine Antwort auf die Moderne sind oder, um mit Bruce Lawrence zu sprechen, der es so zutreffend formuliert hat:

»Fundamentalisten sind gegen den Modernismus. ... Die Moderne ... ist die Schlüsselkategorie für die Interpretation des Fundamentalismus. Sie wird und bleibt dessen Kontext. Ohne Moderne gäbe es keine Fundamentalisten, so wie es keine Modernisten gäbe. Die Identität des Fundamentalismus als psychologische Einstellung und als historische Bewegung ist durch die moderne Welt geprägt. Fundamentalisten ... sind zugleich die Konsequenz der Moderne und die Antithese des Modernismus.«[34]

Kurz gesagt, der Fundamentalismus ist zutiefst von der Moderne beeinflußt, auch wenn er militant gegen sie opponiert. Die Politisierung der Religion ist die Antwort der Fundamentalisten auf die Krise und ihr Mittel, sie zu bekämpfen, das heißt, der Islam ist nicht mehr auf die Rolle des religiösen Glaubens beschränkt, sondern zu einer politischen Ideologie geworden, die darauf abzielt, die säkulare Welt als göttliche Ordnung neu zu gestalten. Mit ihrer Heilsideologie und dem Versprechen einer besseren Welt ziehen die islamischen Fundamentalisten eine breite Anhängerschaft an. Die algerische *Front Islamique du Salut* (FIS) hat *al-Inqadh*/das Heil sogar in ihren Namen aufgenommen.

Zwischen privater Religiosität und Politisierung des religiösen Glaubens

Indem sie dem Bewußtsein vom eigenen Selbst den Weg ebnete, hat die kulturelle Moderne zur Ablösung des kosmologischen Weltbildes beigetragen und gleichzeitig eine rationale Weltsicht eingeführt, die es dem Menschen erlaubt, seine Kreativität auszuschöpfen und durch sein Handeln das eigene Schicksal zu bestimmen. Max Weber hat diese Errungenschaft als »Entzauberung der Welt« beschrieben. In Verfolgung dieses Zieles hat die Aufklärung die Religion von der Politik getrennt, ohne jedoch zu fordern, daß diese Säkularisierung antireligiös sein müsse. Zwar vertraten viele

Philosophen der Frühaufklärung unleugbar antireligiöse Ansichten[35], aber es wäre völlig falsch, den säkularen Charakter der Moderne als grundsätzlich antireligiös darzustellen. Soziologisch betrachtet, manifestiert sich die Säkularisierung vor allem in strukturellen und institutionellen Differenzierungsprozessen der Gesellschaft, in denen die Lebenswelt in Subsysteme wie Wissenschaft, Politik, Ökonomie und eben auch Religion aufgeteilt wird. (In einer auf der Ersten Internationalen Islamischen Philosophiekonferenz in Kairo präsentierten und veröffentlichten Abhandlung über Islam und Zivilisation führte ich dieses Konzept der Säkularisierung im Hinblick auf den Islam ein; siehe Anmerkung 26, Seite 172–202.) Die Religion wird von der Säkularisierung insofern beeinflußt, als sie zur Entwicklung eines separaten Systems angeregt wird. Folglich wird sie zur privaten Religiosität; sie kann ihre Glaubenssätze zwar zum Ausdruck bringen, darf sie aber anderen nicht aufzwingen.

Die erwähnte Konferenz fand im November 1979 statt, als der islamische Fundamentalismus bereits eine Realität, aber noch nicht so stark war, daß man durch die öffentliche Äußerung solcher Auffassungen sein Leben riskiert hätte. Die Ermordung des ägyptischen Schriftstellers Faradj Fuda im Juni 1992 wegen des öffentlichen Bekenntnisses zu säkularen Ideen und die Verfolgung des Kairoer Professors Nasr Hamid Abu-Zaid im Jahr 1995 sind drastische Belege dafür, wie sehr sich die Lage seitdem verschlechtert hat und wie weit die Fundamentalisten in die Sphären der Macht vorgedrungen sind. Trotz dieses Beweises religiöser Intoleranz bitte ich meine Leser, nicht zu vergessen, daß es einen wichtigen Unterschied zwischen Terrorismus[36] und religiösem Fundamentalismus gibt. Der Fundamentalismus ist eine defensiv-kulturelle Weltsicht, die mit den aus den Modernisierungsprozessen erwachsenden Zerrüttungen und Entwurzelungen zusammenhängt, während der Terrorismus einfach eine Form gewalttätigen politischen Handelns darstellt. Die ständigen Morde an und Bedrohungen von Glaubensgenossen, mit denen Fundamentalisten nicht übereinstimmen, sind eindeutig terroristisch, aber so entsetzlich diese

Gewaltakte sind, sollten wir uns den Blick auf die Bedingungsfaktoren des Phänomens und seine Diagnose nicht durch seine oberflächlichen Manifestationen trüben lassen, so entmutigend dieses Töten auch sein mag. Ich bin aus eigener Erfahrung mit diesen terroristischen Bedrohungen vertraut, versuche sie aber von dem klaren analytischen Nachdenken über die dahinterstehenden Kräfte und Gedanken zu trennen.

Meine Forschung kann die Ansicht einiger Wissenschaftler, der religiöse Fundamentalismus sei eine Renaissance des religiösen Glaubens, nicht bestätigen. Ein Fundamentalist ist kein *homo religiosus*, sondern vor allem ein Aktivist, ein politischer Mensch, ein *homo politicus*. Der Islam ist ein kulturelles System mit eigenen religiösen Symbolen, und die islamischen Fundamentalisten greifen einfach auf diese Symbole zurück, um ihre politischen Ziele zu fördern. Doch es bleibt ein Unterschied zwischen der Religion als Glauben und kulturellem System und ihrer Instrumentalisierung zur politischen Legitimation, sei es durch Machtinhaber (wie die Könige in Saudi-Arabien und Marokko[37]) oder durch die politische Opposition einer Vielzahl fundamentalistischer Bewegungen. Im Unterschied zu politischen Ideologien kann ein politisch genutzter religiöser Glaube eine derart überwältigende Kraft gewinnen, daß sich keine säkulare politische Ideologie mit ihm zu messen vermag. Wie der deutsch-jüdische Philosoph Ernst Bloch in seiner Schrift über Thomas Müntzer, einen der Führer der religiösen Revolution der Reformationszeit, schrieb, können religiöse Bewegungen als »Ekstase des aufrechten Ganges und des geduldlosen, rebellischen, ernstlichsten Willens zum Paradies« gedeutet werden. In »religiös erregten Zeiten«[38] konnten diese Bewegungen in der Tat enorme Macht gewinnen. Aber trifft diese Beobachtung aus der christlichen Geschichte auch auf den Islam zu?

Trotz der Verurteilung der Fundamentalisten durch die nominellen politischen Führer der Welt des Islam erfreuen sich die fundamentalistischen Bewegungen ungeachtet ihrer Neigung zum Terrorismus in der Bevölkerung großer Beliebtheit. Die Erklärung ist einfach: Arabische Nationalisten, säkular-liberale Demokraten, Sozialisten jeglicher Couleur und andere Repräsentanten der arabischen Welt sprechen eine moderne politische Sprache, die dem durchschnittlichen Muslim fremd ist. Der Mehrheit der muslimischen Bevölkerung sind die Eliten ebenso fremd wie ihre verwestlichten Ideen; sie hat andere Sorgen. Von Yusuf al-Qaradawi, einem führenden fundamentalistischen Ideologen, stammt die bereits zitierte verächtliche Bezeichnung *Hulul mustaurada*/importierte Lösungen für diese säkularen Ideen.[39] Islamische Fundamentalisten können dagegen mit starkem Widerhall rechnen, wenn sie sich auf traditionelle religiöse Symbole beziehen, auch wenn sie diese in einen neuen Kontext stellen.

In den USA wird der islamische Fundamentalismus als Politisierung der Religion zumeist als Phänomen einer islamischen Wiedererweckung oder eines sich erneut Geltung verschaffenden Islam abgehandelt, ohne dies in der Regel näher zu begründen – von einer Neueinführung des Islam ist nicht die Rede. In Europa dagegen wird häufig der völlig unpassende Begriff »Reislamisierung« verwendet. Nach der Abschaffung des Kalifats und der Auflösung der islamischen Ordnung des Osmanischen Reiches war der Islam als politische Ideologie gezwungen, säkularen Ideologien zu weichen, größtenteils in der Form eines säkularen Nationalismus.[40] Aber als kulturelles System für alle Muslime, das ihr Alltagsleben bestimmt, war der Islam stets lebendig. Was sich heute geändert hat, ist, daß der Islam wieder politisch in Erscheinung tritt, wenn auch unter Bedingungen, die es in der früheren islamischen Geschichte nicht gab. Man kann also von einer Repolitisierung des Islam sprechen, aber nicht von seiner Rückkehr als Religion, denn er war nie in der Versenkung verschwunden. Mit Blick auf die Vergangenheit weisen die Vertreter der neuen Bewegung die Interpretation des Islam als bloßen *religiösen Glauben*, der auf die private Religiosität beschränkt ist, vehement zurück. Statt dessen wird die Formel, der Islam sei *Din wa daula*/Einheit von Religion und Staat, zu einem mitreißenden *politischen Glauben*. Tatsache ist allerdings, daß diese dem Islam unterstellte Formel weder im Koran noch im *Hadith*/der Überlieferung des Propheten enthalten ist; auch in keiner der autoritativen klassischen Schriften findet sie sich. Das gleiche gilt für die fundamentalistischen Ideen eines »islamischen Staats«[41] und der »*Hakimiyyat Allah*/Gottesherrschaft«. Beide Vorstellungen sind neuere Ergänzungen des islamischen Denkens, und beide sind ihrem Charakter nach zutiefst fundamentalistisch.

Obwohl einer der Väter des islamischen Fundamentalismus, der Pakistani Abu al-A'la al-Maududi (1903–1979), unmißverständlich festgestellt hat, seine politische Interpretation des Islam sei mit der Demokratie unvereinbar, behaupten einige westliche Experten weiterhin, Ziel des politischen Islam sei es, »die Demokratie zu islamisieren«. Bei näherem Hinsehen zeigt sich jedoch, daß die fundamentalistische Idee von *Din wa daula* und das Konzept des islamischen Staats unverkennbar auf eine totalitäre Herrschaft hindeuten.[42] Deshalb bin ich wie Jean François Revel der Meinung, daß der islamische Fundamentalismus eine große Gefahr für die Demokratie darstellt.[43]

Die Formel *Din wa daula* schließt eine politische Strategie mit ein: den Sturz der diversen formal und vorgeblich säkularen Regime in der Welt des Islam und ihre Ersetzung durch islamische »Regierungen Gottes«, die der Idee des *Nizam Islami*/islamischen Systems verpflichtet sind. Auch dies ist ein aus jüngerer Zeit stammendes Konzept, das in den autoritativen islamischen Quellen nicht zu finden ist (siehe Kapitel 7). Wie im Zusammenhang des Zitats von Sayyid Qutb erwähnt, bildet das Konzept des *Nizam Islami* darüber hinaus die Grundlage der Forderungen der islamischen Fundamentalisten auf internationaler Ebene, die schlicht darin bestehen, ein internationales *Nizam Islami*/Islamisches System durch eine »islamische Weltrevolution« (Qutb) zu materialisieren.

In der gesamten muslimischen Welt gab es bereits in früheren Perioden der jüngeren Geschichte fundamentalistische Bewegungen. Die bekanntesten waren die 1928 in Ägypten gegründete Muslimbruderschaft[44] und später die *Tahrir*-Partei in Jordanien.

Aber erst seit der vernichtenden Niederlage der arabischen Armeen im Sechstagekrieg im Juni 1967 kann man von einem umfassenden fundamentalistischen Trend sprechen, der zuerst die arabische und dann die gesamte islamische Welt erfaßt hat. Bereits zitiert wurde der ägyptische Fundamentalist und Muslimbruder Yusuf al-Qaradawi, der schon 1970 forderte, die von ihm so genannten »importierten Lösungen« aufzugeben. Als Alternative zu den delegitimierten arabischen Regimen, die im Juni 1967 auf demütigendste Art und Weise geschlagen worden waren, sprach er sich für den *Hall al-Islami*/die islamische Lösung aus. Das hier vorgetragene Argument, daß die Forderung nach einem *Hall Islami* nicht zuerst im Iran, sondern im Herzen der sunnitisch-arabischen Welt laut wurde und sich anschließend in der gesamten Welt des Islam verbreitete, sollte jedoch nicht als Indiz für eine arabozentrische Einstellung mißverstanden werden.

Obwohl der islamische Fundamentalismus meiner Ansicht nach gegenwärtig die wichtigste kollektive politische Option in der Welt des Islam darstellt, ist nicht zu übersehen, daß die organisierten Fundamentalisten als politische Aktivisten unter den Muslimen noch eine Minderheit sind, wenn auch eine ebenso kraftvolle wie schreckenerregende. Sie selbst sehen sich als Kämpfer gegen die Moderne, nicht als deren Produkt. Dennoch ist es eine Tatsache, daß politisch aktive islamische Fundamentalisten überwiegend in den großen Städten anzutreffen sind, im Zentrum der sich einschleichenden Modernität also. Sie sind Produkte des modernen Sektors, und manche von ihnen haben ein abgeschlossenes oder abgebrochenes Hochschulstudium hinter sich und eine entsprechende berufliche Laufbahn eingeschlagen, wie zum Beispiel die weiter oben erwähnten Kairoer Anwälte und Ärzte. Mit anderen Worten, diese Leute sind *selbst* entwurzelt und leiden unter der aus der gescheiterten Einführung der Moderne in die islamischen Gesellschaften folgenden Zerrüttung. Daß sie mit dem Westen vertraut sind, vertieft ihre Angst nur noch.

Die islamischen Fundamentalisten verkünden eine Heilsideologie, die verspricht, alle Probleme lösen zu können, die sich aus dem unkontrollierten Bevölkerungswachstum und der damit zusammenhängenden wirtschaftlichen Stagnation oder gar Rückentwicklung ergeben. Sie versprechen eine legitime islamische Regierung, die sich an die *Schari'a* hält, Wunder vollbringt und zaubermächtige Lösungen für die verzweifelte, von Krisen geplagte Welt bereithält. Wo Fundamentalisten an der Macht sind, wie im Sudan und im Iran, haben sie sich jedoch als weitgehend unfähig erwiesen, auch nur eines der akuten Probleme zu bewältigen, und ihre schlechte Leistungsbilanz läßt sich nicht einfach mit einem Hinweis auf die ihnen vom Westen in den Weg gestellten Hindernisse abtun. Deshalb ist es bemerkenswert, daß diese fundamentalistischen Regime nichts von ihrer Anziehungskraft eingebüßt haben. Ihr anhaltender Mißerfolg im Umgang mit den inneren Problemen müßte ihnen eigentlich viel von ihrem Glanz genommen haben, aber sie haben der Ernüchterung erfolgreich vorgebaut, indem sie eine angebliche westliche Verschwörung *(Mu'amarah)* gegen den Islam erfanden und den Iran und Sudan als »wahre« islamische Staaten präsentierten.

Schlußfolgerungen

Die Welt des Islam ist groß und vielfältig, und das Bestreben der islamischen Fundamentalisten, alle Muslime zu vereinen, wird durch ebendiese Vielfalt wirkungsvoll behindert. Konfessionelle und ethnische Momente spalten die muslimische Gemeinschaft im allgemeinen und die fundamentalistischen Bewegungen im besonderen. Auf die verschiedenen afghanischen *Mudjahidin* paßt am besten Hobbes' Begriff des *bellum omnium contra omnes*/des Krieges aller gegen alle, denn nach dem Abzug des äußeren Feindes, der früheren Sowjetunion, die durch ihre Präsenz unabsichtlich die Einigung der Afghanen bewirkt hatte, haben sie sich auf brutalste Weise gegeneinander gewandt. Diese Erkenntnis macht es notwendig, die Analyse der Macht der Fundamentalisten auf zwei Ebenen zu verfolgen: Zum einen ist ihre Fixierung auf einen äußeren Feind, der als einigende Kraft dient, festzuhalten; zum anderen darf die innere Spaltung der islamischen Zivilisation nicht aus den Augen verloren werden.

Das Erbe des Golfkrieges besteht in der Wiederbelebung der klassischen Zweiteilung der Welt in das Haus des Islam und das Haus des äußeren Feindes. Berufungen auf diese Tradition vertiefen den Graben zwischen dem Islam und dem Westen weiter. Das Erbe findet sich darüber hinaus in der Renaissance des islamischen Anspruchs auf *Ghalab*/Dominanz (ein Begriff des frühen islamischen Erneuerers al-Afghani), die durch die westliche Hegemonie bestritten worden war. Von vielen Muslimen wird der Golfkrieg weiterhin als »christlicher Kreuzzug« angesehen, und die jüngeren genozidalen Angriffe gegen Muslime in Bosnien haben dieser Auffassung erneut Auftrieb gegeben. Wolfgang Günter Lerch, der in der *Frankfurter Allgemeinen Zeitung* über islamische Politik schreibt, ist meines Wissens der erste westliche Journalist gewesen, der seine Leser auf die in der islamischen Öffentlichkeit vorgenommene Verknüpfung zwischen den Kreuzzügen und dem Bosnienkrieg aufmerksam gemacht hat[45], wenngleich auf dem Balkan ironischerweise nicht die bosnischen Muslime, sondern die Serben die Fundamentalisten sind.[46] Während des Krieges benutzten muslimische Fundamentalisten außerhalb des Balkans die Leiden der bosnischen Muslime, um dem Westen die Schwäche seiner Balkanpolitik vorzuwerfen und ihn sogar der Teilnahme am Genozid zu beschuldigen. Auch nach dem Krieg gehen diese Anklagen weiter, obwohl der Westen wesentlich zur Beendigung des Blutvergießens beigetragen hat.

In keiner anderen Zivilisation der Welt sitzt das Gefühl, daß die europäische Expansion auf ihre Kosten stattfand, so tief wie in der islamischen. Denn im Unterschied zum Hinduismus und zum Konfuzianismus ist der Islam – wie das Christentum – ein Universalismus. Wie die Völker anderer Zivilisationen haben die Muslime bei ihrer Begegnung mit dem Westen nicht die Errungenschaften der Aufklärung und die kulturelle Dimension der Moderne, sondern das in militärischer Überlegenheit und politischer Dominanz zutage tretende häßliche Gesicht der institutionellen Moderne kennengelernt. Es ist richtig, daß diese nichtwestlichen Zivilisationen in ihrer jeweiligen Geschichte weder eine demokratische Zivilgesellschaft aufgebaut noch die individuellen Freiheiten gewährleistet haben, also jene Prozesse vermissen lassen, die in Europa schließlich zur Einführung eines Grundkodex der Menschenrechte führten. Insofern wäre es falsch, dem Westen allein die Schuld an der mangelnden Demokratisierung zu geben, auch wenn er zugegebenermaßen wenig getan hat, um die Demokratie in der islamischen Welt zu verankern. Die westliche Politik ist der eine Bedingungsfaktor, lokale Voraussetzungen und Neigungen der andere.

Wie Habermas[47] in seinem *Philosophischen Diskurs der Moderne* ausgeführt hat, gehören zur kulturellen Moderne (1) Individualismus, (2) die Freiheit und Fähigkeit, Traditionen der kritischen Vernunft zu unterwerfen, (3) die Autonomie des individuellen Handelns und (4) die Philosophie vom Menschen, die ein anthropozentrisches Weltbild hervorgebracht hat. Dies ist das europäische Modell der Moderne. Nichtwestliche Zivilisationen begegneten jedoch nicht diesem Modell der Moderne, als sie der europäischen Expansion ausgesetzt waren, sondern sahen sich mit kolonisierenden Armeen konfrontiert, die auf brutale Weise die Überlegenheit der industriellen Technologie demonstrierten. Trotz dieser Demütigungen bemühten sich die nichtwestlichen Völker, einschließlich der Muslime, in der Kolonialzeit und sogar noch in der postkolonialen Periode, dem Westen nachzueifern. In ihrem Kampf gegen den Kolonialismus wandten sie sogar westliche Konzepte wie das Recht auf Souveränität und Selbstverwaltung an. Aber nachdem sie mehrere Jahrzehnte in nominellen Nationalstaaten gelebt hatten, die der Aufgabe der Modernisierung nicht gewachsen waren und ebensowenig eine zufriedenstellende Strategie für die Nachahmung des Westens anzubieten vermochten, entwickelten sie ein neues Bewußtsein von der eigenen Zivilisation und damit das Bedürfnis, nach anderen, dem eigenen Erbe entwachsenen Alternativen zu suchen.

Der religiöse Fundamentalismus ist das auffälligste Produkt dieses Prozesses.

Daher glauben die Fundamentalisten, sie repräsentierten eine eigene, machbare Alternative. Ich habe da meine Zweifel. Entsprechend werde ich in den Kapiteln 9 und 10 ein neues, kulturübergreifendes Verständnis von Menschenrechten und Demokratie vorstellen, das eine Alternative sowohl zur Verwestlichung als auch zur Herausforderung durch den Fundamentalismus sein könnte.

Der neuerliche Bezug auf das *Turath*/Erbe seitens der Muslime ist zu einem Hauptbestandteil der Strategie der Entwestlichung geworden, die bestrebt ist, alle Bereiche des Islam zu durchdringen. Aber diese Wiederbelebung kann nicht isoliert geschehen, denn *unsere gegenwärtige Zeit ist »Weltzeit«,* und kein Muslim kann den »Konsequenzen der Moderne« entkommen. Dennoch glauben die islamischen Fundamentalisten, sie seien in der Lage, den Westen mit dessen eigenen Waffen und Technologien zu schlagen. Sie betrachten die Moderne aus einer für sie günstigen Perspektive und glauben sich ihre wissenschaftlich-technischen Errungenschaften aneignen zu können, während sie ihr »korruptes« Weltbild verurteilen. Für die islamischen Fundamentalisten ist der Westen die Verkörperung des Bösen, und den historischen Hintergrund dieses Ressentiments bildet die westliche Dominanz über die Welt des Islam. Hinzu kommt, daß die Expansion des Westens dem universalistischen Anspruch des Islam zuwiderläuft.

Sich selbst, das heißt seine eigene Identität zu entdecken bedeutet in diesem Fall notwendigerweise, einen klaren Trennstrich zwischen dem »Wir« und den »anderen« zu ziehen. Nicht Samuel P. Huntington, sondern die islamischen Fundamentalisten selbst haben diese Konfliktlinie zwischen den Zivilisationen gezogen. Ihr »Wir«-Bewußtsein nimmt die Form eines Zivilisationsbewußtseins an, das die Einheit aller Muslime gegen alle anderen behauptet. Angesichts der spaltenden Wirkung einer langen Liste von sektiererischen und ethnischen Kräften muß man diese angebliche Einheit jedoch in Zweifel ziehen. Wenn es gelingt, einen äußeren Feind zum einigenden Faktor zu machen, treten diese zentrifugalen Kräfte möglicherweise in den Hintergrund, aber sie verschwinden nicht. Die intolerabel zaghafte Politik des Westens angesichts des Genozids, den die Serben an den bosnischen Muslimen begingen, war ein schwerer Fehler. Ich teile die Auffassung von Wolfgang Günter Lerch (siehe Anmerkung 45), daß der »serbische Kreuzzug« die muslimisch-westlichen Beziehungen »bis weit ins nächste Jahrhundert hinein« beeinträchtigen wird. Auf alle Fälle dient er den islamischen Fundamentalisten als Munition für ihre flammende Rhetorik und vereint und bestärkt unwillentlich die »Revolte gegen den Westen«.

V

KULTURELLE FRAGMENTATION, KONSENSVERLUST UND MACHTDIFFUSION IN DER WELTPOLITIK

Die traurige Berühmtheit der islamischen Fundamentalisten in Weltpolitik und Weltpresse rührt zum Teil von ihrer Auffassung her, der Westen habe eine Reihe neuer Kreuzzüge gegen den Islam geführt, vom Golfkrieg bis zum Balkankrieg. Aber das Phänomen des Fundamentalismus läßt sich nicht auf solche Tagesereignisse reduzieren. Vielmehr belegt es den grundlegenden strukturellen Wandel, der sowohl in islamischen Ländern als auch im internationalen System stattfindet. Den Fundamentalismus, die religio-politische Antwort auf diesen Wandel, wird es auch in den folgenden Jahren und vielleicht Jahrzehnten noch geben. Seine islamische Version ist eigentlich eine soziopolitische Revolte gegen die regionale Ordnung und die ihr übergeordnete Weltordnung.

In den bisherigen Kapiteln wurde gezeigt, wie die miteinander im Wettstreit stehenden Weltanschauungen der großen Zivilisationen nach dem Ende des Kalten Krieges gegensätzliche Entwürfe einer neuen Weltordnung vertreten. Gewiß ist der islamische Anspruch auf eine spezifisch islamische Weltordnung als Alternative zur existierenden nur ein rhetorischer Höhenflug, da die Mittel für seine Durchsetzung fehlen. Darüber hinaus verringert die Zersplitterung der Gruppen des politischen Islam dessen Schlagkraft. Trotzdem nehme ich diesen Anspruch ernster als jene Beobachter, die das Thema in Hinblick auf eine angebliche islamische Bedrohung, das heißt den Terrorismus, betrachten oder die islamische Rhetorik einfach ins Lächerliche ziehen. Meiner Ansicht nach ist es unerläßlich, das Phänomen zu untersuchen, das den vordergründigen Tagesereignissen und dem sie begleitenden Medienrummel zugrunde sowie jenseits der polemischen Debatten liegt.

Wer den islamischen Fundamentalismus verstehen will, muß die Fixierung auf den Nationalstaat aufgeben. Traditionell orientierte Forscher auf dem Gebiet der Internationalen Beziehungen stellen, wenn sie sich dem religiösen Fundamentalismus zuwenden, als erstes die Frage, auf welche Weise fundamentalistische Ideologien die Politik beeinflussen oder sogar in der Staatspolitik verkörpert sein können. Damit schränken sie von Anfang an ihren Zugang zu dem Phänomen ein. In Kapitel 1 habe ich dargelegt, daß der Haupttrend der gegenwärtigen internationalen Politik in der Gleichzeitigkeit von struktureller Globalisierung und kultureller Fragmentation besteht, wobei letztere nicht auf die Ebene des Staates oder zwischenstaatlicher Beziehungen beschränkt bleibt. Um diesen Trend zu erfassen, muß man sich dem Phänomen auf mehreren Ebenen nähern. Zunächst einmal gibt es nur wenige an der Macht befindliche fundamentalistische Bewegungen; die meisten gehören einer im Untergrund arbeitenden Opposition an. Die Tatsache, daß Fundamentalisten keine politischen Entscheidungsträger sind, genügt manchen traditionellen Wissenschaftlern der Internationalen Beziehungen, um diesen Bewegungen jede weitere Signifikanz abzusprechen. Meiner Meinung nach mangelt es dieser Haltung auf gefährliche Weise an der Einsicht, die für das Verständnis des Fundamentalismus und seiner wachsenden politischen Präsenz nötig ist. Auch die Krise des Nationalstaats, eines der Welt des Islam fremden Gebildes, bedarf einer nüchternen Untersuchung, denn sie löst Entwicklungen aus, die zu den Hauptursachen der fundamentalistischen Herausforderung zählen.

Der in Hedley Bulls Aufsatz »The Revolt against the West«[1] formulierten Argumentation folgend, will ich hier ebenfalls die radikalen Veränderungen hervorheben, die in der Welt vonstatten gehen, während wir uns der Wende zum nächsten Jahrhundert nähern. Die Herausforderungen dieser unbeständigen Zeit veranlassen Forscher und Praktiker auf dem Feld der internationalen Beziehungen, ihre Bezugspunkte zu überdenken und neue Wege zu gehen, um künftige Entwicklungen in den Griff zu bekommen. Seit einem Jahrhundert konzentriert sich der dominante Ansatz auf dem Feld der Internationalen Beziehungen fast unverändert und nahezu ausschließlich auf den »Staat« und den Einsatz von militärischer Gewalt beziehungsweise die Drohung damit. Ein Erklärungsrahmen für die Interpretation der heutigen Politisierung der kulturellen Fragmentation in der internationalen Gesellschaft läßt sich mit diesem Ansatz jedoch nicht gewinnen. Aus meiner Sicht ist der religio-kulturelle Fundamentalismus, insbesondere in seiner islamischen Variante, eine aktive Triebkraft bei der Verbreitung der internationalen kulturellen Fragmentation und bei dem bisher beispiellosen Niedergang des internationalen Konsenses. Ich glaube nicht, daß der »Zusammenprall der Zivilisationen«[2] unvermeidlich ist, denn eine internationale Moralität[3], wenn sie von den Nationen ernst genommen würde, könnte die Kluft zwischen den Zivilisationen überbrücken. (Ich werde auf dieses Konzept in den letzten beiden Kapiteln eingehen.) Andererseits denke ich, daß der religiöse Fundamentalismus zu diesem Zusammenprall beiträgt, indem er die internationale Moralität ablehnt, die in ihrer Natur säkular sein muß, wenn sie zur Entwicklung zivilisationsübergreifender Ansätze beitragen soll.

In unseren Bemühungen, undemokratische Gesellschaften zu verstehen, die für den Nahen Osten und die meisten anderen Teile der Welt des Islam charakteristisch sind, muß man zwischen den politischen Optionen der Bevölkerungsmehrheit (*public choices*) und Staatspolitik unterscheiden. Von den Ereignissen der jüngsten Zeit bestärkt, tritt der politische Islam in den Vordergrund und wird unter Muslimen zunehmend zur Hauptquelle dieser politischen Optionen. Die Staatspolitik islamischer Länder spiegelt die Mehrheitsoptionen nicht unbedingt wider, doch gibt es viele vom Fundamentalismus heimgesuchte Länder, wie Tunesien, Algerien, Jordanien und Ägypten, deren nichtfundamentalistische Regierungen im Verlauf der Krise von der eigenen Bevölkerung gezwungen werden, diese neuen Optionen zu beachten. Weltweit stellt der islamische Fundamentalismus die am weitesten verbreitete und mächtigste Ausprägung der »Revolte gegen den Westen« dar. Doch das Phänomen ist auch anderswo anzutreffen. Die Hindu-Fundamentalisten der *Bharatiya Janata Party* (BJP), die im Sommer 1996 als Sieger aus den indischen Parlamentswahlen hervorging, ist ein anderes Beispiel dafür.

Man kann getrost sagen, das in Kapitel 3 angesprochene Erbe Saddam Husseins bestehe in der Zurückweisung der vorherrschenden internationalen Normen und Regeln durch den Nahen Osten. Gespeist wird diese Zurückweisung von dem Bewußtsein, daß es sich um ursprünglich westliche Normen handelt, die den Muslimen vom Westen aufgezwungen wurden. Dem Postulat dieses Erbes widerspricht nicht die Einsicht, daß Saddam Husseins Position heute deutlich geschwächt ist, aber wie tief sein Regime auch fallen mag, es ändert nichts an der Kraft seines Erbes.

Mit der im Golfkrieg ausgegebenen Parole einer »Revolte gegen den Westen« versicherte sich Saddam Hussein der Sympathien islamischer Fundamentalisten, doch wir müssen seinen Anspruch entpersonalisieren, da er inhaltlicher, nicht persönlicher Natur ist. Saddam Hussein wird eines Tages verschwunden sein, aber sein Erbe wird bleiben. Nach meiner Ansicht hat Charles Krauthammer die Situation in seinem Artikel »The Issue is World Order, Not Just Oil« (Es geht um die Weltordnung, nicht nur um Öl) richtig erfaßt, als er schrieb:

> »1973 und 1979 ging es nur um Öl. … Heute steht am Golf ein anderer Wert auf dem Spiel. Der ist sogar noch wichtiger als Öl. Es ist die Weltordnung. … Saddam Husseins Irak stellt eine Gefahr für diese Ordnung dar.«[4]

Die »Revolte gegen den Westen« ist im Grunde eine Revolte gegen die herrschende Weltordnung. Eine Äußerung des prominenten tunesischen Professors Hichem Djaït, während des Golfkriegs Vorsitzender des tunesischen Unterstützungskomitees für den Irak, macht dies deutlich:

> »In … den arabischen Ländern … sind die Grenzen von den Kolonisatoren gezogen worden. … Nach meiner Überzeugung

überwiegt in diesem Fall die Berechtigung der Annexion Kuwaits die Normen des Völkerrechts bei weitem.«[5]

Vorhandene Grenzen und damit das Prinzip der Souveränität und Territorialität anzufechten bedeutet, gegen den Westen zu rebellieren. Im Sinne von Joseph Nyes Unterscheidung zwischen Herausforderern (Staaten) und Herausforderungen (strukturellen und anderen) der gegenwärtigen Machtstruktur in der Weltpolitik[6] schlage ich vor, die heutige »Revolte gegen den Westen« als eine dieser neuen Herausforderungen zu betrachten, auch wenn sie sich erst im Stadium der öffentlichen Optionen befindet und noch nicht in die Staatspolitik Einzug gehalten hat.

Nichtwestliche, politisierte religiöse Fundamentalismen, von denen der islamische der »verbreitetste«[7] ist, sind zum Vehikel für den Ausdruck dieser Revolte gegen westliche Werte geworden. Ein Ansatz, der die Betrachtung der internationalen Beziehungen nicht auf staatliche Akteure und ihre Politik beschränkt, würde den Aufstieg des Fundamentalismus als Zeichen der kulturellen Fragmentation der internationalen Gesellschaft interpretieren. Gelingt es den als politischen Optionen der Bevölkerungsmehrheit manifestierten fundamentalistischen Vorstellungen, politische Entscheidungen zu beeinflussen, verursacht dies einen beunruhigenden Niedergang des internationalen Konsenses über Normen und Regeln – und es sind diese Normen und Regeln, von denen das zwischenstaatliche Handeln bestimmt sein sollte.

Kulturelle Fragmentation und internationale Machtdiffusion

In einer Welt, die von kultureller Fragmentation und einer wachsenden Machtdiffusion sowohl auf innerstaatlicher als auch auf internationaler Ebene gekennzeichnet ist, stellt der als religiöser Fundamentalismus interpretierte politische Islam einen Faktor von zunehmender Bedeutung dar. Auf internationaler Ebene zeigt

sich die Machtdiffusion in der wachsenden Unfähigkeit der Großmächte, ihre globale Umwelt zu kontrollieren. Der Rüstungs-
wettlauf in der Welt des Islam demonstriert, wie leicht »schwache
Staaten« Zugang zu modernen Machtmechanismen erlangen können, selbst wenn sie im Innern zerrüttet sind.[8]

Ethnische Auseinandersetzungen und rapide, unkoordinierte
Veränderungen untergraben die Fundamente der ohnehin strukturell schwachen neuen Staaten. Und so, wie sich eine internationale Machtdiffusion unter den Staaten vollzieht, geht durch den
rapiden sozialen Wandel in den schwachen Staaten Macht vom
Zentralstaat an private Akteure und subnationale Gruppen, wie
etwa ethnoreligiöse Gemeinschaften, über. In der islamischen
Welt sind diese Privatakteure überwiegend Fundamentalisten, die
als »Soldaten ohne Portefeuille« agieren und das Muster des »irregulären Krieges in der Tradition des Islam« wiederbeleben.[9] Der
Djihad im Sinne von *Qital,* das heißt der Gewaltanwendung
durch Krieger, ist ein Beispiel dieses »irregulären Krieges«. Ein
typischer Fall sind die beiden Katjuscha-Kriege, welche die *Hizbullah* im Juli 1993 und April 1996 im Südlibanon gegen Israel
geführt hat. Wie diese beiden Auseinandersetzungen gezeigt
haben, erweisen sich die höchstentwickelten Waffensysteme der
dominanten Staaten als ungeeignet, um mit der Herausforderung
irregulärer Kriege fertig zu werden, und die ausschließliche Beschäftigung mit dem Staat kann dazu führen, daß Analytiker die
wachsende Rolle dieser privaten Akteure übersehen.

In bezug auf die nichtwestlichen Länder im allgemeinen und die
islamische Welt im besonderen kann man von »starken Gesellschaften und schwachen Staaten« sprechen (siehe Anmerkung 8).
Das Erstarken der islamisch-fundamentalistischen Untergrundgruppen als irreguläre Kämpfer, zum Beispiel in Algerien und
Ägypten, belegt diesen Prozeß. Sowohl auf innerstaatlicher als
auch auf internationaler Ebene ist der politische Islam ein desta-
bilisierender Faktor im Zuge der Machtdiffusion, der die Staatsordnung schwächt und Weltunordnung schafft. Aufgrund der
Verbreitung der modernen Kriegstechnologie gewinnen viele

muslimische Staaten international an Stärke, während sie wegen der offenkundigen internen Desintegration, und weil die vorhandenen Mittel eher für Waffenkäufe als für Entwicklungsprojekte eingesetzt werden, im Innern schwächer werden. Das Wachstum bewaffneter fundamentalistischer Gruppen unter diesen sich verschlechternden Bedingungen kann nur von nachlässigen oder kurzsichtigen Beobachtern übersehen werden. Mit anderen Worten, das Wachstum des militärischen Potentials manifestiert sich sowohl in schwachen Staaten als auch in einer zunehmenden Zahl irregulärer Kämpfer.

Nye hat eine »generelle Machtdiffusion« festgestellt; die herkömmlichen Instrumente der Macht schätzt er ein als

»kaum ausreichend, um die sich verändernden Probleme der Weltpolitik zu bewältigen. Neue Machtressourcen, wie die Fähigkeit zu effektiver Kommunikation und zur Schaffung und Nutzung multilateraler Institutionen, könnten sich als wichtiger herausstellen.«[10]

Deshalb verlagert Nye den Schwerpunkt des Studiums der Weltpolitik auf die Notwendigkeit stabilerer internationaler Institutionen, die allgemein akzeptierte Regeln und gemeinsame Verhaltensmuster erfordern, wenn sie effektiv kommunizieren und entscheiden sollen. Gibt es solche Regeln? Und werden sie allgemein anerkannt?

Um diese Kernfragen zu beantworten, muß man einen retrospektiven Blick auf die bisherige Weltordnung werfen. Als die Ideale der Französischen Revolution Europa erfaßten, wurden die dortigen souveränen Staaten zu Nationalstaaten, die auf der Volkssouveränität beruhten (siehe Anmerkung 42). Inzwischen ist der Nationalstaat keine exklusiv europäische Institution mehr, sondern eine globale Handlungseinheit, und Globalisierung und die damit zusammenhängende Erweiterung des ursprünglich europäischen Staatensystems zu einem globalen System haben eine sogenannte Weltzeit[11] geschaffen.

Die neuen nichtwestlichen Staaten sind nach dem Vorbild des europäischen Nationalstaats organisiert, obwohl ihnen die Substanz der Souveränität fehlt und sie daher nur mehr oder weniger nominelle Nationalstaaten sind. Im Nahen Osten kann man von »Stämmen mit Nationalflaggen« sprechen, und der Fundamentalismus stellt diesen schönen Schein der Konventionalität in Frage.

Laut Hedley Bull identifiziert der »Gedanke der internationalen Gesellschaft ... die Beziehung zwischen den Staaten als diejenige von Mitgliedern einer von gemeinsamen Regeln zusammengehaltenen und an gemeinsame Institutionen gebundenen Gesellschaft«.[12] Problematisch an der erweiterten internationalen Gesellschaft ist, daß die für die internationale Interaktion wesentlichen europäischen Normen und Regeln nicht von allen Zivilisationen geteilt werden. In der islamischen Zivilisation gibt es weder die Idee eines Staates mit klar definierten Grenzen noch das Konzept der politischen Souveränität des Staates. Für die meisten Muslime war Saddam Husseins Verletzung der Souveränität Kuwaits kein Bruch islamischer Regeln, da die betreffenden Grenzen vom Westen aufgezwungen worden waren. Natürlich verletzten die von den irakischen Besatzungstruppen in Kuwait angerichteten Verwüstungen nicht nur internationale, sondern auch islamische Regeln.

Während der formativen Periode seiner Geschichte war das internationale System identisch mit dem System, das die europäische Staatengesellschaft ordnete. Im Unterschied zum internationalen Staaten*system*, das auf formaler Interaktion beruht, existiert eine Staaten*gesellschaft*,

> »wenn eine Gruppe von Staaten, die sich gemeinsamer Interessen und Werte bewußt sind, eine Gesellschaft ... bilden, die in ihren Beziehungen untereinander an einen bestimmten Regelkanon gebunden ist. ... Eine internationale Gesellschaft in diesem Sinn setzt ein internationales System voraus, aber ein internationales System kann existieren, ohne eine internationale Gesellschaft zu sein.«[13]

Nach dieser Definition waren das Mächtegleichgewicht in Europa vor dem Ersten und das System der Bipolarität nach dem Zweiten Weltkrieg Mischungen aus »System« und »Gesellschaft«, insofern sie die Fortdauer der Dominanz der Normen und Regeln kennzeichneten, die lange vorher von den europäischen Mächten und ihrem nordamerikanischen Ableger definiert worden waren. Im Verlauf der Dekolonisation entstanden neue nichtwestliche Staaten und schlossen sich dem internationalen System an. Aber das System selbst änderte seinen Charakter nicht, obwohl es aufhörte, eine exklusiv europäische Gesellschaft zu sein. Der verstorbene Oxford-Rechtsgelehrte H. L. A. Hart hat anschaulich gezeigt, wie europäisches Recht in diesem Prozeß zur Schablone für internationales Recht wurde, indem man es anderen aufzwang:

»Es wurde niemals in Zweifel gezogen, daß ein neu entstandener unabhängiger Staat … durch die allgemeinen Verpflichtungen des internationalen Rechts gebunden ist. … Daher ist es ein höchst fadenscheiniger Versuch, die internationalen Verpflichtungen des neuen Staates auf eine ›stillschweigende‹ oder ›abgeleitete‹ Einwilligung zu gründen.«[14]

Genau diese Art der Einwilligung wird heute vom Fundamentalismus bestritten.

Weil das über die ganze Welt ausgedehnte europäische System so offensichtlich auf westlichen Normen und Regeln beruht, ist es nur in eingeschränktem Sinn eine internationale Gesellschaft, denn durch die Expansion hat das System seine ursprüngliche kulturelle Homogenität eingebüßt. Nichtwestliche Staaten, die mitunter als »Quasi-Staaten« bezeichnet werden[15], mögen den »internationalen« Normen und Werten zwar formal zustimmen, aber diese Normen und Werte beeinflussen weder die Anschauungen der nichtwestlichen Menschen, noch prägen sie deren politische Optionen.

Hier liegt die Wurzel der kulturellen Fragmentation, die heute die Weltpolitik erschwert und in Verbindung mit dem Prozeß der

Machtdiffusion auf internationaler und innerstaatlicher Ebene zu Unordnung führt. Ordnung in der Weltpolitik wie in den internationalen Institutionen erfordert die Akzeptanz gemeinsamer Normen und Regeln für die internationale Interaktion, während kulturelle Fragmentation die Ablehnung dieser Grundbedingung nach sich ziehen und auf diese Weise Unordnung schaffen kann, was in der Realität auch geschehen ist. Wenn jede Zivilisation kompromißlos die ausschließliche Gültigkeit und Universalität ihrer eigenen Normen und Regeln beanspruchte, ob sie nun wie im Westen auf säkularen Ideen oder wie beim islamischen Fundamentalismus auf religiösen Vorstellungen beruhen, wäre ein Konsens über die internationale Moralität unmöglich. Das Ergebnis wäre zwangsläufig internationale Unordnung.

Wenn es zutrifft, daß die Welt an der Schwelle zum 21. Jahrhundert durch eine »generelle Machtdiffusion« (Nye) gekennzeichnet ist, dann muß man sich fragen, welche Ordnung (Normen und Werte) durch diese im Fluß befindliche Situation definiert wird, eine Situation, in der die Großmächte nicht mehr in der Lage sind, ihre internationale Umwelt zu kontrollieren oder abweichendes Verhalten mit Sanktionen zu ahnden. Man denke nur an die jüngsten lokalen, nichtstaatlichen Kriege in Bosnien, Afghanistan, Somalia und Liberia. Durch die Machtdiffusion verlieren die Großmächte erheblich an Einfluß auf das komplexer gewordene System, während die irregulären Kräfte an Gewicht gewinnen. Seit dem Ende des Kalten Krieges ist dieser Prozeß nicht mehr zu übersehen. Hedley Bull zufolge wird Ordnung in erster Linie aufrechterhalten durch das bloße Vorhandensein von »Regeln, welche die Art des Verhaltens bestimmen, das als gesittet gilt«.[16] Aufgrund der kulturellen Vielfalt der Welt wird es zunehmend schwieriger, die globale Anerkennung des internationalen Rechts als Quelle gemeinsamer Regeln zu bewahren, da diese Regeln aus einer Zivilisation stammen – der westlichen –, die den meisten Mitgliedern der internationalen Gemeinschaft fremd ist. Unter diesen Umständen führt die mit der Zurückweisung der global vorherrschenden Regeln begründete Wiederbelebung explizit nichteuropäischer kultureller Regeln, wie jenen des Islam, zur Politisierung der vonstatten gehenden kulturellen Fragmentation. Das Ergebnis ist, daß statt der harmlosen, vielleicht sogar fruchtbaren Artikulation und Diskussion abweichender kultureller Optionen politisch exklusive Ansprüche erhoben werden.

Die Anhänger des islamischen Fundamentalismus lehnen nicht nur die bestehende Weltordnung ab, weil sie auf westlichen Normen und Regeln beruht, sondern stellen im Grunde auch die Forderung auf, sie durch eine auf islamischen Regeln beruhende islamische Ordnung zu ersetzen. Der ideologische Vater und die führende Autorität des islamischen Fundamentalismus, Sayyid Qutb, hat rundheraus erklärt: »Das Ende der westlichen Herrschaft steht bevor«, um hinzuzufügen: »Nur der Islam ist geeignet, die Führung der Welt zu übernehmen.«[17] Genau dies haben islamische Fundamentalisten im Sinn, wenn sie von der neuen Rolle des Islam in der Weltpolitik sprechen.

Das größte Hindernis für das Vorhaben, die internationale Ordnung durch multilaterale Institutionen aufrechtzuerhalten, hat vor Nye schon Bull beobachtet: »Es gibt einen Niedergang im Konsens über die gemeinsamen Interessen und Werte im Staatensystem.«[18] Durch die Verbreitung moderner Technologie, Kommunikation und Transportnetze ist der Planet geschrumpft, wodurch Gesellschaften aus verschiedenen Kulturen und Zivilisationen einen noch nie dagewesenen Grad an gegenseitigem Bewußtsein und Interaktion erlangt haben. Aber das Schrumpfen der Erde schaffe, so Bull weiter, »nicht von sich aus eine Einheit der Anschauungen, und sie hat es bisher auch nicht getan«.[19] Statt dessen hat die Globalisierung, um mit Zbigniew Brzezinski zu sprechen, eine »zugleich stärker vereinte und stärker fragmentierte Menschheit« hervorgebracht.[20] Die strukturelle Vereinheitlichung der Welt gehört zu den bedeutenden »Konsequenzen der Moderne«[21], doch die Kehrseite der Medaille ist eine kulturell »fragmentierte Menschheit« mit all ihren Implikationen für einen zerbröckelnden internationalen Konsens. Dies ist der historische Hintergrund aller nichtwestlichen Formen des religiösen Fundamentalismus.

Der islamische Fundamentalismus als Ausdruck einer Revolte gegen den Westen

Die heutige Weltordnung ist ein Produkt der europäischen Dominanz. (In dieser Interpretation werden die Vereinigten Staaten als ein Anhängsel Europas und seines Zivilisationsprozesses verstanden.) Nicht immer hatte sich die Hegemonie Europas auf die wirtschaftliche und politische Sphäre beschränkt; vielmehr gehörte auch das »kulturelle Projekt der Moderne« dazu (das wir in Kapitel 4 behandelt haben). Die frühere Revolte der nichtwestlichen Völker gegen den Westen im Zuge der Dekolonisation hatte ihre Kraft gerade aus der Übernahme solcher westlicher Ideen wie Freiheit, »Nation«, Volkssouveränität und Selbstbestimmung gezogen.[22] Dagegen macht die gegenwärtige Revolte, wie die Beispiele der Muslime und der Hindus eindeutig zeigen, keine Anleihen mehr bei europäischen Wertvorstellungen. Die heutigen fundamentalistischen Bewegungen berufen sich auf einheimische Werte, um den Westen zu verdrängen. Wie Bull feststellt, ist die »Rückbesinnung … nichtwestlicher Völker auf ihre traditionellen heimischen Kulturen, wie sie im islamischen Fundamentalismus beispielhaft vollzogen wird, … eine Revolte gegen westliche Werte an sich«.[23] Diese Entwicklung kennzeichnet nicht nur eine Herausforderung an die bestehende Rechtsordnung, sondern auch eine »tiefe Uneinigkeit zwischen den westlichen Mächten und den Dritte-Welt-Staaten über eine Vielzahl normativer Fragen«.[24]

Sowohl auf nationaler als auch auf regionaler Ebene fordern die muslimischen Fundamentalisten den Nationalstaat als eine aufgezwungene nichtmuslimische, europäische Institution heraus, und im panarabischen Nationalismus sehen sie nichts als eine weitere westliche Verschwörung gegen den Islam.[25] Als Alternative wird das *Nizam Islami*/islamische System angepriesen, wobei die Forderung nach einer islamischen Regierung als ein Schritt angesehen wird, der den Anspruch des Islam auf Vorherrschaft in den internationalen Beziehungen untermauern soll.[26] Der religiöse Fundamentalismus in seiner islamischen Gestalt ist ein Anzeichen der kulturellen Fragmentation in der Weltpolitik, insofern er neue, ausschließlich islamisch fundierte Normen und Regeln einzuführen trachtet, und da der politische Islam universalistisch ist, sollen diese Normen und Regeln für die ganze Welt gelten. Als erste Maßnahme schwebt den Fundamentalisten die Trennung der Muslime von der »internationalen Gesellschaft« (Bull, siehe Anmerkung 13) vor, das heißt ihre Entwestlichung, aber auf lange Sicht soll die »heimische« islamische Ordnung zur internationalen Ordnung werden. Wie erwähnt, hat der Ägypter Sayyid Qutb behauptet, »nur der Islam« sei in der Lage, die dem »kranken Westen« entgleitende Führung zu übernehmen, und deshalb eine »*Djihad*-Weltrevolution« gefordert.[27] Eine andere Autorität auf dem Gebiet des islamischen Fundamentalismus, der Pakistani Abu al-A'la al-Maududi, ist gleichfalls der Ansicht, nur der Islam sei »geeignet, die Führung des modernen Zeitalters zu übernehmen«.[28]

Ein derart radikales, umfassendes normatives Gegenmodell schwächt nicht nur den internationalen Konsens, sondern beeinträchtigt auch die Art der Kommunikation und des Verhandelns über bestehende Unterschiede. Durch die Verbreitung der Kommunikationstechnologie wurden kulturell unterschiedliche Völker einander in einem beispiellosen Ausmaß zu gegenseitigem Bewußtsein und Interaktion gebracht, doch diese technische Nähe wird durch die radikal gegensätzlichen Anschauungen derselben Völker weitgehend überschattet. Kommunikation besteht nicht nur aus Worten und Technologie, sondern vor allem aus einem *Diskurs,* und wenn der freie Diskurs nicht respektiert wird, kann es keine wirkliche Kommunikation geben. In ähnlicher Weise können internationale Institutionen nicht erfolgreich arbeiten, wenn keine allgemein anerkannte gemeinsame Basis für einen Diskurs existiert, der die internationale Interaktion ermöglicht. Ohne einen gemeinsamen Diskurs sind internationale Institutionen auf einen Dialog von Gehörlosen reduziert. Illustriert wurde dieses Muster der »Kommunikation« durch den »Dialog« zwischen Ländern nichtwestlicher Zivilisationen und westlichen – sowie einigen frisch demokratisierten östlichen – Staaten auf der UN-Menschenrechtskonferenz im Juni 1993 in Wien. Während westliche Repräsentanten die zunehmenden Menschenrechtsverletzungen in islamischen und anderen »Dritte Welt«-Staaten zur Sprache brachten, beklagten diese den »Kulturimperialismus« des Westens. Ich war zu dieser Konferenz in Wien und habe Grund zu der Annahme, daß die Auseinandersetzung über die Universalität der individuellen Menschenrechte tatsächlich ein gutes Beispiel für den »Zusammenprall der Zivilisationen« ist.[29]

Da die Menschenrechte auf dem »Subjektivitätsprinzip« beruhen, das – um Habermas zu zitieren – »die Gestaltungen der modernen Kultur bestimmt«[30], dreht sich dieser so leichtfertig provozierte Streit um die Universalität der mit der kulturellen Moderne einhergehenden Moralität, die einen wesentlichen Teil der Substanz des europäischen Projekts der kulturellen Moderne ausmacht. Im Islam gibt es kein kulturelles Verständnis von Individuation und demzufolge auch kein Konzept der individuellen Menschenrechte. Im Islam wird das Individuum lediglich als Teil eines Kollektivs gesehen, sei es der universellen islamischen *Umma*/Gemeinschaft oder eines der Kollektive, die dieser gegenüberstehen (die Feinde des Islam). In Wien fanden sich nichtwestliche Zivilisationen, einschließlich der islamischen, zu einer antiwestlichen Koalition zusammen, um zu verhindern, daß die individuellen Menschenrechte zur Grundlage der internationalen Moralität erklärt wurden.[31] Aus ethischer Sicht kann es jedoch trotz aller kulturellen und zivilisatorischen Unterschiede keinen Kompromiß in bezug auf die universelle Gültigkeit der individuellen Menschenrechte in den internationalen Beziehungen geben.[32]

Der europäische Philosoph, der vor so langer Zeit die Grundlagen des modernen Weltbildes schuf und dessen Name zum Synonym des modernen Diskurses wurde, nämlich René Descartes (nach dem der Kartesianismus benannt ist), entschied sich dafür, sein Hauptwerk nicht »Abhandlung«, sondern »Diskurs« zu nennen. Für ihn war Diskurs etwas Diskutierbares: »Ich habe nicht die Neigung, zu lehren, sondern zu kommunizieren.«[33] Würde der Diskurs in diesem Sinne weltweit akzeptiert, könnten die Anhänger verschiedener Weltanschauungen rational miteinander über die sie trennenden Unterschiede sprechen. Doch der Fundamentalismus steht, da er ein Neoabsolutismus ist, diesem kartesianischen Diskurs entgegen. Wenn ein religiöser Fundamentalismus, sei er islamischer oder anderer Art, zu der Grundlage wird, auf der argumentiert werden soll, kann es keine substantielle Kommunikation zwischen unterschiedlichen Zivilisationen mehr geben. Die islamischen Fundamentalisten zum Beispiel stellen keine kulturell abweichende Vision für die Weltpolitik zur Debatte. Vielmehr behaupten sie, Überbringer einer unveränderlichen, absoluten göttlichen Botschaft zu sein, die sie der gesamten Menschheit vermitteln und – je nach Lage – aufzwingen müssen. Inhalt dieser Botschaft ist das islamische Recht, die *Schari'a*, für die gesamte Menschheit. Nach den Worten des muslimischen Fundamentalisten Sabir Tu'ayma ist die islamische *Schari'a* nicht nur der große Entwurf für die Muslime, sondern für die Menschheit insgesamt:

> »Die islamischen Regeln sind nicht auf die Muslime und ihre Gesellschaften beschränkt. Sie sind aufgestellt worden, um alle menschlichen Beziehungen zu organisieren, und daher für die gesamte Menschheit bestimmt, egal, ob sie islamisch oder noch nicht islamisiert ist, ob sie im Frieden lebt oder sich im Kriegszustand befindet, denn die islamischen Regeln schaffen internationales Recht.«[34]

Im vorigen Kapitel habe ich gezeigt, daß die islamischen Fundamentalisten die *Schari'a*, der man göttlichen Ursprung unterstellt, mit dem *Fiqh*/der Jurisprudenz, der menschlichen Ursprungs ist, durcheinanderbringen, um ihren politischen Ansichten göttlichen Charakter zu verleihen.

Im Unterschied zur kartesianischen Weltsicht ist das islamische Weltbild nicht debattierbar, da es auf der Schrift – dem Koran –

beruht, die als absolut und göttlich angesehen wird. Damit wird klar, daß es für muslimische Fundamentalisten keine andere Plattform für internationale Interaktion und Kommunikation geben kann als ihren eigenen, zur politischen Formel verzerrten religiösen Glauben. Insofern sind die Auswirkungen fundamentalistisch geprägter politischer Optionen für den Zerfall des internationalen Konsenses von Bedeutung. Darüber hinaus könnten diese Optionen die Entscheidungsverfahren, bei denen es sich schlicht um »Praktiken zur Auswahl und Umsetzung kollektiver Optionen« handelt, wie wir aus der Debatte über »internationale Regime«[35] wissen, beeinflussen.

In der Welt des Islam werden die von den heutigen, noch nicht an der Macht befindlichen islamischen Fundamentalisten vertretenen politischen Optionen, insbesondere jene der »Wiederherstellung der globalen Herrschaft des Islam«[36], zunehmend zum Ausdruck der politischen Optionen der Bevölkerungsmehrheit. Aber schon im 19. Jahrhundert begegnet man in den Schriften des islamischen Erneuerers al-Afghani Anspielungen auf die Ideen der *Raf' rayat al-sulta*/Vorherrschaft und des *Ghalab*/der Dominanz als Grundelementen des Islam.[37] Nikki Keddie, die amerikanische Herausgeberin von Afghanis Schriften, weist darauf hin, daß viele Hauptthemen der gegenwärtigen Wiederbelebung des politischen Islam auf ihn zurückgehen, weil er den »Islam als eine Kraft zur Abwehr des Westens und zur Stärkung der Muslime durch ihre Einheit« sah.[38] Gemeint ist damit die Einheit der Muslime als eine der westlichen entgegengesetzte Zivilisation. Aus dieser Perspektive gesehen, ist Modernisierung kein Entwicklungsziel, sondern ein Instrument, mit dem sich die Machtbalance in der Welt zugunsten des Islam verändern läßt. Ein zeitgenössischer muslimischer Fundamentalist, Hasan al-Scharqawi, stellt in ähnlicher Weise unumwunden fest:

»Als Kemal Atatürk [die Muslime] aufrief, den Westen nachzuahmen, hatte er nichts [anderes] im Sinn, als sich dem Westen anzugleichen. ... Dies ist nicht unsere Absicht. Unser Ziel ist, zu lernen, wie man die modernen Waffen handhabt und, darüber hinaus, wie man sie herstellt und weiterentwickelt, um unsere Feinde zu [besiegen].«[39]

Diese Äußerung macht die Implikationen der Weltsicht islamischer Fundamentalisten[40] sowie auch die Verknüpfung von Machtdiffusion und zunehmender kultureller Fragmentation deutlich. Auch auf die Folgen dieser Prozesse macht sie aufmerksam. Laut Joseph Nye liegt die Ursache der Machtdiffusion in der Verbreitung der Technologie, die es nichtwestlichen Staaten ermöglicht, ihr militärisches Potential zu verstärken. Die Politisierung der kulturellen Fragmentation trägt dann nicht nur zum weiteren Zerfall des internationalen Konsenses bei, sondern wird in Verbindung mit der Verbreitung der Waffentechnologie vor allem zu einer Quelle von Unordnung und Konfrontation innerhalb der bestehenden globalen Machtstruktur.

Die politischen Ansprüche religiöser Optionen in einer säkularen Weltordnung

Politisch kennzeichnet der Westfälische Frieden von 1648 den Beginn des Niedergangs der alten göttlichen Ordnung und der Entstehung des modernen internationalen Staatensystems.[41] Den kulturellen Rahmen dieses Systems bildete das Projekt der Moderne, das heißt die kulturelle Demontage der »Welt des Göttlichen« (Habermas; siehe Anmerkung 30). Historische Schlüsselereignisse dieser Entwicklung waren Renaissance, Reformation, Aufklärung sowie die Revolutionen in Frankreich und Amerika. Anfangs war dieser Wechsel vom Göttlichen zum Säkularen auf wenige Staaten beschränkt, doch als Folge der Französischen Revolution wurde die Volkssouveränität zum Legitimationsnachweis *aller* Staaten, die am modernen internationalen System teilhatten, das, wie gesehen, mit dem System der europäischen Staatengesellschaft identisch war. Die Entwicklungslinie verlief vom souveränen Staat zum Nationalstaat. In den dreihundert Jahren nach dem Westfälischen Frieden zwangen die Europäer dem Rest der Welt dieses Staatensystem auf, in dem jede Einheit interne und externe Souveränität, wenngleich seit der Globalisierung dieses Systems nicht zwangsläufig auch Volkssouveränität besitzt. Die Welt des Islam bildete bei der »Einbeziehung des Globus in dieses System«[42] keine Ausnahme.

In der Gegenwart nehmen muslimische Fundamentalisten (und viele andere Menschen in der arabischen Welt) diese Entwicklung als Geburtsstunde der westlich dominierten internationalen Ordnung wahr, die auf Kosten des Islam weiterhin die Vorherrschaft ausübt. Hierin haben sie recht. Aber sie beharren in dieser (wie in den meisten anderen) Fragen darauf, daß der Islam die erste Zivilisation gewesen sei, die Normen und Regeln für das internationale Handeln aufgestellt habe[43], und ziehen daraus den Schluß, die westliche Dominanz habe den Islam um die ihm rechtmäßig zustehende führende Rolle bei der Festlegung der Grundlagen der internationalen Ordnung gebracht. Qutb gibt den Muslimen selbst die Schuld daran, weil sie es dem Westen erlaubt hätten, den Islam an den Rand des internationalen Systems zu drängen, wo er kaum Einfluß auf den Bezugsrahmen der Weltpolitik habe. Da der Aufstieg des Westens (nach Ansicht der Muslime) auf dessen technologiegestützter militärischer Überlegenheit beruhte[44], streben die islamischen Fundamentalisten – die, wie gesehen, keineswegs Traditionalisten, sondern auf bizarre Art Modernisten sind – eine »Islamisierung der modernen Technologie« an.[45] Daher steht die Machtdiffusion im Sinne der Verbreitung von Technologie ganz oben auf ihrer Prioritätenliste. Obwohl muslimische Fundamentalisten durchaus bereit sind, westliche Technologie zu übernehmen, die sie zu islamisieren behaupten, streben sie eine »Entwestlichung des Wissens« an[46], um sich von dem zu befreien, was sie als »epistemologischen Imperialismus des Westens« betrachten.[47] Gemeint ist damit, daß sie zwar die westliche Technologie nutzen wollen, zugleich aber die ihr zugrundeliegende kartesianische Weltsicht ablehnen. Genausowenig wollen sie den *philosophischen* Diskurs der Moderne nachvollziehen, denn für sie ist nur

> »der heilige Koran die vollständige und letztgültige Offenbarung …, und es gibt kein anderes Wissen, das den Menschen leiten und retten kann, außer dem, das auf ihm beruht und auf ihn hindeutet«.[48]

Um den islamischen Fundamentalismus verstehen zu können und in eine breitere Perspektive zu rücken, sei hier auf einige grundlegende historische Ereignisse hingewiesen. Der Zusammenbruch des sich im Verfall befindenden Osmanischen Reichs[49] im Ersten Weltkrieg bedeutete das Ende einer langen Epoche der Existenz göttlicher Universalordnungen in der Welt. Nach der Auflösung der muslimischen Ordnung des Kalifats im Jahr 1924 übernahmen die Araber für das politische Handeln die westliche Idee der Nation, scheuten aber davor zurück, sie auf irgendeinen der vorhandenen Nationalstaaten zu beschränken, deren Grenzen von den Westmächten gezogen worden waren. Für einige Zeit überlagerte der arabische Traum von einem riesigen panarabischen Staat im Rahmen der bestehenden internationalen Ordnung von Nationalstaaten den universalistischen Traum von der Einheit aller Muslime – der arabischen wie aller anderen – in einem universellen islamischen Kalifat. Zugleich war der panarabische Nationalismus allerdings nicht nur, wie das islamische Konzept der *Umma*, eine *Idee*. Vielmehr bezieht sich die Option einer panarabischen Nation auf eine Struktur der wirklichen Welt, nämlich das moderne internationale System von Nationalstaaten. Die arabischen Nationalisten haben die neue Ordnung immer akzeptiert; ihr Denken war schon aus dem einfachen Grund in der europäischen Idee des »Nationalstaats« gefangen, daß sie auf die Schaffung eines umfassenden arabischen Nationalstaats abzielten, eines Gebildes also, das zum universellen Anspruch des Islam in Widerspruch steht.[50]

Die Idee einer arabischen Nation stand vor allem aus zwei Gründen im Widerspruch zum politischen Bewußtsein des Islam:

erstens, weil sie alle nichtarabischen Muslime von dieser Einheit ausgrenzte, und zweitens, weil sie die arabischen Christen – und vor der Gründung des Staates Israel auch die arabischen Juden – als Staatsbürger einschloß. Zum Zwecke des arabischen Nationalismus wurden arabische Christen und Juden nicht mehr als *Dhimmi* angesehen, das heißt als geschützte religiöse Minderheiten, sondern als gleichberechtigte Angehörige der arabischen *Umma*. Die damals einflußreichen Schriften von Sati' al-Husri[51], dem intellektuellen Vater des säkularen Panarabismus, sind eine literarische Manifestation dieser Periode, die in den frühen zwanziger Jahren dieses Jahrhunderts begann und bis in die späten sechziger Jahre andauerte. Der ins Exil gegangene Iraker Samir al-Khalil, alias Kanan Makiya, hat gezeigt, daß Saddam Husseins »Republik der Angst«[52] stark von al-Husris Arabismus beeinflußt ist. Saddam Husseins eher pragmatischer Rückgriff auf den islamischen Fundamentalismus während des Golfkriegs hob den quasi-religiösen Glauben an den Arabismus nicht auf; er zielte vielmehr darauf, ihn mit einem eigenartigen Verständnis des islamischen Fundamentalismus zu verbinden. Aus diesem Grund machen die schiitischen Iraner auch keinen Hehl aus ihrer Verachtung für Saddam Husseins eigentümliche ideologische Mixtur. Daß sie natürlich selbst ein ihnen eigenes ideologisches Amalgam vertreten, sei nur am Rande angemerkt.

Wendepunkt der Entwicklung war jedenfalls der Sechstagekrieg von 1967, da er die säkularen arabischen Regime demütigte und erheblich zu ihrer Delegitimierung beitrug.[53] Die Zeit seither ist durch eine sich ständig verschärfende Krisensituation geprägt, aus der die heutigen Spielarten des sunnitischen arabischen Fundamentalismus hervorgegangen sind. Nach 1967 hofften anfangs viele arabische Autoren, die Niederlage würde eine positive Folge haben, indem sie die Araber dazu bewegen würde, nicht mehr in einer Welt der Poesie und illusorischen Träume zu leben, sondern sich der Wirklichkeit jenseits der Trugbilder des Wunschdenkens zu stellen. Die Jahre 1967 bis 1970 sahen einen Prozeß quälender Selbstkritik, an dem auch ich beteiligt war.[54] Doch diese hoffnungsvolle Periode war nur von kurzer Dauer, denn Anfang der siebziger Jahre begannen die Verkünder chiliastischer Träume, von manchen auch »Stimmen des wiederauflebenden Islam«[55] genannt, die für Vernunft und Selbstprüfung eintretenden Stimmen zu übertönen. Am bedeutsamsten war, daß der Traum von einem in der Weltordnung seinen rechtmäßigen Platz einnehmenden panarabischen Nationalstaat sein Ende fand.[56] Abgelöst wurde diese Idee in der politischen Literatur durch die Neubelebung der klassischen Zweiteilung der Welt in das *Dar al-Islam*/Haus des Islam und das *Dar al-harb*/Haus des Krieges, also der Ungläubigen. In der Sprache des politischen Islam lauten die zeitgenössischen Begriffe für diese Unterscheidung *al-Scharq al-Islami*/ islamischer Orient[57] und *al-Gharb al-isti'mari*/imperialistischer Westen. Diese Wiederbelebung des politischen Islam ist gegen die »Verschwörung zur Verwestlichung der islamischen Welt«[58] gerichtet, wobei der säkulare Nationalstaat als das zeitgenössische Ergebnis dieser *Mu'amarah*/Verschwörung betrachtet wird.

Im Verlauf der nach 1967 einsetzenden Entwicklungen hat also der säkulare panarabische Nationalismus dem politischen Islam Platz gemacht. Sogar Saddam Hussein, der einen Krieg gegen den Export von Khomeinis islamischer Revolution aus dem Iran in die arabischen Nachbarländer geführt hat und deshalb als letzter Überlebender des säkularen Panarabismus angesehen wurde, fand später seinen Weg zum Fundamentalismus. Während des Golfkriegs wurde er von den islamischen Fundamentalisten als Held gefeiert, und obwohl er den Krieg verlor, hinterließ er ein anscheinend bleibendes Erbe.

Indem wir die auf arabisch veröffentlichte politische Literatur als angemessenen Zugang zu den aktuellen Themen und Werten benutzen, können wir die typische westliche Gewohnheit – man könnte sie Orientalismus nennen – vermeiden, von anderen Menschen zu reden, ohne viel über sie zu wissen. Es dürfte kaum überraschen, daß die Belange des politischen Islam in dieser Literatur vorherrschen. Eines der politisch wegweisenden ideologischen Werke des islamischen Fundamentalismus der siebziger Jahre ist

– im Westen nicht allgemein bekannt – das des führenden ägyptischen Muslimbruders Yusuf al-Qaradawi. In einem umfassenden, einflußreichen dreibändigen Werk erklärt er *al-Hall al-Islami*/die islamische Lösung zur Verpflichtung und Notwendigkeit. Nach Qaradawis Ansicht erfordert die Rückkehr zur wahren »islamischen Lösung« – wie er im ersten Band verkündet – praktisch den Abbau von *al-Hulul al-mustaurada*/importierten Lösungen wie Liberalismus, säkularem Nationalismus und Sozialismus. Mit den »verwestlichten und säkularen Muslimen« rechnet er im dritten, 1988 erschienenen Band seines Werkes ab.[59] Im Kern bedeutet die in der neuen Sprache des politisierten Islam vorgetragene Argumentation ebendies: eine Repolitisierung und nicht die angebliche »Rückkehr des Islam«. Als die panarabische Ideologie vorherrschte, war der Islam sowohl ein Glaube als auch ein kulturelles System, aber keine politische Ideologie. In jenen Jahren trat der Islam als politische Ideologie zurück, erblühte jedoch als religiöser Glaube. Heute meldet sich der Islam, in Gestalt des Fundamentalismus, erneut politisch zu Wort.[60]

Man könnte dem entgegenhalten, der Islam sei *immer* politisch gewesen, auch nach der Abschaffung des Kalifats im Jahr 1924. Gegen das Argument eines Rückzugs des politischen Islam seit den zwanziger Jahren könnten die Gründung der Muslimbruderschaft 1928 in Ägypten und die Herausbildung des vom Wahhabismus inspirierten Saudi-Arabien ins Feld geführt werden. Man könnte auch daran erinnern, daß der Islam am Kampf gegen die französische Kolonialherrschaft in Algerien und Marokko beteiligt war. Doch ungeachtet solcher historischer Verweise kann man sich der Beobachtung nicht entziehen, daß der politische Diskurs in der Zeit nach dem Ersten Weltkrieg von säkularen Ideologien dominiert wurde, vor allem vom panarabischen Nationalismus, während der Islam als politische Ideologie – wenn auch nicht als religiöser Glaube – bis in die siebziger Jahre hinein in den Hintergrund trat.[61] Das soll nicht heißen, daß politische Träume hinsichtlich eines geglaubten »islamischen Regierungssystems« in dieser Zeit gänzlich verschwunden gewesen wären. Doch an die Stelle der islamischen Vorstellung einer universellen *Umma,* die alle Muslime umfaßt, traten politische Ideologien, die auf der Idee einer säkularen Nation beruhten, der ausschließlich Araber angehörten, und zwar alle, ungeachtet ihrer Religionszugehörigkeit. Laut den Lehren des Koran stehen die Araber im Zentrum der islamischen *Umma.* Ein führender Rechtsgelehrter dieser Periode, Muhammad al-Mubarak, zog insofern eine klare politische Trennlinie zwischen *al-Umma al-'Arabiyya*/der arabischen Nation, in der Muslime und Christen gleichberechtigt vereint sind, und *al-Umma al-Islamiyya*/der islamischen Gemeinschaft, die sich vage auf die Solidarität der Muslime bezieht, aber entscheidender politischer Konsequenzen entbehrt.[62]

Das Arabische besitzt kein eigenes Wort für die säkulare Bedeutung von *la nation,* wie sie sich im Gefolge der Französischen Revolution herausbildete. Im klassischen Arabisch, während der Entstehungszeit des Islam, wurde scharf zwischen einem *Qaum,* dem jeweiligen Stamm, dem ein Araber angehörte, und der *Umma,* dem höchsten Bezugsrahmen aller Muslime, unterschieden.[63] In jüngerer Zeit wird *la nation* mit ebendiesem Wort – *Umma* – ins Arabische übersetzt, wodurch die säkulare Bedeutung der Nation als begrenzter Gemeinschaft, wie sie sich im 18. Jahrhundert in Europa entwickelte, auf unselige Weise mit der religiösen Bedeutung der vom Propheten Mohammed im 7. Jahrhundert geschaffenen universellen Gemeinschaft durcheinandergebracht wird. Da sich sprachlich aus *Umma* in der Bedeutung als Nation kein -ismus/-*iyya* ableiten läßt, haben Araber für den säkularen Nationalismus das neoarabische Wort *Qaumiyya* geprägt. Im Koran bedeutet *Qaum* jedoch Stamm und nicht Nation. Daß daraus Verwirrung folgen muß, dürfte klar sein. Die muslimischen Fundamentalisten wollen diese Entwicklungen durch die Wiederbelebung des ursprünglichen Islam umkehren, der nach ihrer Ansicht nicht nur ein religiöser Glaube ist, sondern vor allem das Konzept einer politischen Ordnung und – da er für die gesamte Menschheit gilt – einer Weltordnung. *Qaumiyya,* den säkularen Nationalismus, lehnen sie ab, da er in ihren Augen eine häretische

Rückkehr zur vorislamischen Idee des *Qaum*/Stammes, also eine Art Neotribalismus und Affront gegen die Errungenschaften des Islam, darstellt.

Indem ich den Islam als kulturelles System interpretiere[64], will ich die Hypothese aufstellen, daß der Islam stets die kulturelle Basis der jeweiligen Weltbilder von Generationen von Muslimen war, selbst derjenigen der panarabischen Säkularisten. Wie in anderen Teilen der islamischen Welt hat es auch im Nahen Osten niemals einen strukturellen Wandlungsprozeß gegeben, wie er im historischen Prozeß in Europa stattfand, der einem substantiellen Wechsel der Weltsicht vom Religiösen zum Säkularen zugrunde liegt. In Anbetracht der Dauer und Dominanz des muslimischen Weltbildes ist nie ein von säkularen Ideologien gestützter Prozeß tiefgreifender Säkularisierung in Gang gekommen. Die Ideologie des Säkularismus ist eine Sache, die Realitäten der Säkularisierung eine völlig andere. Sogar in der Türkei und im Tunesien Bourguibas (das heißt in den beiden einzigen nahöstlichen Staaten mit muslimischer Mehrheitsbevölkerung, die sich heute als säkular verstehen) kann die Gesellschaft im substantiellen soziologischen Sinn des Wortes nicht als säkular bezeichnet werden. Deshalb habe ich die verschiedenen Nationalstaaten in der islamischen Welt nur als nominelle Nationalstaaten bezeichnet, das heißt als Gebilde, die strukturell nicht gefestigt und nicht wirklich säkular sind. Statt einer strukturellen Säkularisierung im Sinne einer sozialen Transformation der Gesellschaft hat in den meisten Teilen der islamischen Welt nur eine auf bestimmte Bevölkerungsschichten beschränkte normative Säkularisierung aufgrund der Übernahme westlicher Ideologien durch westlich gebildete Eliten stattgefunden. Dieser Art der normativen Säkularisierung fehlt die strukturelle Untermauerung, die nötig ist, um sie in der Gesellschaft zu verankern.[65]

Von diesen Beobachtungen ausgehend, läßt sich argumentieren, daß der in den siebziger und achtziger Jahren vollzogene Wechsel von nur oberflächlich angenommenen säkularen Ideologien zu den aggressiveren Ideologien des politischen Islam durch die

Kontinuität der islamischen Weltsicht ermöglicht wurde. In Anbetracht der Funktion des Islam als eines kulturellen Systems, das einem integralen Weltbild zugrunde liegt, kann kein ernsthafter Beobachter der historischen Entwicklungen im Nahen Osten übersehen, daß die säkularen Ideologien dort keine strukturellen Wurzeln schlugen und nie zur Ablösung der islamischen Weltsicht geführt haben. Das Weltbild der meisten Muslime ist vielmehr durch die Zweiteilung der Welt in »*Gharb*/den Westen« und »das Haus des Islam« gekennzeichnet. Es gibt allerdings riesige Gebiete in Asien, die wie China und Japan nicht islamisch sind und daher nicht in die dichotome Geographie der Welt passen, welche die Erde auf einen islamischen Osten und einen nichtislamischen Westen reduziert. Nach Ansicht der muslimischen Fundamentalisten ist der Westen in die Welt des Islam (das heißt den Rest der Welt) eingedrungen und hat zu ihrer Abkehr von den islamischen Tugenden beigetragen. Hauptsorge der Muslime sollte es letztlich sein, diesen Trend umzukehren, indem sie zum Islam zurückkehren und die »intellektuelle Invasion der islamischen Welt durch den Westen«[66] zurückschlagen. Die unausweichlichen Implikationen des muslimisch-fundamentalistischen Programms sind (1) die offene Zurückweisung der global gültigen, wenn auch nur oberflächlich geteilten Normen und Regeln der gegenwärtigen Weltordnung und (2) die Errichtung einer vom Islam bestimmten und dominierten Weltordnung. Zusätzlichen Auftrieb erhielt die rhetorische Beschwörung dieser Prinzipien zunächst durch den Golfkrieg und dann durch die islamische Dimension des Bosnienkrieges.[67]

Es ist also offensichtlich geworden, daß es für eine Analyse der sich verändernden Weltordnung von Bedeutung ist, zu studieren, wie die zeitgenössischen muslimischen Fundamentalisten die Welt wahrnehmen. Will man ihre Bemühungen, nichtfundamentalistische Muslime für ihre fundamentalistischen Ziele zu mobilisieren, richtig verstehen, muß man ihre Auffassungen und politischen Präferenzen kennen. Nicht alle erklärten Anhänger des politischen Islam wünschen sich jedoch die Wiedergeburt des Kalifats, des klassischen politischen Systems des Islam.[68] Den meisten muslimischen Fundamentalisten schwebt nicht die Wiederherstellung des Kalifats, sondern vielmehr die Errichtung des »islamischen Regierungssystems« vor. Für die islamischen Fundamentalisten stellt die Bemühung, dieses System aufzubauen, den ersten Schritt ihres Planes zur Umgestaltung der Welt nach islamischen Maßstäben dar.

Der islamische Staat als Kern einer islamischen Weltordnung

In gewisser Weise spiegelt die politische Ideologie des islamischen Fundamentalismus die klassische Tradition des orthodoxen islamischen Denkens wider, in der Politik keine eigenständige Disziplin war. Als *Fiqh*-Gelehrte verknüpften islamische Juristen die Politik unauflöslich mit der *Schari'a*/dem islamischen Recht. Der islamische *Fiqh*/die Jurisprudenz ist die menschliche Interpretation der göttlichen *Schari'a*. In dieser Tradition stehend, sind die politischen Ideen der islamischen Fundamentalisten von religiösen Überzeugungen geprägt und in der Orientierung selektiv schriftgläubig. Aufgeklärte Argumentation und vor allem einen rationalen politischen Diskurs – die beide im mittelalterlichen islamischen Rationalismus vorhanden waren – sucht man im heutigen islamisch-fundamentalistischen Denken vergeblich. Schon ein kurzer Blick in die fundamentalistischen Pamphlete macht deutlich, daß sie weder eine politische Analyse der gegenwärtigen Lage noch ernst zu nehmende Rezepte gegen die Krise enthalten, zu deren Verlängerung sie beitragen.

Die als Lösung aller Probleme präsentierte Idee von *al-Nizam al-Islami*/des islamischen Systems ist mehr oder weniger eine Überzeugung, die keines Nachweises ihrer Praktikabilität bedarf. Wer sie teilt, ist ein wahrer Muslim, und wer sie hinterfragen will oder, schlimmer, in Zweifel zieht, ist ein Abtrünniger der islamischen *Umma* und sollte getötet werden, wie es heute in Algerien,

Ägypten, Afghanistan und der Türkei geschieht. Da islamische Symbole mit unterschiedlichen Bedeutungsmustern gefüllt sind, überrascht es nicht, daß unter islamischen Fundamentalisten kein eindeutiger Konsens darüber vorhanden ist, wie die Substanz des postulierten Ordnungskonzepts bestimmt werden soll. Islamische Fundamentalisten verschiedener Strömungen pochen auf die Rechtschaffenheit ihrer eigenen Ansichten, während sie diese ihren Glaubensgenossen, einschließlich anderer Fundamentalisten, absprechen. Ihre ideologische Waffe ist *Takfir* (jemanden zum *Kafir*/Ungläubigen erklären), was den Einsatz von Gewalt gegen ihre Feinde rechtfertigt.

Die von Fundamentalisten angeführten Schriftstellen sind ebenso willkürlich wie selektiv ausgewählt und dienen allein dazu, bestimmte Vorstellungen über das angestrebte islamische Regierungssystem zu verteidigen oder zu widerlegen. Weder die Geschichte noch existierende politische Strukturen noch wirkliche Institutionen können in einem Streit als Argumentationsgrundlage vorgebracht werden, denn wenn ihre Realität nicht mit den Grundsätzen übereinstimmt, auf die fundamentalistische Autoritäten anspielen, werfen diese ihren Gegnern einfach die Abkehr vom wahren Islam vor und drohen ihnen demgemäß mit dem Tod.

Diese Haltung läßt keinen Raum für einen rationalen Diskurs als Rahmen der substantiellen Kommunikation, die in multilateralen internationalen Institutionen erforderlich ist. Um es ganz deutlich zu sagen: Der Dialog zwischen der islamischen Zivilisation und dem Westen ist ein Instrument der friedlichen Konfliktlösung. Liberale Muslime sind im Gegensatz zu Fundamentalisten Partner im friedlichen Dialog. Fundamentalisten lehnen jedoch nicht nur grundsätzlich jede säkulare Weltordnung ab, sondern bestreiten auch prinzipiell die Notwendigkeit kulturübergreifender internationaler Institutionen als Instrumente der friedlichen Konfliktlösung. Internationale und interkonfessionelle Kommunikation, um ein besseres Verständnis zwischen unterschiedlichen Zivilisationen, zum Beispiel der westlichen und der islamischen, zu erreichen, ist eine den Fundamentalisten jeglicher Religion fremde Vorstellungswelt. Bei der Überprüfung der politischen Ideologie des islamischen Fundamentalismus findet sich keinerlei Hinweis auf die Pluralität in der Menschheit. Statt dessen begegnen wir einer Interpretation des Islam, die exklusive universelle Gültigkeit für sich beansprucht, und zwar nicht nur für ihre Glaubenssätze, sondern auch für ihre Vorstellungen von Ordnung und politischer Führung.

Toleranz gegenüber Muslimen, die ihre Doktrinen nicht teilen, kennen islamische Fundamentalisten nicht. In ihren Augen sind liberale Muslime, die ihren Glauben als ethisches Fundament des täglichen Lebens und nicht als politische Bindung an ein Regierungssystem betrachten, von nichtmuslimischen, das heißt westlichen Werten »irregeführt«. Den islamischen Fundamentalisten Djarischa und Zaibaq zufolge lautet die »Hauptaufgabe des Korans zu regieren …, [und] die Übereinstimmung von Staat und Religion ist der entscheidende Aspekt dieses Verständnisses, und zwar nicht derart, daß die Religion eine Teildimension des Staates ist, sondern im Gegenteil, daß die Religion das Hauptelement des Staates bildet«.[69] Mit einer völlig anderen Geisteshaltung hat mir der damalige Scheich von al-Azhar, Djadulhaq, in einem Interview am 28. September 1989 gesagt, unser Koran sei kein politisches Handbuch und keine Enzyklopädie der Wissenschaften, sondern ein *Kitab hidaya,* ein Buch zur ethischen Orientierung und Führung.

In den Worten Djarischas und Zaibaqs kulminierte eine gegen den Islam gerichtete »koloniale westliche Verschwörung«, im arabischen Nationalismus und in der Zerstörung der muslimischen Ordnung des Kalifats. Als Teil dieser angeblichen Verschwörung[70] brandmarken sie den säkularen Nationalismus als Produkt »missionierender Kreuzzügler«. Den Nationalstaat verdammen islamische Fundamentalisten dementsprechend als westliche Institution, die der Welt des Islam durch die »westlichen Kreuzzügler« oktroyiert worden sei. Arabische Nationalisten sollen als »Werkzeuge« in dieser Verschwörung des Westens benutzt worden sein.[71] Es liegt auf der Hand, daß islamische Fundamentalisten dieses Bild einer Welt voller Verschwörungen stets benutzen, um abzuwehren, was sie als dem Islam fremd empfinden – und um möglicherweise neue Verbündete im Kampf gegen den gemeinsamen Feind zu gewinnen.

Insofern die Weltordnung unseres Zeitalters auf der Interaktion säkularer Nationalstaaten beruht, stellt sie aus Sicht der muslimischen Fundamentalisten eine »Rückkehr in die *Djahiliyya*« dar, das heißt in das vorislamische »Zeitalter der Ignoranz«. Diesem Trend soll die Rückkehr zu einem politischen Islam durch die *Sahwa al-Islamiyya*/das islamische Erwachen entgegenwirken. Mit dem Ruf nach *al-Nizam al-Islami,* dem zentralen Merkmal dieser Erneuerung, werden drei Dinge eingefordert: (1) die islamische Legitimität, (2) die dieser Legitimität zugrundeliegende politische Interpretation der islamischen *Umma* und (3) die für beider Durchsetzung nötige politische Macht.

An früherer Stelle habe ich auf die Tatsache hingewiesen, daß sich die heutigen Fundamentalisten nicht mehr auf das klassische Kalifat als politisches System ihrer Wahl beziehen. Ihr Fokus ist auf die Formel der islamischen Legitimität gerichtet. Als deren Hauptkriterium gilt, daß in der islamischen *Umma*/Gemeinschaft die *Schari'a*/das islamische Recht herrscht. Nun ist die *Umma* aber eine Gemeinschaft und kein Staat. In einem einflußreichen fundamentalistischen Pamphlet heißt es deshalb:

»Wenn die politische Herrschaft erstens auf der *Schari'a* Gottes beruht und zweitens von den Muslimen anerkannt wird, dann spielt die Form keine große Rolle. Solange diese Bedingungen erfüllt sind, mögen wir sie Kalifat, Imamat oder Emirat nennen oder wie immer es einem beliebt. Wenn jedoch diese Bedingungen fehlen, kann keine politische Autorität Legitimität für sich beanspruchen.«[72]

Dieses Zitat macht deutlich, daß das politische Ziel des Fundamentalismus darin besteht, eine politische Ordnung zu errichten, die auf der *Schari'a* beruht – oder, genauer gesagt, auf deren Interpretation durch die vorherrschenden fundamentalistischen Gruppen. Die meisten fundamentalistischen Agitatoren berufen sich auf den neoislamischen und neoarabischen Begriff *al-Nizam al-Islami* und plädieren für die bedingungslose Anwendung der *Schari'a* als unanfechtbaren Bezugsrahmen für die Lösung aller Fragen, der zu jeder Zeit, an allen Orten und gegenüber allen Menschen gültig ist:

> »Wenn die *Schari'a* in diesem Sinn eingeführt und das islamische Recht unter den vorgenannten Bedingungen [das heißt seiner unbegrenzten, absoluten Gültigkeit] ausgeübt wird, dann folgt daraus, daß es sich um ein islamisches System handelt.«[73]

Aus Sicht der muslimischen Fundamentalisten ist die »Säkularisierung … ein Angriff auf den Islam«, und säkulare Entwicklungen als Nebenprodukt gesellschaftlicher Veränderungen werden mit allen Übeln des Teufels, als den sie die westliche Zivilisation sehen, in Verbindung gebracht.

Um es ganz deutlich zu machen: Es gibt Muslime, die den Islam als ethische und persönliche Lebensweise betrachten, nicht aber als Regierungssystem, das auf kollektiven Optionen für eine politische Ordnung beruht. Daß sie keine Fundamentalisten sind, versteht sich von selbst, und ihre Zahl ist groß. Es ist daher bedauerlich, wenn man sehen muß, daß die Hauptströmung des politischen Islam das ideologische Konzept des *Nizam Islami* vertritt. Und auf der allgemeinen Ebene gibt es unter islamischen Fundamentalisten keine Auseinandersetzung, insbesondere nicht über ihre Grundformel, die den Islam als *Din wa daula* definiert, das heißt als Einheit von Religion und Staat. Daher kann man die folgende Aussage des tunesischen Autors Mahmud 'Abdulmaula als repräsentativ für die Auffassungen der islamischen Fundamentalisten ansehen: »Der Islam ist ein politisches System, insofern er ein religiöses System ist.«[74] Darüber, wie dieses erklärtermaßen politische System aussehen soll, ist von 'Abdulmaula jedoch kaum etwas zu erfahren.

In den maßgeblichen Schriften des islamischen Fundamentalismus begegnen wir der Behauptung, der Islam habe das erste authentische, legale politische System in der Geschichte der Menschheit bereitgestellt.[75] Untermauert wird sie mit dem Hinweis auf den bindenden Charakter des islamischen Rechts, der zur Errichtung eines politischen Systems führe, das auf Legitimität statt auf Zwang beruhe. Demgemäß soll im islamischen Regierungssystem sowohl der Prozeß des Regierens als auch das politische Verhalten der Herrscher der *Schari'a* untergeordnet sein. In Wirklichkeit ist diese Vorstellung eine moderne Projektion in die frühe Geschichte des Islam. Nach Max Webers bekannter Typologie gibt es drei Formen der legitimen Herrschaft: die traditionelle, die charismatische und – in neuerer Zeit – die legale. Die islamischen Fundamentalisten behaupten nun, legale Herrschaft sei stets das authentische islamische Regierungssystem gewesen, wobei sie vermutlich nicht bemerken, daß sie einfach ein historisches System uminterpretieren, indem sie moderne Elemente hineinprojizieren. Jedenfalls entgeht ihnen die Tatsache, daß die islamischen Herrscher grundsätzlich entweder dem charismatischen beziehungsweise dem traditionellen Herrschaftstyp entsprachen – oder schlicht illegitim waren –, aber nie dem legalen im modernen, Weberschen Sinn. Für die Fundamentalisten zählt jedoch allein die Schrift – *sola scriptura* – und nicht die Geschichte, und die Schrift weist den Herrscher an, ein *Sultan 'adil*/gerechter Herrscher zu sein. Daß der historischen Wirklichkeit in den meisten Fällen eher das Muster des *Sultan ja'r*/ungerechten Herrschers entspricht, steht auf einem anderen Blatt

Die islamische Geschichte ist auf unterschiedliche Art und Weise behandelt worden.[76] So teilt uns der Fundamentalist al-'Awwa mit:

»Die korrekte wissenschaftliche Methode verlangt von uns die Zustimmung zu dem Prinzip, daß wir die Menschen danach beurteilen, wie sie die islamischen Vorschriften befolgen, und nicht umgekehrt: Wir sollten nicht den Islam nach dem Verhalten der Muslime beurteilen, ganz gleich, ob sie Herrscher oder Beherrschte sind.«[77]

Ein solches Argument läßt keinen Platz für das Studium der Geschichte, so daß der historische Diskurs völlig ausgeschlossen ist. An die Stelle des argumentativen Diskurses tritt der Glaube an die Autorität des Textes. In die Interpretation eines Textes sind jedoch Vernunftschlüsse involviert, wenn der interpretierte Text in seinem historischen Kontext betrachtet wird. Aber das ist nicht die von den zitierten Fundamentalisten angewandte Methode. Das Ergebnis: Der Islam wird, ungeachtet von Geschichte, Zeit, Kultur, Ort und Umständen, als unveränderlich angesehen. Die Muslime mögen sich verändern, doch der Islam bleibt sich gleich, und für Abweichungen sind nur die Muslime selbst verantwortlich zu machen. Allein der Gedanke, der Islam könnte an das Vorbild der modernen Regierungssysteme angepaßt werden, gilt als anrüchig. Als Muslim teile ich die Überzeugung, daß die fünf religiösen *Arkan*/Säulen des Islam über Zeit und Raum stehen. Unser Thema ist jedoch ein anderes, nämlich die Historizität der islamischen Zivilisation. Hier liegt die Scheidelinie.

Die islamischen Fundamentalisten warnen vor der Vermengung der islamischen Prinzipien mit den modernen politischen Erfahrungen, westlichen wie östlichen gleichermaßen. Aber sie selbst verwechseln ihre politischen Prinzipien mit religiösen Überzeugungen und präsentieren diese Prinzipien, ohne sie mit der Wirklichkeit, in der sie leben, in Bezug zu setzen. Mit anderen Worten, die Forderung nach einer islamischen Regierung geht nicht über eine Grundsatzerklärung hinaus. Deshalb müssen wir uns fragen, was die islamische Regierungsform eigentlich ist? Die fundamentalistische Antwort ist einfach:

»Die Forderung nach einer islamischen Regierung in unserer Zeit auf der Grundlage der Bindung an den Islam wird von Millionen von Muslimen in aller Welt unterstützt. Mit dieser Forderung ist gemeint, daß die Institutionen der Regierung in

Übereinstimmung mit den politischen Werten des Islam aufgebaut werden müssen. ... Was die Einzelheiten der Durchsetzung dieser Werte betrifft, ist zu bemerken, daß die islamische *Umma* darüber in jedem Einzelfall zu entscheiden hat.«[78]

Nur die einzige Bedingung knüpfen moderne islamische Fundamentalisten an den Handlungsrahmen der *Umma*, daß ihre Gesetzgebung im Einklang mit der *Schari'a* stehen muß. In Anbetracht des Fehlens einer Gewaltenteilung in der islamischen Doktrin erhebt sich allerdings die Frage: Wer überwacht die Einhaltung der *Schari'a* durch den Herrscher?

Nach Ansicht vieler sunnitisch-arabischer Fundamentalisten hat der verstorbene iranische Führer Khomeini Wesentliches dazu beigetragen, die Kluft zwischen sunnitischen und schiitischen Muslimen zu schließen. Jetzt, so meinen sie, sei es an den sunnitischen Muslimen, Khomeinis Schriften richtig zu verstehen und nach ihnen zu handeln. Wenn jene, die nach der Einheit der islamischen *Umma* verlangen, Khomeinis Botschaft begriffen und von seinen Ideen politisch vollen Gebrauch machten, würden »die Söhne der zwei großen islamischen Gruppen [*Firqatayn*], der Sunniten und der Schiiten, enger zusammenrücken«.[79] Abgesehen vom politischen Inhalt dieser Äußerung, kommt einem in unserem Zeitalter der Gleichberechtigung von Mann und Frau im Sinne eines Menschenrechts noch etwas anderes in den Sinn: Was ist mit den »Töchtern«?

Die Ansichten, mit denen ich mich hier beschäftigt habe, repräsentieren die Hauptströmung des zeitgenössischen politischen Islam. Ihr konkretester Inhalt ist die Idee, daß dieses System legal ist, da es seine Legitimität *(Schar'iyya)* aus dem islamischen Recht *(Schari'a)* als dem »einzigen akzeptablen Rechtssystem der Welt« herleitet. Deshalb muß als Voraussetzung der islamischen Regierung die islamische *Schari'a* eingeführt werden. Anders gesagt, die muslimischen Fundamentalisten akzeptieren ausschließlich islamische Rechtsnormen, behaupten deren Gültigkeit für die gesamte Menschheit und verwerfen alle anderen Normen und Bezugssysteme. Dieses Bestreben, die rechtlichen Maßstäbe zu entwestlichen, ist nichts anderes als ein Ausdruck des »Zusammenpralls von Zivilisationen«.[80] Die Frage, die sich hier aufdrängt, lautet, ob die Herausforderung der gegenwärtigen Weltordnung durch islamische Fundamentalisten, die darauf abzielt, die Säkularität durch eine göttliche Ordnung zu ersetzen, überhaupt irgendeine Bedeutung haben kann.

Die islamistische Herausforderung: Eine göttliche globale Ordnung als Alternative zur globalen Säkularisierung?

Wer fordert hier wen heraus? Jahrhundertelang stellte die westliche säkulare Moderne eine Herausforderung für die islamische Zivilisation dar. In jüngerer Zeit versuchen islamische Fundamentalisten den Spieß umzudrehen. Im Zentrum ihrer Vorstellungen steht zumeist die Dichotomie von säkularer und göttlicher Begründung der politischen Ordnung. Trotz aller Dichotomie-Rhetorik zeigt sich bei näherem Hinsehen jedoch, daß es bei der Wiederbelebung des politischen Islam nicht um Göttliches geht, sondern um soziale, politische und wirtschaftliche Fragen. Im arabischen Nahen Osten sind die heutigen Spielarten des islamischen Fundamentalismus Auswüchse einer doppelten Krise, von der die eine von sich verschlechternden sozioökonomischen Bedingungen, die andere durch einen Delegitimationsprozeß des Staates infolge der vernichtenden Niederlage im Sechstagekrieg ausgelöst wurde. Darüber hinaus ist es aber auch eine Krise der moralischen Ordnung der islamischen Zivilisation selbst in einem rational-säkularen und wissenschaftlich-technischen Zeitalter.[81] Wenn ich auf die dem Aufstieg des religiösen Fundamentalismus zugrundeliegenden strukturellen Zwänge hinweise, bedeutet dies nicht, daß ich irgendeiner reduktionistischen Sichtweise folge und die moralische Krise einfach auf eine sozioökonomische und politische Krise reduziere. Es gibt eine Wechselwirkung zwischen beiden, und die Symbolik der politisierten Religion muß in ihrem eigenen zivilisatorischen Bezugsrahmen untersucht werden. Wer dies nicht begreift, kann auch die Forderung nach einer islamischen Weltordnung nicht verstehen. Mir widerstrebt es, beides als bloße Rhetorik abzutun.

Wie ich bereits argumentiert habe, begann die Wiederbelebung des politischen Islam in den frühen siebziger Jahren, lange vor dem Ausbruch der iranischen Revolution, und zwar im arabischen Teil des Nahen Ostens. In einer Zeit, als Khomeinis Name und seine Schriften mit wenigen Ausnahmen im arabischen Nahen Osten noch völlig unbekannt waren, wurde dort bereits die Idee der Einheit von Religion und Politik *(Din wa daula)* verbreitet. Doch die iranische Revolution trug, wenn auch nur in ihrer ersten Phase, zur Vertiefung der Legitimitätskrise arabischer Staaten und damit zur Stärkung des politischen Islam bei. Vor allem aber war sie eine wichtige Quelle von Spillover-Effekten in Form von erfolgreichen politischen Aufständen in den Nachbarländern.[82] Durch den iranisch-irakischen Krieg von 1980–1988 und den Aufruhr, den iranische Revolutionswächter 1987 an den heiligen Stätten des Islam in Mekka auslösten, verlor das iranische Regime jedoch erheblich an Ansehen, und seither gelang es dieser Revolution nicht mehr, als Modell für politische Aktionen zu dienen. In bezug auf die islamisch-fundamentalistische Forderung nach einer globalen islamischen Ordnung ist die Wirkung Khomeinis begrenzt und kann keinesfalls mit der des Golfkriegs von 1991 verglichen werden.

Zu den Hauptzügen der Wiederbelebung des politischen Islam gehört die Neudefinition islamischer Werte als politischer Doktrinen in der Kampagne für die Errichtung einer islamischen Ordnung sowohl auf innerstaatlicher als auch auf internationaler Ebene. Durch den Golfkrieg erhielt dieser Prozeß seine globale Dimension, aber die Neudefinition hatte bereits geraume Zeit vorher stattgefunden. Tatsächlich ist die Debatte darüber im arabischen Nahen Osten nie zum Erliegen gekommen, nicht einmal in der Periode der Dominanz säkularer Ideologien. In den fünfziger und sechziger Jahren erschienen unter anderem einflußreiche

Werke von Muhammad Dia'uddin al-Rayes, Muhammad Yusuf Musa und 'Abdulhamid Mutawalli (siehe Anmerkung 41 zu Kapitel 7). Zwar trugen diese frühen fundamentalistischen Schriften grundsätzlich zur Wiederbelebung des islamischen Anspruchs auf eine islamische politische Ordnung bei, doch in bezug auf Leserschaft und Popularität konnten sie sich in keiner Weise mit den damals vorherrschenden säkularen Positionen messen, wie sie etwa in Khalid Muhammad Khalids berühmtestem Werk *Min huna nabda'* (Hier beginnen wir) ausgedrückt wurden.

Die Wirkung von Khalids zwischen 1950 und 1963 in zehn Auflagen erschienenen Buches reichte weit über Ägypten hinaus, und es wurde zum ideologischen Wahrzeichen jener von säkular-liberalen Ansichten geprägten Zeit. Seine Ablehnung dessen, was er »*Kahana Islamiyya*/islamische Theokratie« nennt, gipfelt in der folgenden unmißverständlichen Feststellung:

> »Wir sollten uns daran erinnern, daß die Religion so beschaffen sein sollte, wie Gott sie gewollt hat: Prophetie, nicht Königreich; Führung, nicht Regierung; und Lehre, nicht politische Herrschaft. Das Beste, was wir tun können, um die Religion unverfälscht und rein zu erhalten, ist, sie von der Politik zu trennen und sie über diese zu stellen. Die Trennung von Religion und Staat trägt dazu bei, die Religion von den Unzulänglichkeiten und der Willkür des Staates freizuhalten.«[83]

Es muß für den westlichen Leser äußerst verwunderlich sein, daß sich derselbe Khalid Ende der achtziger Jahre den aktiven Fundamentalisten anschloß und in einem 1989 erschienenen Buch *alle seine früheren Ansichten widerrief*. Am Ende seines Lebens – er starb 1996 – war er überzeugt, der Islam sei *Din wa daula*, die Einheit von Religion und Staat, und forderte, die Botschaft des Propheten Mohammed zum Fundament einer die gesamte Menschheit umfassenden und vereinenden »islamischen Weltherrschaft« zu erheben.[84] Diese Kehrtwende bestätigt meine Einschätzung, daß die von den muslimischen Eliten vertretene Säkularisierung nur normativen Charakter hatte und nicht strukturell verankert war, so daß sie nach Belieben jederzeit rückgängig gemacht werden konnte, wie das Beispiel Khalids demonstriert.

Seit Anfang der siebziger Jahre wurden die säkularen Anschauungen der liberalen, nationalistischen arabisch-muslimischen Eliten zunehmend von Stimmen verdrängt, die sich wie der oben zitierte ägyptische Muslimbruder Yusuf al-Qaradawi für eine göttliche politische Ordnung aussprachen. Säkulare Ansichten zu äußern, wie es etwa der bekannte libanesische Autor Joseph Mughaizil tut[85], wurde zu einer ausschließlichen Domäne arabischer Christen im Kampf um ihre Menschenrechte. Heute setzt sich nur noch eine Handvoll muslimischer Autoren, mich eingeschlossen, in auf Arabisch erscheinenden Schriften für die Trennung von Religion und Politik ein.[86]

Von wenigen Ausnahmen abgesehen, findet sich sowohl in den Publikationen der arabischen Säkularisten als auch der Antisäkularisten ein gemeinsamer Mangel. Beide Gruppen übersehen nämlich den Unterschied zwischen dem Säkularismus (*'Ilmaniyya*) als einer Ideologie und der Säkularisierung (*'Almana*) als einem gesellschaftlichen Prozeß. Damit reduzieren sie die *sprachliche* Bedeutung des Begriffs der Säkularisierung auf die Institution der säkularen Gesetzgebung und verwenden ihn nicht zur Bezeichnung des Prozesses der funktionalen Differenzierung der Elemente einer Gesellschaft, in dem die Religion zum Teil eines sozialen Systems wird. *Soziologisch* bedeutet Säkularisierung die Trennung der Institution Religion vom Gesellschaftssystem (siehe Anmerkung 65).

Formuliert wird die fundamentalistische Ablehnung der bestehenden nationalen und internationalen Ordnung in einer antisäkularen Sprache, die politische Themen in religiösen Formeln abhandelt. Dabei machen sich die islamischen Fundamentalisten die Krisenerscheinungen der Moderne im Westen zunutze, um ihre Ansicht zu untermauern, daß der Islam die Führung der Welt übernehmen sollte. In Diskussionen, die ich mit islamischen Fundamentalisten geführt habe, war ich nicht selten überrascht, verfolgen zu können, daß sie im Westen selbst postulierte postmodernistische und kulturrelativistische Ansätze zitieren, um ihre Überzeugung zu belegen, daß die Moderne im Verfall begriffen sei, und ihr eigenes neoabsolutistisches Programm voranzubringen. Da Fundamentalisten für ihre politischen Lehren absolute Autorität beanspruchen, haben sie aber allein deshalb schon nichts mit Postmodernismus und Kulturrelativismus gemein.

Ein 1979 erschienenes Buch illustriert, wie muslimische Fundamentalisten die Krise der Moderne wahrnehmen. Der Autor – selbst ein Fundamentalist – betrachtet die Geschichte Europas als eine von der Französischen Revolution in Gang gesetzt Abfolge säkularer sozialer Bewegungen, die seiner Einschätzung zufolge in der Vergangenheit gescheitert sind und auch in der Gegenwart scheitern. Das vorhersehbare Ergebnis nennt er *Ma'sat al-'ilma-niyya*/die Tragödie des Säkularismus.[87] Eines der Beispiele, die er zum Beweis seiner Einschätzung anführt, bezieht sich auf die Probleme der Stadt New York, der Verkörperung von *al-Day'a*/der Entfremdung, die für die »Tragödie des Säkularismus« und die anhaltende Krise der Moderne exemplarisch sind. Aus solchen Beispielen ziehen die muslimischen Fundamentalisten den Schluß, nur der Islam, wie sie sich ihn vorstellen, könne die Menschheit – einschließlich der umnachteten Bewohner von New York – aus ihrer »tragischen« Situation erlösen:

»Wenn man einen Ausweg sucht, stellt man fest, daß es nur ein Muster von Ordnung [*Nizam*] gibt, dem die Denker des Westens [sich zuwenden können]. Diese Ordnung ist der Islam, der … in sich schlüssig, vernünftig und in der Lage ist, alle Probleme des spirituellen und materiellen Seins [anzusprechen], und der daher … die gegenwärtige Zivilisation von ihren Leiden befreien kann.«[88]

Bedauerlicherweise sind derartige Ansichten über den Säkularismus und die Krise der Moderne in der islamischen Welt sehr populär geworden. Entsprechend zahlreich sind die auf arabisch veröffentlichten Schriften gegen den Säkularismus.[89] Auch beschränkt sich diese Ablehnung der säkularen Kultur nicht auf den zeitgenössischen Islam; Hindu-Fundamentalisten zum Beispiel äußern in der gleichen religiös-fundamentalistischen Sprache ihr Mißfallen an der kulturellen Moderne und am säkularen Charakter des indischen Staates.

Was kann man gegen dieses Vordringen des religiösen Fundamentalismus in die Weltpolitik unternehmen? Ich glaube, man sollte damit beginnen, effektive Wege der Kommunikation und des kulturellen Austauschs zwischen den miteinander im Konflikt befindlichen Zivilisationen zu suchen. Wenn dieser erste Schritt auch nur halbwegs erfolgreich ist, hätte man ein festes Fundament geschaffen, auf dem internationale Institutionen an einer stabilen, friedlichen Weltordnung arbeiten könnten. Die erschreckende Realität ist jedoch, daß sich religiöse Fundamentalismen, wo immer sie in Erscheinung treten, einer friedlichen Weltordnung, ja sogar jedem Gespräch über Versöhnungsmöglichkeiten widersetzen und auf diese Weise unermüdlich zum Konflikt zwischen den Zivilisationen im Sinne eines Zusammenpralls von Weltbildern beitragen.[90]

Die kulturelle Grundlage der Weltpolitik in einer Zeit der Konflikte zwischen den Zivilisationen

Über die Beschäftigung mit dem Terrorismus hinaus sind die meisten westlichen Beobachter offenbar nicht bereit, sich mit dem Aufstieg des Fundamentalismus und seinen Auswirkungen auf die Weltpolitik auseinanderzusetzen. Vor dem Golfkrieg schienen der friedliche, wenngleich radikale Umbruch in Osteuropa und die damit einhergehende Auflösung der nach dem Zweiten Weltkrieg geschaffenen Ordnung des Kalten Krieges eine wesentlich bessere Welt zu versprechen. Diese historischen Ereignisse verdrängten die Welt des Islam aus dem Blickfeld. Niemand schien sich noch Sorgen über das irritierende Auftreten des islamischen Fundamentalismus zu machen. Die explosiven Ereignisse im Nahen Osten – Khomeini, die Geiseln, der irakisch-iranische Krieg, die Rushdie-Affäre und andere Sensationen, welche die Aufmerksamkeit der westlichen Medien auf die islamische Zivilisation gelenkt hatten – schienen der Vergangenheit anzugehören. (Die genannten Ereignisse zwangen die westlichen Medien natürlich, der islamischen Zivilisation Beachtung zu schenken.) In diese geruhsame Atmosphäre platzte Saddam Hussein hinein und stellte seine Fähigkeit unter Beweis, nicht nur diese Vernachlässigung durch die westlichen Medien beenden, sondern auch das finstere Image Khomeinis in den westlichen Medien noch übertreffen zu können. Und bevor der Westen zu Atem kommen konnte, sah er sich mit den Kriegen in Bosnien und Tschetschenien konfrontiert, die von muslimischen Völkern unbeirrbar als weitere Etappen des westlichen Kreuzzugs gegen die islamische Zivilisation angesehen werden.

Sollen Beobachter im Westen diese Entwicklungen verstehen, so brauchen sie neue Instrumente, die derzeit im Fachgebiet der Internationalen Beziehungen noch fehlen. Bereits im Kalten Krieg waren die traditionellen Werkzeuge der Wissenschaftler ungeeignet, sobald es um die regionale Dynamik von Konflikten außerhalb des Westens ging, und die heute benötigten Ansätze müssen noch weit mehr auf Kulturen und Zivilisationen eingerichtet sein, die jenseits der Reichweite der Wissenschaftler lagen, die sich in früheren Jahrzehnten mit den Internationalen Beziehungen beschäftigten. Darüber hinaus ist es unerläßlich, daß diejenigen, die nichtwestliche Zivilisationen studieren, diese ernster nehmen als bisher und die westlichen Wahrnehmungen von der Fixierung auf vorübergehende Sensationen lösen, von der die Berichterstattung westlicher Medien über nichtwestliche Zivilisationen gekennzeichnet ist.

Außerdem darf das Interesse am Islam nicht länger auf die traditionellen Ergebnisse der überwiegend philologisch ausgerichteten Islamstudien beschränkt bleiben. Statt dessen müssen Islam und islamischer Fundamentalismus in die umfassendere Perspektive der kulturellen Grundlagen der Weltpolitik gerückt werden. Während der Planet kleiner wird, ist es um so notwendiger, andere Zivilisationen zu verstehen. Zwar werden Völker mit unterschiedlichen kulturellen Anschauungen zu einem wesentlich höheren Grad an gegenseitigem Bewußtsein und Interaktion gebracht, aber dies führt nicht in gleichem Ausmaß zu mehr Toleranz und gegenseitigem Verständnis zwischen den Zivilisationen. Daraus folgt die zwingende Notwendigkeit, größere Anstrengungen zu unternehmen, um den islamischen und andere nichtwestliche religiöse Fundamentalismen zu verstehen.

Behandelt man den islamischen Fundamentalismus jedoch in zu allgemeiner Form, kann dies zu falschen Eindrücken führen. Man könnte zum Beispiel zu dem Schluß gelangen, daß eine Bedrohung durch einen monolithischen Islam entstehen könnte[91], aber dies ist wegen der Vielfalt der islamischen Realitäten und der Unterschiede der lokalen Kulturen, in denen die Muslime leben, völlig ausgeschlossen. Einen solchen Grad der Vielfalt einzugestehen widerspricht jedoch nicht der Ansicht, daß Vielfalt und Einheit komplementäre Aspekte der »muslimischen Welt« sind, einer Zivilisation, die auf der von allen Muslimen geteilten *theozentrischen Weltsicht* des Islam beruht. Denn *trotz aller kulturellen, konfessionellen und ethnischen Vielfalt* teilen die Muslime von Westafrika bis Südostasien eine gemeinsame Weltsicht und daher auch eine Zivilisation, deren Zentrum der arabische Nahe Osten ist. Dies ist kulturelle Vielfalt in zivilisatorischer Einheit.

Kulturell können Zivilisationen als größte Gruppierungen innerhalb der Menschheit angesehen werden, Gruppierungen, die ständig voneinander borgen, im Austausch miteinander stehen und allgemein interagieren. Politisch dagegen können dieselben Zivilisationen ein Nährboden von Konflikten sein. Den Islam zum Beispiel vornehmlich politisch zu betrachten – wie dies der islamische Fundamentalismus tut – dient als organisierendes Prinzip, um die Völker des Islam gegen die Völker anderer Zivilisationen zu vereinen.

In der These von der Gleichzeitigkeit von struktureller Globa-

lisierung und kultureller Fragmentation[92] spiegelt sich der Dauer-
konflikt zwischen der allgemeinen Notwendigkeit gemeinsamer
Normen in der Weltpolitik, das heißt eines gewissen Maßes an
internationaler Moralität, und der Beharrlichkeit kultureller Ei-
gentümlichkeiten wider. Eine internationale Staatengesellschaft
kann zum Nutzen aller sein, wenn die einzelnen Staaten sich auf
gemeinsame Normen und Regeln einigen, sie respektieren und sie
in ihrem internationalen Handeln befolgen. Diesem Ziel läuft die
kulturelle Fragmentation insofern zuwider, als sie das Vorhandensein unterschiedlicher Kulturen und Zivilisationen reflektiert, von
denen jede ihre eigenen, ihr internationales Verhalten prägenden
Werte und Normen besitzt.

Die kulturelle Vielfalt ist natürlich der Normalzustand der
Welt, in der eine universelle Kultur weder erreichbar noch wün-
schenswert ist. Aus der Anthropologie weiß man, daß es eine universelle Kultur nicht geben kann, da Kulturen immer auf lokal
begrenzten Prozessen der Sinnstiftung beruhen.[93] Sofern die lokalen Kulturen in signifikanter Weise – zum Beispiel durch eine gemeinsame Weltanschauung – miteinander verbunden sind, können sie sich zu Gruppen zusammenschließen und eine regionale
Zivilisation wie den Westen oder die Welt des Islam bilden, aber
die für die einzelnen Kulturen typische lokale Sinnstiftung kann
niemals zu einem universellen Bezugsrahmen erweitert werden,
den man als Weltkultur bezeichnen könnte. Die Frage ist also, wie
sich die Notwendigkeit gemeinsamer Regeln und Normen in der
internationalen Gesellschaft mit der Realität einer enormen kulturellen Vielfalt vereinbaren läßt. Die kulturelle Fragmentation
kann ein Hindernis bei der Bewältigung der Spannungen zwischen kultureller Vielfalt und der Notwendigkeit gemeinsamer
Normen und Regeln darstellen, muß es aber nicht. Indem man
sich auf gewisse grundlegende Normen und Regeln einigte, könnte man nicht nur die Basis für eine internationale Moralität schaffen, sondern auch einen globalen, das heißt kulturübergreifenden
Konsens zwischen den Zivilisationen herbeiführen.

Die erforderlichen Machtstrukturen vorausgesetzt, können

Normen und Werte in internationalen Beziehungen einfach auf-
gezwungen werden, doch Zwang ist nicht erstrebenswert. Was
vielmehr gebraucht wird, ist ein kulturübergreifender Konsens
über internationale Normen und Werte, eine Zustimmung zu
Standards einer internationalen Moralität. Der Leser möge sich an
dieser Stelle daran erinnern, daß den nichtwestlichen Zivilisationen im Rahmen einer zunächst von Europa und dann von dessen
nordamerikanischem Ableger dominierten internationalen Ordnung das ursprünglich europäische Völkerrecht aufgezwungen
wurde. (Weiter oben habe ich den britischen Rechtswissenschaftler H. L. A. Hart hinsichtlich des Beitritts nichtwestlicher Staaten
zur internationalen Gemeinschaft »durch die allgemeinen Verpflichtungen des internationalen Rechts« zitiert; siehe Anmerkung 14.)

Der Zusammenhang zwischen kultureller Fragmentation und
der gegenwärtig zu beobachtenden Machtdiffusion im internationalen System wird deutlich, wenn man das Verhalten schwacher
nichtwestlicher Staaten untersucht. Während diese Staaten an
Stärke gewinnen, wird ihre Zustimmung zum Völkerrecht, die nie
ganz rückhaltlos war, immer fadenscheiniger. In dieser Situation
kann die Politisierung der internationalen kulturellen Fragmentation auf der Basis des normativen Konflikts zwischen Zivilisationen die Gültigkeit der der internationalen Gemeinschaft gemeinsamen und von ihr geteilten Prinzipien ernstlich gefährden. Es ist
daher von entscheidender Bedeutung, neue Wege zu finden, um
der sich verändernden Struktur der Weltpolitik gerecht zu werden. Die von den religiösen, defensiv-kulturellen Erneuerungsbe-
wegungen in nichtwestlichen Gesellschaften angebotenen Optionen scheinen hierfür keine Lösung zu sein. Die Formel von einer
absolutistischen islamischen Weltordnung bewirkt Konflikte und
Weltunordnung, nicht Konfliktlösungen – vom notwendigen
Aufbau internationaler Institutionen und Modalitäten der Kommunikation ganz zu schweigen. In nichtislamischen Zivilisationen
würde sich niemand der fundamentalistischen Vision einer islamischen Weltordnung anschließen, und es gibt viele Muslime, mich

eingeschlossen, die sie leidenschaftlich bekämpfen. Um die Sache noch komplizierter zu machen: Die Forderung nach einer islamischen Weltordnung wird überwiegend nicht von islamischen Staaten erhoben, sondern von Privatakteuren, den sogenannten Untergrund-Imamen[94], die sich als irreguläre Kämpfer betätigen und in nichtstaatlichen Kriegen Gewalt anwenden.

Anfang der fünfziger Jahre lenkte der bekannte weitsichtige Völkerrechtler von der Yale University F. S. C. Northrop die Aufmerksamkeit seiner Zeitgenossen (entgegen der damaligen – und heutigen – Haltung, daß es solcher Studien nicht bedürfe) auf die Notwendigkeit, die »kulturellen Grundlagen der internationalen Politik« zu studieren. Damals war die Fixierung auf den Staat als Hauptakteur auf der internationalen Bühne sogar noch stärker als heute. Laut Northrop müssen die

> »Nationen lernen zusammenzuarbeiten, oder sie werden untergehen. … Für die Zusammenarbeit ist es erforderlich, daß die Nationen und ihre Staatsmänner neue Verhaltensweisen erlernen. … Den Schlüssel … zum Verständnis jedweder Nation und zur Besonderheit jener ihrer Eigenarten, die ihre internationalen Reaktionen bestimmen, findet man, wenn man die wichtigsten gemeinsamen Normen ihres Volks begreift. Denn besitzt das Volk einer Nation keine vorherrschende Ideologie, dann gibt es auch keine konsistente vorherrschende Reaktion.«[95]

Um die »kulturellen Grundlagen der internationalen Politik« zu verstehen, befaßte sich Northrop in dem zitierten, 1952 veröffentlichten Buch mit der Wiederbelebung des Islam, mit der buddhistischen Welt und anderen nichtwestlichen Zivilisationen. Eine seiner Schlußfolgerungen lautet:

> »[E]s gibt auf der Welt auch andere politische und kulturelle Überzeugungen als jene des liberalen, demokratischen Westens. … Buddhismus, … Hinduismus, Taoismus und Konfuzianismus sind ebenso wie der Islam solche anderen Denkweisen.

Eine kluge Außenpolitik im Namen der demokratischen Vereinigten Staaten wird diese anderen Denkweisen begrüßen und ermutigen und mit ihnen kooperieren.«[96]

Das Problem an diesem vernünftigen, unparteiischen Ratschlag für die Praxis der Weltpolitik ist, daß einige der angesprochenen Systeme, insbesondere der Islam, auf Standpunkten beharren, die anderen Optionen für eine Weltordnung widersprechen. Darüber hinaus bleiben diese nichtwestlichen Zivilisationen in ihren Grundlagen religiös geprägt, sind also noch nicht säkular.

Die »Revolte gegen den Westen« (Bull), wie sie sich zum Beispiel in der religio-politischen Ideologie des islamischen Fundamentalismus ausdrückt, beruft sich gerade auf die Exklusivität dieser Religionen und Kulturen und reaktiviert sie in auffallend defensiv-kultureller Weise. Daher stellen diese Ideologien keine realistische Alternative zur bestehenden säkularen Weltordnung dar, die aus dem kulturellen Projekt der Moderne hervorgegangen ist, das ihnen ein Greuel ist.

Ein anderer prominenter, jedoch zeitgenössischer Völkerrechtler, Richard Falk von der Princeton University –, zufällig ein Schüler des verstorbenen F. S. C. Northrop, versteht das gegenwärtige »religiöse Erwachen« auf modische Weise als »an die Postmoderne grenzende« Erscheinung. Nach seiner Ansicht erweckt die moderne säkulare westliche Zivilisation »kein Vertrauen in ihre Fähigkeit, auf fundamentale Herausforderungen in der heutigen Welt zu reagieren«.[97] Aus dieser Einschätzung leitet er ab, daß sich das »religiöse Erwachen« zur Quelle einer »postmodernen politischen Sensibilität« entwickeln könnte, der er – trotz der extremen Verschwommenheit dieses Konzepts – wohlgesonnen zuneigt. Doch Falk ist sich auch bewußt, daß das religiöse Erwachen in nichtwestlichen Zivilisationen die Form des religiösen Fundamentalismus annehmen könnte:

»Ein paar Inseln des fundamentalistischen Erfolgs offenbaren die religiöse Revision des Modernismus. ... Besonders in den nichtwestlichen Gesellschaften in Asien und Afrika erweist sich die Rolle des religiösen Einflusses weiterhin als überaus reaktionär.«[98]

Insofern spiegelt sich in der heutigen globalen Krise und in den radikalen Veränderungen, die den Fundamentalismus auf den Plan gerufen haben, ein inneres Dilemma wider. Einerseits muß den nichtwestlichen Zivilisationen im Sinne Northrops größere Aufmerksamkeit entgegengebracht werden, um ihre Bindung an den internationalen Konsens zu stärken. Andererseits muß man sich darüber im klaren sein, daß die fundamentalistischen Vertreter dieser nichtwestlichen Zivilisationen sich nicht einfach damit zufriedengeben, daß ihnen mehr Beachtung geschenkt wird.

Es ist zu hoffen, daß der religiöse Fundamentalismus nicht zur dominanten Ideologie der Muslime in der Welt des Islam wird, denn in diesem Fall würden sich fundamentalistische Ansprüche zur Hauptquelle ihrer »konsistenten vorherrschenden internationalen Reaktion« (Northrop) entwickeln. Allein auf die Macht fixierte politische Entscheidungsträger mögen die Weltordnungsrhetorik der islamischen Fundamentalisten verspotten, da sie wissen, daß den muslimischen Fundamentalisten die Mittel fehlen, um ihre politischen Überzeugungen in die Tat umzusetzen. Dennoch bewirken die fundamentalistischen Forderungen eine stärkere Politisierung der im Gang befindlichen internationalen kulturellen Fragmentation und infolgedessen einen weiteren Niedergang des internationalen Konsenses. Das Resultat wäre, nolens volens, eine neue Weltunordnung. Darüber hinaus sollten wir uns angesichts der offensichtlichen Machtdiffusion und der zunehmenden Unfähigkeit der Großmächte, ihre internationale Umwelt zu kontrollieren, davor hüten, den islamisch-fundamentalistischen Anspruch auf Vorherrschaft auf die leichte Schulter zu nehmen.

Abgesehen von den fundamentalistischen Regimen im Iran und im Sudan operieren die islamischen Fundamentalisten weiterhin vor allem im Untergrund.[99] Dennoch wird der Fundamen-

talismus trotz der Illegalität seiner geheimen Operationen in großen Teilen der islamischen Welt, insbesondere im Nahen Osten,
zur Hauptquelle der politischen Optionen der Bevölkerungs-
mehrheiten. Die massive und überwiegend zustimmende Reaktion muslimischer Fundamentalisten auf Saddam Husseins ag-
gressiven Schlachtruf im Golfkrieg war ein deutlicher Ausdruck
dieser Optionen. Darüber hinaus bewies diese Reaktion die große
Verbreitung der fundamentalistischen Alternative zur bestehenden Weltordnung, die als Erbe des Golfkriegs weiterhin virulent
ist. Daß der Golfkrieg im Westen in Vergessenheit gerät, sollte
nicht dazu verleiten, diese Beobachtungen ebenfalls aus dem Ge-
dächtnis zu verlieren.

Entscheidungsträger und politische Praktiker in den zumeist
undemokratischen islamischen Staaten können solche kollektiven
Optionen nicht auf Dauer ignorieren. Um zu klügeren weltpolitischen Entscheidungen zu gelangen, ist es unerläßlich, den islamischen Fundamentalismus ernsthafter als bisher zu studieren.
Bemühungen, den Islam zu reformieren, das heißt ihn demokratisch zu gestalten und sich von seinen dysfunktionalen Ansprüchen auf absolute Überlegenheit zu lösen, müssen von allen nichtmuslimischen Teilen der internationalen Gemeinschaft begrüßt
werden. Die neue Offenheit, mit der nichtmuslimische westliche
Beobachter die islamische Zivilisation um ihrer selbst willen und
als wesentliches Element einer pluralistischen Welt anerkennen,
ist ein begrüßenswerter Einstellungswandel. Daß dies die Akzeptanz eines wie immer gearteten islamischen Vormachtanspruchs
ausschließt, versteht sich von selbst. Ich möchte meine Leser daran erinnern, daß für die islamischen Fundamentalisten die Idee
von *Ghalab*/Dominanz einen Grundpfeiler der islamischen politischen Doktrin darstellt. Dagegen glaube ich als liberaler Muslim
an einen kulturellen und politischen Pluralismus, der keinerlei
Vorherrschaft, welcher Zivilisation auch immer, zuläßt.

Schlußfolgerungen

Der Weltfrieden erfordert, daß sämtliche Zivilisationen, vor allem die westliche und die islamische, auf der Basis der Gleichheit miteinander in Frieden zu leben lernen. Zu diesem Zweck müssen sich beide genannten Zivilisationen reformieren und ihren impliziten oder expliziten Anspruch auf Universalität und Vorherrschaft aufgeben. Soll die Idee einer internationalen Moralität von allen Zivilisationen geteilt werden, setzt dies die Trennung von Religion und Politik sowie die Errichtung oder Wiedererrichtung des säkularen Nationalstaats voraus. Aber gerade diese Institution befindet sich in der Welt des Islam in ernster Gefahr. Im nächsten Kapitel werde ich die vielleicht merkwürdig anmutende Frage zu beantworten versuchen, ob die Religion, wie ihre Anhänger so lautstark behaupten, die Lösung für diese Krise sein kann.

Der aus der Politisierung der jeweiligen Weltanschauung und Zielsetzungen von religiös definierten Zivilisationen hervorgegangene religiöse Fundamentalismus kann nicht das Fundament einer von Frieden und Gerechtigkeit geprägten Weltordnung bilden, denn die Verbreitung des Fundamentalismus ist in Wirklichkeit der ideologische Ausdruck der »kommenden Anarchie«[100] oder, wie ich es nenne, der neuen Weltunordnung. Die Alternative zu dieser düsteren Aussicht ist ein kulturübergreifender Konsens über eine säkulare internationale Moralität.

VI

DIE KRISE DES NATIONALSTAATS: ISLAMISCHE, PANARABISCHE, ETHNISCHE UND KONFESSIONELLE IDENTITÄTEN IM KONFLIKT

In der Zeit der Dekolonisation sahen die meisten westlichen Historiker und Sozialwissenschaftler ausschließlich im Nationalstaat das geeignete Vehikel der Modernisierung.[1] Nationsbildung war die Zauberformel, in der sich diese Fixierung ausdrückte, und sie wurde von den verwestlichten Eliten der betroffenen nichtwestlichen Zivilisationen geteilt. In dieser Hinsicht ist der Zerfall von Nationalstaaten in Asien und Afrika ein Prozeß, der vielen die Augen öffnet.

Noch vor dem Auseinanderbrechen der Sowjetunion[2], das zum Teil von ethnischen Gegensätzen verursacht wurde, hatten Wissenschaftler damit begonnen, ihren Fokus von der Nationsbildung auf das Studium der Ethnizität zu verlagern. Nachdem bereits separatistische und sezessionistische ethnische Nationalismen, die sich selbst auf scheinbar so friedfertigen Schauplätzen wie Schottland zu Wort meldeten, den theoretisch nicht-ethnischen Nationalstaat in Frage gestellt haben, ist heute der religiöse Fundamentalismus als ernst zu nehmende Herausforderung hinzugekommen. Der Hindu-Fundamentalismus in Indien ist ebenso gewiß antisäkular wie der serbische Ethnofundamentalismus auf dem Balkan. Ziel der fundamentalistischen Bewegungen ist es, den Nationalstaat durch eine göttliche Ordnung zu ersetzen. Für analytische Zwecke mag man die Ethnizität vom Fundamentalismus trennen können, doch in der Wirklichkeit bilden beide ein Kontinuum. In diesem Kapitel möchte ich meine Untersuchung auf die zum Aufstieg des Fundamentalismus führenden strukurellen Zwänge ausweiten. Dabei werde ich die Krise des Nationalstaats analysieren und zur Ethnizität sowie zu den als Fundamentalismen bekannten religiösen Heilsideologien in Beziehung setzen.

Den Rückgriff auf eine politisierte Religion verstehen

In der heutigen Welt sind Krisen in Reichweite und Einfluß nicht mehr lokal begrenzt. Sie wirken sich vielmehr unvermeidlich auf globale Prozesse und Formationen aus.[3] Eine Reaktion auf die gegenwärtigen Krisen ist der Rückgriff auf die Religion, vordergründig als Glaube, im Grunde aber als politische Ideologie. Das Ergebnis ist die Herausbildung von religiösen Fundamentalismen in verschiedenen Zivilisationen. Die interdisziplinären, kulturübergreifend orientierten Wissenschaftler, die an dem bereits erwähnten Fundamentalismusprojekt teilnahmen, versuchten diese Zuflucht zur Religion zu erklären.[4] Die Kernfrage, die sich das Projekt stellte, lautete, ob die Religion die Lösung des Problems oder nur dessen unfreiwilliger Kristallisationspunkt sei.

Bevor wir uns dieser fortwährenden Frage zuwenden, muß jedoch ein anderer, grundlegenderer Aspekt geklärt werden: Kann die Frage nach der Rolle der Religion als Problem oder Lösung *einheitlich* für die gesamte Menschheit gestellt und beantwortet werden? Offenbar nicht, da aufgrund der regionalisierten Natur unserer globalisierten, aber noch nicht vereinten Welt eine globale Antwort nicht möglich ist. Und wenn man dies akzeptiert, wie soll man dann die Welt des Islam im besonderen betrachten?

Historiker und Sozialwissenschaftler haben sich auf unterschiedliche Weise darum bemüht, diese Frage zu beantworten. Traditionelle Welthistoriker und Allgemeintheoretiker der Internationalen Beziehungen teilen trotz aller Geringschätzung für die Arbeit des jeweils anderen dieselbe ganzheitliche Weltsicht, ob nun auf die Weltgeschichte bezogen oder im Rahmen des internationalen Systems der Nationalstaaten. Dagegen sind Regionalisten, also Wissenschaftler auf dem Gebiet der *area studies*, frei von dem unermüdlichen Verlangen, die ganze Vielfalt der Welt auf ein einziges ganzheitliches Konzept zu reduzieren, aber ihre Arbeiten sind häufig durch die intellektuelle Engstirnigkeit ihrer im wesentlichen eindimensionalen, auf regionale Belange begrenzten Untersuchungen geprägt.[5] Die meisten Regionalisten mißtrauen kulturübergreifenden Vergleichen, die über die ihnen bekannte Region hinausgehen, ganz zu schweigen von theoriebezogenen Ansätzen breitangelegter Konzepte.

Es trifft zu, daß die Welt derart strukturell verflochten ist, daß die Völker trotz ihrer kulturellen Unterschiede immer stärker miteinander in Kontakt kommen. Durch moderne Kommunikations- und Transportmittel sowie jegliche Art von Vernetzung und Interaktion wird die Welt immer rascher zu einem »globalen Dorf«. Daraus folgt, »daß die Geschichte der Welt seit dem Zweiten Weltkrieg, und insbesondere die des letzten Drittels des 20. Jahrhunderts«[6], auf neue Weise geschrieben werden müßte. Nur kulturübergreifend und interdisziplinär können Politik und Gesellschaft angemessen untersucht werden. Eric Hobsbawn, von dem dieses Argument stammt, ist sich der Tatsache bewußt, daß diese Geschichte »noch nicht adäquat geschrieben werden kann« (ebd.). Noch fehlen die Instrumente und Einsichten, um die drängenden Fragen über den Aufstieg der politisierten Religion in der Krise des Nationalstaats zutreffend und umfassend beantworten zu können. Mit der universalistischen Vision des Welthistorikers kann dies ebensowenig geschehen wie mit den anscheinend komplexeren, an der Systemtheorie orientierten Methodologien des Fachgebiets der Internationalen Beziehungen. In der vorliegenden Untersuchung verlasse ich die »tiefe Gelehrsamkeit« abstrakter Theorien und wende mich auf der Suche nach Antworten statt dessen dem verheißungsvolleren Ansatz der historischen Soziologie zu.[7] In unserem Zeitalter des religiösen Fundamentalismus werden globale Lösungen gebraucht, aber nicht mehr akzeptiert. Jede Zivilisation erweckt ihre eigene Weltanschauung zu neuem Leben, ihr eigenes Weltkonzept, in deren Rahmen sie eigene Lösungen für die verschiedenen Krisen entwickelt. Dieser Prozeß spielt sich auf dem Boden der Religion ab, die für das Mittel zur Lösung gehalten wird. Das Ergebnis ist ein ideologischer »Krieg von Zivilisationen« mit einander widerstreitenden Weltanschauungen.[8]

Über der Betrachtung von globalen Strukturen und Globalisierungsprozessen darf man den einzigartigen Charakter einer jeden dieser zivilisatorischen Weltanschauungen nicht aus den Augen verlieren. Zwar ist den Zivilisationen trotz aller Unterschiede und inneren Differenzierung gemeinsam, daß sie von globalen Rahmenbedingungen beeinflußt werden, aber die Globalisierung schafft weder eine »Weltkultur«, noch gleicht sie unvereinbare kulturelle Muster einander an. Kultur, als Sinnstiftung verstanden, ist immer ortsgebunden. Es ist ein Irrtum, anzunehmen, sie bestehe aus globalen Konsumartikeln wie dem Fernsehen, Coca-Cola, Popmusik oder Mode. Diese trivialen Ausnahmen von den lokalen Äußerungsformen einer Kultur machen keine Welt aus.

Eines der Verdienste der im Fachgebiet der Internationalen Beziehungen geführten Debatte über den »Zusammenprall der Zivilisationen« ist die Einsicht, daß allgemeine abstrakte Theorien nirgendwo hinführen. Daraus folgt allerdings nicht, daß man sich mit dem Chaos einer globalen Unordnung abfinden muß. Einen regional differenzierten Bezugsrahmen anzulegen ist weiterhin möglich. In dieser Weise werde ich im folgenden den islamischen, überwiegend arabischen Teil des Nahen Ostens untersuchen. Diese Verengung der Perspektive ist aufgrund der Tatsache gerechtfertigt, daß der Nahe Osten allgemein als kultureller Mittelpunkt der islamischen Zivilisation gilt.[9]

Ist der politische Islam die Lösung?

Die gegenwärtig im Nahen Osten zu beobachtende Krise des Nationalstaats[10] geht auf die Tatsache zurück, daß diese moderne Institution jener Region der Welt fremd ist und ihr buchstäblich aufgezwungen wurde.[11] Heute sind – wenn auch nur formal – alle dortigen Staaten, sogar Kuwait und Saudi-Arabien, nach dem Muster des Nationalstaats aufgebaut. Welche Bedingungsfaktoren liegen dann dessen Krise im Nahen Osten zugrunde? Manche Wissenschaftler rücken diese Krise in ein falsches Licht, indem sie, ohne dies näher zu spezifizieren, darauf verweisen, daß die islamische Geschichte recht vertraut mit der Institution des Staates sei. Sie meinen damit natürlich die territorialen, dynastischen oder traditionellen Staatsgebilde, die seit langem Teil der islamischen Geschichte gewesen sind.[12] Wer so argumentiert, übersieht, daß der Nationalstaat ein modernes Phänomen ist, eben nicht nur ein »Staat« im Sinne der Abwesenheit von Anarchie, sondern ein modernes Konstrukt, das unter anderem auf dem Organisationsprinzip einer Zentralregierung beruht, die ihre Legitimität aus der Volkssouveränität bezieht.[13] Nach *dieser* Definition hat es in der islamischen Geschichte vor dem 20. Jahrhundert keine solche Institution gegeben. Der Nationalstaat ist eine neue und weithin unwillkommene Ergänzung der zeitgenössischen Geschichte des Islam.

Wie gesehen, stellen die muslimischen Fundamentalisten den säkularen Nationalismus als fremde Ideologie und die bestehenden Nationalstaaten als fremde, oktroyierte Institutionen in Frage.[14] Der sunnitische islamische Fundamentalismus ist unverkennbar eine Antwort auf die Tatsache, daß der Nationalstaat in der arabisch-islamischen Region des zeitgenössischen Nahen Ostens keine Wurzeln zu schlagen vermochte. Von den islamischen Fundamentalisten wird er als *Hall mustaurad*/importierte Lösung zurückgewiesen.[15]

Die politische Kultur des säkularen Nationalismus ist nicht nur eine Neuheit im Nahen Osten[16], sondern es gelingt ihm auch nicht, unter die Oberfläche der jeweiligen Gesellschaften zu dringen. In den Augen der Menschen dieser Region besitzt die politische Kultur des Islam mehr Authentizität, da sie älter ist als Nationalismus und Nationalstaat und auf mächtigen religiösen Lehren beruht. Zwischen der islamischen Tradition und dem ihr neuerdings übergestülpten Nationalstaat besteht ein tiefgreifender Konflikt.

In gewissem Maß hat der Aufbau des nahöstlichen Staatensystems natürlich die Integration dieses Teils der Welt als regionales Subsystem in das internationale Staatensystem gefördert.[17] Die politisierte Religion als Ausdruck der unnachgiebigen Gegnerschaft zum Nationalstaat und zum internationalen System – die natürlich beide vom Westen geschaffen wurden – stellt eine ernste Herausforderung dar und kündigt schwere Konflikte an. Aber auch der Islam selbst als ein mit der Moderne konfrontiertes vormodernes kulturelles System durchlebt eine Krise.[18] Unter diesen Umständen bedeutet die Politisierung der Religion die Entfachung von Konflikten und die Eskalation der vorhandenen Krise. Manche Beobachter halten es für falsch, die Politisierung der Religion als Fundamentalismus zu charakterisieren, weil dieser ein dem Islam fremdes westliches Konzept sei. Aber der Begriff ist der Bewegung nicht von außen angeheftet worden; die Muslime, die derzeit den Nationalstaat und die internationale Ordnung bekämpfen, betrachten *sich selbst* als Fundamentalisten – als *Usuliyyun,* um ihr eigenes Etikett zu benutzen.[19] Nach ihrer Ansicht ist der moderne Muslim vor allem ein politischer Mensch und der Islam *Din wa daula*/Einheit von Religion und Staatsordnung. Freilich ist der Begriff *Usuliyya* ein erst in jüngster Zeit geprägtes neoarabisches Wort, und die Politisierung des Islam (zum Beispiel die Gründung der Muslimbruderschaft im Jahr 1928) ging der Einführung des Begriffs voraus.

Sich selbst als antiwestlich zu verstehen stellt im politischen Islam den Bezugspunkt zur Bestimmung der Eigenidentität dar. Die Konstriktion einer »geglaubten Gemeinschaft«[20], auf der die kulturelle Identität einer »Wir-Gruppe« beruhen soll, geht einher mit der Vorstellung einer feindseligen globalen Umwelt, die als »die anderen«, das heißt als »der Westen« wahrgenommen wird. Demgemäß wird die Welt des Islam – als Zivilisation – politisch als von diesem feindseligen Milieu überflutet und eingeengt durch die von ihm ausgelösten Globalisierungsprozesse gesehen. In diesem modernen Kontext wird die Erinnerung an die mittelalterlichen christlichen Kreuzzüge wiederbelebt, und die Projektion der Kreuzzüge in die Gegenwart[21] dient dazu, die Einbeziehung der islamischen Welt in den Globalisierungsprozeß – kurz, diesen »modernen Kreuzzug« der Christenheit gegen den Islam – zurückzuweisen. Die Ausbildung des Nahen Ostens als eine Reihe

von Staatssystemen nach dem Muster des modernen Nationalstaats wird als Ergebnis dieser aufgezwungenen und ungewollten
Einbeziehung gesehen. So finden alte Erinnerungen und historische Belastungen, mit neuen Wahrnehmungen vermischt, ihren
Weg in den zeitgenössischen Kontext.[22]

Die islamischen Fundamentalisten sind selbst unfreiwillige Reflexionen der Einwirkung der Moderne, die sie pauschal mit dem
Attribut »der Westen« bezeichnen. Sie sind weder Traditionalisten
noch Nativisten. Ganz im Gegenteil wird ihre Antwort auf die
Moderne weitgehend in modernen Begriffen formuliert, und ihre
Ideen und Taten bleiben in dem von der Moderne bestimmten
Weltzeit-Kontext gefangen. Das Dilemma, in dem sich die islamischen Fundamentalisten gegenüber der Moderne befinden, ist in
der Tat zum Ausdruck ihrer eigenen Ambiguität geworden: Einerseits versuchen sie, die materiellen Errungenschaften der Moderne – das heißt Wissenschaft und Technologie – instrumentell
als Ganzes oder in großen Teilen in die islamische Zivilisation
einzuführen; andererseits weisen sie die Übernahme der anthropozentrischen Rationalität vehement zurück, die diese Errungenschaften erst möglich gemacht hat.[23] Im Gegensatz zur Souveränität des Nationalstaats konstruieren die Fundamentalisten die
»Gottesherrschaft«. Doch *Hakimiyyat Allah* ist offenbar nicht
das traditionelle islamische Kalifat, und der »islamische Staat« –
eine spezifisch moderne Vorstellung – steht für den fundamentalistischen Traum von der »halben Moderne«.

Zwischen Volkssouveränität und Gottesherrschaft

Gläubige Muslime, zu denen ich gehöre, glauben, daß Gott das
Universum und alles darin Existierende geschaffen hat. Aber nach
den Vorstellungen der islamischen Fundamentalisten regiert Gott
auch die Welt nach Seinem Willen, wie er im Koran offenbart wurde. Dabei wird der Koran unter Verwendung des neoarabischen
Wortes *Dustur*/Verfassung als »heilige Verfassung« bezeichnet.[24]

Dieses Konzept ist neu. Nach Ansicht der Fundamentalisten ist der Mensch nur ein *Makhluq*/Geschöpf Gottes und Objekt seines allmächtigen Willens. Das »Subjektivitätsprinzip« (Habermas), das den philosophischen Diskurs der Moderne prägt[25], gilt islamischen Fundamentalisten als Häresie. Im Rahmen der fundamentalistischen Politisierung der grenzenlosen theozentrischen Vision des Islam hat die Idee des Menschen von freiem Geist und freiem Willen keinen Platz. Folgerichtig lehnen die Anhänger dieser politisierten Religion nicht nur den normativen Unterbau der individuellen Menschenrechte, sondern auch den Nationalstaat selbst ab.

Es sei daran erinnert, daß die Krise des Nationalstaats in der islamischen Welt entweder auf gescheiterte Entwicklungspolitik (Algerien und Iran), die Folgen von Krieg und Diktatur (Irak und Syrien), lokale ethnische Auseinandersetzungen (Sudan) oder die Nachwirkungen ausländischer Besetzung (Afghanistan und Besetzte Palästinensergebiete) zurückzuführen ist. Für all diese kränkelnden Staaten bieten die islamischen Fundamentalisten ein auf den Lehren der Religion fußendes Gegenprogramm an. Dieses Gegenprogramm ist jedoch nicht problemorientiert, sondern stellt eine Alternative zu bestehenden Staatsmustern dar. Aus fundamentalistischer Sicht sollte die *Daula qaumiyya*/der Nationalstaat durch das *Nizam Islami*/islamische System[26] ersetzt werden, dessen Kennzeichen die *Hakimiyyat Allah*/Gottesherrschaft bildet, wie sie in Seinem göttlichen Recht der *Schari'a* ausgedrückt ist. (Mehr zu dieser Ideologie in den Kapiteln 7 und 8.)

Obwohl sie die Interpretation von *Din wa daula*/Einheit von Religion und Staatsordnung auf den Islam beziehen, vermeiden die islamischen Fundamentalisten zumeist den Begriff »Staat« *(Daula)* und benutzen statt dessen den Ausdruck *Nizam*, System. Dies steht im Einklang mit ihrer Ablehnung von Grenzziehungen, denn der Islam erkennt keine Grenzen an. Infolge der Politisierung der Idee der universellen Souveränität Gottes ist auch das politische System des Islam dem fundamentalistischen Verständnis nach universell. Dabei richtet sich die Ideologie zuerst auf die islamische *Umma* und dann auf die gesamte Menschheit. Insofern ist die *Umma Islamiyya*/islamische Gemeinschaft der Kern einer islamisierten Menschheit unter dem Banner des Islam.[27]

Ein Beispiel für die fundamentalistische Zurückweisung von Subjektivitätsprinzip und Nationalstaat ist eine in der algerischen Wochenzeitung *al-Munqith* – bis zu ihrem Verbot die Stimme der *al-Jabhah al-Islamiyya li al-Inqadh*/Islamischen Heilsfront (FIS) – geführte hitzige Debatte zwischen Abbasi Madani, dem Gründer der FIS, und einem Funktionär der aufgelösten *Front de Libération Nationale*/Nationalen Befreiungsfront (FLN), der aus der Befreiungsbewegung gegen die französische Kolonialherrschaft hervorgegangenen Partei, die Algerien von der Unabhängigkeit im Jahr 1962 bis zur Machtübernahme durch das Militär im Jahr 1992 regierte. Im Verlauf dieser Debatte wurde Madani mit den Worten zitiert:

»Ihr sprecht vom Konzept der Volkssouveränität und führt an, es sei in der Verfassung enthalten. … Ich kann es im Koran nicht finden und deshalb auch nicht akzeptieren. Indem ihr euch diesem Konzept verschreibt, fallt ihr hinter das Zeitalter des Islam zurück; ihr kehrt zur *Djahiliyya* zurück.«[28]

Das geopolitische Konzept der algerischen Fundamentalisten lautet: »*al-Maghreb al-Islami al-kabir*/der islamische Großmaghreb«. Der Maghreb ist geopolitisch und kulturell das Gebiet der arabischen Staaten Nordafrikas, das heißt Marokko, Algerien, Tunesien und Libyen; Ägypten wird zum *Maschreq*/dem arabischen Osten gerechnet. Aus dem genannten Konzept folgt die Zurückweisung des Nationalstaats, denn der anvisierte muslimische Staat soll ganz Nordafrika umfassen. Ob diese Einheit auch Europa berühren könnte, etwa im ehemals islamischen Spanien, wurde offengelassen. Auf manchen FIS-Flugblättern, die ich im Januar 1992 und nochmals 1993 in Algerien gesehen habe, wurde im Rahmen eines geographisch ausgeweiteten »islamischen Großmaghreb« auf die ehemaligen islamischen Eroberungen in Südeuropa, zum Beispiel in Spanien, auf Sizilien und dem südlichen Balkan, Bezug genommen, während das Mittelmeer als *Bahr Islami/* islamisches Meer dargestellt wurde.

An westlichen Universitäten lernen Studenten bereits während ihres Grundstudiums, daß das normative Fundament des Nationalstaats der Gedanke der Volkssouveränität ist.[29] Dieses Konzept ist politischer Ausdruck der auf die Menschheit zentrierten Weltsicht, die eines der Hauptelemente der kulturellen Moderne darstellt. Für Fundamentalisten ist der Gedanke der Herrschaft des Volkes über das Volk Häresie, da er ein Ausdruck von *Ta'til* ist. Dieser Begriff entstammt dem politischen Gedankengut des orthodoxen islamischen Juristen Ibn Taimiyya und bezeichnet menschliche Handlungen, die dazu dienen, die Gottesherrschaft aufzuheben.[30] Indem dieses mittelalterliche Konzept in einen modernen Kontext übertragen wird, erhält der Konflikt zwischen dem islamischen Fundamentalismus und dem System der Nationalstaaten ideologisch den Charakter einer Auseinandersetzung zwischen politisiertem theozentrischen Universalismus und säkularer nationaler Souveränität. Diese Weltsichten stehen natürlich in grundsätzlichem Widerspruch zueinander, und in einer lediglich am Staat orientierten Analyse läßt sich nicht nachvollziehen, daß es dieser Konflikt ist, der dem Aufstieg des islamischen Fundamentalismus zugrunde liegt.

Den Konflikt in dieser Weise zu interpretieren soll nicht heißen, daß die im Nahen Osten existierenden Nationalstaaten wirklich säkular oder vom Prinzip der Volkssouveränität bestimmt sind. In den Staaten des arabischen Nahen Ostens ist dieses Prinzip allenfalls an der Oberfläche vorhanden, weil es nicht Ausdruck der Herrschaft des Volkes über das Volk ist. Diese Staaten werden allesamt von mehr oder weniger autoritären und despotischen Regimen regiert, die auf der politischen Kultur des »Neopatriarchats« beruhen.[31] Nationalstaaten sind sie nur der Form nach, da ihnen das nötige strukturelle und institutionelle Fundament fehlt. Deshalb sind sie bloß nominelle Nationalstaaten oder, mit dem Begriff, den Robert Jackson für die meisten Staaten der »Dritten

Welt« vorgeschlagen hat, »Quasi-Staaten«.[32] Von der Moderne haben sie die *Technologie* der Herrschaft übernommen, aber nicht die *demokratische Logik* des Regierens. Rhetorisch behaupten sie, ihre Legitimität aus der Volkssouveränität abzuleiten, und nach den Standards des Völkerrechts genießen alle nahöstlichen Staaten, da sie scheinbar als souveräne Nationalstaaten organisiert sind, internationale Anerkennung. Im Innern jedoch fehlt ihnen nach allen vernünftigen Maßstäben die von ihnen beanspruchte Legitimität.[33] Unter diesen Umständen trägt der Aufstieg des islamischen Fundamentalismus zur Delegitimation dieser Staaten und damit zu ihrer politischen Destabilisierung bei. Kann Religion in dieser Funktion die Lösung der Krise sein? Um Mißverständnissen vorzubeugen: Die Machthaber in den Quasi-Staaten der Welt des Islam versuchen den Fundamentalismus zu unterdrücken, aber sie tun es nicht wegen dessen *Demokratiefeindlichkeit*, sondern aus der berechtigten Sorge heraus, gestürzt zu werden und ihre Macht zu verlieren.

Ist den undemokratischen Herrschern der Welt des Islam die Schuld am Scheitern des Nationalstaats zuzuschreiben? Und warum ist diese Institution den Muslimen fremd? Der Nationalstaat setzt das Vorhandensein einer politischen Gemeinschaft voraus, die der modernen Idee einer Zivilgesellschaft *(civil society)*[34] entspricht, in der die Menschen bestimmte Grundwerte und Normen teilen, das heißt einen allgemeinen Konsens anerkennen, der sie auf pluralistischer Grundlage miteinander verbindet. Staatsbürgerschaft im Sinne von *Citoyennité* in einer Zivilgesellschaft[35], die sich politisch als demokratischer Nationalstaat organisiert, ist Ausdruck der politischen Identität und Loyalität der Menschen, die den Staatskörper bilden. Doch in den nahöstlichen Nationalstaaten gibt es, wie anderswo in der islamischen Zivilisation auch, nur oktroyierte Strukturen, denen sämtliche angeführten Erfordernisse fehlen. Die Staatsbürgerlichkeit hat dort keine Substanz und bezieht sich nur formal auf die Ausgabe von Ausweisen und Pässen, nicht auf irgendein Bewußtsein der Zugehörigkeit zu einer genuinen politischen Gemeinschaft und dem entsprechenden Gemeinwesen. Im Nahen Osten betrifft das Bewußtsein der Zugehörigkeit zu einer Gemeinschaft nicht die Zivilgesellschaft, sondern eine untergeordnete ethnische oder konfessionelle Gemeinschaft und deren untergeordnete Identität, und statt aus der Zustimmung zur politischen Ordnung erwächst die politische Loyalität in diesen untergeordneten Gemeinschaften aus der Zwangsherrschaft. Der nahöstliche Staat ist eine »Republik der Angst«[36], wofür der Irak unter Saddam Hussein nur ein Beispiel ist, denn dieser vom *Mukhabarat*/Geheimdienst beherrschte Staat ist kein Sonderfall, wie viele westliche Beobachter meinen. Fundamentalistische Gruppen stellen den gescheiterten Nationalstaaten, die sie um sich herum sehen, die Religion gegenüber und verstehen sie als legitime Alternative zu einem korrupten Nationalismus. An die Stelle des säkularen Nationalismus treten religiöse Heilsideologien, und das Ergebnis ist nicht Demokratie.

Bei näherer Betrachtung des Konflikts zwischen Nationalstaat und Fundamentalismus im Nahen Osten stößt man auch auf das Wiederaufleben bestimmter Solidargemeinschaften, die ich im Sinne des Konzepts der *Ethnizität* als ethnische Gruppen bezeichne. Im Nahen Osten sind sowohl ideelle als auch reale Muster der kollektiven Identität anzutreffen. Dem religiösen Ideal einer allumfassenden islamischen *Umma*/Gemeinschaft liegt die Annahme zugrunde, es gebe eine übergeordnete islamische Identität, die den Gläubigen durch eine sie alle beheimatende islamische Zivilisation verliehen werde. In ähnlicher Weise geht die Idee einer arabischen *Umma*/Nation auf die Vorstellung einer übergeordneten, überethnischen und -religiösen panarabischen Identität zurück. Im Arabischen wird das Wort *Umma* undifferenziert in beiden Bedeutungen verwendet.[37]

Innerhalb dieser supranationalen und übergeordneten kollektiven Identitäten gibt es die von den bestehenden Nationalstaaten aufgezwungenen Identitäten. Als Beispiel sei die vom *Mukhabarat* des totalitären irakischen Regimes verbreitete und auferlegte Idee von »al-Iraqiyya/Irakertum« genannt[38], die eine übergeordnete nationale Identität darstellt, während die wirklichen Identitätsmuster im Irak entweder tribal wie im Falle des takritischen Klientelismus des Klans Saddam Husseins, ethnisch wie bei den Kurden, konfessionell wie bei den Schiiten oder alles zugleich sind. Solche übergeordneten Identitäten sind also ideell, nicht real. Sie sind Visionen oder ideologische Konstrukte, die eine gewisse Erwartungshaltung implizieren, welche unter Zwang im Volk durchgesetzt wird. Die wirklichen Identitäten im Nahen Osten beziehen sich auf untergeordnete kommunale, ethnische und/ oder konfessionelle Gruppen, die jeweils in ihre eigene lokale Kultur eingebettet sind. Daher besteht der eigentliche Konflikt nicht zwischen dem islamischen Fundamentalismus und pan- oder lokal-nationalistischen Regimen, denn in Wirklichkeit ist der Fundamentalismus trotz seiner universalistischen Rhetorik von Ethnizität und Konfessionalismus durchtränkt. In ähnlicher Weise wird die Krise des Nationalstaats nicht von der Bedrohung durch ein islamisches Regierungssystem hervorgerufen, sondern vom potentiellen Zusammenbruch der existierenden Regime aufgrund einer religiös motivierten Mobilisierung. Mit anderen Worten, die Gefahr besteht weniger im Aufkommen einer *neuen* Ordnung als vielmehr in der Verbreitung von *Un*ordnung.

In diesem Zusammenhang ist der Begriff »Libanisierung« geprägt worden, um den Prozeß der Entstehung lokaler Unordnung zu bezeichnen, in dem sich ethnische und konfessionelle Gemeinschaften der bestehenden Ordnung widersetzen und zur Rechtfertigung ihrer rivalisierenden Legitimitätsansprüche religiöse Formeln heranziehen. Der jüngere Begriff der »Afghanisierung« spielt auf die fortwährende Unordnung in Afghanistan an, wo sich fundamentalistische Milizen nach der Vertreibung der Invasoren untereinander in einen blutigen Kampf verstrickt haben. Es versteht sich von selbst, daß eine derartige Fragmentation nicht im Sinn der islamischen Fundamentalisten ist. Rhetorisch schwebt ihnen die *Hakimiyyat Allah*/Gottesherrschaft[39] vor und keine ethnische Herrschaft. Das Problem ist nur, daß ihr Kampf gegen die existierenden Nationalstaaten statt dessen eine Libanisierung oder Afghanisierung der jeweiligen Regime zur Folge haben kann.

Im Sudan, wo Fundamentalisten am 30. Juni 1989 an die Macht gekommen sind, hat ihre Regierung die ethnische und konfessionelle Vorherrschaft des arabischen islamischen Nordens über die nichtarabischen und nichtmuslimischen ethnischen Gruppen im Süden durchgesetzt.[40] Auf globaler Ebene ist die übergeordnete Identität die islamische Zivilisation, die gegen den Westen gerichtet ist; regional und lokal kann sich die übergeordnete Identität in einem bestehenden oder angestrebten Staat finden. Aber echte untergeordnete Identitäten, die auf den Erfahrungen des täglichen Lebens beruhen, sind immer im weitesten Sinne ethnischer und/ oder konfessioneller Natur. Aufgrund der trennenden Kraft dieser ethnischen und konfessionellen Bindungen wird die Mobilisierung gegen den Westen auf der Ebene der islamischen Zivilisation durch lokale und innerstaatliche Entwicklungen behindert. Leslie Lipson drückt es in seiner vergleichenden Studie der Zivilisationen so aus:

»Weder der Iran der Schiiten noch das Saudi-Arabien der Sunniten wirkt wie der Vorbote einer vielversprechenden Zukunft. Tatsächlich scheint von allen großen Zivilisationen die islamische diejenige zu sein, von der am wenigsten zu erwarten ist, daß sie im nächsten Jahrhundert eine erfolgreiche Erneuerung durchmachen wird. Zu diesem Schluß gelange ich aufgrund von zwei Faktoren. Der eine ist das Überhandnehmen akuter Spaltungen innerhalb der islamischen Gesellschaften [aufgrund von] Tribalismus und der Grausamkeit religiösen Sektierertums. … Diese Schwäche hängt mit einem anderen Mangel zusammen …, der Intoleranz. … Die Folge ist, … daß wahre Gläubige fanatisch kämpfen werden.«[41]

Diese wahren Gläubigen sind überwiegend irreguläre Kämpfer, die sich sogar gegenseitig bekriegen, wie sich in Algerien und Afghanistan gezeigt hat. Es wäre jedoch irreführend, aus den chronischen innerislamischen Auseinandersetzungen zu schließen, der islamische Fundamentalismus sei nur »für die muslimischen Völker selbst«[42] eine Herausforderung, wie Fred Halliday meint. Obwohl ich seiner Einschätzung zustimme, daß das Problem der internen Gewalt und der Spannungen zwischen den fundamentalistischen Gruppen deren »Fähigkeit, international eine nachhaltige Rolle zu spielen« (ebd.), schwächt, bin ich überzeugt (wie ich bereits in Kapitel 1 im Zusammenhang mit Hallidays Ansichten ausführte), daß die von ihnen geschaffene Unordnung nicht auf den lokalen oder innerstaatlichen Bereich begrenzt bleibt. Ein im Zustand der Unordnung befindlicher Naher Osten würde Unordnung im Mittelmeerraum und möglicherweise im angrenzenden Europa – man denke nur an Bosnien – nach sich ziehen. Aber warum kommt es zu diesen innerislamischen Konflikten? Das Fehlen einer toleranten politischen Kultur des Pluralismus ist eine Erklärung. Ethnizität, meine ich, die andere. Die unwiderstehliche Kraft trifft auf das unbewegliche Objekt.

Der Nationalstaat: Zwischen Ethnizität und Fundamentalismus

Ethnizität, die in der Welt des Islam ebenso wie andernorts zu einer Hauptursache von Konflikten geworden ist, untergräbt den universalistischen Anspruch des islamischen Fundamentalismus. Dennoch ist sie mit der Religion verknüpft, da politische islamische Gruppen in Zusammensetzung, Ideologie und Zielvorstellungen vorwiegend ethno-religiös geprägt sind. Dieses neue Phänomen findet sich überall in der islamischen Welt, am deutlichsten wohl in Afghanistan, wo drei große ethnische Gruppen – Paschtunen, Tadschiken und Usbeken – im Namen der Religion um die Macht kämpfen. An der multiethnischen afghanischen Gesellschaft sieht man deutlich, daß Religion Ethnizität als trennende Kraft nicht vereint, sondern mit ihr vermischt ist. In Afghanistan und im Sudan unterminiert die ethnische Fragmentation die Durchsetzungsfähigkeit der islamischen Fundamentalisten, und das, obwohl sie im Sudan und inzwischen in einem Großteil

Afghanistans an der Macht sind. In Algerien ist auf fundamentalistischen Transparenten zu lesen: »al-Djaza'ir 'Arabiyya wa al-Islam dinuha/Algerien ist arabisch, und der Islam ist seine Religion«. Von den Berbern, die ebenfalls Muslime, aber keine Araber sind, wird dieser Slogan als Kriegserklärung gegen sie aufgenommen. Sie machen rund ein Drittel der algerischen Bevölkerung aus, und um ihre Ethnizität als algerisch-muslimische Berber zu schützen, sprechen sie sich einhellig gegen den sunnitisch-arabischen Fundamentalismus aus. Während meiner Vorlesungen in Algier im Winter 1992 und Frühjahr 1993 unterstrichen die anwesenden Berber zwar ihren islamischen Glauben, machten aber zugleich deutlich, daß sie die fundamentalistische Idee der *Djaza'ir 'Arabiyya*/des arabischen Algerien strikt ablehnten. Sie weisen die Gleichsetzung des Islam mit dem Arabismus ebenso zurück wie das Konzept des politischen Islam.

Im Sudan, der von der fundamentalistischen Nationalen Islamischen Front regiert wird (siehe Anmerkung 40), sehen die algerischen Berber einen Präzedenzfall, der vor Augen führt, was nicht-arabischen ethnischen Gruppen geschehen kann, die sich nicht zum sunnitisch-*arabischen* Islam bekennen. Aus rein ethnischen Gründen haben die beiden Berberparteien, die *Front des Forces Socialistes* (FFS) und das *Ressemblement de la Culture et Démocratie* (RCD), in der Krise von 1991/92 und auch später entschieden antifundamentalistische Positionen vertreten. Daß Ethnizität eine Ursache von Konflikten sein kann, zeigte auch die Entwicklung im Irak nach dem Ende des Golfkriegs, als die Spannungen zwischen der herrschenden sunnitischen Klientel der Takritis einerseits und den Kurden sowie Schiiten andererseits offen ausbrachen.[43] Das krasseste Beispiel ethnischer Spannungen ist jedoch der Sudan, wo sich der Konflikt zu einem Bürgerkrieg ausgeweitet hat. Aber auch die Auseinandersetzungen zwischen der sunnitischen Mehrheit und den Alawiten in Syrien[44] könnten in einen inneren Krieg münden.

Jede ernsthafte Analyse von Ethnizität als Ursache von Konflikten im Nahen Osten muß sich auf die Erkenntnisse mehrerer wissenschaftlicher Disziplinen stützen. Früher war Ethnizität nur für Ethnosoziologen und Anthropologen von besonderem Interesse.[45] Heute sieht es anders aus. In jüngster Zeit, insbesondere nach der ethnischen Fragmentation der ehemaligen Sowjetunion (siehe Anmerkung 2) und dem Zerfall vieler nomineller Nationalstaaten in Afrika – zum Beispiel Somalia und Liberia –, haben Forscher auf dem Gebiet der Internationalen Beziehungen begonnen, die Relevanz von Ethnizität für die Untersuchung der Weltpolitik zu entdecken. Immerhin ist sie das Hauptelement des Aufstiegs der diversen Ethnonationalismen und Ethnofundamentalismen, die sich dem liberalen westlichen Konzept von Nationalismus und Nationalstaat widersetzen. Ich unterscheide zwischen den ethnischen Nationalismen, zum Beispiel dem kurdischen, und jener Mischung aus Ethnizität und Religion, die den Ethnofundamentalismus ergibt, zum Beispiel den serbischen.

Für die Analyse dieser Themen bediene ich mich des Subsystemansatzes. Die Völker des Islam gehören einer gemeinsamen Zivilisation an, die aber in viele regionale Subsysteme unterteilt ist. Die Nationalstaaten des arabo-islamischen Nahen Ostens beispielsweise konstituieren ihr eigenes regionales Subsystem.[46] Das zweite Konzept, an das ich mich halte, ist das der Ethnizität.

Ausgangspunkt ist hier die Erkenntnis, daß der Nationalstaat im Nahen Osten nicht aus einem lokalen Erbe heraus entstanden ist, sondern von außen oktroyiert wurde. Daß er auf der osmanischen und kolonialen Hinterlassenschaft errichtet wurde, hat die Problematik der Verwurzelung einer Staatsform in einer fremden Umwelt weiter verschärft. Im liberalen nationalstaatlichen Modell[47] des Nationalismus werden die Staatsbürger nicht durch ethnische Bande, sondern durch gemeinsame Symbole wie Fahnen, Hymnen und Helden in einem kommunikativ-diskursiven Kontext miteinander in Beziehung gesetzt.[48] Dies bedeutet, daß die in einem kommunikativen Diskurs entwickelten Normen und Werte daraufhin von der gesamten Bevölkerung geteilt werden, zum Beispiel die amerikanische Verfassung und das dazugehörige Bild des Amerikanerseins. Ethnische Bande zeugen dagegen davon, daß eine Gemeinschaft eine gemeinsame Abstammung teilt. Auch eine *Mischung* aus Ethnizität und Nationalbewußtsein ist möglich, etwa die lokalen ethnischen Gefühle in einem Land wie Marokko (wenn jemand zum Beispiel ethnisch ein Fasi ist, also aus Fez stammt, sich national aber als Marokkaner fühlt). So erläutert Peter Weinrich:

> »[Die] große Mehrheit der Menschen im typischen Nationalstaat hat eine soziale Kernidentität gemeinsam, nämlich die der gemeinsamen Ethnizität. ... [Wenn] jene, die sie teilen, über ihre Bedeutung und ihren Wert einer Meinung sind, wird sie ihr Verhalten beherrschen. Die anderen sozialen Identitäten ... werden ihr untergeordnet.«[49]

Im Nahen Osten steht die Existenz von subnationalen und subethnischen Einheiten innerhalb der Grenzen eines gegebenen Nationalstaats dem Aufbau und dem Erhalt der neuen Institution im Wege. Darüber hinaus rufen die Ansprüche supranationaler (panarabischer oder panislamischer) Gebilde Konflikte zwischen den untergeordneten ethnischen Gemeinschaften hervor. Und um die Sache noch weiter zu komplizieren, sind in der gesamten islamischen Zivilisation übergeordnete Formeln (islamischer Fundamentalismus) mit untergeordneten Formeln (Ethnizität) verwoben. In dieser Vermischung steht sich der islamische Fundamentalismus selbst im Weg, denn die Ethnizität ist die Hauptkraft, die den universellen Anspruch des politischen Islam untergräbt. Das hindert die Fundamentalisten jedoch nicht daran, weiterhin Unordnung zu säen.

In den letzten Jahren hat der Begriff der Ethnizität in der Literatur eine Vielzahl unterschiedlicher Bedeutungen erhalten und den Platz des vorher verwendeten Konzepts der Minderheiten eingenommen. Michael Hudson hat vorgeschlagen, von einer arabischen Kernidentität auszugehen, deren Kennzeichen »in der ethnischen Dimension die arabische Sprache und Kultur und in der religiösen Dimension der Islam« seien.[50] Da mit dem Islam im

Nahen Osten der sunnitische Islam gemeint ist, bilden nichtarabische sunnitische Muslime wie Kurden und Berber sowie nichtsunnitische muslimische Araber wie die Alawiten, Drusen und diverse andere sektiererische Abspaltungen des schiitischen Islam nach dieser Definition Minderheiten in der Bedeutung von kommunitären Solidaritätsgruppen. Dabei ist sich Hudson bewußt, daß der Konflikt zwischen diesen Minderheiten und der Mehrheit auch einen ethnischen Charakter annehmen kann.

Wie ein Blick in die Gegenwartsgeschichte zeigt, ist es sehr unwahrscheinlich, daß eine oberflächliche Modernisierung Mobilisierungsprozesse auslösen kann, die ausreichen würden, Minderheiten so zu assimilieren, wie es in der modernen europäischen und der frühen amerikanischen Geschichte möglich gewesen ist. Ethnische und konfessionelle Gruppen im Nahen Osten, früher als Minderheiten und Solidaritätsgruppen definiert, lassen sich nicht nach dem europäischen Vorbild der Bildung von Nationalstaaten integrieren. Dies zu berücksichtigen heißt anzuerkennen, daß die »Möglichkeit eines ethnisch-konfessionellen Konflikts eine ständige Gefahr bleibt, sollten die entsprechenden konfliktauslösenden Umstände eintreten«.[51] Unter den besonderen heutigen Bedingungen nimmt dieser ethnisch-konfessionelle Konflikt einen fundamentalistischen Charakter an, und die Spannungen zwischen übergeordneten und untergeordneten Identitäten wirken sich auf das Hexengebräu aus Fundamentalismus und Ethnizität aus.

Im Unterschied zur übergeordneten, auf dem Islam beruhenden Identität, die sowohl als lokales kulturelles System wie auch als Bezugspunkt für die Gruppierung um eine Zivilisation dient, fehlt der auf der Idee der arabischen Nation fußenden übergeordneten Identität ein solches tragfähiges soziales und politisches Fundament. Während der Islam tief verwurzelt ist, geht die Idee der Zugehörigkeit zu einer »Nation« auf ein Transplantat, das heißt auf ein vom Westen übernommenes Gebilde, zurück.[52]

Im Vergleich zu Afrika ist der arabische Nahe Osten, wie Hudson anmerkt,

»in bezug auf seine weithin geteilten nationalen und religiösen Werte grundsätzlich homogen; [aber] in einer für ihre Affektivität und die anhaltend herausragende Bedeutung primordialer Identifikationen bekannten politischen Kultur muß der Arabismus mit gewissen anderen parochialen Identifikationen koexistieren oder konkurrieren. ... Es wäre viel zu einfach ... anzunehmen, daß Modernisierung in diesem Gebiet die Funktion eines assimilierenden Schmelztiegels erfüllt.«[53]

Dieser Gedankengang führt uns weit über die Dichotomie von Mehrheit und Minderheit hinaus, da er die ethnischen und konfessionellen Unterteilungen innerhalb des Arabismus in die Analyse einbezieht.

Im Nahen Osten als einem regionalen Subsystem und dem Zentrum der Zivilisation des Islam werden die einzelnen sozialen Gruppen der größeren Bevölkerungseinheiten durch ethnische Bande zusammengehalten. Den Kern der Ethnizität bildet das sozial produzierte und ständig im Wandel begriffene Quartett aus gemeinsamen Mythen, Erinnerungen, Werten und Symbolen.[54] Daher kann sie mit statischen kulturellen Elementen wie dem Arabertum oder gemeinsamen essentiellen religiösen Glaubensvorstellungen wie dem sunnitischen Islam nicht angemessen erfaßt werden. Ebensowenig läßt sie sich mit einer Definition wie der von Esman und Rabinovich beschreiben, der zufolge Ethnizität zu verstehen ist als

»kollektive Identität und Solidarität, die auf solchen zugeschriebenen Faktoren wie einer unterstellten gemeinsamen Abstammung, Sprache, Sitten, Glaubenssystemen und -praktiken (Religion) sowie, in manchen Fällen, Rasse oder Hautfarbe beruht«.[55]

Derartigen statischen Definitionen ziehe ich das Konzept von historisch verstandenen Formen gemeinsamer Mythen, Erinnerungen, Werte und Symbole vor, die sich ständig im Fluß befinden.

Dieses Konzept kann auf kommunitäre Solidaritätsgruppen wie die Alawiten und Drusen in Syrien, die Dinka im Sudan oder die Berber in Marokko, aber auch auf umfassendere Bevölkerungseinheiten wie die Araber angewandt werden, von denen behauptet wird, sie würden eine moderne Nation bilden – sofern ein nahöstliches auf einem westlichen Transplantat beruhendes Gebilde überhaupt als Nation bezeichnet werden kann.

Von jeder Nation wird angenommen, daß sie einen ethnischen Ursprung besitzt. Nationen sind weder uranfänglich noch immerwährend, sondern es sind Gebilde, die sich in modernen Zeiten aus ethnischen Ursprüngen herauskristallisiert haben.[56] Sie sind somit ein modernes Phänomen, das vom Ende des 18. Jahrhunderts und später datiert. Die vorher bestehenden lokalen Identitäten wurden jeweils durch das neue nationale Identitätsmuster ersetzt. Begünstigt durch die durch technologische Entwicklung verfügbaren neuen Kommunikationsmittel, wurde es aufgrund der strukturell hervorgerufenen Integrations- und kulturellen Assimilationsprozesse

»möglich und notwendig, sich Gemeinschaften ›vorzustellen‹, die gleichzeitig souverän und begrenzt sind, die ein Gefühl der Unsterblichkeit vermitteln und mit denen ansonsten anonyme Individuen sich identifizieren können«.[57]

Die Krise des Nationalstaats in der Welt des Islam rührt unter anderem daher, daß er nicht in der Lage war, den Komplex von Integrations-, Assimilations- und Kommunikationsfunktionen in Gang zu setzen, der zur Herausbildung einer nationalen Identität hätte führen können. Statt dessen ist die Idee der Nation in diesem zivilisatorischen Subsystem ein aus dem Westen importiertes Implantat geblieben, das dort keinen geeigneten Nährboden vorfand. Dem auf diese Weise eingeführten Nationalstaat gelang es nicht, die Oberhand über die Ethnizität zu gewinnen, was in einer gewissen Folgerichtigkeit den Aufstieg des religiösen Fundamentalismus nach sich zog.

Ethnizität, Regionalismus und Identitätssuche

Um die Veränderungen kollektiver Einheiten und Geisteshaltungen nachvollziehen zu können, muß man die Unterschiede und Ähnlichkeiten zwischen modernen nationalen Einheiten und Geisteshaltungen einerseits und den von Anthony Smith »Ethnien« genannten kollektiven kulturellen Einheiten und Geisteshaltungen früherer Epochen andererseits analysieren. In den Unterschieden zwischen beiden spiegeln sich Unterschiede in der Identitätsfindung und in den Identitätsmustern wider. Dabei erschöpft sich die Relevanz von Smiths Analyse für die Art Untersuchung, die ich hier verfolge, nicht darin, bestimmte ethnische Ursprünge der Nationen nachzuweisen. Smith erforscht auch die Natur und Dauer ethnischer Formen und Inhalte sowie deren Transformation in nationale Formen und Inhalte – oder ihre Resistenz gegenüber einer solchen Transformation. Dieser Ansatz ist von großem Wert für unsere Untersuchung der Ethnizität im subsystemischen Kontext des Nahen Ostens.

Die früher existierende relativ starke kulturelle Homogenität unter den arabischen Bevölkerungen des Nahen Ostens – hier in statischen Begriffen definiert – belegt die Annahme, daß es dort eine übergeordnete, gemeinschaftsstiftende Identität gibt. Beiträge arabischer Autoren wie Ali Hilal-Dessouki, Djalal Matar und Saad Eddin Ibrahim[58] zu diesem Thema beruhen auf dieser Annahme, was sie zu dem Schluß führt, daß das in Frage stehende Subsystem im wesentlichen ein ethnisch arabisches ist. Somit wäre auch die Identität der Region eine arabische Identität. Es ist durchaus gerechtfertigt, sich bei der Betrachtung des Nahen Ostens, obwohl er nicht ausschließlich arabisch ist, auf den arabischen Teil und dessen ethnische Unterteilungen zu konzentrieren. Dies macht es möglich, konkurrierende über- und untergeordnete Identitäten wahrzunehmen und die Spannungen zwischen ihnen als Ursache von Konflikten zu betrachten. Ghassan Salamé[59] analysiert den Identitätskonflikt im arabischen Nahen Osten als Spannung zwischen der rhetorischen Behauptung einer umfassenden Einheit in jedem der existierenden Nationalstaaten und der tatsächlichen Verschiedenartigkeit der Bevölkerungen innerhalb dieser Staaten. Diese Analyse erscheint mir wichtig für das Verständnis der Anfälligkeiten der vorgeblichen gemeinsamen Identität eines arabischen Subsystems (siehe auch Anmerkung 17).

Wir sind nun also in der Lage, zwischen vornationalen und nationalen Identitäten zu differenzieren, wobei letztere an einer mit einem Nationalstaat verknüpften Gemeinschaft orientiert sind. Soziale Identitäten beziehen sich auf lokale Kulturen. In diesem Zusammenhang wird Kultur jedoch nicht so sehr durch statische Aspekte wie Sprache, Religion und angeblich uranfängliche Werte definiert, sondern beruht auf den bestehenden gesellschaftlichen Realitäten und Notwendigkeiten, das heißt nicht unbedingt auf Sprache und Religion. Diese Realitäten und Notwendigkeiten unterliegen vielmehr der von Clifford Geertz beschriebenen Sinnstiftung als einer symbolischen Dimension sozialen Verhaltens in einem gegebenen strukturellen Kontext.[60] So gesehen, ist jede Kultur lokal, da die Sinnstiftung stets auf einen konkreten soziokulturellen Kontext bezogen ist. Deshalb kann es keine allumfassende islamische *Kultur* geben, aber es *kann* eine kulturübergreifende islamische *Zivilisation* geben. Indem sie Kultur statisch durch die arabische Sprache, einen schriftgläubigen sunnitischen Islam und angeblich gemeinsame Werte definieren, können arabische Nationalisten von einer Kultur sprechen, die sich vom Persischen Golf bis nach Marokko erstreckt. Bei soziokultureller Betrachtung zeigt sich jedoch, daß die Sinnstiftung, die den vielfältigen konkreten Kulturen in diesem riesigen Gebiet zugrunde liegt, von Kultur zu Kultur bedeutende Unterschiede aufweist. Rundheraus gesagt, gehören die muslimisch-arabischen Kuwaitis und die muslimisch-arabischen Marokkaner nicht derselben Kultur an, und sie sehen sich selbst nicht als Angehörige derselben Kultur, auch wenn sie dieselbe Sprache sprechen und demselben Glauben anhängen.

Regionalismus oder, in der panarabischen politischen Sprache, *Iqlimiyya* ist ein Begriff für ein lokal-nationalistisches Gefühl, das dem Panarabismus feindselig gegenübersteht. Sowohl die säkularen Panarabisten als auch die islamischen Fundamentalisten übersehen die lokale Dimension der Kulturen und der auf sie bezogenen Ethnizitäten. Der Gedanke einer übergeordneten arabischen Ethnizität wird von untergeordneten lokalen ethnischen Realitäten konterkariert, die nicht einfach auf eine ideologische Festlegung auf die *Iqlimiyya* reduziert werden können. Hinzu kommt, daß der Niedergang des Panarabismus, der von der Krise des Nationalstaats genährt wurde, die realen lokalen Identitäten weiter gestärkt hat. Paradoxerweise hat dieser Niedergang auch den Aufstieg der konkurrierenden übergeordneten Identität des Islamismus mit sich gebracht. Ich bezweifle jedoch, daß die islamischen Fundamentalisten Erfolg haben werden, wo die panarabischen Nationalisten gescheitert sind. Zumindest dann, wenn sie miteinander vermengt werden, stehen konfessionelle und ethnische Bindungen einer vereinten islamischen Zivilisation im Wege. Nicht einmal im selben Land, etwa in Afghanistan, sind die rivalisierenden fundamentalistischen Gruppen in der Lage, sich zu einigen. Unordnung zu schaffen ist offenbar die einzige Fähigkeit, die ihnen gemeinsam ist.

In ihrem Streben nach einem übergreifenden politischen Bewußtsein ist die islamische Zivilisation wie jede andere Einheit dann am erfolgreichsten bei der Vereinigung der Kräfte, wenn es darum geht, auf eine vermeintliche äußere Bedrohung, etwa politische Maßnahmen des Westens, zu reagieren. Das Fehlen einer angemessenen westlichen Politik und die damit zusammenhängende Unsensibilität westlicher Politiker tragen zu diesem Gefühl der Bedrohung bei und stärken ungewollt den islamischen Fundamentalismus. Gefestigt wurde diese Wahrnehmung durch den Golfkrieg und den Krieg in Bosnien, den die islamischen Fundamentalisten in Kontinuität mit dem ersteren sehen. Anders gesagt, kann eine adäquate westliche Politik, wenn sie mit Nachdruck verfolgt wird, wie zum Beispiel bei der Lösung des israelisch-palästinensischen Konflikts, dazu beitragen, den Eindruck der Verschwörung zu zerstreuen und den Zusammenprall von islamischer und westlicher Zivilisation zu verhindern. Schließlich hat die islamische Welt genügend Schwierigkeiten im Innern, mit denen sie fertig werden muß. Für die arabischen Staaten wäre es weitaus nützlicher, diese konkreten Probleme zu bewältigen, als sich in äußeren Konfrontationen wie dem ewigen Streit mit dem Westen zu verzetteln. Solche Konfrontationen halten die Muslime nicht nur davon ab, ihre Hausaufgaben zu machen, sondern gefährden auch den regionalen Frieden und die weltweite Stabilität.

Die übergeordneten panarabischen und islamischen Identitäten sind Idealtypen und keine realen soziokulturellen Konstrukte. Hinsichtlich der »Ethnie« im Sinne von Smith, also der ethnischen Gemeinschaft einer Bevölkerung mit gemeinsamen (Abstammungs-)Mythen, (historischen) Erinnerungen und ständig sich verändernden Werten und Symbolen, läßt sich argumentieren, daß sowohl die übergeordnete säkulare als auch die übergeordnete religiöse Identität unter bestimmten Umständen einen genuin ethnischen Charakter annehmen kann. So konkurriert die übergeordnete Ethnizität des Arabertums mit ihren diversen untergeordneten ethnischen – wenngleich arabischen – »Alltagsgemeinschaften« um den Vorrang. Andererseits ist die politische Ideologie des Islamismus als islamische Variante des religiösen Fundamentalismus unauflöslich mit einer Religion verknüpft, doch außer in ihren Schriften lebt keine Religion in der dünnen Luft abstrakter universeller Überzeugungen, da diese immer Teil einer sozialen Sinnstiftung sind. Daher ist es möglich, daß die Religion mit Ethnizität verschmolzen und vor allem politisiert wird. Ein Beispiel dafür ist Bosnien, wo die bosnischen Muslime, die sogenannten Bosniaken, sowohl eine eigenständige ethnische Gruppe bilden als auch einem gemeinsamen Glauben anhängen. Das ihnen gemeinsame Bewußtsein, Muslime zu sein, ist kein Fundamentalismus, sondern eher eine Antwort auf den serbischen Ethnofundamentalismus. Auch hier ist nicht von islamischem Universalismus die Rede, sondern von konkreter Ethnizität.

Wie sich herausstellt, stärkt der islamische Glaube also trotz seines universellen Anspruchs lokale ethnische Gefühle. Das

Ideal einer arabisch-islamischen ethnoreligiösen Identität könnte sich auf diese lokalen Gefühle stützen. Laut W. Montgomery Watt, zum Beispiel, hat die »Föderation der arabischen Stämme« im islamischen Stadtstaat Medina einen »Superstamm« gebildet, der als *Umma* dargestellt wurde.[61] Die im frühen Islam vorgenommene Unterscheidung zwischen arabischen Muslimen und *Mawali*/nichtarabischen Muslimen hat ethnischen Konfliktstoff geschaffen, der die Annahme bestätigt, daß Ethnizität von Religion nicht überwunden werden kann. Im Zuge der Verbreitung des Islam über Arabien hinaus wurde seine exklusive Verbindung mit der arabischen Ethnizität aufgehoben, doch es gelang ihm nichtsdestoweniger, mit anderen Ethnizitäten zu verschmelzen. Nur wenn äußere Mächte, in diesem Fall der Westen, ins Spiel kommen, beruft man sich verstärkt auf die *Umma*. Der Islam kann auf lokaler Ebene mit der Ethnizität verschmelzen, weil diese stets konkret ist, aber ohne das Gegenüber einer feindseligen äußeren Macht wird es den islamischen Fundamentalisten nicht gelingen, die ethnischen und konfessionellen untergeordneten Identitäten zu überwinden und in ihre übergeordnete Identität zu integrieren.

Die ethnisch unterteilte religiöse Identität des Islam als übergeordneter Identität ist relevant für das Verständnis mehrerer zwischenstaatlicher (Iran-Irak) und innerstaatlicher (ethno-politische Auseinandersetzungen in Afghanistan; Alawiten contra Sunniten in Syrien) Konflikte. Vermengen sich diese religiösen Unterteilungen mit Ethnizität, nehmen sie einen ethno-religiösen Charakter an. Vehikel dieses Prozesses ist das Sektierertum. Anthony Smith konstatiert:

»[D]er Aufstieg religiösen Sektierertums … stellt einen … fruchtbaren Boden für eine ethno-religiöse Gemeinschaft bereit. … Sektiererische und sogar häretische Formen des … Islam verbanden sich mit entlegenen Provinzgemeinschaften, deren frühere religiöse Bindungen zunehmend ethnisiert wurden.«[62]

248

Diese Analyse läßt den Schluß zu, daß auch der Krise des Nationalstaats im Nahen Osten konkurrierende übergeordnete und untergeordnete Identitäten zugrunde liegen. Im Zuge des Aufstiegs des islamischen Fundamentalismus ist der Rückgriff auf die politisierte Religion mit diesen Ethnizitäten befrachtet worden. Steht der Fundamentalismus im Widerspruch zu den Ethnizitäten, destabilisiert er die bestehenden Nationalstaaten in der Welt des Islam.

Struktureller Wandel kann traditionelle Formen der Ethnizität bedeutungslos machen. Heute sind innerstaatliche Konflikte Ausdruck einer Auseinandersetzung über die Politik des Staates in seiner Rolle als Verwalter der staatlichen Ressourcen, und die politisierte Religion dient als Vehikel für die Artikulation der Ansprüche untergeordneter ethnischer Gemeinschaften gegenüber den im Grunde nur nominellen Nationalstaaten. Damit wird Religion zu einem Schutzschild gegen die oktroyierten übergeordneten säkularen Identitäts- und Loyalitätsmuster. Die Verknüpfung dieser ethnischen untergeordneten Determinanten mit den universalistischen Bezugspunkten des politischen Islam gibt dem Sozialwissenschaftler und Studenten der Religion erhebliche Rätsel auf.

Der institutionell schwache nominelle Nationalstaat

Mit Ausnahme Ägyptens und in geringerem Maß auch Marokkos ist die Eigenstaatlichkeit der gegenwärtigen Staaten im Nahen Osten und in Nordafrika vergleichsweise jungen Datums. Die einst als Nationalstaaten geschaffenen postkolonialen Staaten des Nahen Ostens mußten sich sowohl gegen panstaatlich übergeordnete Ansprüche und Identitäten (panarabischer wie islamischer Natur) als auch gegen untergeordnete lokale Identitäten behaupten. (Die Kurden bilden insofern eine Ausnahme, als sie einen kurdischen Staat fordern und andere Identitäten nicht unbedingt zu diesem Anspruch in Bezug stehen.) Die übergeordnete Formel ist ein Ideal, während die untergeordneten Identitäten lokaler Nationalismen und Ethnizitäten Realitäten sind, die sowohl durch subjektive wie auch durch strukturelle Vernetzungen abgestützt sind. Genaugenommen ist der Nationalstaat des Nahen Ostens, wie andere nichtwestliche Staaten auch, ein »historisch gewonnenes heterogenes Kollektiv, das durch den Kolonialismus zusammengewürfelt wurde«.[63]

Das vorhandene Muster des Nationalstaats entwickelte sich nicht aus der regionalen historischen Erfahrung mit dynastisch-territorialen und imperialen Staaten. Souveränität als logische Substanz des modernen Nationalstaats ist dieser Erfahrung fremd, und die neue Staatsform wurde einer Umwelt auferlegt, in der die für seinen Aufbau nötige institutionelle und kulturelle Infrastruktur fehlte. Deshalb ist der Staat von institutioneller Schwäche geprägt; ihm fehlt nicht nur der Bezugsrahmen für die Lösung von Konflikten, die aus dem Tatbestand erwachsen, daß er eine zusammengewürfelte ethnisch heterogene Bevölkerung beheimatet, sondern es wird auch von ihm erwartet, das Fundament einer nationalen Gemeinschaft zu bilden.

Heute entstehen die meisten innerstaatlichen Konflikte durch die Vermischung von politisierten Ethnizitäten und Religion im Rahmen eines Kampfes um vom Staat kontrollierte Ressourcen, wobei zunehmend Patron-Klient-Beziehungen[64] innerhalb der rivalisierenden Gemeinschaften eine Rolle spielen. Den institutionell schwachen nahöstlichen Nationalstaaten fehlt die verfahrenstechnische und substantielle Zustimmung der divergierenden Bevölkerungsteile zu den Regeln des Wettbewerbs und der Beilegung ethnischer Konflikte. So beruht denn die Staatsmacht als Konsequenz dieses Mangels auf importierten technischen Repressionsapparaten. Manche Beobachter weisen mit Recht darauf hin, daß die nahöstlichen Staaten politisch noch nie so mächtig gewesen sind wie heute. Doch das widerspricht nicht der Beobachtung, daß sie in bezug auf die Institutionalisierung ihres nationalstaatlichen Fundaments auffällig unterentwickelt sind. Die Macht, über die sie gebieten, beruht auf Zwang, nicht auf Institutionen. Gabriel Ben-Dor argumentiert durchaus berechtigt:

»[D]ie europäischen Kolonialmächte exportierten in Gestalt des Staatsapparats die fortschrittlichste verfügbare Regierungstechnologie in den Nahen Osten. Diese Regierungstechnologie besitzt ihre eigene Logik, die jedoch nicht so leicht zu exportieren ist. ... So bekam die arabische Welt das machtvolle Instrument des Staates in die Hand, aber statt es durch seine eigene Logik zu temperieren, wurde es von der Leidenschaft des Nationalismus entflammt.«[65]

Die Nationalstaaten im Nahen Osten sind weder fähig, ethnische Konflikte beizulegen, noch kommen sie mit der Ethnopolitik zurecht, die sich aus dem Wettstreit realer untergeordneter ethnischer Gemeinschaften um den Zugang zu staatlichen Ressourcen ergibt. Um dieses Problem ganz zu erfassen, erscheint es mir unumgänglich, neben dem globalen Hintergrund des nahöstlichen Nationalstaats, als Grundeinheit des modernen Subsystems, auch sein osmanisches und koloniales Erbe in den Blick zu nehmen.

Bevor dem Nahen Osten im 20. Jahrhundert der Nationalstaat oktroyiert wurde, waren dort, wie erwähnt, nur imperiale und territoriale Staaten bekannt. Und wie Charles Tilly[66] und andere namhafte Historiker gezeigt haben, geht das gegenwärtige internationale Staatensystem auf das im 17. Jahrhundert entstandene europäische System zurück. In bezug auf die islamische Zivilisation stellt Bernard Lewis fest, daß die Idee der Nation seit dem 19. Jahrhundert das Hauptmotiv von westlich gebildeten Intellektuellen war, denen es oblag, in ihren eigenen Gemeinschaften westliche Organisationsmuster einzuführen.[67] Den gegenwärtigen Zustand haben jedoch nicht nur *Ideen* herbeigeführt, und allein mit der Ideengeschichte ließe sich das hier behandelte Phänomen nicht erklären. Werfen wir also besser einen Blick auf die osmanische Hinterlassenschaft.

Im Unterschied zum modernen Nationalstaat verlangte das Osmanische Reich keine auf die Staatsstruktur bezogene soziale Kernidentität, das heißt keine Identität in Form einer gemeinsamen Ethnizität. Der führende Osmanist Kemal Karpat schreibt in einer bemerkenswerten Studie über die Ethnizität im Osmanischen Reich:

> »Die Etablierung der Religion als wichtigstes Identifikationsmerkmal sowohl von Muslimen als auch von Nichtmuslimen … hat das ethnische Empfinden nicht zerstört, sondern im Gegenteil gestärkt, ebenso wie die religiöse Identität. … Während die osmanische Herrschaft ihre Legitimität aus dem Islam bezog und, soweit möglich, die islamischen Gesetze durchsetzte, identifizierte sie sich selbst bis zum 19. Jahrhundert weder politisch noch ideologisch mit der muslimischen Gemeinschaft. … Die muslimische Gemeinschaft umfaßte eine Vielzahl ethnischer und sprachlicher Gruppen … [und] der frühe osmanische Staat erkannte diese als ethnische Unterteilungen an.«[68]

Verglichen mit der Periode der Globalisierung der europäischen Wirtschaft und ihrer Vernetzungen erstreckte sich die koloniale Durchdringung des Osmanischen Reichs über einen gewaltigen Zeitraum. Vor der direkten kolonialen Eroberung nutzte das westliche Programm des Kolonialismus bestehende Kontakte zu ethnischen Gruppen, um vor Ort Unterstützung zu gewinnen. In der Phase der Kolonisation machten die europäischen Mächte dann vollen Gebrauch von den vorhandenen ethnischen Teilungen, die unter osmanischer Herrschaft mehr oder weniger unbedeutend gewesen waren. Das marokkanische Beispiel des Gegeneinanderausspielens ethnischer Gemeinschaften (Araber contra Berber) wurde zur bevorzugten Taktik, wofür Syrien später ein weiteres Beispiel abgab. In Europa ging die Entfaltung der souveränen Nation der Einführung des Nationalstaats lange voraus. Dagegen wurden die Nationalstaaten im Nahen Osten gegründet, *ohne daß vorher eine Nation existierte*. Darüber hinaus wurden diese neuen Staaten als Entwicklungsländer definiert und standen insofern unter dem Erwartungsdruck, ihre »Entwicklung« in Gang zu setzen. An dieser Aufgabe scheiterten sie. Die unvermeidliche Krise führte zum Rückgriff auf die Religion als Quelle neuer Erwartungen, als Lösungsmittel. Der religiöse Fundamentalismus trat an die Stelle des Nationalismus, die Ideologie des jungen, immer noch kranken Nationalstaats.

Die Kolonialherrschaft hatte unabsichtlich zum Aufstieg antikolonialer Bewegungen beigetragen, die sich überwiegend in den urbanen Zentren entwickelten, etwa in Syrien, wo es, wie Philip Khoury berichtet, unter den politischen Strömungen zu Auseinandersetzungen über die Frage von Separatismus und Nationalismus kam. Danach vollzog sich die »Geburt der nationalistischen Bewegung in einer relativ einigen und integrierten politischen Kultur« in den urbanen Zentren Syriens während der französischen Kolonialherrschaft (1920–1946), und sie war das Werk der »eng miteinander verbundenen sunnitischen Oberschicht in vier Städten«.[69] Dieser Entwicklung entgegengesetzt war die ethnische Kultur der von den französischen Kolonialherren unterstützten Drusen und Alawiten, bei der es sich um eine in Stämme und Clans unterteilte Kultur handelte, deren Grundlage Khoury als »Separatismus« interpretiert. Die nationale Kultur der Großstädte war jedoch (im Sinne dieses Buches) nicht weniger ethnisch distinkt als die separatistische Kultur der Drusen und Alawiten, auch wenn sie vorgeblich die Idee der Nation als übergeordnete Identität verfocht. Wie Khoury anmerkt, »unterstützten die Franzosen einzelne alawitische Führer« (ebd., S. 515) und benutzten sie gegen die nationale Bewegung. Eine solche koloniale Erbschaft lastet schwer auf dem postkolonialen Staat, und als die alawitische Elite die nationale politische Macht eroberte, errichtete sie ihre Herrschaft nach ethnischen und Patron-Klient-Beziehungen.[70] Dabei legitimierte die ethnische Klientel des alawitischen Regimes ihre ethnisch exklusive Macht, wie vorher die städtischen Eliten von Damaskus und Aleppo, in nationalen Begriffen.

Ghassan Salamé weist zutreffend auf die ländliche Basis der herrschenden Elite hin, die eine ethnische 'Asabiyya im Sinne Ibn Khalduns besitzt, sich aber national legitimiert. Das Konzept der 'Asabiyya stammt aus der großartigen *Muqaddimah*/den *Prolegomena*[71] des berühmten islamischen Geschichtsphilosophen aus dem 14. Jahrhundert, Ibn Khaldun, und meint den Bezugspunkt für Gruppensolidarität, die sowohl das Handeln und die Politik als auch die soziale Zusammengehörigkeit von Stämmen beeinflußt. Nach Ansicht Ibn Khalduns gedeihen Stämme, solange ihre *'Asabiyya* stark ist, sind aber unvermeidlich dem Untergang geweiht, wenn sie schwächer zu werden beginnt. Ghassan Salamé gehört zu den arabischen Sozialwissenschaftlern, die zum Verständnis der neueren Geschichte des Nahen Ostens dieses Konzept Ibn Khalduns zu Rate ziehen:

»Die *'Asabiyyas* hassen es, politisch im eigenen Namen zu handeln. Statt dessen stellen sie ihren Staat so dar, als wäre er das vorbildliche Instrument im Dienst der ganzen Gesellschaft. Dieses Muster kennzeichnet den modernen arabischen Diskurs. ... Die herrschenden arabischen Obrigkeiten sind in der Ideologie des modernen Staats gefangen, die sie zwingt, ihre ethnischen Ursprünge zu verschleiern.«[72]

Die Enthüllung dieser national verkleideten tribalen Ethnizität, die Salamé im Sinne Ibn Khalduns als *'Asabiyya* bezeichnet, sollte jedoch nicht von der Ethnizität der urban-nationalen Bewegung ablenken, denn trotz ihrer nationalen ideologischen, das heißt panarabischen Ansprüche war auch diese Bewegung ethnischer Natur. In einer neueren Monographie eines palästinensisch-amerikanischen Autors über die Ursprünge des palästinensischen Nationalismus erfahren wir von der Unempfänglichkeit der syrischen und irakischen städtischen Notablen für die Sorgen der Palästinenser. Diese Notablen sind ebenfalls Araber, gehören aber einer anderen ethnischen Gemeinschaft an, und die darin begründeten Spannungen bildeten den Hintergrund des frühen palästinensischen Nationalismus. »Trotz aller panarabischen Bekenntnisse der führenden Syrer und Iraker«, stellt Muhammad Y. Muslih fest, »standen die Palästinenser nicht an der Spitze ihrer Prioritätenliste.«[73] Das heißt, selbst in der panarabischen nationalistischen Bewegung spielen ethnische Gefühle eine Rolle.

Während der Dekolonisation legitimierte der säkulare Pan-Nationalismus als Formel für eine übergeordnete Identität den Kampf der Araber gegen die Kolonialmächte. Anschließend, in den formativen Jahren des arabischen Elements des nahöstlichen Subsystems, benutzten die herrschenden monarchisch-nationalen Eliten diese Formel, und während sie über die Grenzen des Nationalstaats hinausgriffen, kam sie ihnen bei der Artikulation ihres Anspruchs auf regionale postkoloniale Macht sehr gelegen. 1952 fand nach dem Sturz der ägyptischen Monarchie ein Umschwung vom monarchischen Panarabismus der arabischen Könige zum populistisch-inklusivistischen säkularen Panarabismus des von dem radikalen ägyptischen Offizier Gamal Abdul Nasser angeführten Militärs statt. Der Nasserismus stellte den energischen und aufrichtigen Versuch dar, die Ethnizität unter dem Dach einer übergeordneten arabischen Identität zu zügeln. Untermauert wurde der neue Anspruch, indem das ägyptische Entwicklungsmodell als Vorbild für die gesamte arabische Welt propagiert wurde. Es scheiterte jedoch.[74] Das von inneren und äußeren Ursachen bewirkte Scheitern des Entwicklungsmodells des säkularen Nationalstaats führte zur Neubelebung der untergeordneten ethnischen Identitäten und zum Rückgriff auf die Religion.

Als der Panarabismus in Gestalt des Nationalstaatsmodells des Nasserismus verblaßte, trat die Ethnopolitik erneut in den Vordergrund, die heute mehr denn je eine Hauptursache von zwischen- und innerstaatlichen Konflikten ist. Die Politisierung der Ethnizität und ihre Einbeziehung in den politischen Islam sind eng mit der Krise der existierenden Nationalstaaten verknüpft, und einen genuinen Nationalstaat gibt es nirgendwo in der islamischen Welt. Anstelle der behaupteten Einheit sind auf allen Ebenen ethnische, nationale und konfessionelle Spannungen und Spaltungen zu erkennen. In der Realität findet man statt des vorgeblichen staatsbürgerlichen Bewußtseins oder der universellen islamischen *Umma* nur Klientele. Was existiert, sind »geglaubte Gemeinschaften« (siehe Anmerkung 20) ohne realen Hintergrund.

Schlußfolgerungen

Die Projektion der modernen europäischen Idee der Nation auf die arabischen Gebiete der islamischen Zivilisation in der zweiten Hälfte des 19. Jahrhunderts diente als Legitimationsinstrument für ein Gebilde, das sich unter Berufung auf eine übergeordnete arabische Ethnizität national definierte. In bezug auf die anderen in diesem Gebilde lebenden Kollektive, die bisher als Minderheiten beschrieben wurden, legen neuere Forschungen nahe, bei der Bestimmung der Ethnizität über statische Definitionen hinauszugehen. Richtig verstanden, kann Ethnizität nur unter zwei Bedingungen zu einer Nation transformiert werden: erstens, wenn eine innere, durch staatsbürgerliches Bewußtsein abgesicherte Souveränität und eine dementsprechende politische Kultur vorhanden sind, und zweitens, wenn es eine institutionell strukturierte politische Ordnung gibt. In der islamischen Welt fand der Aufbau von Nationen als Staatenbildung statt, und zwar ohne daß die dazugehörigen Institutionen der politischen Partizipation errichtet wurden. Unter diesen Bedingungen kann von einem Nationalstaat nur nominell die Rede sein oder, wie Hedly Bull es ausgedrückt hat, von einem »Nationalstaat aus Höflichkeit«.[75] Der Mangel an nationalstaatlicher Substanz ist die Hauptursache der ethnopolitischen Konflikte in den meisten der 55 islamischen Staaten. In dieser Ethnopolitik werden ethnische, nationale und religiöse Bindungen miteinander vermischt.

Die universellen Ansprüche der islamischen Fundamentalisten, die suggerieren, daß die Politisierung der Religion unterschiedliche Völker trotz der trennenden Kräfte der Ethnizität zu vereinen vermag, sind nichts weiter als Illusionen. Religiöse und ethnische Bindungen haben sich als stärker erwiesen als die Bindung an den Nationalstaat. Auch die eingebildete universelle islamische Gemeinschaft hält der Prüfung nicht stand, und die Forderung der islamischen Fundamentalisten nach einem ganzheitlichen *Nizam Islami*/islamischen System führt nur zur Schaffung von Unordnung.

256

Eine politische Gemeinschaft kann überdauern, wenn das Gefühl der Zugehörigkeit zu ihr strukturell untermauert und nicht nur als eine unter Intellektuellen und Ideologen diskutierte Idee vorhanden ist.

»Die Anforderungen des Industrialismus … verlangen die Ausweitung gemeinsamer Denk- und Glaubensweisen auf den Staat, der als Medium ihrer Koordination fungiert. … Die auflösende Wirkung, welche die moderne wirtschaftliche und politische Entwicklung auf die ursprünglich vorhandenen traditionellen Kulturen ausübt, schafft ein Verlangen nach erneuerten Formen von Gruppensymbolen, von denen der Nationalismus das machtvollste ist.«[76]

Ohne diese strukturelle Unterfütterung kann Staatsbürgerschaft im Sinne von *citoyenneté* in einer politischen Gemeinschaft nicht einfach als Bewußtsein einer übergeordneten Identität gedeihen und »in charakteristischen Merkmalen der modernen Gesellschaften psychologisch verankert« werden.

»Die Ausweitung der Kommunikation kann nicht ohne die konzeptuelle Einbeziehung *der gesamten Gemeinschaft als einer gutunterrichteten Bürgerschaft* vor sich gehen. Ein Nationalstaat ist in einem Maß eine konzeptuelle Gemeinschaft, wie es traditionelle Staaten nicht waren« (ebd., S. 219).

Im Gegensatz zu diesem Modell ist die wirkliche Gemeinschaft in der Zivilisation des Islam nicht die Bevölkerung innerhalb der territorialen Grenzen eines Nationalstaats, sondern die untergeordnete ethnoreligiöse Gruppe. Das andere Modell, die ideale Gemeinschaft der islamischen *Umma*, ist eine »geglaubte Gemeinschaft« (siehe Anmerkung 20). Für den Frühislam hat der führende deutsche Orientalist Josef van Ess durch monumentale Forschungen nachgewiesen, daß der »*Umma*-Begriff, der heute hoch geschätzt wird, … kaum eine Rolle« spielte.[77] Heute dient das *Umma*-Bewußtsein dagegen als Rahmen für ein Zivilisations-bewußtsein. Folglich kann der Fundamentalismus nur unter den Bedingungen eines Konflikts, vorzugsweise mit einer äußeren Macht, gedeihen. Die Herausforderung des Fundamentalismus wird zu einer Herausforderung durch Aufruhr und Unordnung.

VII
Die fundamentalistische Ideologie: Kontext und Textquellen

Die westliche Öffentlichkeit nimmt den religiösen Fundamentalismus vor allem durch Medienberichte über Terrorakte und andere sensationelle Ereignisse wahr. Doch die westliche Vorstellung, die den Fundamentalismus mit Extremismus gleichsetzt, ist so nicht richtig. Gewiß spiegelt sich in den meisten fundamentalistischen Veröffentlichungen eher eine neue Spielart des Totalitarismus wider als das Bemühen, die »Demokratie zu islamisieren«.[1] Dennoch ist es bedauerlich, daß manche Beobachter die Schaumschlägerei eloquenter islamischer Fundamentalisten, die im westlichen Exil leben und agieren, für bare Münze nehmen. Allein durch den Hinweis auf die antidemokratische Stoßrichtung der Bewegung gewinnt man kein tieferes Verständnis des islamischen Fundamentalismus. Die Fixierung auf die Demokratie ist eine typisch westliche Sichtweise, doch in der Ideologie des islamischen Fundamentalismus – und auch im Denken der islamischen Völker – nimmt die Demokratie keinen herausragenden Platz ein.

Um die Strömungen zu verstehen, für die man sich interessieren *sollte*, muß man die Ideologie und die Hauptthemen des islamischen Fundamentalismus untersuchen, wie sie von dessen Akteuren innerhalb des Islam selbst vorgetragen werden. Grundkonzept dieser Ideologie ist das, was die Fundamentalisten *Nizam*/System nennen. Ihr Ziel ist die Islamisierung der politischen Ordnung, was auf den Sturz der bestehenden Regime hinausläuft, mit der Implikation einer Entwestlichung. So ist jedes Thema der fundamentalistischen Ideologie mit einer Reihe von Dichotomien verbunden: göttliche contra säkulare Ordnung, *Nizam Islami*/islamisches System contra säkularer Nationalstaat, *Schura*/Beratung contra säkulare Demokratie, *Schari'a*/göttliches Recht contra positives Recht beziehungsweise menschliche Gesetzgebung und vor allem *Hakimiyyat Allah*/Gottesherrschaft contra Herrschaft des Volkes über das Volk. In diesem und dem nächsten Kapitel will ich die Ideologie des islamischen Fundamentalismus anhand dessen wichtigster arabischer Quellen sowie der Phänomene behandeln, die ich im Verlauf des vergangenen Jahrzehnts bei meinen zahlreichen Forschungsaufenthalten – nicht nur im arabischen Teil der Welt des Islam – vor Ort selbst beobachtet habe. Daß ich mich im folgenden auf arabische Quellen konzentriere, ist insofern gerechtfertigt, als der arabische Teil der islamischen Zivilisation das religio-politische Zentrum des sunnitischen Islam bildet. Die Auswirkungen der islamischen Revolution im Iran auf die anderen Teile der Welt des Islam sind im Westen erheblich übertrieben worden[2], zumal häufig übersehen wurde, daß sunnitische Muslime andere Ordnungsvorstellungen haben als die schiitischen Muslime im Iran.

Ideologien fallen nicht vom Himmel und stehen nicht isoliert da, sondern sind immer Ausdruck besonderer historischer Bedingungen. Das soll aber nicht heißen, daß sie einfach nur Reflexionen einer objektiven Situation sind. Auf Religionen als kulturellen Systemen beruhende Ideologien werden durch die Realität geformt, zu deren Gestaltung sie ihrerseits beitragen, indem sie ihr eine symbolische Bedeutung geben. Dies war der Geertzsche Ansatz, den ich in meinem früheren Buch *Der Islam und das Problem der kulturellen Bewältigung sozialen Wandels* benutzt habe, und diesem Ansatz bin ich auch hier treu geblieben.[3] Bei der Beschäftigung mit dem sozialen Kontext des islamischen Fundamentalismus reduziere ich dessen Ideologie nicht auf die bestehenden sozialen und politischen Strukturen. Vielmehr geht es mir darum, das Wechselspiel von ideologischen und strukturellen Komponenten dieses Kontexts zu begreifen.

Der Islam ist ein religiöser Glaube und keine Ideologie. Als Muslim glaube ich an den Islam als Religion und achte seine Lehren als Quelle der Ethik und Orientierung für das Verhalten der Menschen. Doch so verstehen Fundamentalisten den Islam nicht.

Fundamentalismen jeglicher Couleur sind kein Ausdruck einer Renaissance der Religion, sondern politische Ideologien, die vorgeblich der Religion entnommen sind und das Ziel verfolgen, die Welt umzuformen; das heißt, sie dienen politischen Zwecken. Der wahre Fundamentalist ist im wesentlichen ein politischer Mensch mit politischen Absichten und manchmal ein politischer Aktivist mit wenig oder gar keinem Interesse an religiöser Ethik und göttlichen Dingen. Im Mittelpunkt der vorliegenden Untersuchung steht deshalb der islamische Fundamentalismus als politische Ideologie und nicht die Religion des Islam selbst. Zwischen dem Islam als Glauben und der politischen Ideologie des Islamismus als einer Spielart des religiösen Fundamentalismus zu unterscheiden ist von größter Bedeutung, wenn es gilt, den Anspruch der Islamisten zurückzuweisen, sie seien die wahren Vertreter des Islam. Sie sind es nicht!

Die Repolitisierung des Islam auf der Suche nach einer neuen Ordnung

Die heute in Gestalt einer politischen Wiederbelebung[4] zu beobachtende Repolitisierung des islamischen kulturellen Systems ist in den zur islamischen Zivilisation gehörenden Ländern die am meisten ins Auge fallende Erscheinung des öffentlichen Lebens. In der Epoche des liberalen Denkens und säkularen Nationalismus in der arabischen Welt wurde der Islam als Glaube und kulturelle Identität bewahrt, gleichzeitig aber entpolitisiert, da die Konzepte der politischen Ordnung vom religiösen Glauben getrennt wurden. Das traditionelle islamische politische Denken beruht auf dem religiösen Universalismus der islamischen Offenbarung, und eine politische Interpretation dieses Universalismus läuft natürlich der modernen Institution des Nationalstaats zuwider. Doch obwohl die gegenwärtige Neubelebung des politischen Islam Ausdruck einer islamischen Revolte gegen die bestehende internationale Ordnung aus Nationalstaaten und ihren lokalen

Ausformungen ist, knüpft sie *nicht* an das traditionelle islamische politische Denken an. Die islamischen Fundamentalisten sprechen nicht von der Wiederherstellung der traditionellen islamischen Ordnung des Kalifats, sondern von einem *Nizam Islami*/islamischen System mit eindeutig modernen Implikationen.

Die westliche akademische Literatur über die Repolitisierung des Islam kann in drei Kategorien unterteilt werden:

1. Schriften, die sich anhand von Tagesereignissen mit dem Phänomen beschäftigen und sich auf die Berichterstattung der Medien und andere in westlichen Sprachen, hauptsächlich in Englisch, veröffentlichte Sekundärquellen stützen. (Es gibt auch einige Artikel und Bücher in französischer und deutscher Sprache.) Diese Kategorie kann weiterhin unterteilt werden in (a) Übersichtsartikel und Bücher, die im wesentlichen Darstellungen von Ereignissen enthalten, und (b) konzeptionell orientierte Arbeiten auf der Grundlage sozialwissenschaftlicher Theorien. Das Manko all dieser Publikationen besteht darin, daß sie keine Primärquellen benutzen.[5] Die Autoren haben das Phänomen zumeist nicht selbst beobachtet und lesen weder Arabisch noch eine andere nahöstliche Sprache, so daß sie dem Fundamentalismus nicht auf dessen eigenem Gebiet begegnen können.

2. Wissenschaftliche Schriften, die sich mit verschiedenen Bewegungen innerhalb des politischen Islam befassen, sowie solche, die sie mittels Feldforschung auf nationaler Ebene empirisch untersuchen (Fallstudien).[6] Diesen mitunter aufschlußreichen Studien fehlt jedoch der konzeptionelle Überblick, der ein tieferes Verständnis des Phänomens ermöglichen würde. Einige Autoren, die sich vor Ort mit dem Fundamentalismus auseinandergesetzt haben, wie der französische Autor Olivier Roy in Afghanistan, neigen dazu, ihre Erfahrungen in einem Land zu verallgemeinern, ohne über einen entsprechenden konzeptionellen Bezugsrahmen

zu verfügen. Jede Verallgemeinerung eines Einzelfalls muß fehlerhaft sein, ganz abgesehen von der Tatsache, daß das Fehlen eines umfassenden Konzepts zu einer generalisierenden impressionistischen Darstellung führt.[7]

3. Wissenschaftliche Schriften, die die Fähigkeit erfordern, Materialien auf arabisch und in anderen nahöstlichen Sprachen zu lesen und zu ihnen Zugang zu gewinnen. Diese Erfordernisse werden oftmals vernachlässigt. Aus der Analyse der fundamentalistischen Schriften lassen sich wichtige Einsichten gewinnen, und das Studium der politischen Schriften in der Originalsprache ist ein ausgezeichneter Weg zum Verständnis der in ihnen vertretenen Ideologie. Abgesehen von einer Handvoll wissenschaftlicher Arbeiten über den politischen Islam, wie jenen von Emmanuel Sivan, Nazih Ayubi und Youssef M. Choueiri[8], gibt es kaum Literatur dieser Art. Nur wenige der zahlreichen in den letzten zwei Jahrzehnten im Westen erschienenen Bücher über den politischen Islam scheinen sich auf Primärquellen zu stützen.

Da ich mich im folgenden auf den sunnitischen Islam konzentriere, werde ich vor allem auf die in Arabisch publizierten Schriften sunnitisch-arabischer Fundamentalisten eingehen. Die schiitische Literatur ist überwiegend in Farsi verfaßt, der vorherrschenden Sprache im Iran. Hauptgegenstand der Schriften des neubelebten politischen Islam ist das islamische Regierungssystem, *al-Nizam al-Islami*, das im nächsten Kapitel behandelt wird. In den Augen der Autoren dieser Publikationen sind – mit Ausnahme des Iran, des Sudan und in manchen Fällen auch Saudi-Arabiens – alle bestehenden politischen Systeme im Nahen Osten unislamisch. Daraus schließen sie, es sei an der Zeit, zum wahren Islam und zu der vom Propheten Mohammed selbst in Medina errichteten göttlichen Ordnung zurückzukehren. Damit wird einer entschieden rückwärtsgewandten Orientierung das Wort geredet. Andererseits wird die alte Ordnung des 7. Jahrhunderts, welche die fundamentalistischen Autoren so fasziniert, mit dem neoarabischen Begriff *Nizam*[9] bezeichnet, was eine für diese Richtung typische Verwechslung von Alt und Neu offenbart. Deshalb ist es kaum überraschend, daß man in ihren Ergüssen ständig auf Projektionen der Gegenwart in die Vergangenheit stößt. Die Belange der islamischen Fundamentalisten betreffen verständlicherweise zumeist die heutige Krisensituation, doch sie artikulieren diese Belange in der traditionellen Sprache des Islam. Bei näherem Hinsehen zeigt sich allerdings, daß ihre Schriftgläubigkeit in den modernen Kontext eingebettet ist. Darüber hinaus besteht selbst ihre Sprache (zum Beispiel der Begriff *Nizam*) häufig aus Ergänzungen des klassischen islamischen Vokabulars.[10] Insofern beleben die Fundamentalisten weniger klassische islamische Vorstellungen neu, als daß sie neue, dem modernen Kontext entstammende Konzepte einführen. Das heißt, Fundamentalisten sind, was immer sie selbst von sich behaupten mögen, keine Traditionalisten; das vielbeschworene *Nizam Islami* ist etwas Neues, das eher einer religiös legitimierten Diktatur oder einer sonstwie totalitären Herrschaft gleicht als dem traditionellen Kalifat.

Islamische politische Gruppen in den arabischen Staaten des Nahen Ostens benutzen den Islam als Bezugsrahmen (sowie als Quelle von Legitimität und Achtbarkeit) ihrer Opposition zu den undemokratischen Ordnungen dieser Staaten. Sie berufen sich auf das Konzept der *Schura*/Beratung, integrieren es in ihr Konzept eines islamischen politischen Systems und präsentieren es als Alternative zur westlichen Demokratie. Auch hierbei handelt es sich um alte religio-politische Symbole, die im Geertzschen Sinne (siehe Anmerkung 3) mit neuem Inhalt gefüllt werden. Wie wir im nächsten Kapitel sehen werden, gibt es im Koran nur zwei kurze Sätze, in denen der Prophet Mohammed angehalten wird, mit seinen Glaubensbrüdern Beratung *(Schura)* zu halten. Diese zwei Verse können kaum als »Konzept« betrachtet werden, es sei denn, man unterwirft sie einer radikalen Neuinterpretation – und genau das tun die Fürsprecher des neuen politischen Islam. Dabei wird dem neuen Konzept des *Nizam Islami*, obwohl es von Grund auf antidemokratisch ist, ein Anschein von Demokratie verliehen, indem die Beratung als *Pflicht* muslimischer Herrscher hingestellt wird, wofür der Koran keinen Anhaltspunkt bietet. Die miteinander zusammenhängenden Begriffe *Nizam Islami* und *Schura* bilden also die zentralen Konzepte der Fundamentalisten und werden daher auch im Mittelpunkt der folgenden Darstellung der politischen Schriften der islamischen Fundamentalisten stehen.

Alle muslimischen Fundamentalisten betrachten die Einführung der *Schari'a*/des islamischen Rechts *(Tatbiq al-schari'a)* als Grundbedingung des Aufbaus des islamischen Regierungssystems. Dies muß bei der Analyse des *Nizam Islami* stets gegenwärtig sein. Mit der neuen Würdigung des politischen Islam in Gestalt der heutigen islamischen *Usuliyya*/des Fundamentalismus hat das zeitgenössische arabische Denken einen grundlegenden Wandel vollzogen: den Wechsel von säkularen zu religio-politischen Grundsätzen. Sogar ehemals führende marxistische arabische Autoren wie der gefeierte Anwar 'Abd al-Malek haben plötzlich entdeckt, daß sich der Koran schon lange vor Marx politischer Praxis erfreute: »Zwölf Jahrhunderte vor dem Lob der *Praxis* in den Marxschen ›Thesen über Feuerbach‹ hatte der Koran die Gläubigen aufgefordert, ... sich der Praxis [der Politik] zu verschreiben.«[11] Für die Autoren verschiedener säkularer Schriften, darunter 'Ali 'Abd al-Raziq *(al-Islam wa usul al hukm* [Der Islam und die Grundlagen der Herrschaft], Kairo 1925) und Sadiq Djalal al-'Azm *(Naqd al-fikr al-dini* [Kritik des religiösen Denkens], Beirut 1969) hat der Ex-Marxist 'Abd al-Malek daher nur Verachtung übrig. Ohne eine Diskussion dieser Hinwendung zu religio-politischen Grundsätzen wäre die Übersicht über die Hauptthemen der gegenwärtig einflußreichen arabischen politischen Schriften unvollständig.

Die Erscheinungsdaten der politisch herausragenden Beiträge zur fundamentalistischen Ideologie belegen eindeutig, daß der Aufstieg des politischen Islam im arabischen Teil der islamischen Zivilisation begann und nicht, wie im Westen häufig angenommen wird, durch die iranische Revolution ausgelöst wurde. Yusuf al-

Qaradawi, der führende zeitgenössische Ideologe des islamischen Fundamentalismus, erhob seine Forderung nach *al-Hall al-Islami*/der islamischen Lösung[12] Anfang der siebziger Jahre, als Khomeinis Name und die Ideologie des Khomeinismus[13] in den arabischen Gebieten des Nahen Ostens noch völlig unbekannt waren. Die erste Auflage der wichtigsten zeitgenössischen Abhandlung über das angebliche politische System des Islam, verfaßt von Muhammad Salim al-'Awwa[14], erschien 1975 in Kairo ohne jeden Bezug auf Khomeini oder den Iran. Erst in späteren Ausgaben (6. Auflage, 1983) finden sich solche Verweise. Deshalb erscheint es gerechtfertigt, die schiitische iranische Revolution in diesem Kapitel auszuklammern und nur den sunnitisch-arabischen Islam zu betrachten, ohne die spätere Wechselwirkung zwischen beiden zu leugnen – oder zu übertreiben (siehe Anmerkung 2).

Die islamischen Fundamentalisten geben sich in ihren Publikationen als wahre Schriftgläubige aus, obwohl sie die Schriften – wissentlich oder unwissentlich – in stark selektiver Manier zitieren. Bei der Analyse der einschlägigen Werke werde ich mich jedenfalls nicht auf einen skripturalistischen Ansatz, das heißt eine schriftgläubige religiöse Exegese beschränken, sondern ein kontextuelles Verständnis ihres Inhalts vermitteln, wobei vor allem die politischen Strukturen interessieren, in denen der islamische Fundamentalismus agiert. Eine geographisch isolierte Welt des Islam gibt es nicht, sondern nur einen religio-kulturell vielfältigen islamischen Teil unserer heutigen Welt, der hier als islamische Zivilisation bezeichnet wird. Ideologisch beruht der politische Islam auf der Ablehnung des globalen Systems der Nationalstaaten – daher der in den politischen Schriften der islamischen Fundamentalisten auffallende Geist der Negation. Doch obwohl der politische Islam behauptet, eine Alternative zur existierenden Ordnung anzubieten, besteht er überwiegend aus der Wiederbelebung alter Träume, weshalb er in erster Linie chiliastischer Natur ist. Dennoch sind die islamischen Fundamentalisten keine Traditionalisten. Ihr Ideal ist zwar der Islam des 7. Jahrhunderts, aber in selektiv wahrgenommener und willkürlich purifizierter Form. Das

Goldene Zeitalter des Frühislam wird als Bezugspunkt für die Lösung der Probleme der gegenwärtigen Krise in globalem Maßstab, das heißt für die Errichtung einer alternativen Weltordnung präsentiert. Durch den selektiven, schriftgläubigen Rückgriff auf die Vergangenheit sollen Normen für die Zukunft der islamischen Zivilisation geschaffen werden. Aber dieses chiliastische Konzept hilft dem Verständnis der fundamentalistischen Herausforderung wenig. Tatsächlich begegnet der islamische Fundamentalismus den gegenwärtigen Problemen mit einer neuen Ideologie. Darauf will ich jetzt näher eingehen.

Der regionale und globale Kontext der fundamentalistischen Schriften

Der hier interessierende Kontext ist global, die Zeit Weltzeit und die Geschichte, als von der Moderne geprägte Entwicklung, Globalgeschichte. Wie bereits erwähnt, kennzeichnet der Westfälische Frieden von 1648 den Beginn des Niedergangs der göttlichen Ordnung und des Aufstiegs des modernen internationalen Systems säkularer Staaten. In den darauffolgenden dreihundert Jahren haben die Europäer dieses System, innerhalb dessen jeder Staat interne und externe Souveränität genießt, dem Rest der Welt aufgezwungen. In großen Teilen der islamischen Welt existiert diese Souveränität allerdings nur nominell, weshalb ich für die entsprechenden Staaten den Begriff des »nominellen Nationalstaats« eingeführt habe. Der Untergang des Osmanischen Reichs[15] war nicht das Ergebnis einer »westlichen Verschwörung gegen den Islam«, sondern Teil der Entfaltung einer Globalgeschichte; er bedeutete das Ende der langen historischen Epoche göttlicher Ordnungen, die praktisch auf der ganzen Welt geherrscht hatten.

Nachdem 1924 das Kalifat abgeschafft worden war, übernahmen die Araber die Idee der Nation als Konzept für politisches Handeln, beschränkten sie aber nicht auf einen einzelnen der in Wirklichkeit entstandenen arabischen Nationalsaaten. Der arabische Traum eines alle arabischen Staaten umfassenden panarabischen Staats ist technisch weiterhin machbar und nicht unvereinbar mit dem Bezugsrahmen der internationalen Ordnung als eines Systems von Nationalstaaten. Von diesem Traum wurde das Denken der arabischen Nationalisten erfaßt, so daß der Traum von einem islamischen Universalismus davon überlagert und zurückgestellt wurde. Wie gesehen, stimmt die politische Option einer arabischen Nation mit einer realen Struktur überein, nämlich dem modernen, global vorherrschenden internationalen System von Nationalstaaten.

Trotz seiner irredentistischen Natur war der arabische Nationalismus in der Idee des Nationalstaats gefangen, weil er das größere Ziel eines übergreifenden arabischen Nationalstaats vor Augen hatte. Zur Idee der islamischen *Umma* stand er im Widerspruch, da er einerseits alle nichtarabischen Muslime, zum Beispiel jene Indonesiens, dem größten islamischen Land, aus diesem Gebilde ausschloß und andererseits arabische Christen, etwa im Libanon und Ägypten, nicht mehr nur als *Dhimmi*/geschützte Menschen, das heißt als Minderheiten duldete, sondern als Bürger einbezog. Die Schriften von Sati' al-Husri sind eine literarische Manifestation diese Periode, die in den frühen zwanziger Jahren begann und bis in die späten sechziger Jahre dauerte.[16] Wendepunkt der Entwicklung war die arabische Niederlage im Sechstagekrieg von 1967, die zur Delegitimation der unterlegenen säkularen arabischen Regime führte. In einem in Französisch, Arabisch und Englisch erschienenen autoritativen Buch des bekannten marokkanischen Historikers 'Abdallah Laroui wird die durch den Sechstagekrieg eingeleitete Periode als Krisenzeit behandelt[17], und seither ist die Krise nicht abgeklungen, sondern hat sich im Gegenteil verschärft. Der Golfkrieg hat die Lage zusätzlich kompliziert, indem er die seit 1967 mißliche Lage der Araber durch eine neue bittere Hinterlassenschaft zusätzlich belastete.[18] In der in Beirut erscheinenden und von dem großen arabischen Dichter Adonis herausgegebenen kritisch-literarischen Zeitschrift *Mawaqif* habe ich in einem Artikel den Prozeß der Selbstkasteiung in den Jahren 1967 bis 1970 als Wechsel »Von der Selbstverherrlichung zur Selbstkritik« beschrieben.[19]

Der säkulare panarabische Nationalismus, wie er in den zahlreichen Schriften Sati' al-Husris zum Ausdruck kam (siehe Anmerkung 16) wurde vom politischen Islam verdrängt, und an die Stelle der umfangreichen Literatur des Panarabismus, die bisher vorherrschte, trat eine neue Welle politischer Pamphlete, die aktuellere Haltungen wiedergaben. In einem der bahnbrechenden Werke dieser neuen Gattung erklärte der schon mehrmals erwähnte Muslimbruder Yusuf al-Qaradawi (siehe Kapitel 5) *al-Hall al-Islami farida wa darura*/die islamische Lösung zur Pflicht und Notwendigkeit. Damit errichtete er die *Ma'alim fi al-tariq*/Wegzeichen (Sayyid Qutb) an der Straße in die Zukunft der islamischen Zivilisation.

Im arabischen Teil des Nahen Ostens begann die Repolitisierung des Islam als Reaktion auf die Auswirkungen des Sechstagekrieges.[20] Bald darauf griff diese Entwicklung weit über den Kern des »Hauses des Islam« bis zu dessen Peripherie hin über. Im Verlauf dieses Prozesses ist der politische Islam zum globalen Thema geworden, das in unterschiedlichem Ausmaß die gesamte islamische Zivilisation berührt.

Dagegen könnte man – wie bereits dargelegt – einwenden, der Islam sei immer politisch gewesen, selbst nach 1924, dem Jahr der Abschaffung des Kalifats. Die Gründung der Muslimbruderschaft in Ägypten im Jahr 1928 und die Entstehung des wahhabitisch inspirierten Saudi-Arabien könnten als weitere Belege gegen das Argument angeführt werden, der politische Islam habe seit den zwanziger Jahren das Feld geräumt. Darüber hinaus könnte man auf die Verwendung islamischer Symbole im Kampf gegen die französische Kolonialherrschaft in Algerien[21] und Marokko verweisen.

In Wirklichkeit setzten sich nach dem Ersten Weltkrieg säkulare Ideologien, allen voran der panarabische Nationalismus, als dominante Elemente des politischen Diskurses durch, während der Islam als politische Ideologie, jedoch nicht als religiöser Glaube, seitdem zurückgegangen zu sein scheint[22], zumindest bis Anfang der siebziger Jahre. Mit dieser Einschätzung soll die Dynamik dieser Periode allerdings nicht soweit übertrieben werden, daß man zu dem Schluß kommen könnte, das politische Verständnis des Islam sei völlig verschwunden gewesen. Wer sich mit der Gegenwartsgeschichte des Nahen Ostens auskennt, weiß, daß sogar der »Führer« der arabischen Revolte von 1916 gegen die islamische – im wesentlichen türkische – Ordnung des Osmanischen Reichs, Scherif Hussain von Mekka, Kalif aller Muslime werden wollte und 1924, kurz nach der Abschaffung des osmanischen Kalifats, einen fehlgeschlagenen Versuch unternahm, ein neues Kalifat zu begründen.[23] Dennoch, und ungeachtet der Tatsache, daß Hassan al-Banna, der Gründer der Muslimbruderschaft, die *I'adat al-khilafa al-mafquda*/Wiederherstellung des verlorenen Kalifats als politisches Hauptziel seiner Partei betrachtete[24], befand sich der politische Islam zu diesem Zeitpunkt im Rückzug und war nicht mehr die treibende politische Kraft im arabischen Teil des Nahen Ostens. Im globalen Kontext der Weltzeit traten jene politischen Ideologien, die auf dem Gedanken einer die Araber vereinenden säkularen Nation beruhten, an die Stelle der scheinbar aufgegebenen Vorstellung einer universellen, alle Muslime umfassenden *Umma*. Wie oben angeführt, zog der führende syrische *Schari'a*-Gelehrte Muhammad al-Mubarak, zuzeiten Dekan der *Schari'a*-Fakultät an der Universität von Damaskus, eine klare Trennlinie zwischen *al-Umma al-'Arabiyya*, die sowohl muslimische als auch christliche Araber in einer Nation vereint, und *al-Umma al-Islamiyya*, die von einem lockeren Verständnis der Solidarität (*al-Ukhuwwa*/Bruderschaft) zwischen Muslimen zusammengehalten wird, ohne daß sich hieraus tiefgreifende politische Konsequenzen ergäben.[25]

Wie in Kapitel 5 bereits erläutert wurde, ist durch die in der modernen Zeit übliche Übersetzung von *la nation* mit dem arabischen Begriff *Umma* die religiöse Bedeutung der vom Propheten Mohammed im 7. Jahrhundert geschaffenen Gemeinschaft mit der im historischen Kontext der Französischen Revolution definierten säkularen Bedeutung der Nation durcheinandergebracht worden. »Nationalismus« wiederum wird mit dem neoarabischen Wort *Qaumiyya* bezeichnet, das auf dem klassischen arabischen Begriff *Qaum* in der Bedeutung Stamm, Volk beruht, womit die in der Enstehungszeit des Islam vorgenommene strikte Unterscheidung zwischen *Qaum* und *Umma* weitgehend aufgelöst wurde. Diese Übersetzung von Nationalismus mit *Qaumiyya* gab den islamischen Fundamentalisten Anlaß zu dem polemischen Aufschrei, die säkularen arabischen Nationalisten würden in die *Djahiliyya*/Zeit der Ignoranz der Stämme zurückfallen. Wahr ist, daß die islamische *Umma* historisch darauf abzielte, den *Qaum*/Stamm zu ersetzen, indem sie alle Araber in einer Gemeinschaft vereinte.

In der säkularen Literatur des panarabischen Nationalismus begegnen wir einer Vielzahl von Projektionen moderner europäischer Konzepte, wie dem der Nation, in die klassische arabische Geschichte und Sprache. Die meisten Autoren verfolgen die Geschichte der arabischen Nation sogar bis in vorislamische Zeiten zurück.[26] Der ethnische Konflikt zwischen Arabern und *Mawali* (nichtarabischen Muslimen) wird in eine nationale Auseinandersetzung zwischen jenen verwandelt, die die arabische Reinheit des Islam erhalten möchten, und jenen, die nichtarabische Elemente aufnehmen wollen. Feindseligkeit und Verwirrung – zwischen Stämmen, ethnisch-sektiererischen Gemeinschaften und moderner Nation – sind bei Islamisten wie Säkularisten gleichermaßen anzutreffen.

Politisches Denken spiegelt stets eine bestimmte Weltanschauung wider, und indem ich den Islam als kulturelles System im Sinne der Anthropologie von Clifford Geertz interpretiere (siehe Anmerkung 3), möchte ich die Hypothese aufstellen, daß der Islam immer das kulturelle Fundament der besonderen Weltanschauung der Muslime und sogar der panarabischen Säkularisten gewesen ist. Im Nahen Osten hat nie ein substantieller kultureller Wandlungsprozeß stattgefunden, der dem umfassenden und zielgerichteten Wechsel von einer religiösen zu einer säkularen Weltsicht zugrunde liegt, wie es in dem historischen Prozeß der Fall war, der sich einst in Europa entfaltete. In diesem Sinne hat es nie einen tiefgreifenden gesellschaftlichen Säkularisierungsprozeß gegeben, um die säkularen Ideologien im Nahen Osten zu untermauern, nicht einmal in der säkularen Türkei. Dort behauptet der Staat zwar, säkular zu sein, die Gesellschaft aber ist es nicht; und so kann die Türkei im soziologischen Sinn auch nicht als säkular bezeichnet werden. In der Tat ist festzustellen, daß die in jüngster Zeit erfolgte Verlagerung von säkularen Ideologien zu jenen des politischen Islam und zu der darin reflektierten Weltanschauung durch die bei allem sozialen Wandel erhalten gebliebene Kontinuität der islamischen Weltsicht ermöglicht wurde.[27] Bei der Untersuchung der Funktion des Islam als kulturelles System, das einem bestimmten Weltbild zugrunde liegt, kann einem die Tatsache nicht entgehen, daß es den säkularen Ideologien nie gelungen ist, starke strukturelle Wurzeln im Islam zu schlagen und die vorherrschende Weltsicht zu verändern. Daher ist die Säkularisierung als Trennung von Religion und Politik nur ein Oberflächenphänomen gewesen.

Lange vor dem Aufstieg des islamischen Fundamentalismus definierte ein Scheich von al-Azhar, der in Deutschland studiert und 1936 in Hamburg promoviert hatte[28], die muslimische Weltsicht durch die Zweiteilung der Welt in »den Westen« und das »Haus des Islam«. Nach seiner Auffassung hat der Westen die islamische Welt durchdrungen und die Abkehr vom Islam hervorgerufen.[29] Deshalb sollten Muslime bestrebt sein, ihr Volk, ihre Ideen und Institutionen wieder dem Islam zuzuführen. Der Wunsch, »das islamische soziale Leben wieder auf die Prinzipien des Islam zu gründen«[30], ist also immer ein herausragender Wesenszug des muslimischen Denkens gewesen.

Die Fixierung auf die ruhmreiche islamische Vergangenheit kennzeichnet die Sichtweise sowohl der Säkularisten als auch der Fundamentalisten im Nahen Osten. Sie ist ein Haupthindernis für die Entwicklung einer den Strukturen der heute real existierenden Welt angepaßten Weltsicht. Muslimische Fundamentalisten betrachten die Welt größtenteils auch weiterhin als aufgespalten in einen islamischen Osten und einen christlichen Westen, aber die heutige Welt läßt sich nicht mehr auf einen solchen vereinfachenden Dualismus reduzieren. Zwar hat der Bosnienkrieg dieses dualistische Weltbild bestärkt, aber die Realitäten der modernen Welt weisen wesentlich komplexere Strukturen auf, und die Fixierung auf die Dichotomie von West und Ost behindert die Entwicklung von Einsichten in diese Strukturen. Wenn man Edward Said darin zustimmt, daß der »Osten« eine Schöpfung des »Westens« ist[31], kann man moderne arabische und islamische Autoren nicht von der Schuld befreien, einen »Westen« geschaffen zu haben, der als Feind betrachtet wird. Denn einen ganzheitlichen »Westen« gibt es nicht; er ist ein Auswuchs des islamischen Denkens, und es scheint mir nutzlos zu sein, eine solche Debatte fortzusetzen.

Wichtig ist es jedoch, zu verstehen, wie die islamischen Fundamentalisten mit den Fragen von Herrschaft und Demokratie sowie mit den zerstörerischen Folgen des rapiden sozialen Wandels umgehen, denn dies sind die Hauptthemen, die das Klima der gegenwärtigen Krise bestimmen, und es ist erschreckend, daß sie innerhalb des Musters der Dichotomie von Orient und Okzident diskutiert werden. Ich habe nicht die Absicht, mich in die polemische Debatte über den Orientalismus einzuschalten, aber es ist nur angemessen und fair, zuzugeben, daß er keine Erfindung von Edward Said ist. Mit dem Etikett des Orientalismus wird die wirkliche Haltung einiger ethnozentrischer westlicher Autoren beschrieben, die über den »Orient« schreiben, von dem Brimborium der jahrzehntelangen melodramatischen Aufbereitungen in westlichen Spielfilmen ganz zu schweigen. Said jedoch überzieht das Argument, und seine Nachfolger vereinfachen sein Konzept und verkehren den Begriff des Orientalismus sogar in sein Gegenteil. In einer Schrift, die Saids Buch *Orientalism* in puncto Polemik in nichts nachsteht, hat der Said-Kritiker Sadiq Djalal al-'Azm aus Damaskus den Vorwurf erhoben, muslimische Autoren würden *sich selbst orientalisieren*, wenn sie für sich selbst einen Bezugsrahmen beanspruchen, der sich von dem der übrigen Menschheit unterscheidet. In al-'Azms Augen ist dies ein umgekehrter Orientalismus.[32] Ohne Saids Leistung schmälern zu wollen, ist doch nicht zu übersehen, daß er unabsichtlich in die Falle tappte, den Manichäismus zu romantisieren, während er sich mit dem Dualismus von Orient und Okzident beschäftigt.[33]

Viele muslimische Autoren vertreten die Ansicht, das islamische Denken sei eigenständig und den analytischen Mitteln der sozialwissenschaftlichen Analyse grundsätzlich unzugänglich.[34] Implizit übernehmen sie damit die ursprünglich von westlichen Orientalisten aufgebrachte Idee eines *homo islamicus*. Das Programm der »Islamisierung des Wissens«[35] gehört zu den erschrekkenden Erscheinungen des gegenwärtigen politischen Islam. Ich meine, daß wir Muslime wie die Angehörigen jeder anderen Zivilisation zu leidenschaftsloser und vernunftorientierter Argumentation in der Lage sind und einer allgemein angelegten rationalen Analyse unterworfen werden können. Es trifft zu, daß angeblich neutrale Untersuchungsmethoden eine heikle kulturelle Schlagseite haben können, da sie notwendigerweise einem spezifischen kulturellen Kontext entstammen. Dennoch wäre es falsch, aus der kulturellen Verschiedenartigkeit unzulässig verallgemeinernd zu schließen, wegen des Fehlens einer universellen Zivilisation könne mit diesen Mitteln kein allgemeinverbindliches Wissen formuliert werden. Auch wenn die islamischen Fundamentalisten ein islamisches Wissen reklamieren, durch das sie von Natur aus vom Westen getrennt sind, kann der politische Islam anhand einer vorsichtigen Interpretation seiner Texte und im Licht seines historischen Kontexts analysiert werden. Wie die Schriften jeder anderen in eine gegebene Zivilisation eingebetteten Gruppe sind auch die Werke muslimischer Autoren von der Begegnung mit den Problemen der Wirklichkeit angeregt und beruhen auf menschlichem Wissen und Erfahrung. Diese Themen in ihrem historischen Kontext zu untersuchen und zu verstehen ist sogar Nichtmuslimen möglich. Den eigenständigen Charakter einer Kultur anzuerkennen heißt nicht, daß man die Meinung vertritt, sie lasse sich nur durch die Angehörigen dieser Kultur selbst richtig verstehen.

Alles politische Denken reflektiert Kontinuität. Auch wenn die behandelten Themen aktuelle Ereignisse betreffen, enthüllt die Art ihrer Darstellung häufig wesentlich ältere Ideen und damit eine deutlich sichtbare Stetigkeit. Fundamentalistische Autoren betreten – wie andere Autoren auch – selten wirkliches Neuland. Meistenteils greifen sie, wiewohl in neuer Sprache und mit neuen Anliegen, die Diskussion wieder auf, die nach der Abschaffung des Kalifats im Jahr 1924 geführt wurde. Dabei kommen die meisten Autoren auf 'Ali 'Abd al-Raziq und dessen Buch *al-Islam wa usul al-hukm* (Der Islam und die Grundlagen der Herrschaft) zu sprechen, entweder um seine Widerlegung und Dämonisierung schlicht fortzuführen oder um seine Ablehnung um neue Aspekte zu bereichern.[36] Was das Thema Islam und Regierung[37] betrifft, bestehen nur wenige Anhänger des politischen Islam – auch darauf wurde bereits hingewiesen – auf der Wiederherstellung des Kalifats. Die Hauptdebatte dreht sich vielmehr um das »islamische Regierungssystem« (siehe Anmerkung 14). Dabei heben die meisten Autoren zwar den politischen Charakter des Islam hervor, bestehen aber nicht auf der Beibehaltung des Begriffs »Kalifat«, wie wir später sehen werden. Das fundamentalistische Denken ist eindeutig in einen neuen Kontext eingebettet, der sich deutlich von dem des klassischen Islam unterscheidet. Kurz, die Frage, ob der Islam im wesentlichen ein religiöser Glaube oder eher ein Regierungssystem ist, das sich als Ausdruck einer göttlichen Ordnung manifestiert – ob lokaler oder globaler Art –, kennzeichnet die Trennlinie zwischen Säkularisten, liberalen Muslimen und islamischen Fundamentalisten in der islamischen Welt.

Das Kalifat, die *Fetwa* und die Verzerrung
von Geschichte und Text

Angesichts der Debatte über die islamische Regierung könnte man erwarten, die Fundamentalisten würden sich mit den realen Problemen beschäftigen, die sich aus der Krise des Nationalstaats ergeben. Immerhin besteht die reale Notwendigkeit, ein angemessenes politisches System für die Menschen der islamischen Zivilisation zu finden. Aber die in den fundamentalistischen Publikationen geäußerten politischen Aussagen gehen selten über die selbstherrliche Feststellung hinaus, die göttliche Ordnung sei grundsätzlich jeder säkularen Ordnung vorzuziehen. Im Einklang mit der klassischen Tradition des islamischen Denkens, in der Politik untrennbar mit der *Schari'a* verknüpft war, sind die politischen Schriften der islamischen Fundamentalisten ebenso dogmatisch wie schriftgläubig und enthalten weder eine politische Analyse, noch zeigen sie Auswege aus der Krise auf.

Die im nächsten Kapitel eingehender untersuchte Idee von *al-Nizam al-Islami* präsentiert sich als eine Überzeugung, die keines Beweises oder tragfähigen Fundaments bedarf. Bereits in Kapitel 5 wurde erläutert, wie dieses willkürlich interpretierbare moderne politische Konzept zur fundamentalistischen Meßlatte für die vermeintliche Qualität des religiösen Glaubens wird und zur Kategorisierung von »wahren Muslimen« und »Ungläubigen« dient. Skripturalistische Argumentationen[38] machen die Logik dieser Debatten aus, denn nur diese können nach Ansicht der Fundamentalisten die jeweilige Interpretation der Idee eines islamischen Regierungssystems stützen oder widerlegen. Da Religionen im allgemeinen und ihre politisierten Spielarten des religiösen Fundamentalismus im besonderen Modelle *für die* (und nicht *von der*) Realität sind, kann der Kontext (Geschichte, politische Strukturen, Institutionen etc.) den Text nicht verifizieren; im Gegenteil: wenn die Realitäten mit den zitierten göttlichen Geboten nicht übereinstimmen, sind sie einfach nur bedauerliche Abweichungen vom wahren Islam. Ein liberaler muslimischer Denker,

Mohammed Arkoun, hat diese Art des Antiintellektualismus jüngst angeprangert und darauf hingewiesen, daß jede Religion, der Islam nicht ausgenommen, potentielles Objekt eines Überdenkens sein muß, das heißt aus den Erfahrungen und Kräften der Geschichte ihre Lehren ziehen muß.[39] Unnötig zu sagen, daß die Vertreter des politischen Islam größtenteils mit Feindseligkeit reagiert haben.

Dennoch, ich wiederhole es, ist im islamischen Denken wie im Denken anderer Kulturen eine bemerkenswerte historische Kontinuität festzustellen. Die meisten arabo-islamischen Beiträge zur Debatte über die *Schari'a* beziehen sich auf zwei bereits als klassisch geltende Schriften aus dem frühen 20. Jahrhundert: Raschid Ridas *al-Khilafa wa al-imama al-'uzma* (Das Kalifat und das große Imamat)[40] und 'Abd al-Raziqs *al-Islam wa usul al-hukm*. Aus ersterer entnimmt man, daß der Islam *Din wa daula*/die Einheit von Religion und Staat sei, aus letzterer das Gegenteil, daß diese Idee dem Islam zwar zugeschrieben, von dessen Primärquellen, das heißt von Koran und *Hadith*, aber nicht gestützt werde.

Daß das Kalifat die einzige legitime islamische Regierungsform sei, behaupten heute nicht einmal mehr jene Muslime, die sich mit Rida gegen 'Abd al-Raziq wenden. Natürlich herrschte in den Jahren vor der Revivalisierung des politischen Islam größtenteils ein lang anhaltendes Schweigen über das Thema der islamischen Regierung. Doch jeder, der die intellektuellen Strömungen in arabischen Publikationen verfolgt, ist vertraut mit Büchern wie Muhammad Yusuf Musas *Nizam al-hukm fi al-Islam* (Das politische System des Islam), Muhammad Dia'uddin al-Rayes' *al-Nazariyyat al-siyasiyya al-Islamiyya* (Politische Theorien des Islam) und 'Abdulhamid Mutawallis *Mabadi' nizam al-hukm fi al-Islam* (Grundlagen des Regierungssystems im Islam), die allesamt mehr als dreißig Jahre alt sind.[41] (Ich werde in Kapitel 8 auf diese Werke zurückkommen.) Diese Kategorie islamischer politischer Schriften bildete vor den siebziger Jahren jedoch eher die Ausnahme oder stellte jedenfalls nicht das dominante Genre der politischen

Literatur dar. Darüber hinaus hatten sie bei ihrer Erstveröffentlichung auch nicht eine solche mobilisierende Wirkung wie heute. Aus dem neu gefundenen Interesse darf man allerdings nicht den Schluß ziehen, die Muslime hätten sich zuvor vom Islam abgewandt, wie die meisten fundamentalistischen Autoren behaupten. Vielmehr war der Islam stets die Hauptquelle der islamischen Weltsicht. Als Bezugsrahmen für die Legitimation der politischen Ordnung war er seinerzeit jedoch in den Hintergrund getreten.

Vor dem Aufstieg des politischen Islam konnte das vorherrschende Verständnis vom Islam in dem autoritativen Lehrbuch über den Islam *al-Islam 'aqida wa schari'a* (Der Islam als Dogma und Gesetz) von dem inzwischen verstorbenen Mahmud Schaltut, Scheich von al-Azhar gefunden werden.[42] Dieses Buch, das zehn Auflagen erlebte, enthält ein Kapitel über *al-Umma fi al-Islam*/die Gemeinschaft im Islam, und Schaltut vertritt darin die Ansicht, die Bedeutung von *Umma*/Gemeinschaft sei nicht auf einen bestimmten *Daula*/Staat beschränkt, denn dies würde »eine dem Universalismus des Islam widersprechende Abgrenzung und Verengung« nach sich ziehen.[43] Besonderen Wert legt Schaltut auf die *Ukhuwwa al-Islamiyya*/islamische Brüderlichkeit. Die Brüderlichkeit der Muslime, die den ethischen Wert und die Substanz der Solidarität unter Muslimen darstellt, ist das hervorstechende Merkmal der *Umma*. Von den Fundamentalisten wird dieser Gedanke unter Berufung auf die *Schura* als Prinzip der islamischen Regierung abgelehnt. Dagegen weist Schaltut unmißverständlich darauf hin, daß »weder der Koran noch der Prophet ein bestimmtes System der *Schura* festgelegt« hätten.[44] Mit anderen Worten, eine Autorität vom Gewicht eines Mahmud Schaltut entpolitisiert indirekt den Islam, indem er bei der Interpretation des Begriffs *Umma* den ethischen Aspekt der moralischen Brüderlichkeit stärker betont als die *Daula*/den Staat als Ausdruck eines politischen Systems.

Indem er negiert, daß die Basistexte des Islam ein »bestimmtes System der *Schura*« enthalten, verfolgt Schaltut die Absicht, dieses islamische Konzept auf eine ethische Norm zu reduzieren und die

Idee der *Hukuma Islamiyya*/islamischen Regierung gänzlich aufzugeben. Dieser von Khomeini ausgiebig benutzte Begriff hat die gleiche Bedeutung wie die von den sunnitisch-arabischen Fundamentalisten vorgezogene Bezeichnung *Hakimiyyat Allah*/Gottesherrschaft. Natürlich vertreten alle Fundamentalisten dieses Konzept der göttlichen Ordnung. Schaltuts Verständnis der modernen internationalen Beziehungen ist ebenfalls bemerkenswert. In seinen Augen ist der Islam in erster Linie eine Friedensmission: »Wenn Nichtmuslime Frieden halten, müssen sie vom Standpunkt des Islam aus als Brüder der Muslime betrachtet werden, die mit ihnen zusammen die Menschheit bilden. Jeder hat seine eigene Religion. ...« (ebd., S. 453; Schwestern werden nicht erwähnt). Damit formuliert Schaltut eine islamische Alternative zum Fundamentalismus. Obwohl sein Buch ebenso wie das jüngere zweibändige Handbuch der Azhar-Universität mit dem Titel *Bayan li al-nas* (Deklaration an die Menschheit)[45] ein nicht besonders aufgeklärter Beitrag zu einem Islam ist, der zur kulturellen Bewältigung des sozialen Wandels durchaus in der Lage wäre (siehe Anmerkung 3), stellt es doch einen bedeutsamen Versuch dar, die islamische Weltsicht den veränderten Bedingungen der Gegenwart anzupassen.

In den politischen Schriften des islamischen Fundamentalismus ist dieser Gedanke der Pluralität innerhalb der Menschheit – »Jeder hat seine eigene Religion« – nicht mehr anzutreffen. Der politische Islam ist von völlig anderem Kaliber. Jene Muslime, die ihre Religion nicht als politischen, sondern als ethischen Kontext, das heißt als Richtschnur des Verhaltens und nicht als ein Regierungssystem ansehen, werden von den Fundamentalisten als »fehlgeleitete Muslime«, wenn nicht gar als Apostaten diskreditiert, woraus sie das vermeintliche Recht ableiten, diejenigen, die sie willkürlich zu Abtrünnigen erklärt haben, zu töten. In einem weitverbreiteten Buch zweier Exponenten des politischen Islam, *Asalib al-ghazu al-fikri li al-'alam al-Islami* (Methoden der intellektuellen Invasion der islamischen Welt) von Ali M. Djarischa und Muhammad S. Zaibaq, die in Medina als Professoren lehren, finden sich einige dieser neuen Ansichten wieder. Djarischa und Zaibaq nehmen nicht einmal 'Abduh, den intellektuellen Vater des islamischen Modernismus, von ihrer Polemik aus. Muhammad 'Abduh (1849–1905), der nach jahrelangem Exil in Paris 1888 Großmufti von Ägypten wurde, versuchte eine Synthese von Islam und kultureller Moderne zu erreichen. Aus Sicht der Fundamentalisten waren er und alle anderen islamischen Reformer jedoch Produkte der »intellektuellen Invasion« des Westens und werden deshalb an den Pranger gestellt.[46] Noch schärfer gehen Djarischa und Zaibaq mit Rifa'a R. al-Tahtawi ins Gericht, der in seinem wohlbekannten Tagebuch über seine Erfahrungen als *Imam*/religiöser und politischer Führer des Kontingents ägyptischer Studenten, die in den zwanziger Jahren des 19. Jahrhunderts in Frankreich studierten, eine begeisterte Schilderung des Pariser Lebens liefert. Tahtawi sah Europa als Modell für Muslime.[47] Die Fundamentalisten Djarischa und Zaibaq verurteilen Tahtawi. Denn für sie besteht – wie bereits an früherer Stelle dieses Buches zitiert – das einzige angemessene Verständnis des »wahren Islam« darin, daß Staat und Religion in dem Sinne übereinstimmen, daß nicht die Religion dem Staat unter- oder beigestellt wird, sondern daß sie diesen konstituiert: Sie ist »*qism lahu la qasim*/ein Teil davon, nicht dessen Partner« (ebd., S. 38 f.).

Djarischa und Zaibaq zufolge gab es – auch das haben wir bereits erfahren – eine gegen den Islam gerichtete koloniale *Mu'amarah*/Verschwörung[48], die das Ende des Kalifats herbeiführte. Offenbar haben die Autoren dabei die Tatsache nicht berücksichtigt, daß das Konzept des Kalifats im Koran gar nicht zu finden ist. Zwar taucht das Verb *khalafa*/nachfolgen in mehreren der hundertvierzehn Suren des Koran auf, aber nicht in der Bedeutung einer Nachfolge im Amt. Der arabische Nationalismus, nach Djarischa und Zaibaq bekanntermaßen ein Produkt »missionierender Kreuzzügler«[49], sei »von dem britischen Spion Lawrence verbreitet« worden (ebd., S. 41). Die arabischen Nationalisten sind überwiegend Säkularisten, insofern sie zwischen einer göttlichen Ordnung und dem säkularen Nationalstaat unterscheiden. Bei

Djarischa und Zaibaq werden sie dagegen zu Opfern der Juden, den angeblichen Vorläufern der Verschwörung zur Trennung von Religion und Staat, die das Ziel verfolgt,

> »die Religion zu vernichten. ... Der Islam erlaubt eine solche Trennung jedoch nicht. Der Staat ist in der *Fiqh* des Islam [islamischen Jurisprudenz] ein untrennbarer Bestandteil der Religion, so daß es keine Religion ohne den Staat und umgekehrt geben kann.«[50]

Grundvoraussetzungen dieses als *Nizam al-Islami* konzipierten Staates sind im Rahmen der *Sahwa al-Islamiyya/des* islamischen Erwachens – ich wiederhole es:

1. die islamische Legitimität *(al-schar'iyya al-Islamiyya)*;
2. die islamische *Umma* als Fundament der *schar'iyya*; und
3. die nötige politische Macht, um dieses Anliegen, das heißt die Einführung der *Schar'ia*, durchzusetzen (Djarischa und Zaibaq, S. 239).

Ganz abgesehen von dieser Verschwörungsobsession ist es verblüffend, zu sehen, wie Djarischa und Zaibaq einen neoarabischen Begriff benutzen, der einfach aus modernen westlichen Sprachen übersetzt wurde: *al-Schar'iyya.* Der Islamkundige ist mit dem traditionellen Konzept von *al-Siyasa al-schar'iyya* vertraut, in dem das Adjektiv *schar'iyya* vom Substantiv *Schari'a* abgeleitet wird, und *Siyasa* bedeutet nach dem traditionellen Verständnis des klassischen Juristen Ibn Taimiyya[51] »das Führen eines Staates«. Diesem Konzept zufolge ist die Autorität des Staates nur anzuerkennen, wenn sie mit der *Schari'a* in Einklang steht. In der von Djarischa und Zaibaq verwendeten Sprache wird das Adjektiv *schar'iyya* jedoch zu einem Substantiv, das im modernen Arabisch »Legitimität« bedeutet.[52] Damit deckt das Wort *Schar'iyya* zwei Bedeutungen ab: die von »Legitimität« und die von »auf der *Schari'a* beruhende Politik«. Ergebnis dieser Wortakrobatik ist die

Formel »*La schar'iyya bi ghair schari'a/*ohne Anwendung der *Schari'a* kann es keine Legitimität geben«[53], mit der jedem politischen System, das nicht auf der islamischen *Schari'a* basiert, die Legitimität abgesprochen wird. Dieses Beispiel zeigt deutlich, wie die Fundamentalisten mit der Sprache spielen, indem sie alte und neue Begriffe vermischen und ihnen neue Bedeutungen geben, gleichzeitig aber sowohl Originalität als auch Authentizität für sich beanspruchen.

Es erhebt sich nun die Frage, ob das traditionelle Kalifat das politische System ist, das Djarischa und Zaibaq mit der Formel *al-Schar'iyya al-Islamiyya* verkünden, das von der muslimischen *Umma* getragen und von den wahren muslimischen Herrschern aufrechterhalten wird. Bereits in Kapitel 5 wurden Djarischa und Zaibaq dahingehend zitiert, daß sie Form und Namen der politischen Herrschaft kein großes Interesse entgegenbringen. Legitimität sei schlicht und unauflöslich mit den oben wiederholten Bedingungen verknüpft. Die beiden Autoren weiter:

> »Dies ist das wahre Verständnis des Schutzes der Religion und … der Art, in der sie als Richtschnur für weltliche Angelegenheiten heranzuziehen ist. In der Tat ist dies die Definition des *Kalifats* und eigentlich die Definition jeder legitimen Ordnung.«[54]

Die Kernaussage der hier diskutierten *Fetwa* (Rechtsgutachten) läßt sich also auf den einfachen Nenner bringen, daß eine Implementierung der *Schari'a* in Gestalt ihrer fundamentalistischen Interpretation gleichbedeutend mit der Existenz eines *Nizam Islami* ist (vgl. ebd., S. 244), während Säkularisierung dem Islam grundsätzlich zuwiderläuft (ebd., S. 249). Die Aufhebung *(Ta'til)* der *Schari'a* wird mit der Aufhebung des Willens Gottes gleichgesetzt und daher als Quelle aller Übel betrachtet.

Als aus dem Nahen Osten stammender liberaler Muslim kann ich Mark Juergensmeyers Forderung, der Westen solle seine Arroganz gegenüber nichtwestlichen Kulturen ablegen und ihnen gegenüber toleranter werden[55], nur unterschreiben. Zum Einverständnis mit dem religiösen Fundamentalismus – oder religiösen Nationalismus, wie Juergensmeyer ihn nennt – darf dies allerdings nicht führen. Ich würde in der Tat nicht gern in einer göttlichen Ordnung unter der Aufsicht von islamischen Fundamentalisten leben. Mit einer *Fetwa* wie derjenigen, die der 1996 verstorbene fundamentalistische ägyptische Scheich Muhammad al-Ghazali, eine Autorität in bezug auf das »islamische Konzept der Menschenrechte«[56], im Juni 1993 erließ, ist die Grenze des Erträglichen erreicht. In dieser *Fetwa* erklärte er, daß

> »jeder Muslim, der sich für die Aufhebung der *Schari'a* ausspricht, ein Apostat ist und getötet werden kann. Die Tötung von Abtrünnigen kann nach islamischem Gesetz nicht verfolgt werden, weil diese Tötung gerechtfertigt ist.«[57]

Im Koran läßt sich keine Rechtfertigung für einen solchen Aufruf zum Mord an muslimischen Glaubensgenossen finden. Nicht eine einzige Offenbarung des Koran billigt die Tötung von *Murtad*/Apostaten. Der Befehl, andersdenkende Muslime abzuschlachten, ist eine unislamische Erfindung der islamischen Fundamentalisten. Schließlich ist die *Schari'a* ein postkoranisches Konstrukt.[58]

Das Recht, den religiösen Glauben als eine Ethik zu betrachten und sich zu weigern, seine Politisierung zuzulassen, sollte als Ausdruck intellektueller Freiheit nicht in Frage gestellt werden. Glaubensfreiheit ist ein grundsätzliches Menschenrecht[59], und der Koran verbietet ausdrücklich die Tötung von Muslimen (Sure 4: *al-Nisa*/Die Frauen, Vers 92). Um so erschreckender ist, daß im Sinne der oben zitierten *Fetwa* der Mord an dem ägyptischen Essayisten Faradj Fuda im Juni 1992 »gerechtfertigt« war. Auch die algerischen Fundamentalisten, die allein 1993 zwölf führende algerische Intellektuelle umbrachten[60], berufen sich auf die *Fetwa* al-Ghazalis und rechtfertigen ihre Morde an Muslimen als von der *Schari'a* befohlene Hinrichtungen. Damit wird der Islam als religiöser Glaube entstellt, und die Fundamentalisten besudeln den Islam nicht nur, indem sie ihn zur Legitimierung der von ihnen angestrebten totalitären Herrschaft benutzen, sondern auch, indem sie laut denkende liberale Muslime zum Schweigen bringen. Legt man die Perspektive des schriftgläubigen Fundamentalismus an, hat sich der aufgeklärte algerische Muslim Mohammed Arkoun einfach dadurch, daß er die Formel vom »Überdenken des Islam« prägte (siehe Anmerkung 39), in große Gefahr begeben, da solche Art von »Überdenken« den Fundamentalisten als Häresie gilt. Wer über den Islam nachdenkt, kann sich rasch auf der Liste jener Abtrünnigen wiederfinden, die hinzurichten sind. Arkoun ist vorsichtig, aber dennoch mutig genug, diese Formel als Titel eines seiner wichtigen Bücher zu benutzen. Ein »Überdenken des Islam« führt zu der Erkenntnis, daß *Schari'a* und Menschenrechte im Widerspruch zueinander stehen (siehe Anmerkung 59).

Bei unvoreingenommener Lektüre der Schriften der heutigen Fundamentalisten stellt man fest, daß man es mit einer Art politischer Propaganda zu tun hat. Stil, Sprache und Methode der Argumentation aller dieser Werke offenbaren propagandistische Taktik, nicht eine Theologie oder einen intellektuellen Diskurs. Vernünftiges Denken ist für diese Zeloten Häresie.

Die Bedeutung der fundamentalistischen Bücher liegt in ihrem enormen politischen Einfluß. Dem zitierten Buch von Djarischa und Zaibaq bin ich in der gesamten islamischen Welt begegnet. Daneben erscheinen aber auch ernsthaftere Werke, die dem zunehmenden Bedürfnis vieler Muslime entgegenkommen, mehr über das Kalifat als historische Form der politischen Herrschaft im Islam zu erfahren. Zu dieser Gattung gehört *al-Islam wa al-khilafa* (Der Islam und das Kalifat) von 'Ali Husni al-Khartabuli, ein einigermaßen wissenschaftliches Werk, das auf historischen Quellen beruht. Obwohl al-Khartabuli das islamische Kalifat verteidigt, stellt er eindeutig klar, daß es keine einzige Schriftstelle gibt, weder im Koran noch im *Hadith*, aus der man schließen könnte, es sei die wahre islamische Regierungsform. Dennoch betont er, es sei

»trotz der Tatsache, daß das Kalifat in der Türkei abgeschafft wurde, weiterhin heilig und wird von allen Muslimen geachtet. Seit seiner Abschaffung haben die Muslime nie aufgehört, seine Wiederherstellung zu fordern.«[61]

Dies ist die einzige auf die Gegenwart bezogene Aussage in diesem umfassenden Werk, das die Geschichte des Kalifats von seinem Beginn nach dem Tod des Propheten Mohammed bis zu seiner Abschaffung im Jahr 1924 behandelt. Dabei scheut al-Khartabuli auch nicht vor der Erwähnung der Ereignisse des 10. Jahrhunderts zurück, als die Muslime *drei* Kalifen gleichzeitig hatten, einen in Bagdad, einen in Kairo und den dritten in Cordoba, von denen *jeder* behauptete, der einzig wahre islamische Nachfolger des Propheten zu sein. Allerdings beschränkt er sich darauf, diese bizarren Ereignisse zu schildern und festzustellen, die Errichtung des Kalifats habe nicht mehr die Herrschaft des Kalifen über die beiden heiligen Stätten in Mekka und Medina vorausgesetzt.

Deutlicher äußert sich der liberale Muslim und Jurist Said al-Aschmawi in einem mutigen Buch über das islamische Kalifat, erschienen in Kairo, in dem er rundheraus feststellt, weder der Koran als die islamische Offenbarung noch die Aussprüche des Propheten *(Hadith)* enthielten eine religiöse Rechtfertigung für die politische Ordnung des Kalifats: »Das Kalifat hat kein islamisches Fundament ... es hat dem Islam einen schlechten Dienst erwiesen, indem es religiösen Glauben und Politik miteinander vermengte.«[62] Aschmawi gehört zu jenen muslimischen Intellektuellen in Kairo, die von den Fundamentalisten wegen ihrer rationalen Argumente verfolgt werden.

Schlußfolgerungen

Ungeachtet dieser Verweise auf die Debatte über das Kalifat, können wir aus dem Studium des Schrifttums der islamischen Fundamentalisten schließen, daß das Kalifat und seine Wiederherstellung für den gegenwärtigen politischen Islam keine zentralen Themen mehr sind. Heute liegt der Schwerpunkt auf einem anderen Konzept, dem *Nizam Islami* – der Formel für die Suche nach einer göttlichen islamischen Ordnung im Zeitalter des Fundamentalismus. Über die Authentizität dieses Konzepts im Hinblick auf die islamischen Quellen gehen die Meinungen innerhalb des Islam weit auseinander. Es gibt neoislamische Fürsprecher eines auf der Anwendung der *Schari'a* beruhenden islamischen Regierungssystems. Dies sind die Fundamentalisten. Daneben gibt es Muslime, nach deren Ansicht im Islam kein klares Gebot darüber existiert, wie eine Regierung gebildet werden sollte, um islamische Legitimität zu besitzen. Und es gibt andere, die den Islam in der Tradition des Sufismus (islamischen Mystizismus) nicht als formales Regierungssystem, sondern als Ethik und Orientierung für die Lebensführung begreifen. Für islamische Sufi-Mystiker ist der religiöse Glaube spirituell und fußt auf der »Liebe zu Gott«, nicht auf der rigorosen Anwendung der *Schari'a*/des islamischen Rechts. Im Nahen Osten und in Nordafrika haben jedoch die Kämpfer des politischen Islam die Oberhand über die toleranten Muslime gewonnen.

Der politische Charakter des Islam wird von manchen klardenkenden liberalen muslimischen Denkern nicht bestritten. Dogmatische Lösungen der Krise des Nationalstaats in der islamischen Zivilisation lehnen sie jedoch ab, seien sie nun rein säkularer oder fundamentalistischer Art. Leider bilden diese islamischen Denker[63] eine kleine Minderheit und sind bereits der Gefahr ausgesetzt, als *Murtad*/Apostaten ermordet zu werden. Diese bedrückende Intoleranz wird nicht nur von westlichen Beobachtern verurteilt, sondern auch von liberalen Muslimen. Müssen wir, die wir Intoleranz bekämpfen, uns deshalb »selbst der Intoleranz schuldig«[64] fühlen, wie es Mark Juergensmeyer empfindet, weil wir nicht scharfsichtig genug waren, die antisäkularen Ansichten jener vorherzusehen, die eine göttliche Ordnung fordern?

VIII

Die Idee eines islamischen Staates und der Ruf nach Anwendung der *Schari'a*/des Gottesgesetzes

Eines der hervorstechenden Merkmale der fundamentalistischen Ideologie ist die Neuheit der unter dem Namen *al-Islam al-siyasi*/des politischen Islam vorgebrachten Anschauungen.[1] In den politischen Verlautbarungen der islamischen Fundamentalisten ist keine Rede von der Restauration des Kalifats als traditioneller Ordnung des Islam.[2] Statt dessen sehen wir uns dem neuen Konzept der *Daula Islamiyya*/des islamischen Staats gegenüber, der hauptsächlich in Gestalt eines *Nizam Islami*/islamischen Systems präsentiert wird. Für islamische Fundamentalisten beruht der Glaube, trotz aller anderslautenden Behauptungen, mehr auf einer politischen Überzeugung als auf dem toleranten und spirituellen Konzept der »Gottesliebe«, das den Sufi-Islam beseelt.[3] Der angestrebte islamische Staat bedeutet ganz gewiß keine »Islamisierung der Demokratie«, noch ist er die »tugendhafte Ordnung«, wie sie in der politischen Philosophie der mittelalterlichen islamischen Rationalisten, allen voran Abu Nasr al-Farabi[4], beschrieben wird.

Der Modellstaat, der vom islamischen Fundamentalismus präsentiert wird, ist im Grunde eine totalitäre Herrschaftsform, auch wenn einige Autoren sie als islamische Variante demokratischer Staatsbildung verstehen. In diesem Kapitel werden einige populistische islamische Fundamentalisten vorgestellt, die im Unterschied zu den totalitären Fundamentalisten mit gewissen Einschränkungen die Idee der Volkssouveränität akzeptieren. Die Hauptströmung des Fundamentalismus folgt allerdings den Ansichten des Pakistaners Abu al-A'la al-Maududi, die mit Fug und Recht als »göttliches Modell« des Totalitarismus bezeichnet werden können.

Dieses Kapitel konzentriert sich auf die verschiedenen Anschauungen, die mit dem Gedanken des »islamischen Staates« einhergehen, seien sie nun populistisch oder autoritär. Dabei stehen zwei Themen im Vordergrund: Das erste ist die Anwendung der *Schari'a*/des göttlichen Rechts, das zweite das Konzept der *Schura*, ob nun als islamischer Demokratie-*Ersatz* oder, wie manche behaupten, als spezifisch islamisches Demokratie-*Modell*.

Din wa daula/Einheit von Religion und Staat – aber was noch?

Auf allgemeiner Ebene gibt es unter den die Ideologie des politischen Islam hervorbringenden Autoren keinen Streit, insbesondere nicht über die Formel *Din wa daula*/Einheit von Religion und Staat. Darüber hinaus werden nur vage Aussagen artikuliert, die man kaum als sichere Grundlagen der Idee eines islamischen Staates bezeichnen kann. In dieser Hinsicht ist der tunesische Autor Mahmud 'Abdulmaula ein repräsentatives Beispiel: »Der Islam ist ein politisches System, insofern er ein religiöses ist.«[5] Abgesehen von der zu erwartenden Polemik gegen islamisch-reformistische Bemühungen, den Islam zu entpolitisieren und allein als religiösen Glauben zu definieren, wie es einst der islamische Gelehrte 'Ali 'Abd al-Raziq[6] tat, haben die islamischen Fundamentalisten kaum etwas über die Art des von ihnen angestrebten politischen Systems zu sagen. Es stellt sich also die Frage: Was genau ist ein »islamischer Staat«?

Der umfangreichste und am weitesten verbreitete Beitrag von fundamentalistischer Seite zum Konzept des islamischen politischen Systems ist ein in mehreren überarbeiteten Auflagen erschienenes maßgebendes Buch von Muhammad Salim al-'Awwa, in dem der Autor in übertriebener Manier behauptet, der Islam sei das erste authentische legale politische Staatssystem in der Menschheitsgeschichte gewesen.[7] Als Beleg hierfür nennt er den bindenden Charakter der *Schari'a*/des göttlichen Rechts als gesetzlicher Grundlage des Staates. Im vorigen Kapitel konnten wir einen Eindruck von den linguistischen Wortspielen bei Djarischa und Zaibaq gewinnen. Diese fundamentalistischen Autoren glauben, aus dem klassischen arabischen Terminus *Schari'a* das neo-arabische Wort *Schar'iyya*/Legitimität ableiten zu können. Die erste Auflage von al-'Awwas Buch (1975, 6. erweiterte Auflage 1983, 7. Auflage 1988) erschien vor Djarischas und Zaibaqs Buch *Asalib al-ghazu al-fikri*[8], doch seine Argumente weisen in dieselbe Richtung, wenngleich er ernsthafter mit der Sprache umgeht und seine Quellen sorgfältiger zitiert. Seine Überzeugung, der Islam sei das erste legitime politische System gewesen, stützt sich auf das Argument, es habe als erstes System auf Legitimität und nicht auf Zwang beruht. Gemeint ist damit die Erwartung, daß die »islamische Regierung« sowohl das Regierungsverfahren als auch das politische Verhalten des Herrschers dem Rechtssystem der *Schari'a* unterwirft.[9] Dies ist in Wirklichkeit – wie bereits in Kapitel 5 argumentiert wurde – eine Rückprojektion von Max Webers moderner Idee der »legalen Herrschaft« in den Frühislam.[10] Natürlich taucht Webers Name in al-'Awwas Bibliographie nicht auf, denn er ist ja der festen Überzeugung, daß die legale Herrschaft eine authentische Errungenschaft des islamischen Regierungssystems und kein Produkt der Moderne ist. Anscheinend ist er sich weder bewußt, daß er ein modernes Regierungssystem in den Islam projiziert, noch ist er offenbar mit der klassischen Geschichte des Islam vertraut.

Tatsache ist, daß die Herrscher in der islamischen Geschichte entweder charismatische (die *Raschidun*/rechtgeleiteten Kalifen Abu Bakr und Omar), autokratische (die meisten der Omayyaden-Herrscher) oder traditionelle Herrscher waren. Manche der Herrscher vom traditionellen Typ besaßen erhebliches Charisma (Harun al-Raschid), aber in der Regel waren sie Tyrannen (die meisten Abbasiden), wie Muhammad Said al-Aschmawi (siehe Anmerkung 2) gezeigt hat. Keiner von ihnen war ein legaler Herrscher im modernen konstitutionellen Sinn. Es trifft zu, daß die religiöse Doktrin sie auf normativer Ebene zur Befolgung der *Schari'a* verpflichtete, aber es gab keine Institution, welche die

Einhaltung dieser Verpflichtung hätte kontrollieren können. Dem autoritativen Geschichtswerk über die islamische Zivilisation von Marshall G. S. Hodgson zufolge war das Kalifat als das traditionelle islamische Regierungssystem auf dem Höhepunkt der islamischen Geschichte in der Ära der Abbasiden eine »absolute« Monarchie.[11] Der Kalif wurde als »*Zhul Allah*/Schatten Gottes« angesprochen, und aus historischen Aufzeichnungen geht hervor, daß »als Symbol seiner Macht stets ein Scharfrichter neben ihm stand, bereit, auf ein Wort selbst die erlauchteste Persönlichkeit zu töten« (ebd., S. 283). Dies war sogar zur Zeit des verehrten Kalifen Harun al-Raschid üblich, der als der »ideale große Monarch« bekannt war.

Es stimmt zwar, daß sich unter den Abbasiden ein auf der *Schari'a* beruhendes islamisches höfisches System herausbildete, aber es gab, wie Hodgson uns mitteilt,

> »zur Ergänzung der *Schari'a* keine allgemein anerkannte dynastische oder monarchische juristische Körperschaft, die nur auf der Natur ihres Amtes beruhte, … [und keine] Definition der Rechte eines Amtes als solchen, die für das Gewissen der Menschen Vorrang gehabt und ihnen erlaubt hätten, selbst unabhängig von den *Schari'a*-Prinzipien al-Raschids Herrschaft als illegal zu brandmarken« (ebd., S. 299 f.).

Beim Studium der islamisch-fundamentalistischen Schriften vermißte ich jegliches Bewußtsein dieser historischen Tatsachen über die absolute Monarchie als islamische Regierungsform. Meines Wissens ist kein Fundamentalist mit Ibn Khalduns hervorragenden *Prolegomena* vertraut, in denen dieser islamische Philosoph des 14. Jahrhunderts zeigt, wie das Kalifat in die Monarchie überging.[12] Al-'Awwa zum Beispiel und andere Fundamentalisten gehen über diese historischen Fakten einfach hinweg. Für sie zählt nur die Schrift, nicht die Geschichte selbst. In Kapitel 5 wurde al-Awwa bereits dahingehend zitiert, daß der Mensch anhand der islamischen Vorschriften und nicht der Islam aufgrund menschli-

chen Verhaltens beurteilt werden sollte.[13] Ein solches Argument
läßt, wie gesagt, dem Studium der Geschichte keinen Raum, und
der historische Diskurs wird eliminiert: Der Islam ist als in den
Schriften ausgedrücktes reines Prinzip, ungeachtet von Geschichte, Zeit, Kultur, Ort oder sonstigen Faktoren, unveränderlich.
Widersprechen sich Realität und das Modell *für* die Realität, so
kann die Ursache dafür allein im Abweichen der Muslime von der
Schrift liegen, und tatsächlich werden diese Abweichungen in
fundamentalistischen Schriften als Ursache der gegenwärtigen islamischen Malaise präsentiert. Jeder Hinweis auf von Menschen
geschaffene moderne Regierungssysteme als nachahmenswerte
Vorbilder wird abgetan: »Damit würde man das Verständnis der
islamischen Prinzipien mit modernen menschlichen politischen
Erfahrungen, westlichen wie östlichen, vermengen« (ebd.). Al-
'Awwa, von dem dieser Satz stammt, lehnt jegliche Anlehnung an
die Moderne auf der Ebene der Regierung ab, denn »dies würde
mehr Böses schaffen, weit mehr als der erwartete Vorteil, den sich
manche Modernisten versprechen mögen«, Gutes brächte (ebd.,
S. 11).

Nach solcher Vorrede erwartet der Leser, daß al-'Awwa eine
klare Beschreibung des angestrebten islamischen Regierungssystems, auf dem der neue islamische Staat beruhen soll, folgen läßt.
Doch statt dessen wiederholt er auf fast hundert Seiten die obli-
gatorische Darstellung der formativen Jahre des Islam (ebd., S. 35–
128). Bei der in moderner Terminologie gehaltenen Beschreibung
fällt ins Auge, daß der moderne Gedanke der legalen Herrschaft
großzügig in den Islam des 7. Jahrhunderts projiziert wird. Und
sind wir endlich beim konzeptionellen Abriß des *Nizam al-siyasi
al-Islami*/islamischen politischen Systems angelangt, stoßen wir
auch hier auf die verbale Hinrichtung des Sündenbocks 'Ali 'Abd
al-Raziq[14], der angeblich seine islamische Autorität verspielte, als
er feststellte, der Islam sei ein religiöser Glaube und kein Herrschaftssystem. Nach der Veröffentlichung seines Buches wurde
'Abd al-Raziq seiner Posten als Professor an der Azhar-Universität und islamischer Richter enthoben, und noch heute wird er ver-

femt, weil er diese Ansicht in der Folge der Abschaffung des Kalifats durch den »Diktator Kemal Atatürk und seine jüdischen Helfershelfer« an die Öffentlichkeit brachte[15], wie al-'Awwa feststellt. Aus dieser fundamentalistischen Perspektive ist die Säkularisierung in der modernen islamischen Geschichte aber nicht nur eine Abweichung von der Schrift, sondern tatsächlich das Ergebnis einer gegen den Islam gerichteten *Mu'amarah*/Verschwörung.[16]

Die Antwort auf die Frage nach dem Charakter des islamischen Staates, die der Leser erwartet, bleibt al-'Awwa bis zum Ende dieses nicht für sich einnehmenden 422-Seiten-Buches schuldig. Er erklärt jedoch, was dieser Staat nicht ist: »Er ist keine Erbmonarchie« – was er während der Abbasiden-Herrschaft war, aber al-'Awwa hat den Leser ja angehalten, die historischen Tatsachen beiseite zu lassen und nur auf das Prinzip zu schauen –, und er ist »kein auf Wahlen beruhendes System«. Es ist aber auch »keine theokratische Ordnung, in welcher die Geistlichkeit das Staatsoberhaupt bestimmt«.[17] Man mag sich fragen, wer dann die *Ulema*/Schriftgelehrten waren, die als *Ahl al-hall wa al-'aqd* – wörtlich übersetzt: »die Menschen, die lösen und binden« – fungierten und die Zeremonie der *Bay'a*/des Treueids durchführten, als Gruppe also die Funktion eines Klerus ausübten. Aber auch hier werden wir gedrängt, uns nicht an die Geschichte, sondern an die Doktrin zu halten. *Ulema* sind die islamischen Schriftgelehrten, deren Autorität auf ihrer Kenntnis der *Schari'a* beruht. Wie bereits erwähnt, ist der Herrscher verpflichtet, die Regeln der *Schari'a* einzuhalten und somit dem Rat der *Ulema* zu folgen. Die *Ulema*, und unter ihnen insbesondere die *Fuqaha'* (Plural von *Faqih*/Sakraljurist) sind jene islamischen Gelehrten, welche die religiöse Autorität besitzen, »zu lösen und zu binden«, das heißt entscheiden, was richtig und was falsch ist. Gewiß könnte dieses System aus *Schari'a* und *Ulema*, also aus göttlichem Recht und Rechtsgelehrten, es rechtfertigen, die islamische Regierung als legal zu bezeichnen – wenn die Herrscher durch beides wirklich gebunden wären. Doch wie wir aus dem maßgebenden Werk von

Joseph Schacht über islamisches Recht wissen, gab es in der islamischen Geschichte keine institutionelle Gewalt zur rechtlichen Kontrolle des Herrschers. Diese agierten vielmehr als Autokraten, obwohl sie

> »die Fiktion aufrechterhielten, ihre Verordnungen dienten nur dazu, die *Schari'a* anzuwenden, zu ergänzen und durchzusetzen. … Diese Fiktion wurde soweit wie möglich aufrechterhalten, sogar dann, wenn etwas dem heiligen Recht widersprach oder es verletzte. … Die unumschränkte Macht des Souveräns …, die sich in der Frühzeit der Abbasiden der Kontrolle des *Kadi* [Richter] entzogen hatte, wurde später *Siyasa* genannt. Diese *Siyasa* ist Ausdruck der vollen richterlichen Gewalt, die sich der Souverän seit der Omayyaden-Periode vorbehalten hat und die er ausüben konnte, wann immer er sich als mächtig genug dafür ansah.«[18]

In der islamischen Doktrin gibt es keinen Klerus. Deshalb ist die islamische Ordnung keine Theokratie. Man könnte fragen, ob es dann ein Stammessystem ist. Dieser Frage liegt die historische Tatsache zugrunde, daß der islamische Herrscher dem Stamm der Quraisch entstammen mußte. Den meisten Muslimen ist nicht bewußt, daß die Spannung zwischen den *Ansar* (»Helfern«, gemeint sind die Bewohner von Medina) und den *Muhadjirun* (»Migranten«, das heißt den Mitgliedern des Stammes Quraisch, die dem Propheten auf seiner *Hidjra* von Mekka nach Medina folgten), ein Konflikt über die Vorherrschaft der Quraisch und die Ansprüche anderer Stämme war. Auch die Vertreter des politischen Islam übergehen diese Frage.[19]

Wie unser einflußreicher Mentor al-'Awwa zwischen seinen wiederholten Angriffen auf 'Abd al-Raziq feststellt, ist die »Staatspolitik … Teil der islamischen Lehren, da der Islam ebensosehr eine Religion wie ein Rechtssystem ist«.[20] Er holt sämtliche alten Anklagen gegen 'Abd al-Raziq unreflektiert wieder hervor, einschließlich der verschiedenen *Fetwas*/Rechtsgutachten, die von der Azhar-Universität sowie religiösen Führern in Ägypten und anderen islamischen Ländern gegen diesen erlassen worden sind. Eine dieser *Fetwas* stammt vom damaligen Mufti von Tunis, Ben-Aschur, und trägt den pompösen Titel *Naqd 'ilmi li kitab al-islam wa usul al-hukm* (Eine wissenschaftliche Kritik des Buchs *Der Islam und die Grundlagen der Herrschaft*). Auch in al-'Awwas Vokabular findet sich das Adjektiv *'ilmi*/wissenschaftlich, was erneut die modernistische Tendenz der islamischen Fundamentalisten belegt. Wenn es darum geht, ihre Gegner zu widerlegen, scheuen sie sich nicht, die Autorität der Wissenschaft anzurufen. Der Verweis auf »Wissenschaft« bestätigt einmal mehr die Einschätzung, daß die Fundamentalisten keine Traditionalisten sind; ihre Weltsicht steht eindeutig im Kontext der Moderne.[21] Das Fazit der »wissenschaftlichen Kritik« al-'Awwas an 'Abd al-Raziq ist, daß der Einfluß des Westens eine »imitative Haltung« hervorgebracht hat, die einige Muslime, einschließlich natürlich des bekannten muslimischen Gelehrten 'Abd al-Raziq, dazu verleitet habe, sich für die Trennung von Religion und Politik auszusprechen.

Selbst nach aufmerksamer Lektüre ist uns immer noch nicht klar, durch welche charakteristischen Elemente sich das islamische Regierungssystem auszeichnen könnte. Bis jetzt hat al-'Awwa nur eines mitgeteilt: daß der Islam eine *Din wa daula*/Einheit von Religion und Staat sei, nicht mehr und nicht weniger.

Wenn wir uns dem zweiten Teil seines angeblich maßgebenden politischen Traktats zuwenden, stellen wir uns die gleiche Frage: Was ist die Substanz des islamischen Regierungssystems? Wir erfahren dann, daß die »Etablierung der Religion« die Substaz ist, welche die islamische Regierung von anderen unterscheidet.[22] Dieses *'Unsur al-mumayiz*/charakteristische Element stellt die Conditio sine qua non der islamischen Regierung dar. Man fühlt sich an die arabische Redewendung erinnert: *Wa fassara al-ma'a ba'd djuhdin bi al-ma'i*/Es ist, als würde man Wasser definieren, indem man sagt, es sei Wasser. Es bedeutet nichts weiter, als daß die islamische Regierung auf den islamischen Prinzipien der Regierung beruht, wie es al-'Awwa in seiner tautologischen Manier ständig wiederholt.

Al-'Awwas Definition der islamischen Regierung beschränkt sich hauptsächlich auf die *Ghayat al-daula al-Islamiyya*/Ziele des islamischen Staates, das in der *Iqamat al-din*/Etablierung der Religion besteht – auch das eine Tautologie. Konkreter wird al-'Awwa, wenn er die »politische Wissenschaft« zur Definition des Staates hinter sich läßt und sich dem »Verfassungsrecht« zuwendet, um die politischen Implikationen der *Schari'a* zu behandeln. Er benennt fünf konstitutionelle Prinzipien der islamischen Herrschaft: *Schura*/Beratung, *al-'Adl*/Gerechtigkeit, *al-Hurriya*/Freiheit, *al-Musawa*/Gleichheit und *Musa'alat ra'is al-daula*/Verantwortlichkeit des Staatsoberhaupts.[23] Aber mit Bedauern muß man feststellen, daß die Diskussion dieser fünf Prinzipien auch nicht die Spur von Klarheit in das Thema bringt. Seite für Seite stößt man auf nichts anderes als verschwommene Argumente und verzerrte Projektionen moderner Konzepte in die islamische Geschichte. Ich habe dieses ideologische Werk jedoch nicht ausgewählt, um seinen Autor lächerlich zu machen, sondern um ein in jeder Beziehung repräsentatives Buch einer bekannten fundamentalistischen Autorität vorzustellen, denn al-'Awwa ist nicht nur ein geachteter Kairoer Rechtsanwalt, sondern auch eine der bedeutendsten Führungsgestalten der Bewegung von *al-Ikhwan al-Muslimun*/der Muslimbrüder.

Auf ganzen sechs Seiten handelt der Autor unter der Überschrift »Der islamische Staat im modernen Zeitalter«[24] die Frage ab, wie der Islam politisch in unserer Epoche umgesetzt werden sollte. Bereits an früherer Stelle habe ich meinen Lesern die Antwort al-'Awwas auf diese Frage mitgeteilt. Mit dem »von Millionen Muslimen in aller Welt« geforderten islamischen Staat sei »nichts anderes gemeint als daß die Institutionen der Regierung in Übereinstimmung mit den politischen Werten des Islam stehen müssen«. Die Form der Durchsetzung dieser Werte könne der *Umma* überlassen bleiben[25], vorausgesetzt, die Gesetzgebung vollziehe sich im Rahmen der *Schari'a*, denn menschliche Gesetzgebung ist Häresie. Daß die ebenfalls bereits zitierte Würdigung des iranischen Revolutionsführers Khomeini durch al-'Awwa, der ersterem bescheinigt, hinsichtlich der Einrichtung einer islamischen Regierung Sunniten und Schiiten einander nähergebracht zu haben[26], im arabischen Nahen Osten auf taube Ohren stoßen könnte, liegt auf der Hand. Denn jene arabischen Nationalisten, die sich unter dem Einfluß des islamischen Fundamentalismus vom säkularen Panarabismus abgewandt und dem politischen Islam angeschlossen haben, erheben grundlegenden Widerspruch gegen diese Behauptung. Sie haben zwar die Idee des säkularen Arabismus aufgegeben, aber nicht die Forderung, daß ein Araber an der Spitze der islamischen Gemeinschaft stehen sollte. Arabische Fundamentalisten sprechen der iranischen Revolution die Legitimation ab, die Führung aller Muslime zu übernehmen. Die Frage der islamischen Regierungsform und Ordnung zieht jene der Führung nach sich. Die arabische Herausforderung des iranischen Führungsanspruchs[27] bringt uns zu einem innerislamischen Konflikt.

Angesichts der Tatsache, daß al-'Awwas verschwommene Ansichten über den islamischen Staat die Hauptströmung des politischen Islam repräsentieren, geht die Debatte über die Interpretation des politischen Charakters des Islam weiter. Al-'Awwas konkretester Beitrag ist die Feststellung, daß dieses System seine *Schar'iyya*/Legitimität aus der *Schari'a*/dem göttlichen Recht ableite. Läßt man das darin enthaltene Wortspiel einmal beiseite, so läuft dies auf die Forderung nach Anwendung der *Schari'a* als Grundlage der islamischen Regierung hinaus. In Wirklichkeit ist die *Schari'a* ein postkoranisches Konstrukt und wurde vor allem als eine Art Zivilrecht zur Regelung von Erbschaften, Heiraten und dergleichen entwickelt. Historisch gesehen, bildete die *Schari'a* nie eine Verfassung des traditionellen islamischen Kalifats, das in Wirklichkeit eine »absolute Monarchie« war (siehe Anmerkungen 11 und 18). Erst in heutiger Zeit haben Fundamentalisten die Tradition der *Schari'a* als islamische Staatsverfassung erfunden. Sie entspricht der Interpretation des Islam als *Din wa daula*/Einheit von Religion und Staat, auch das eine fundamentalistische »Erfindung von Tradition«, wie Eric Hobsbawm es ausdrückt.[28]

Ist die *Schari'a* eine islamische Verfassung für einen islamischen Staat?

Einer der Kritiker des »islamischen Staates«, Husain Fauzi al-Nadjar, weist in einem weitverbreiteten Buch darauf hin, daß keine einzige authentische Textstelle in den klassischen Quellen der islamischen *Schari'a* die Formel *Din wa daula* stützt.

> »Wir glauben nicht, daß Mohammed kam, um ein Königreich oder einen Staat zu errichten. Er war einfach ein Prophet und Gesandter für die ganze Menschheit. ... Der Islam verpflichtet die Menschen nicht, sich dieser Mission zu unterwerfen. ... Der Koran sagt eindeutig: ›Es gibt keinen Zwang in der Religion‹ (Sure [2] *al-Baqarah* [Die Kuh], Vers 256).«[29]

Nachdem er dieses Argument eingehend ausgeführt hat, gibt al-Nadjar zwar zu, daß der frühe Islam auch in die Politik verwickelt war, betont jedoch:

> »Diese Tatsache bedeutet nicht, daß der Islam als Religion an den Staat gebunden ist. Es gibt nichts in der islamischen *Schari'a*, das einen zwingt, die Religion an irgendein staatliches Szenarium zu binden. Die *Schari'a* behandelt keinerlei spezifisches Regierungssystem.«[30]

Hieraus folgert al-Nadjar, daß die islamische Offenbarung nicht die Einheit der Religion des Islam und eines bestehenden oder noch zu schaffenden Staatsgebildes fordert. Mit anderen Worten, die Behauptung eines *Din wa daula* ist nichts weiter als eine neuere Ergänzung zum Islam, die islamistische Variante einer »erfundenen Tradition«. Während sich der Islam an die gesamte

Menschheit wendet, ist ein Staat stets auf eine fest umgrenzte, spezifische Gruppe von Menschen beschränkt. Deshalb hält al-Nadjar den Islam jedoch nicht für apolitisch. Im Gegenteil, in seinen Augen ist er fraglos eine politische Religion, allerdings nicht in dem Sinn, daß er ein Konzept für einen spezifisch »islamischen Staat« enthält, sondern daß er vielmehr eine politische Ethik für die Leitung eines Gemeinwesens klar umreißt. Dies ist eine aufgeklärte islamische Position, die der fundamentalistischen Ordnungsvorstellung entgegensteht. Der neu eingeführten Idee der *Daula*/des Staates stellt al-Nadjar die klassische Vorstellung der *Umma* gegenüber und betont, es sei nicht Aufgabe des Islam, das Konzept eines Regierungssystems bereitzustellen. In diesem Sinn rehabilitiert er das Buch *al-Islam wa usul al-hukm* und dessen Autor, 'Abd al-Raziq, der nichts anderes getan hatte, als mit islamischen Argumenten nachzuweisen, daß die Primärquellen der Religion des Islam keine Vorschriften für ein politisches System enthalten.

Wie 'Abd al-Raziq führt auch unser aufgeklärter, aber durch und durch politischer Autor al-Nadjar aus, die historischen Umstände hätten den Propheten gezwungen, politisch zu handeln und in einer Gesellschaft, die bis dahin keinen Staat gekannt hatte, politische Funktionen auszuüben. Das Zusammenfallen von religiösen und politischen Funktionen im Frühislam sei eher ein historischer Zufall als konstituierender Bestandteil der religiösen Lehren des Islam gewesen. Das Kalifat sei keine religiöse Berufung, sondern stets ein weltliches Amt gewesen.[31] Dies ist genau die gleiche Argumentation, die 'Abd al-Raziq Anfeindungen und die Entlassung aus der Azhar-Universität eingebracht hatte. Besonders kritikwürdig findet al-Nadjar, daß dem Kalifat unter der Herrschaft der Abbasiden göttlicher Charakter zugesprochen wurde. Diese Entscheidung habe zur Stagnation des politischen Diskurses im Islam geführt, da die Politik zu einer göttlichen Angelegenheit geworden sei, und seitdem habe sich der Umgang mit der Politik auf die nachträgliche Rechtfertigung des politischen Handelns des Herrschers beschränkt.[32] Jene, die diese Interpretation von Islam und Politik bestreiten, fragt al-Nadjar: »Wenn der Islam eine politische Ordnung sein sollte, warum findet sich dann im Koran keine nähere Erläuterung zu diesem Thema?«[33] Den Anhängern des *Nizam Islami* müßte diese Frage ganz besonders peinlich sein, denn für die islamischen Fundamentalisten ist der Koran als letztgültige Offenbarung ein umfassendes Kompendium des Wissens auf allen Gebieten. Al-Nadjar, der gleichfalls an diese Charakterisierung des Korans glaubt, bringt sie nicht in Verlegenheit, denn er ist der Ansicht:

> »Der Islam ist eine Religion und keine Staatsordnung. Er ist eine Religion, die das Ziel verfolgt, die ethischen und sozialen Grundlagen für die vollkommenste Zivilisation auf Erden aufzustellen, um auf dieser Basis die Gesamtheit der Menschheit zu organisieren« (ebd., S. 74).

Politisch ist der Islam also nur in dem Sinne, daß er die Ethik des Regierens, nicht aber die technischen Anleitungen zur Einrichtung einer Regierung in einem »islamischen Staat« vorgibt. Ein islamischer Herrscher kann nur für sich in Anspruch nehmen, die *Schari'a* zu schützen, denn der Islam verbietet ihm, Teil davon zu sein. Laut al-Nadjar haben nur der Prophet Mohammed und die ersten beiden rechtgeleiteten Kalifen Abu Bakr und Omar (aber nicht mehr 'Uthman und 'Ali) im Geist des Islam als einer Ethik regiert. Die den ersten beiden Kalifen von den Muslimen geleistete *Bay'a*/der Treueid kann nur im Sinne einer historischen Reminiszenz mit den Regeln moderner Wahlen verglichen werden.

Auch hier begegnen wir wieder modernen Projektionen in die islamische Geschichte, wenngleich in produktiverer Weise, denn der wahre Geist des Islam beruht laut al-Nadjar auf dem *Irada al-'amma*. Dies ist nichts anderes als eine moderne arabische Übersetzung von Rousseaus *volonté generale* (allgemeinem Willen). Indem er dieses Konzept in den Islam hineinliest, gelangt al-Nadjar zu dem Schluß, die muslimische *Umma* sei

»die Quelle der Souveränität [*Siyadah*] und der Ursprung der politischen Herrschaft [*Sulta*]. Dieses Verständnis steht letztlich im Widerspruch zur Theokratie und zu jeder Idee einer göttlichen Ordnung, denn der Islam erkennt keinen göttlichen Staat an und beschränkt das religiöse Wissen nicht auf eine bestimmte Klasse von Menschen« (al-Nadjar, ebd., S. 16).

Zur Bekräftigung seiner Ansicht führt al-Nadjar die beiden Koranverse über die *Schura*/Beratung an (die wir später erörtern werden). In diesem Sinn ist die *Umma*, als »das Volk« verstanden, die Quelle aller Macht. Aber die Behauptung, das politische Denken in der islamischen Geschichte habe sich von dieser Idee leiten lassen, kann durch die islamische Ideengeschichte schon deshalb nicht bestätigt werden, weil sie neueren Datums ist.

Obwohl al-Nadjars in Kairo erschienene Studie eine sehr sympathische Interpretation des Islam darstellt, ist doch anzumerken, daß er ebenso vage bleibt, wie sich al-'Awwa für ein islamisches Regierungssystem ereifert. Während letzterer den Schwerpunkt auf den Staat *(Daula)* legt, der angeblich integraler Bestandteil des Islam ist, sofern er nur die Bedingung erfüllt, daß sich seine Legitimität *(Schar'iyya)* aus dem islamischen Recht *(Schari'a)* herleitet, betont al-Nadjar die Gesellschaft *(Mudjtama')* als eine Komponente der *Umma*, denn diese und nicht der Staat sei der Ort für die Verwirklichung der *Schari'a*:

»Der Prophet Mohammed beabsichtigte, die gesellschaftliche Einheit [*al-Wihda al-idjtima'iyya*] der Muslime zu erreichen, weniger ihre politische Einheit [*Wihda siyasiyya*]. Er wollte nicht so sehr einen Staat errichten, als vielmehr die unterschiedlichen Rassen, die sich dem Islam unterworfen hatten, mittels der islamischen Bruderschaft in einem einzigen gesellschaftlichen Tiegel miteinander verschmelzen« (ebd., Seite 131).

Dies ist die gemäßigte Meinung eines islamischen Liberalen. Im Gegensatz dazu verkündet der Fundamentalist al-'Awwa in totalitaristischer Manier, das *Nizam siyasi*/politische System des Islam umfasse die Gesamtheit aller Lebensbereiche und halte für sie Gebote bereit, deren Einhaltung vom Staat überwacht werden müsse.[34] Dem widerspricht al-Nadjar, wenn er den Zusammenhang zwischen Islam und *Siyasa* (Politik) auf ethischer Ebene ansiedelt. In dieser Interpretation ist die islamische Verpflichtung gegenüber der *Schari'a* eine Glaubensfrage und keine Vorkehrung zur Schaffung eines Polizeistaats, auf den das fundamentalistische Konzept des »islamischen Staates« ja letztlich hinausläuft. Trotz der großen Differenzen bleiben beide islamischen Autoren in bezug auf die Gestaltung des »Staats« beziehungsweise der »Gesellschaft«, über die sie sprechen, äußerst vage. Al-'Awwa ist nicht in der Lage, präzise darzulegen, wie die *Schari'a* als staatliches Rechtssystem durchgesetzt oder institutionalisiert werden kann, und al-Nadjar, obwohl beredsam und sympathisch, gelingt es nicht, uns hinsichtlich der ethisch inspirierten Gesellschaft, die sich kraft der Bruderschaft definiert, zu erleuchten. In beiden Fällen, das muß noch einmal betont werden, bleiben Frauen ausgeschlossen, was eindeutig auf eine neopatriarchale Kultur hindeutet.[35]

An der Interpretation der *Schari'a* scheiden sich in der heutigen islamischen Zivilisation die Geister. Bezeichnet man die *Schari'a* als die heilige Verfassung des Staates, ist man Fundamentalist (wie al-'Awwa). Versteht man sie als Ethik, ist man liberaler Reformer (wie al-Nadjar). Rechtswissenschaftler, die sich mit dem Islam befassen, sind sich der Tatsache bewußt, daß es einen homogenen, klar definierten und abgegrenzten Rechtskodex, den man unter dem Namen *Schari'a* zusammenfassen könnte, nicht gibt.[36] Die meisten politischen Aktivisten des islamischen Fundamentalismus wissen jedoch nur wenig über die islamische *Schari'a* und ahnen nicht, daß sie, sollten sie an die Macht gelangen, nicht über ein kohärentes Rechtssystem verfügen können, das sie über Nacht auf die verschiedensten Situationen, Umstände und Ereignisse anwenden könnten – wie dies erforderlich wäre. Damit sind einer willkürlichen, totalitären Politik und Herrschaft im Namen der *Schari'a* Tür und Tor geöffnet. Ihre Einführung im Sudan, zunächst unter der Militärdiktatur Dja'far al-Numairis (September 1983) und dann (seit Juni 1989) unter der fundamentalistischen Regierung der Nationalen Islamischen Front ist das beste Beispiel dafür.[37] Kurz, jede Anwendung der *Schari'a* auf der Ebene des Staates ist der Willkür der Herrscher ausgesetzt. Mit dem Mißbrauch der *Schari'a* für politische Zwecke halten sich totalitäre islamische Fundamentalisten wie al-'Awwa jedoch nicht auf. Statt dessen wiederholen sie unermüdlich, der Islam müsse an seinen Prinzipien gemessen werden, nicht am Verhalten der Muslime. Gewissenhaftere Denker wie al-Nadjar glauben, solchen Mißbrauch vermeiden zu können, indem sie den Wirkungsbereich der *Schari'a* vom Staat in die Gesellschaft verlegen, sind aber nicht in der Lage, überzeugend zu erklären, wie dies bewerkstelligt werden kann.

Die Idee eines »islamischen Staates« ist also ein verschwommenes Konzept, das auf der Wiederbelebung und Politisierung willkürlich ausgewählter Teile der islamischen Doktrin beruht und gleichzeitig unwissentlich moderne Belange in Geschichte und Denken der klassischen islamischen Zeit projiziert. Die meisten Argumente gehen kaum über rückwärtsgerichtete chiliastische Verweise hinaus, die von der Sehnsucht nach dem »Goldenen Zeitalter des Islam« inspiriert sind. Kurz, die Idee des Islam als *Din wa daula* und die Behauptung, die *Schari'a* sei die Verfassung eines islamischen Staats, sind erfundene Traditionen mit nur geringem substantiellem Gehalt und ohne Rückhalt in der klassischen islamischen Geschichte oder den autoritativen Schriften des Islam.

Am wichtigsten ist jedoch, daß diese Konzepte als Grundlage für die Delegitimation der existierenden politischen Ordnungen dienen, die wegen ihrer Säkularität verdammt werden und deren Sturz bevorsteht. Der angestrebte »islamische Staat« ist eine verworrene, wütende Antwort auf eine Krisensituation, die aber im romantischen Protest steckenbleibt. Sollte er sich in einer erfolgreichen Revolte manifestieren, könnte er Unordnung und Aufruhr nach sich ziehen, wie in Algerien und Afghanistan, oder gar ein totalitäres Unterdrückungsregime wie im Sudan und im Iran.

Islamische Kritiker und der islamische Staat: Ist es wahr, daß die *Schari'a* herrscht?

Nach einer Definition oder eingehenden Erläuterung der Idee des *Nizam Islami* gefragt, greifen die islamischen Fundamentalisten in der Regel auf das Konzept der *Schari'a* zurück und beeilen sich hinzuzufügen, die Einführung des islamischen Rechts sei das Hauptkriterium für die Verwirklichung des islamischen Regierungssystems. Djarischa und Zaibaq ebenso wie al-Qaradawi und al-'Awwa, allesamt für die neue politische Bewegung repräsentativ, äußern sich unmißverständlich und autoritativ zu diesem Thema. Kenner des islamischen Rechts mögen diesen ideologischen Anspruch auf wissenschaftlicher Basis bestreiten, und sie können ihre Zweifel mit Zitaten aus den klassischen Werken von Joseph Schacht und Noel J. Coulson untermauern.[38] Weiterhin könnten sie argumentieren, in der islamischen Tradition gebe es kein konsistentes und kohärentes Rechtssystem, ob als *Schari'a* oder in anderer Form. Die *Schari'a* sei vielmehr eine *Rechtsmethodologie* und, möchte ich hinzufügen, eine Ethik, kein Recht im eigentlichen Sinne.[39] Es dürfte kaum überraschen, daß die islamischen Fundamentalisten das Engagement eines Muslims für die Einführung der *Schari'a* als oberstes Kriterium zur Feststellung seiner Glaubenstreue betrachten. Obwohl es einen kohärenten Kodex für diese Art von Recht weder gab noch gibt, wird die *Schari'a* zur Meßlatte dafür gemacht, ob jemand ein Muslim ist oder nicht. Vor genau diesem Hintergrund hat der bereits angeführte einflußreiche fundamentalistische Scheich Muhammad al-Ghazali in seiner berühmt-berüchtigten *Fetwa* entschieden, daß jeder, der für die Trennung von Religion und Politik, das heißt für die Aussetzung der *Schari'a*, eintritt, als *Murtad*/Apostat zu brandmarken ist. In al-Ghazalis *Fetwa* »gibt es im Islam keine Strafe für jene Muslime, die diese Abtrünnigen töten«.[40] Die Morde an Intellektuellen in Ägypten, Algerien und sogar in der »säkularen« Türkei sind Folgen dieser »Entscheidung«.

Typisch für die Neubelebung der politischen Spielart einer islamischen *Schari'a* sind die in jüngerer Zeit in den Staaten des Nahen Ostens zu beobachtenden Verfassungszusätze. Ägypten ist ein repräsentatives Beispiel dafür. Um die Fundamentalisten zu beschwichtigen, hat der ägyptische Staat unter Führung von Anwar al-Sadat in die neue Verfassung von 1971 einen Artikel Zwei eingefügt, der bestimmt, daß »die Prinzipien der *Schari'a* ... eine Hauptquelle der Gesetzgebung« seien. 1980, immer noch unter Sadat, wurde der unbestimmte Artikel »eine« durch den bestimmten Artikel »die« ersetzt, so daß die *Schari'a* laut ägyptischer Verfassung jetzt nicht mehr »eine«, sondern »die Hauptquelle der Gesetzgebung« ist. Aber nicht einmal diese Beteuerung stellte die islamischen Fundamentalisten zufrieden, und sie konnte auch nicht verhindern, daß Sadat im Oktober 1981 von einem fundamentalistischen Fanatiker ermordet wurde.[41] In Ägypten hat die fundamentalistische Opposition zwei Flügel: einen legalen, der öffentlich auftritt, und einen zweiten, der im Untergrund operiert. Für die Militanten unter den ägyptischen Fundamentalisten bilden die »heilige Schrift und das Schwert«[42] die Grundlage ihres religio-politischen Handelns, und sie waren nicht bereit, sich mit einem verbalen Zugeständnis in Form einer Verfassungsänderung abspeisen zu lassen. Dagegen versuchen die legal in den Institutionen handelnden islamischen Fundamentalisten die bestehende Ordnung zu infiltrieren, um auf diese Weise die *Schari'a* als Rechtssystem des »islamischen Staats« durchzusetzen. (Im Vorwort habe ich erwähnt, daß das ägyptische Parlament am 29. Januar 1996 das auf der *Schari'a* beruhende *Hisbah*-Gesetz beschlossen hat, auf dessen Grundlage Professor Nasr Hamid Abu-Zaid zum Apostaten erklärt und gegen seinen Willen von seiner Frau geschieden wurde. Siehe dazu meinen Bericht aus Kairo in der *Frankfurter Allgemeinen Zeitung* vom 3. Juli 1996.)

In der Auseinandersetzung mit den Argumenten der islamischen Fundamentalisten ist es lohnend, sich der Schrift, das heißt dem Koran selbst zuzuwenden, um ihnen gebührend entgegnen zu können. Es wird überraschen, daß die *Schari'a* dort nur *ein einziges Mal* erwähnt wird. In Sure 45, *al-Djathiya* (Die auf den

Knien liegen), heißt es in Vers 18: »Dann stellten wir für dich eine Richtung in der Angelegenheit (der Religion) *[Schari'a]* fest. So folge ihr …«[43] An zwei anderen Stellen wird ein aus diesem Substantiv abgeleitetes Verb benutzt. In Sure 42, *al-Schura* (Die Beratung), lesen wir: »Er hat euch von der Religion verordnet *[Schar'-an lakum]*, … was Wir dir offenbart haben …« (Vers 13), und in Sure 5, *al-Ma'idah* (Der Tisch), heißt es schließlich: »Für jeden von euch haben Wir eine Richtung und einen Weg festgelegt *[Schar'an wa minhadjan]*« (Vers 48). Keine Passage im Koran enthält Gesetzesklauseln, sei es mit dem Verb *Schara'a* oder dem Substantiv *Schari'a*. Daß diese spärlichen Äußerungen kein Rechtssystem bilden und nicht als solches vorgesehen waren, ist offensichtlich.

Dem muslimischen Reformer al-Aschmawi zufolge gibt der Koran die *Schari'a* als ethische Orientierung vor und nicht als Grundlage einer wie immer gearteten Staatsform.[44] Dieser muslimische Rechtsgelehrte ist ein prominenter Kritiker des Fundamentalismus in Ägypten. Als pensionierter Richter hat er sich auch an der laufenden islamischen Debatte über die *Schari'a* beteiligt. In seinem höchst interessanten Buch, auf das ich mich hier beziehe und das gleichzeitig in Kairo und Beirut veröffentlicht wurde, erörtert er den Inhalt des Korans im Hinblick auf die *Schari'a*. Al-Ashmawi führt aus, das Wort *Schari'a* habe, linguistisch betrachtet, ursprünglich »Quelle des Wassers« oder »[sein] Mund« bedeutet, womit die Methode von [etwas] *(Minhadj)* oder der Weg zu [etwas] *(Tariq)* gemeint war, und in dieser Bedeutung werde *Schari'a* im Koran verwendet. »Weder im allgemeinen Sprachgebrauch noch im Sinngehalt des Koran meint das Wort *Schari'a* Gesetzgebung oder Gesetz.«[45] Al-Aschmawi lenkt unsere Aufmerksamkeit auf die Tatsache, daß der Ausdruck *Schari'a* in der Frühzeit des Islam »zu einem Begriff geworden [sei], der alle islamischen Vorschriften, die religiösen wie die rechtlichen, gleichermaßen umfaßte« (ebd., S. 34). Die ständige Verwechslung von Religion als Offenbarung Gottes mit religiösem Denken, das heißt dem menschlichen Verständnis der Religion, wie es in einer großen Vielfalt von Interpretationen zum Ausdruck komme, sei ein auffälliger Aspekt der islamischen Geschichte. Al-Aschmawi fährt fort:

> »Es ist bedauerlich, daß die Unterscheidung zwischen Religion und religiösem Denken der Mehrheit der Muslime nicht immer klar ist; daher kommt es weiterhin zu Verwechslungen zwischen beiden. Die Forderung nach Anwendung der *Schari'a* bezieht sich nicht auf den Koran selbst. Sie stützt sich größtenteils auf die im traditionellen religiösen Denken entstandene Bedeutung des Begriffs. … Letztlich bedeutet die Einführung der *Schari'a* in diesem Sinn die Übernahme eines Gedankengebäudes des islamischen politischen Denkens« (ebd.).

Bei genauerer Lektüre des Korans – im Hinblick beispielsweise auf das schrittweise Verbot des Weintrinkens – sei festzustellen, so al-Aschmawi weiter, daß die Gebote, die heute als ein Rechtssystem mit Namen *Schari'a* interpretiert würden, stets für eine spezifische historische Situation gedacht waren:

> »Insofern wurde die *Schari'a* weder auf einmal offenbart, noch war sie als Abstraktum existent. Sie bezog sich immer auf die bestehenden Realitäten …; sie richtete sich nach den vorherrschenden Sitten und Traditionen und leitete ihre Regeln daraus ab. Auch an die weitere Entwicklung dieser Sitten und Traditionen paßte sie sich an, um mit dem Wandel Schritt zu halten. … Wenn man diese realitätsbezogenen Ursprünge der *Schari'a* nicht in Betracht zieht, gleichwohl aber ihre Einführung fordert, bekommen wir es mit theoretischen und logischen Belangen zu tun, die dem Geist des Islam widersprechen« (ebd., S. 89).

In einem Zeitalter der Verzweiflung und des daraus folgenden Aufstiegs von Heilsideologien auf der Grundlage der Repolitisierung des kulturellen Systems des Islam stellt al-Aschmawis Untersuchung der Ursprünge der *Schari'a (Usul al-Schari'a)* einen Hoffnungsschimmer dar, denn er fordert die Übernahme der Sichtweise, daß die Anliegen des Islam »Mensch und Gesellschaft [sind], nicht Staaten oder Reiche als solche, weil die Errichtung eines Staats oder Reichs nicht Aufgabe der Religion ist« (ebd., S. 94). Der Prophet, erinnert er uns, habe während seiner dreizehn Jahre in Mekka »seine Botschaft auf die Verkündigung von Gottes Einzigkeit im Kosmos beschränkt« (ebd., S. 56). Nach eigenem Bekunden erkennt al-Aschmawi den politischen Charakter des Islam an und lehnt die Bezeichnung Säkularist für sich ab, wie er mir gegenüber im Juni 1993 und nochmals im Januar 1996 in Kairo bestätigte. Doch obwohl er den Islam nicht wie der Azhar-Professor 'Abd al-Raziq oder Nasr Hamid Abu-Zaid[46] entpolitisieren möchte, nimmt er eine wichtige Unterscheidung zwischen zwei Regierungsformen vor: einerseits der *Hukumat Allah*/Herrschaft Gottes und andererseits der *Hukumat al-nas*/Herrschaft der Menschen. Nach seiner Ansicht gab es erstere nur einmal in der Geschichte, und zwar zur Zeit der Prophetie, denn der Prophet Mohammed sei der Gesandte Gottes und daher ein Schiedsmann, aber kein Regierender gewesen. Nur unter solchen Umständen könne eine Regierung Gottes errichtet werden, weil eine solche Regierung eine *Thakim*/Schlichtungsinstanz und keine *Hukm*/ politische Herrschaft sei. Die heutigen Muslime fordert al-Aschmawi auf, den Unterschied zwischen der göttlichen Religion und deren menschlichem Verständnis zu sehen und zu akzeptieren und ebenso auch zwischen einer »Herrschaft Gottes« und einer »Herrschaft der Menschen« zu differenzieren. Dann würden sie auch ein angemessenes Verständnis der *Schari'a* entwikkeln, das heißt sie wie der Koran als Weg/Methode *(Tariq/Manhadj)* auffassen und die ihr zugeschriebene Bedeutung als »Rechtssystem« eines »islamischen Staates« fallenlassen. Es gibt also ein historisierendes Verständnis des Islam, mit dem man der antiintellektuellen und selektiven Interpretation der Schriften durch die Fundamentalisten entgegentreten kann.

In einer vom Islam geprägten Zivilisation ist nichts Falsches daran, die Ethik des Regierens auf die islamische Moralität zu stützen – *sofern man beachtet, daß die* Schari'a *als Ethik zwar Richtlinien, aber nicht das System selbst* zur Verfügung stellt. In diesem Sinn akzeptiert al-Aschmawi die Forderung nach einem islamischen Regierungssystem:

>Das wahre islamische Herrschaftssystem wäre die Ordnung, die aus den Realitäten der Gesellschaft hervorgeht und ihren Ursprung im Willen ihrer Mitglieder hat. Jeder Muslim würde daran teilhaben, indem er Mitverantwortung trägt, die Gesetzgebung mitbestimmt und die soziale Kontrolle gestaltet. Solch ein wahres islamisches Herrschaftssystem wäre in der Lage, sich dem internationalen Fortschritt anzupassen und die hehren Prinzipien von Freiheit, Gerechtigkeit und Gleichheit zu übernehmen« (al-Aschmawi, *Usul al-schari'a*, S. 153).

Ein weiterer aufgeklärter Muslim, Hussain Ahmad Amin, Sohn des bekannten ägyptischen Historikers Ahmad Amin, argumentiert ähnlich. In einem Buch, das sich mit der vagen Forderung nach der *Tatbiq al-schari'a*/Einführung des islamischen Rechts befaßt, geht er hart mit jenen ins Gericht, denen es an Wissen über das islamische Recht fehlt und die fälschlicherweise annehmen, es gebe einen umfassenden, konsistenten Kodex des islamischen Rechts, der vermeintlich das islamische Rechtssystem ausmache.

>Die Mehrheit dieser Menschen hat weder etwas über die Geschichte des Islam gelesen, noch sind ihr die Standardwerke über *Fiqh* und *Schari'a* bekannt. Sie verläßt sich überwiegend auf überlieferte Geschichten und Predigten sowie auf ebenso armselige wie dumme Pamphlete, in denen alle möglichen Themen abgehandelt werden.«[47]

Wie die meisten Autoren, die sich zu diesem Thema äußern, beschäftigt sich auch Amin mit 'Abd al-Raziqs Buch *al-Islam wa usul al-hukm*, allerdings nicht, um es neuerlich zu verreißen. Vielmehr will er es in neuem Licht diskutieren, indem er zweifelsfrei nachweist, daß 'Abd al-Raziq seine These, der Islam sei eine unpolitische Religion, weitgehend auf die in Mekka offenbarte Botschaft des Koran stützt und den auf Medina entfallenden Teil vernachlässigt. Amin will 'Abd al-Raziq damit nicht diskreditieren, sondern darauf aufmerksam machen, daß muslimische Denker sich von jeher nicht mit der Idee von *al-Tatawur*/der Evolution auseinandersetzen wollen. Begünstigt werde dies dadurch, daß die Suren des Korans nicht historisch angeordnet seien:

»Wir finden in ein und derselben Sure Verse aus Mekka und Medina. … Wir lesen nach der Aufforderung, Ungläubigen zu vergeben, den Aufruf, sie zu bekämpfen und zu töten. Dies hat erheblich dazu beigetragen, den evolutionären Charakter der prophetischen Verkündigung dem Bewußtsein der Muslime zu entziehen.«[48]

Angesichts der zunehmenden Intensivierung der Wiederbelebung des politischen Islam heutigentags zeugt es von Mut, wenn jemand solche Aussagen publiziert – in diesem Fall in Kairo in einem Buch, das bereits in zweiter Auflage erschienen ist.

Ein anderer zeitgenössischer Muslim, der sudanesische Reformer Scheich Taha, mußte für sein mühevolles Unterfangen, das mekkanische Modell des Islam (spiritueller Glaube) wiederzubeleben und dem medinischen Modell eines islamischen Staates (politischer Islam) gegenüberzustellen[49], mit dem Leben bezahlen. Er wurde ohne Prozeß 1985 in Khartoum hingerichtet.

Ist die *Schura* ein islamischer Ersatz für die Demokratie?

Die dogmatische Überzeugung islamischer Fundamentalisten, der Koran enthalte ein konsistentes Rechtssystem, steht in politischer Hinsicht mit der Meinung in Zusammenhang, das Rechtsprinzip der *Schura*[50] sei ein wesentliches Element dieses Systems. *Schura* bedeutet Beratung und das davon abgeleitete Verb *Schawara* »zu Rate ziehen«. In ihrem Einsatz für ein islamisches Regierungssystem verwerfen die Fundamentalisten die säkulare westliche Demokratie, indem sie darauf verweisen, daß der Islam die erste Demokratie auf der Welt gewesen sei. Einige Fundamentalisten, wie der Algerier Ali Benhadj, verdammen die Demokratie als *Kufr*/Häresie, während jene, die sie gelten lassen, die Ansicht vertreten, der Koran enthalte die erste der Menschheit bekannte Theorie der demokratischen Regierungsform. Dabei berufen sie sich auf zwei sehr kurze Koranverse, in denen die *Schura*/Beratung verordnet wird. Die erste ehrt

»[jene,] die die schweren Sünden und die schändlichen Taten meiden und, wenn sie in Zorn geraten, [lieber] vergeben, und die auf ihren Herrn hören und das Gebet verrichten, ›ihre Angelegenheiten durch Beratung regeln‹/*Wa amruhum schura baynahum*« (Sure 42: *al-Schura* [Die Beratung], Vers 37 f.).

Die zweite Passage befindet sich in der Sure *Al 'Imran:* »… ziehe sie [die Glaubensbrüder] zu Rate in den [Verwaltungs-]Angelegenheiten *(Wa schawiruhum fi al-amr)*« (Sure 3: *Al 'Imran* [Die Sippe 'Imrans], Vers 159). Historisch betrachtet, geht dieses Gebot auf den vorislamischen Brauch der intertribalen Beratung zwischen den Anführern ethnischer Gruppen zurück. Der koranischen Anweisung folgend und im Einklang mit der Tradition beriet sich der Prophet Mohammed mit seinen engsten Gefolgsleuten, unter denen vor allem Abu Bakr und Omar herausragten. Die vier rechtgeleiteten Kalifen des Frühislam pflegten diese Tradition ebenfalls, wobei der Kalif Omar die Zahl der Berater auf sechs erhöhte. Doch keiner der Omayyaden- und Abbasiden-Kalifen praktizierte die *Schura*.

In der Mehrheit der ideologischen Schriften des islamischen Fundamentalismus fallen immer wieder die mangelnde Kenntnis der historischen Wahrheiten und – trotz des Anspruchs, die Welt umgestalten und neu ordnen zu wollen – das Fehlen jeder historischen Dimension auf. Eine der wichtigsten Schriften des populistischen Fundamentalismus, *Fan al-hukm fi al-Islam* (Die Regierungskunst im Islam) von Mustafa Abu-Zaid-Fahmi, enthält ein langes Kapitel über die *Schura,* das allein auf den beiden zitierten kurzen Koranstellen beruht. Bedeutsam an diesem Kapitel sind denn auch nicht die Aussagen als solche, sondern die exemplarische Art und Weise, auf die hier die Moderne im Rahmen der Debatte über den islamischen Staat in den Islam projiziert wird.[51]

Abu-Zaid-Fahmi beginnt mit der kühnen Feststellung, im Islam hätten »die Menschen das letzte Wort«, um so zu suggerieren, der Islam hätte die Volkssouveränität bereits erreicht, lange bevor in Europa Hobbes und Locke das Naturrecht sowie Rousseau den Gesellschaftsvertrag *(Contrat Social)* formulierten. Sodann erläutert unser Autor:

> »Am wichtigsten ist der operative Wert der *Schura* als ein grundlegendes Herrschaftsprinzip. Die *Schura* rückt den Willen des Volks in den Vordergrund und verpflichtet die Herrschenden, bei der Führung der öffentlichen Angelegenheiten diesen Willen zu achten. ... Wer würde zu behaupten wagen, der moderne konstitutionelle Ansatz wäre fortschrittlicher, als das islamische Denken schon immer gewesen ist? ... Wenn jemand diese Behauptung aufstellte, könnte sie unter keinen Umständen als wahr akzeptiert werden« (ebd., S. 200).

Als letztgültige Offenbarung sei der Islam

> »per Definition der intellektuelle Fortschritt par excellence, und zwar in allen Bereichen, in der Hingabe an Gott ebenso wie in der Regelung der öffentlichen Angelegenheiten und der Politik. ... [In] keinem Lebensbereich kann menschliches Denken den Islam übertreffen. Daher garantiert die überzeitlich gültige, korrekte Auslegung des Korans die endgültige Freiheit, endgültige Würde und endgültige Sicherheit« (ebd.).

Nach diesem poetischen Höhenflug fährt Abu-Zaid-Fahmi fort:

»Wenn politische Demokratie einfach bedeutet, daß die politische Herrschaft auf der Regierung des Volks über das Volk beruhen sollte und das Volk die Quelle der Souveränität des Staats und all seiner Gewalten ist, ... dann muß der Islam als erste Demokratie der Welt bezeichnet werden. ... Ich frage mich, warum die Gelehrten es bis jetzt unterlassen haben, ... zu zeigen, daß der Islam das Individuum nicht weniger als jedes der höchstentwickelten modernen Konstruktionen vor Tyrannei schützt« (ebd., S. 201).

Gewiß, die islamische Ethik lehnt Tyrannei eindeutig ab. Thema ist jedoch die wirkliche islamische Geschichte, nicht das Modell *für* sie.

Trotz unseres großen Erstaunens sollten wir unserem geschichtsblinden Autor gegenüber fair sein, dem anscheinend die Personalisierung der Macht entgangen ist, die sich in der islamischen Geschichte im System der »absoluten Monarchie« ausdrückte (siehe Anmerkungen 11 und 18). Darüber hinaus beschäftigt er sich nicht nur mit Werten, sondern auch mit dem praktischen Aspekt ihrer Überführung in institutionelle Realitäten, wenn er die Frage aufwirft, wie das islamische Regierungssystem errichtet werden kann. Sein Rezept lautet:

»Die Antwort ist einfach und klar. Der Islam kennt nur ein Herrschaftssystem, und das ist das der *Schura*. Wenn wir wissen wollen, wie die *Schura* zu verwirklichen ist, müssen wir uns an die *Schura* selbst wenden« (ebd., S. 204).

Dies ist ein typisches Beispiel der Kreisschlüsse, in denen sich das politische Denken der islamischen Fundamentalisten bewegt.

Ungeachtet der fast apologetischen Natur seines Buchs und des niedrigen intellektuellen Profils, das den meisten Autoren dieses Genres als repräsentativ erscheint, ist erwähnenswert, daß Abu-

Zaid-Fahmi neue Dimensionen in das fundamentalistische politische Denken einführt. Beruft er sich auf islamische Autoritäten, dann zitiert er sie mit großer Ergebenheit, ja Unterwürfigkeit, auch wenn er ihre Ansichten über die *Schura* zurückweist. Islamische Fundamentalisten führen wie ihr Vorreiter Abu al-A'la al-Maududi für gewöhnlich aus, daß Gott der einzige Souverän sei. Dementsprechend muß die Souveränität des Staates auf dem Willen Gottes beruhen, denn alles andere wäre Häresie. Daraus folgt, daß der Absolutismus der Herrscher göttlich ist, weil ihr Wille mit dem Willen Gottes gleichgesetzt wird. Widerstand gegen ungerechte Herrscher nimmt so den Charakter des Unglaubens an. Hier offenbart sich ein grundlegender Widerspruch im fundamentalistischen Denken: Auf der einen Seite predigt er die »Revolte« gegen die bestehende Ordnung, auf der anderen heiligt er die Staatsmacht. Auf diese Weise wird der religiöse Glaube sowohl von den islamischen Herrschern als auch von ihren fundamentalistischen Widersachern benutzt und mißbraucht, oder mit Michael Hudsons Worten:

> »Wie wir heute entdecken, kann der Islam ebenso effektiv darin sein, eine Oppositionsbewegung zu legitimieren, wie er es in der Vergangenheit darin war, amtierende Regime zu legitimieren.«[52]

Im traditionellen Islam sind nur die mit den islamischen Quellen vertrauten Muslime, das heißt *Ulema* und *Fugaha'*, geeignet, den Willen Gottes als des einen und einzigen Gesetzgebers zu interpretieren. Manche populistischen Fundamentalisten – 'Abu-Zaid-Fahmi zum Beispiel – teilen diese Auffassung nicht. Unter Berufung auf den Koranvers »*Wa amruhum schura baynahum*/die ihre Angelegenheiten durch Beratung regeln« (Sure 42: *al-Schura*/Die Beratung, Vers 37 f.) werfen sie diesen muslimischen Autoritäten *al-Khalt*/Verwechslung einer *Fetwa*/eines Religionsgutachtens mit einer *Taschri'*/einem gesetzgebenden Akt vor (siehe Abu-Zaid-Fahmi, Seite 206–209). Eine *Fetwa* wird auf der Grundlage des islamischen Rechts erstellt, als dessen Kenner diese Autoritäten gelten. Im Anschluß an die oben zitierte Interpretation der Volkssouveränität konstatiert Abu-Zaid-Fahmi, die Gesetzgebung müsse in Übereinstimmung mit dem Prinzip der *Schura* erfolgen:

> »Die *Schari'a* hat die *Schura* als einen Grundpfeiler in diesem [Regierungssystem] vorgesehen, was bedeutet, daß die gesetzgebende Gewalt in Übereinstimmung mit der *Schura*-Vorschrift errichtet werden muß. Das Volk kann die *Schura* nach Belieben praktizieren: entweder direkt, wenn seine Zahl so klein ist, daß eine direkte Demokratie im Sinne der modernen Verfassungslehre machbar ist, oder indirekt, durch gewählte Vertreter wie in der parlamentarischen Demokratie. ... In der Offenbarung hat der Islam die *Schura* als zentrales Herrschaftsprinzip eingeführt: Muslime ›regeln ihre Angelegenheiten im gegenseitigen Einvernehmen‹. Daher muß die gesetzgebende Macht im Sinne der *Schura* organisiert werden. Keine Minderheit kommt als Regierung in Frage, nicht einmal wenn sich diese Minderheit aus Rechtsgelehrten und Muftis des Islam zusammensetzte« (ebd., S. 212).

So gesehen, ist eine islamische Verfassung ein menschliches Gesetzgebungswerk auf der Grundlage der Anwendung der *Schura* und deshalb praktisch nicht mehr das Ergebnis eines göttlichen Aktes. Sie ist von den Menschen sich selbst gegeben und von ihnen gebilligt, wie Abu-Zaid-Fahmi mit Bezug auf die beiden einschlägigen Koranverse noch einmal ausführt. Aus seiner Sicht ist die »islamische *Schura*-Demokratie« die einzige wahre Demokratie der Welt:

> »Die islamische Herrschaftsform ist die fortschrittlichste politische Struktur, welche die Menschheit jemals gekannt hat. Der Islam hat die Demokratie errichtet und die *Schura* als ihre Hauptelement etabliert. ... Mit dieser Leistung hat der Islam in

der Geschichte der Menschheit nicht seinesgleichen« (ebd., S. 248).

Ich bin überzeugt, daß Islam und Demokratie in Einklang gebracht werden können, und an anderer Stelle bin ich diesem Gedanken nachgegangen.[53] Ich halte ein fundamentalistisch-demokratisches Regime aber weiterhin für einen Widerspruch in sich. Religiöser Fundamentalismus und Islam sind unterschiedliche Dinge – wie bereits erläutert wurde. Dennoch ist es wichtig, zwischen dem populistischen Fundamentalismus eines Abu-Zaid-Fahmin und dem auf Maududi und Qutb zurückgehenden totalitären Fundamentalismus zu unterscheiden. Maududi hat rundheraus erklärt, seine Vision des Islam stehe der Demokratie grundsätzlich feindlich gegenüber.[54]

Auf die Frage, warum die Muslime, trotz der von Abu-Zaid-Fahmi beschworenen historischen Errungenschaften, während ihrer ganzen Geschichte Tyranneien zu erdulden hatten und warum die meisten ihrer Herrscher verabscheuungswürdige Despoten waren, erhält man stets dieselbe schematische Antwort: Schuld daran seien die Muslime, nicht der Islam. Lange bevor heutige muslimische Fundamentalisten begannen, das wortwörtliche Verständnis der Schriften wiederzubeleben, hatte der frühe muslimische Modernist Schakib Arslan gefragt: »Warum sind die Muslime rückständig, während andere sich weiterentwickelt haben?«[55] Seine Antwort ist einfach: Die Muslime haben nicht in Einklang mit dem Islam gelebt, so wie es der Koran vorschreibt. Heute knüpfen die Fundamentalisten an diese Tradition an, indem sie sich der Autorität der Texte unterwerfen (sola scriptura). Dies hindert sie allerdings nicht, die Quellen nur selektiv wahrzunehmen und die dem koranischen Geist innewohnende Toleranz zu mißachten.

Schlußfolgerungen

Im politischen Denken des islamischen Fundamentalismus sollen die Verweise auf die *Schari'a* – und die *Schura* als deren politische Komponente – die Forderung nach einem »islamischen Staat« untermauern. Sie tragen jedoch nichts dazu bei, diese Forderung, was konkrete politische Ausgestaltungen betrifft, klarer zu fassen. Offensichtlich sind die islamischen Fundamentalisten keine Traditionalisten; vielmehr lesen sie die Moderne in den Islam hinein, was mitunter interessante Früchte trägt. Aber die Unklarheit kann nicht überwunden werden, indem man moderne Verhältnisse in die Vergangenheit projiziert. Den Islam im Licht der Idee der Volkssouveränität zu interpretieren, wie es populistische Fundamentalisten tun, stellt eine Herausforderung an die traditionellen Vorstellungen von der islamischen Ordnung dar. Aber die Vertreter der Hauptströmung des Fundamentalismus bleiben bei dem Glauben, Gott sei der einzige Souverän und daher auch der einzige Gesetzgeber. Für mich als Muslim ist dies Häresie, weil auf diese Weise der Wille menschlicher Herrscher wohl oder übel als Wille Gottes ausgegeben wird. Diese Interpretation bestärkt die totalitäre Ansicht des politischen Islam, das menschliche Verständnis von Gottes heiligem Gesetz, der *Schari'a*, liefere verbindliche Gebote, nach denen die Muslime ihr Leben in dankbarer Unterwerfung unter die Herrschenden zu organisieren haben.

Die hier analysierten islamischen Auffassungen machen wenig Hoffnung darauf, daß in absehbarer Zukunft der Ansatz einer Historisierung der eigenen Geschichte, das heißt die Anerkennung der Relevanz der historischen Entwicklung, und nicht einfach eine Wiederholung unerwiesener Behauptungen des Absoluten im islamischen Denken Fuß fassen wird. Die fundamentalistischen Ideologien finden hier einen fruchtbaren Boden vor, und der Fundamentalismus kann, wie König Hassan II. von Marokko bemerkte, nicht mit Armeen und militärischer Gewalt bekämpft werden, denn seine Herausforderung beruht nicht auf Macht und instrumentellen Fähigkeiten, sondern auf der Schaffung von Unordnung. Um dieser Herausforderung entgegenzutreten, muß man zu anderen Mitteln greifen. Wenn die Anziehungskraft, die der Fundamentalismus auf verzweifelte junge Muslime ausübt, gebrochen werden soll, sind vor allem Aufklärung in der islamischen Welt und eine Verbesserung der Lebensbedingungen vonnöten. Auf dieses Ziel hin hat der muslimische Reformer Mohammed Arkoun mit seinem Buch *Rethinking Islam*[56] einen wichtigen Beitrag geleistet. Ein anderer aufgeklärter muslimischer Denker, Abdullahi A. an-Na'im, hat Arkouns Gedankengänge fortgeführt und eine »islamische Reformation«[57] gefordert, womit er eine Reform der *Schari'a* meint.[58] Wenn diese Vorschläge – zusammen mit der von dem Marokkaner 'Abdallah Laroui geforderten Akzeptanz der Historizität[59] – in der islamischen Zivilisation zum Allgemeingut würden, könnte die fundamentalistische Herausforderung erfolgreich abgewehrt werden. Der Fundamentalismus verspricht, die Welt neu zu gestalten; Weltunordnung ist das, was er schafft.

IX

DEMOKRATIE UND DEMOKRATISIERUNG IM ISLAM: EINE ALTERNATIVE ZUM FUNDAMENTALISMUS

Die Politisierung der Religion, wie sie sich im religiösen Fundamentalismus artikuliert, ist die Antwort auf eine tiefgreifende Krise sowohl auf der Ebene des Nationalstaats als auch auf derjenigen der globalen Strukturen und Dynamik. Daher ist der Fundamentalismus nicht einfach nur eine Ideologie, die verachtet, ignoriert oder verhöhnt werden kann, sondern Teil der bestehenden politischen, kulturellen und sozialen Realitäten. Die politische Artikulation der nichtwestlichen Fundamentalismen ist insofern eigentümlich, als sie die Form einer Revolte gegen den Westen annimmt. Aber im Unterschied zum antikolonialen Kampf früherer Jahrzehnte ist diese neue Spielart der Revolte mehr als nur ein politischer Aufstand, denn sie ist auch gegen die westlichen Normen und Werte gerichtet. Damit wird nicht weniger versucht, als dem Westen die zentrale Rolle in der Welt streitig zu machen, wofür einerseits antiwestliche Gefühle und Vorurteile mobilisiert und andererseits alternative Weltbilder entwickelt werden.

Aus Sicht nichtwestlicher Kulturen und Zivilisationen ist die Infragestellung der westlichen Hegemonie eine vernünftige Einstellung, weil der Weltfrieden zwischen rivalisierenden Zivilisationen nur auf der Grundlage von Gleichheit, gegenseitigem Respekt und Akzeptanz erreicht werden kann. Bedrückend ist allerdings, daß die im Gang befindliche Revolte gegen den Westen Kräfte auf den Plan ruft, die gleichzeitig die Normen und Werte der kulturellen Moderne ablehnen, der wir die Prinzipien von Demokratie und Menschenrechten verdanken. Obwohl religiöse Fundamentalismen unauflöslich mit der Moderne verbunden sind, entpuppen sie sich paradoxerweise als Variante des Parochialismus.

Was die Strategien betrifft, mit denen den zahlreichen Spielarten des religiösen Fundamentalismus und den anderen Uneinigkeit in der Weltpolitik hervorrufenden Kräften – intoleranten ethnischen Gruppen zum Beispiel – der Wind aus den Segeln genommen werden könnte, so mißbillige ich die derzeit vorherrschende
westliche Haltung, die darin besteht, auf die Herausforderung mit
der Demonstration militärischer Stärke und der Verhängung wirt-
schaftlicher Sanktionen zu reagieren. Eine waffenstarrende Politik
des Westens zur Verteidigung gegen den Fundamentalismus ist
eine unangemessene Antwort auf die Herausforderung. Fundamentalisten sind keine einheitliche Kraft, noch viel weniger eine
militärische Streitmacht, sondern eine Herausforderung der Weltordnung, die regionale und internationale Unordnung schafft.
Nötig wäre eine ernsthafte Suche nach neuen Mechanismen und
Haltungen zur Einigung der Menschheit jenseits der begrenzten
Möglichkeiten der westlichen Vorherrschaft. Am vielverspre-
chendsten erscheint mir die Bemühung um Demokratie und Menschenrechte.

Da angesichts des weltweit zunehmenden Zivilisationsbewußtseins Lösungen auf der Basis dieses oder jenes Universalismus
ausgeschlossen sind, erachte ich es als dringend erforderlich, neue
kulturübergreifende Ansätze zu entwickeln. Nichtwestlichen Zivilisationen wie der islamischen weiterhin das westliche Verständnis von Demokratie und Menschenrechten *aufzuzwingen*, hat
wenig Aussicht auf Erfolg. Man muß sich vielmehr die Frage stellen, wie Völker unterschiedlicher Kulturen und Zivilisationen *in
ihren eigenen Sprachen* zu einem gemeinsamen Verständnis von
Demokratie und Menschenrechten gelangen können. In dieser
Frage offenbart sich das Wesen »kulturübergreifender Grundlagen«: Bevor ein Katalog von Werten und Normen international
akzeptiert werden kann, muß jedes einzelne seiner Elemente zu
den lokalen Kulturen und regionalen Zivilisationen in Bezug gesetzt werden. Mir ist natürlich bewußt, wie groß die Hindernisse
sind, die der Verwirklichung eines solchen Konzepts einer von
allen großen Zivilisationen der Welt anerkannten und befolgten

internationalen Moralität im Wege stehen. Aber ich glaube, daß es der einzige aussichtsreiche Ansatz für ein friedliches Miteinander im neuen Jahrhundert ist.

Demokratie und internationale Moralität

Die Idee der Demokratie hat ihre Wurzeln im antiken Griechenland. Als gesellschaftliche Realitäten jedoch sind Demokratien ein modernes Phänomen[1], das unauflöslich mit der Entfaltung der Moderne im Westen verknüpft ist. Deshalb waren die westlichen Demokratien das von den nichtwestlichen Kulturen und Zivilisationen nachzuahmende Vorbild, und die Prozesse von Modernisierung und Demokratisierung vormoderner Gesellschaften galten lange Zeit als untrennbar. In der Zeit der Dekolonisation glaubten die meisten westlichen Sozialwissenschaftler, Modernisierung und Demokratisierung würden auf der ganzen Welt, einem Pfad unaufhaltsamen Fortschritts folgend, Hand in Hand gehen. Doch indem sie darlegten, daß Demokratie und Menschenrechte ihren Ausdruck in individueller Freiheit und individuellen Rechten finden, haben manche prominente Modernisierungstheoretiker, wie David Apter, auch Schwierigkeiten eingestanden: »Die Normen des geheiligten Kollektivs sind die Antithese der politischen Demokratie«[2], wie Apter mit Recht feststellte. Dennoch glaubte er, die Modernisierung werde in diesen Kollektiven Wurzeln schlagen, ohne den religiösen Glauben zu gefährden, und die entsprechenden politischen Kulturen verdrängen. Heute wissen wir, daß dies nicht geschehen ist; statt dessen hat sie das Phänomen des religiösen Fundamentalismus hervorgebracht, und Modernisierungs- und Demokratisierungsbemühungen der postkolonialen Periode scheinen weitgehend gescheitert zu sein. Der als Vehikel zur Erreichung dieser Ziele gedachte institutionelle Rahmen, der säkulare Nationalstaat, befindet sich in vielen Teilen der Welt in der Krise (siehe Kapitel 6), und die den erwarteten Ergebnissen zugrundeliegenden Werte sind in den letzten Jahrzehnten radikal in Frage gestellt worden. Prägnantestes Beispiel dafür ist die islamische Welt.

Die Konzentration auf den Kalten Krieg in den vergangenen Jahrzehnten trug dazu bei, die Liste der Hindernisse für die Demokratisierung um einen weiteren Punkt zu verlängern. Während Modernisierungstheoretiker die Errichtung von Demokratien in einem nichtwestlichen Umfeld vor allem durch vormoderne Traditionen behindert sahen, hielten Theoretiker des Kalten Krieges die »kommunistische Gefahr« für das größte Hindernis. Daher rief das Ende des Kalten Krieges große Hoffnungen auf eine neue Demokratisierungswelle hervor. Man argumentierte, daß die Krise der autoritären Regime – einschließlich der kommunistischen – zusammen mit entschlossenen Programmen für Modernisierung und wirtschaftliches Wachstum bald zu einer globalen Demokratisierung führen würde. Samuel P. Huntington, zum Beispiel, verkündete voreilig eine »dritte Welle«[3], in deren Verlauf sich die globale Demokratisierung vollziehen würde. Als ich auf einem von der Harvard University und dem Massachusetts Institute of Technology (M.I.T.) gemeinsam veranstalteten Seminar über Politische Entwicklung meinen Aufsatz über das Demokratisierungspotential nach dem Golfkrieg mit Professor Huntington und Myron Weiner diskutierte, führte ich an, daß Krisen möglicherweise nicht zu Demokratisierung[4], sondern zu einer neuen Art von Autoritarismus führen könnten. Nach meiner Ansicht stellt der aus der Krise des Nationalstaats hervorgegangene Fundamentalismus diese neue Spielart des Autoritarismus dar, und in der Tat erleben wir heute seinen weltweiten Aufstieg. Anders ausgedrückt, der religiöse Fundamentalismus ist die Antithese zur Idee der Demokratie.[5] Zwei Jahre nach dieser Debatte veröffentlichte Huntington seinen berühmten Artikel über den »Zusammenprall der Zivilisationen«, in dem er zwar ganz richtig auf Unterschiede in den Weltanschauungen von Menschen verschiedener Kulturen und Zivilisationen hinwies, aber leider die grundlegende Unterscheidung zwischen dem Islam als Religion und dem islamischen Fundamentalismus als Ideologie übersah.

Wenn wir anerkennen, daß »Demokratie« eine westliche Errungenschaft ist und deshalb in der nichtwestlichen Welt auf Mißtrauen stößt, und gleichzeitig den Aufstieg religiöser Fundamentalismen als Ausdruck einer »Revolte gegen den Westen« beobachten, müssen wir uns doch fragen: Wie soll man dann die Demokratie als realistische Alternative zum Fundamentalismus sehen? Meine Argumentation baut auf der Notwendigkeit auf, jenseits universalistischer Weltbilder nach Wegen zu suchen, wie sich die Demokratie auf kulturübergreifender Basis errichten läßt.

Da der Islam die Religion einer der großen Weltzivilisationen ist, deren Einheit auf dem Konzept der *Umma*, das heißt eines »geheiligten Kollektivs« (Apter), beruht, stellt sich die Frage, wie die Demokratie dort, praktisch im Urgestein ihres Gegenprogramms, Wurzeln schlagen soll. Denn ist die Kultur des Kollektivs nicht die Antithese von Demokratie? Und wenn es so ist, wird sich der Fundamentalismus innerhalb der islamischen Zivilisation dann nicht als authentischer erweisen, als es jede demokratische Bewegung könnte? Ich führe dagegen ins Feld, daß die Aufklärung als Alternative zum Fundamentalismus *nicht auf die westliche Zivilisation beschränkt sein muß*, sondern auch im Islam Fuß fassen kann. Ich denke, daß der philosophische Rationalismus des islamischen Hellenismus im mittelalterlichen Islam eine frühe Tradition einer islamischen Aufklärung ist. An anderer Stelle habe ich diese These einer wissenschaftlichen Überprüfung unterzogen.[6]

Um in unserer Analyse fortzufahren, wollen wir uns erinnern, daß die Welt des Islam aus einer Vielzahl lokaler Kulturen besteht, die durch ethische Standards, das heißt ähnliche Normen und Werte, sowie durch eine verwandte Weltsicht verbunden sind. Dieses Muster der Einheit in Vielfalt kann als islamische Zivilisation bezeichnet werden.[7] Wir müssen also in unsere Untersuchung eine größere Differenzierung von Konstrukten und Spezifika sowie einen historischen Ansatz einbringen, der Elemente der religiösen Doktrin des Islam und des intellektuellen Denkens der islamischen Aufklärung in das islamische Erbe zurückverfolgt.

Es stimmt zwar, daß die Zivilisationen der Welt durch Bruchlinien getrennt sind, insbesondere die westliche und die islamische, die aus dem einfachen Grund zusammenprallen müssen, weil sie für ihre jeweiligen Ansichten universelle Gültigkeit beanspruchen.[8] Bedenkt man jedoch, daß die Menschen, auch wenn sie unterschiedlichen Zivilisationen angehören, die Essenz einer einzigen Menschheit teilen, dann muß es einen gemeinsamen Kern ethischer Werte geben, der uns um des Friedens und eines besseren Lebens willen zu einen vermag. Nach dem Ende des Kalten Kriegs ist unsere Welt vom Aufstieg ethnischer Nationalismen und religiöser Fundamentalismen gekennzeichnet, welche die Menschheit bedauerlicherweise durch eine Mischung aus symbolischen und geographischen Trennlinien, die nicht überschritten werden dürfen, aufteilen. Zur Vision eines friedlichen, würdevollen Zusammenlebens der Zivilisationen gehört die Vorstellung, daß Menschenrechte und Demokratie zum Grundstock einer gemeinsamen Ethik gemacht werden können, die ich, auf kulturübergreifender Grundlage, als internationale Moralität bezeichne.[9] Der Weltfrieden, das heißt das friedliche Miteinander der Zivilisationen, erfordert diese ethische Annäherung, die jedoch ihrerseits nicht auf einen neuen Universalismus hinauslaufen darf, schon gar nicht auf einen aufgezwungenen. Den Universalismus in Frage zu stellen und für den kulturellen Pluralismus einzutreten bedeutet andererseits nicht, sich den gegenwärtigen Strömungen des Kulturrelativismus und der postmodernen Politik anzuschließen, die Trennung bewirken, indem sie Heterogenität und Unvereinbarkeit hervorheben. Will man das Ziel einer geeinten Menschheit mit einer gemeinsamen internationalen Moralität erreichen, ist es unerläßlich, daß ein Grundsatzprogramm der Menschenrechte und Demokratie aufgestellt und von allen Zivilisationen der Welt angenommen wird, denn sie alle müssen am globalen Prozeß der Demokratisierung teilnehmen. Statt eines kulturell unsensiblen Universalismus ist eine kulturübergreifende Grundlage für die Demokratie in nichtwestlichen Gesellschaften erforderlich. Im Gegensatz zu den Fundamentalisten muß man nach

Gemeinsamkeiten suchen, nicht nach Grenzen. Darin besteht der grundsätzliche Unterschied zwischen meinem Ansatz und dem Huntingtons. Was dieser die »Bruchlinien des *Konflikts*« zwischen Zivilisationen nennt, ist nicht mehr als ein zu hinterfragendes Wahrnehmungsmuster und keine Realität. Nur in diesem Sinn ist der Fundamentalismus als Ideologie des »Zusammenpralls von Zivilisationen« anzusehen. Im Kontrast dazu ist die Demokratie die Plattform für ihr friedliches Zusammenleben. Wo ist in diesem Kontext der Platz des Islam?

Die islamische Zivilisation, der Westen und die Demokratie

Von – sagen wir – Indien aus gesehen, liegt das Zentrum der islamischen Zivilisation in Westasien, jener Region, die in der Geopolitik des Westens ethnozentrisch als Naher und Mittlerer Osten bezeichnet wird. Aber auch in Afrika sowie in Mittel-, Süd- und Südostasien ist der Islam eine stark vertretene Religion. Der säkulare Nationalstaat Indien hat sich bis heute bemüht, Muslime, Sikhs und Hindus, um nur diese zu nennen, zu beheimaten. Wenn diese Bevölkerungsgruppen, die so unterschiedlichen Kulturen angehören, die Staatsbürgerschaft einer einzigen Demokratie teilen und innerhalb des Territoriums ihrer jeweiligen Bundesstaaten friedlich zusammenleben können, dann scheint die Demokratie der richtige Rahmen für den Frieden zwischen Zivilisationen zu sein. Indien kann sowohl als Modell für einen Zustand dienen, in dem Menschen unterschiedlicher Zivilisationen die Demokratie zum Bezugspunkt ihrer gemeinsamen Identität machen, als auch als Beispiel für die von Robert Kaplan prophezeite »kommende Anarchie«[10] herangezogen werden. Kaplans Modell weist in die Zukunft der Weltpolitik, denn schon bedrohen die Hindu-Fundamentalisten die Demokratie und den inneren Frieden Indiens. In den Parlamentswahlen von 1996 hat die fundamentalistische Hindu-Partei, die *Bharatiya Janata Party* (BJP), 195 der 545 Sitze des indischen Parlaments errungen. Im Mai 1996 konnten die Fundamentalisten von der BJP unter Führung von Atal Bihari Vajpayee dreizehn Tage lang Indien regieren, bis eine Koalition aller säkularen Parteien den Premierminister zum Rücktritt zwang[11], was einen erneuten Wahlsieg 1998 nicht verhinderte.

In einem anderen asiatischen Land, nämlich Indonesien, nähert sich gegenwärtig – was wohl auch von den jüngeren politischen Turbulenzen nicht aufzuhalten ist – ein aufgeklärter, toleranter Islam langsam, aber stetig der Idee der Demokratie an. Das Verdienst dafür gebührt der Zivilgesellschaft Indonesiens und ihren islamischen Traditionen, nicht jedoch der Regierung des ehemaligen Präsidenten Suharto und seinem Familienclan. Angesichts der Tatsache, daß Indonesien mit 205 Millionen Einwohnern nicht nur das größte islamische Land, sondern die viertgrößte Nation der Welt überhaupt ist, erhebt sich die Frage, ob die dortigen, Säkularisierung und Demokratisierung förderlichen Bedingungen als Modell für die gesamte islamische Zivilisation dienen können. Von einem Kenner Indonesiens, Fred von der Mehden, der die Interaktion zwischen Südostasien und dem Nahen Osten eingehend untersucht hat, stammen folgende aufschlußreiche Beobachtungen:

»Die nahöstlichen religiösen Ideen bestimmen immer noch die Beziehungen zwischen den beiden Regionen. Südostasiatische muslimische Intellektuelle üben relativ wenig Einfluß auf den Rest der muslimischen Welt aus. … [Aber] die religiöse Ausbildung im Nahen Osten, insbesondere in Kairo, bleibt eine Hauptquelle des muslimischen Denkens in Südostasien, besonders in Indonesien.«[12]

Dies unterstreicht die zentrale kulturelle Rolle des sunnitischen Nahen Ostens in der islamischen Zivilisation. Leider ist es eher unwahrscheinlich, daß das tolerante, pluralistische indonesische Modell die Zukunft der Demokratie in dieser Zivilisation prägen wird. Es bleibt zu hoffen, daß der ökonomische Erfolg des islami-

schen Südostasien unbeschadet von der zu überwindenden Asienkrise zusammen mit den dortigen Bemühungen um Demokratisierung der Politik im wirtschaftlich und politisch maroden Nahen Osten zumindest *Anstöße* verleihen wird.

Die Muslime haben das ihnen völlig neue Konzept der Demokratie erst relativ spät, nämlich im Zuge der Globalisierung und
der Konfrontation ihrer eigenen Zivilisation mit der kulturellen
Moderne kennengelernt (siehe Kapitel 4). Frühe muslimische Liberale bemühten sich, die Idee der Demokratie aufzunehmen und
mit dem Islam zu versöhnen. Beim Imam der ersten muslimischen
Studentengruppe in Europa, Rifa'a Rafi' al-Tahtawi, löste die demokratische Kultur Frankreichs tiefe Bewunderung aus. Er war
Zeuge der Julirevolution von 1830 in Paris, und es beeindruckte
ihn sehr, daß die Repräsentanten des gestürzten Regimes eine gute
Behandlung erfuhren und ihnen die Menschenrechte gewährt
wurden. Für ihn war dies »einer der großartigsten Beweise für die
Zivilisiertheit der Franzosen und die Gerechtigkeit ihres Staates«.[13] Obwohl die Tahtawi nachfolgenden muslimischen Modernisten Europa aufgrund seiner langen kolonialen Einflußnahme
kritisch gegenüberstanden, waren sie weiterhin bestrebt, die islamische Zivilisation mit der kulturellen Moderne des Westens in
Einklang zu bringen. Im islamischen Liberalismus[14] des frühen 20.
Jahrhunderts stand das Thema der Demokratie ganz oben auf der
Tagesordnung von Denkern wie 'Abbas Mahmud al-'Aqqad.[15]

Was das Lernen von anderen Zivilisationen angeht, können sich
die Muslime im Prinzip auf die Geschichte ihrer eigenen Zivilisation zurückbesinnen. So eigneten sie sich in der Zeit der Abbasiden
die griechische Philosophie und – von anderen Zivilisationen – die
persisch-sassanidische Verwaltungskunst an (siehe Hodgson,
Anmerkung 7). Der hier als frühe islamische Aufklärung angesprochene islamische Rationalismus des Mittelalters war in der Tat
eine Synthese aus griechischer Hinterlassenschaft und islamischem Denken.[16] Von diesem islamischen Rationalismus erhielt die
europäische Renaissance, die bald zu einer der tragenden Säulen
der kulturellen Moderne in Europa werden sollte, ihre wichtigsten

Anregungen, und die Hauptquelle der modernen Demokratie war die kulturelle Moderne. Um noch einmal den Berkeley-Gelehrten Leslie Lipson zu zitieren:

>>Aristoteles schlich sich durch die Hintertür nach Europa zurück. Seine Rückkehr ist den Arabern zu verdanken. ... Die Hauptinspiration Europas ... verlagerte sich vom Christentum zurück nach Griechenland, von Jerusalem nach Athen.<<[17]

Mittelalterliche muslimische Philosophen hatten sich zuvor schon auf eigenen Wegen von der >>Welt der Muftis<< ab- und der >>Welt der Vernunft<< zugewandt.[18]

Eine bittere Ironie ist es, daß das von den muslimischen Philosophen übermittelte griechische Erbe zwar in Europa weiterwirkte, in der Welt des Islam aber unterging, weil die islamische Orthodoxie, die sich um den *Fiqh*/die islamische Sakraljurisprudenz sammelte, das Ruder in die Hand nahm und den islamischen Rationalismus, die *Falsafa*, verdrängte.[19]

In neuerer Zeit bemühten sich die frühen islamischen Liberalen, an die islamische Aufklärung anzuknüpfen, indem sie sich mit der Demokratie arrangierten und ihre Normen und Werte in einem islamischen Kontext übernahmen. Dem verstorbenen, einst in Oxford lehrenden muslimischen Gelehrten iranischer Abstammung Hamid Enayat zufolge war das Scheitern der Liberalen nicht so sehr in >>konzeptioneller Inkohärenz als vielmehr im Fehlen bestimmter sozialer und ökonomischer Entwicklungen<< begründet. Innere Ursachen seien vor allem das >>rückständige Bildungswesen, verbreiteter Analphabetismus und das Vorherrschen serviler Denkgewohnheiten und blinder Obrigkeitsglaube<< gewesen. Die von Enayat aufgezählten äußeren Ursachen beziehen sich überwiegend auf das >>Widerstreben der Vereinigten Staaten und einiger westeuropäischer Mächte, sich den Realitäten der postkolonialen Ära anzupassen<<.[20] Für diesen Mangel lassen sich zahllose Beispiele anführen, und der amerikanische Politikwissenschaftler Richard J. Payne hat die Insensibilität der amerikanischen Außenpolitik gegenüber nichtwestlichen Kulturen ausführlich unter die Lupe genommen.[21] Keinem vernünftigen Forscher, der sich mit diesem Thema beschäftigt, kann es entgehen, daß der Westen trotz gegenteiliger Lippenbekenntnisse den Demokratisierungsprozeß in der Welt des Islam keineswegs begünstigt hat. Obwohl zum Beispiel Saudi-Arabien einer der undemokratischsten aller islamischen Staaten ist, gehört es zu den engsten Verbündeten der USA im Nahen Osten. Statt die Demokratie zu fördern, verfolgen die westlichen Staaten lieber ihre eigenen wirtschaftlichen und politischen Interessen.

Zu Beginn der postkolonialen Periode, als die Demokratie im Nahen Osten noch auf der Tagesordnung stand, wurde in vielen islamischen Ländern ein Demokratisierungsprozeß eingeleitet. Die Ära zwischen den dreißiger und frühen fünfziger Jahren wird als das »liberale Zeitalter« in der nahöstlichen Politik angesehen, das mit dem Aufstieg der autoritären Einparteienregime und der populistischen Ideologie des panarabischen Nationalismus zu Ende ging.[22] In Ägypten zum Beispiel übernahmen 1952 die »Freien Offiziere« unter Nasser die Führung des Landes. Seither ruhen die Hebel der Macht in den Händen von lebenslang regierenden Präsidenten und anderen Tyrannen jedweder Form.[23] Diese Regime waren formal säkular, doch ihre Delegitimation – insbesondere infolge der vernichtenden Niederlage im Sechstagekrieg[24] – hat nicht der Demokratisierung den Weg geebnet, sondern der Alternative des politischen Islam Auftrieb gegeben, und obwohl in Algerien, Jordanien, Ägypten und Marokko Anstalten für eine Demokratisierung durch Ausschreibung von Wahlen gemacht wurden, waren die Ergebnisse nicht sehr vielversprechend.

John Esposito, der sich mit dem Verhältnis von Islam und Demokratie beschäftigt hat, spricht von einer Islamisierung der Demokratie, einem Prozeß, den er als Demokratisierung an sich interpretiert.[25] Selbstverständlich muß die Demokratie im Islam nicht mit der westlichen Demokratie identisch sein, und ich teile Espositos Vorbehalte gegenüber der Vereinnahmung der Demokratie durch den Westen (das heißt der Monopolisierung der Demokratie und ihrer Normen). Esposito verwechselt jedoch den Islam mit dem Fundamentalismus, und ich vermag dementsprechend nicht zu erkennen, daß seine Behauptung der Vereinbarkeit von Islamismus und Demokratie durch irgendwelche Taten oder Äußerungen islamischer Fundamentalisten belegt würde. Ich stimme den Erkenntnissen des Projekts »Demokratische Bewegungen im Nahen Osten« zu, daß nämlich die Islamisten »es darauf anlegen, die zerbrechliche Wiederbelebung demokratischer Prozesse ... zu benutzen, um jeden entscheidenden Schritt [zur] liberalen Demokratie zunichte zu machen«.[26] Meine eigenen Beobachtungen in Algier 1991/92, während des algerischen Demokratisierungsversuchs, und nochmals im Jahr darauf haben mich zu demselben Schluß gebracht.[27] Die Militärherrschaft im Algerien der Zeit nach der FLN, das heißt seit Dezember 1991, ist ausgesprochen autoritär, und ich kann mir kaum vorstellen, daß sich daran unter der Herrschaft der fundamentalistischen Islamischen Heilsfront (FIS) viel ändern würde. Das Beispiel der Machtübernahme durch die Fundamentalisten im Sudan nach dem Staatsstreich vom Juni 1989 ist ein weiteres Beispiel.

Bevor wir die ersten Schritte in Richtung einer substantiellen Synthese von Islam und Demokratie in der Tradition der Aufklärung unternehmen, möchte ich die Ansichten von drei führenden Autoritäten auf dem Gebiet der zeitgenössischen religiösen fundamentalistischen Bewegung in der islamischen Zivilisation zu Wort kommen lassen. Neben dem 1966 hingerichteten Ägypter Sayyid Qutb gilt der verstorbene Pakistaner Abu al-A'la al-Maududi (1903–1979) als wichtigste ideologische Autorität und Quelle des politischen Islam.

In seinem Buch »Islam und moderne Zivilisation« erklärt al-Maududi unumwunden:

»Ich sage euch, meinen muslimischen Glaubensgenossen, in aller Offenheit: ... die Demokratie steht im Widerspruch zu eurem Glauben. ... Der Islam, an den ihr glaubt ... unterscheidet sich völlig von diesem schrecklichen System. ... Selbst in Bagatellangelegenheiten kann es keine Aussöhnung zwischen Islam und Demokratie geben, weil sie einander in jeder Hinsicht entgegengesetzt sind. Wo dieses System [der Demokratie] existiert, betrachten wir den Islam als abwesend. Wenn der Islam an die Macht kommt, ist kein Platz für dieses System.«[28]

Qutb scheint auf islamischer Seite der Vorläufer von Huntingtons »Zusammenprall der Zivilisationen« gewesen zu sein, denn er betrachtet den Konflikt im Unterschied zu al-Maududi auf globaler Ebene:

> »Nach dem Niedergang der Demokratie bis zum Bankrott hat der Westen der Menschheit nichts mehr zu geben. … Die Führung des westlichen Mannes ist zu Ende. … Es ist an der Zeit, daß der Islam die Führung übernimmt.«[29]

Zu den einflußreichsten gegenwärtigen islamischen Autoren gehört der ägyptische Fundamentalist Yusuf al-Qaradawi, der die Formel vom Gegensatz zwischen *al-Hall al-Islami*/der islamischen Lösung und *al-Hulul al-mustaurada*/den importierten Lösungen geprägt hat. Ganz oben auf der Liste der »importierten Lösungen« plaziert er, was er den »demokratischen Liberalismus« nennt. »Demokratie«, erläutert al-Qaradawi seinen Lesern, »ist ein griechischer Begriff, der die Herrschaft des Volkes meint«, um dann fortzufahren:

> »Ins Leben der Muslime gelangte der demokratische Liberalismus durch die Einwirkung des Kolonialismus. Er ist der gefährlichste [Einfluß] der kolonialen Hinterlassenschaft.«[30]

Diese drei zentralen fundamentalistischen Vordenker weisen allesamt die Demokratie wegen ihrer Unvereinbarkeit mit den religiösen Lehren des Islam zurück. Um es zu wiederholen: Demokratie und Islam *sind* vereinbar (siehe Anmerkung 25), aber erstere ist ohne Volkssouveränität nicht denkbar, und die islamischen

330

Fundamentalisten glauben, nur Gott könne Souveränität besitzen. Als Alternative präsentieren sie die *Hakimiyyat Allah*/Gottesherrschaft als Legitimation eines »islamischen Staats«.[31] Sind dies tatsächlich authentische politische Anschauungen des Islam? Trifft es zu, daß Islam und Demokratie »einander in jeder Hinsicht entgegengesetzt« sind, wie Maududi behauptet? Das Problem ist nicht, daß es inhärente Widersprüche *gibt*, sondern daß die fundamentalistischen Denker ihre ganz *menschlichen* Ansichten entwickeln, ihnen göttlichen Status beimessen und ihre Kritiker als Dummköpfe und Häretiker abtun. Wie der liberale Muslim Muhammad Said al-Aschmawi gezeigt hat, verwechseln diese Islamisten *Schari'a* und *Fiqh*.[32] Erstere ist eine im Koran enthaltene Ethik, die festlegt, was richtig und daher erlaubt *(Halal)* und was falsch und daher verboten *(Haram)* ist. Ein Rechtskodex ist sie nicht. Mit dem Tod des Propheten im Jahr 632 endete die Offenbarung, und erst im 8. Jahrhundert, lange nach seinem Tod, wurden die vier sunnitischen Rechtsschulen *(Madhahib)* gegründet und die *Schari'a* als kohärenter Rechtskodex geschaffen. Genau aus diesem Grund lautet mein Argument, daß die *Schari'a* im Sinne eines Rechtssystems ein postkoranisches Konstrukt ist. Dagegen ist der *Fiqh*/die islamische Jurisprudenz die menschliche Interpretation der *Schari'a*-Regeln. Die Verwechslung beider Begriffe läuft darauf hinaus, daß menschlichen Gedanken göttlicher Charakter zugeschrieben wird, was es wiederum ermöglicht, liberale Muslime als Ungläubige abzustempeln.

Die Aneignung der Demokratie
ohne ein Überdenken des Islam

Trotz der von mir betonten Vereinbarkeit gibt es zwischen Islam und Demokratie sowohl in historischer als auch in doktrineller Hinsicht grundsätzliche Unterschiede, und es wäre unehrlich, sie zu leugnen. Auf ethischer Ebene sind jedoch starke Affinitäten festzustellen, und es scheint mir möglich, bei dem Streben nach einer internationalen Moralität auf signifikante Gemeinsamkeiten von islamischer und westlicher Zivilisation zu setzen. Ich teile die Ansicht Hamid Enayats, es sei »bei einigem exegetischem Talent weder ... ungewöhnlich schwierig noch illegitim«, aus geachteten islamischen Quellen »eine Liste von demokratischen Rechten und Freiheiten« abzuleiten.[33] So hält also die Behauptung der islamischen Fundamentalisten, Islam und Demokratie seien ihrem Wesen nach entgegengesetzt, einer Prüfung nicht stand. Die Idee der *Hakimiyyat Allah*, zum Beispiel, ist weder im Koran noch im *Hadith*/der Überlieferung des Propheten, den einzigen beiden autoritativen Quellen des Islam, zu finden. Mit anderen Worten, die »Gottesherrschaft« ist eine menschliche – in diesem Fall fundamentalistische – Erfindung, die auf einer entsprechend willkürlichen Projektion der gegenwärtigen Politisierung des Islam in die islamische Geschichte beruht. Kurz, die *Hakimiyyat Allah* ist eine »Neo-*Fiqh*-Doktrin« (siehe Anmerkung 32) und durchaus nicht göttlich.

Abgesehen vom philologischen Aspekt der Schrift, gibt es historische Tatsachen, die der heutigen fundamentalistischen Ideologie eines als Alternative zur Demokratie präsentierten »islamischen Staats« zuwiderlaufen. Als einziges Kriterium zur Bestimmung der *Daula Islamiyya*/des islamischen Staats propagieren die islamischen Fundamentalisten den *Tatbiq al-schari'a*/die Anwendung des islamischen Rechts. Kenner des islamischen Rechts[34] wissen sehr wohl, daß die *Schari'a* zwar zusammengetragen, aber nie kodifiziert wurde, weil dies ihrer Natur als interpretatives Recht auf der Grundlage der göttlichen Offenbarung widersprochen hätte. An der postkoranischen Konstruktion der *Schari'a* waren vier sunnitische Rechtsschulen beteiligt, von denen jede eine eigene Tradition der Gesetzesformulierung vertrat. Daher war das islamische Recht ein Recht der religiösen Gemeinschaften der Hanafiten, Schafiiten, Hanbaliten und Malikiten, die allesamt nie an den Staat gekoppelt waren. Wie Hamid Enayat anmerkt, wurde die *Schari'a* »nie als ein integrales System eingeführt, und der größte Teil ihrer Vorschriften blieb gesetzliche Fiktion«.[35]

Mit anderen Worten: Der von den islamischen Fundamentalisten angestrebte *Tatbiq al-schari'a* ist *ebenfalls* Fiktion.

Um den islamischen Fundamentalisten Gerechtigkeit widerfahren zu lassen, muß man auch hier – trotz Betonung der grundsätzlichen Vereinbarkeit – darauf hinweisen, daß zwischen islamischem Denken und Demokratie reale Spannungen vorhanden sind. Wiederum pflichte ich Enayat bei:

> »Wenn der Islam mit bestimmten Postulaten der Demokratie in Konflikt gerät, dann wegen seines Grundcharakters als Religion. … Zu den unvermeidlichen Begleiterscheinungen der Demokratie … gehört die Infragestellung vieler geheiligter Grundsätze.«[36]

Bei dem Versuch, die Demokratie in der islamischen Zivilisation heimisch zu machen, mieden die frühen islamischen Modernisten ganz bewußt heiße Eisen, die ihre Befürwortung der Demokratie gefährdet hätten. Eine erfolgreiche Anpassung der religiösen Doktrin an veränderte Realitäten erfordert nämlich, wie es der algerische muslimische Denker Mohammed Arkoun mutig gefordert, wenn auch – trotz des Titels seines Buchs – nicht ganz erfüllt hat, ein »Überdenken des Islam«.[37] Diese Art des Ausweichens findet sich in den meisten vor dem Aufstieg des religiösen Fundamentalismus erschienenen islamischen Schriften über die Demokratie. In meinem Buch *Der Islam und das Problem der kulturellen Bewältigung sozialen Wandels*[38] führe ich an, daß pragmatische Konformität gegenüber veränderten Umständen – ohne ein Überdenken der relevanten religiösen Doktrin – mit einer wirklichen Anpassung oder Bewältigung nicht gleichgesetzt werden kann. Hamid Enayat ist derselben Ansicht:

> »Was offenkundig fehlt … ist eine Anpassung entweder der ethischen und rechtlichen Gebote des Islam oder der Haltungen und Institutionen der traditionellen Gesellschaft an die Demokratie. Dies ist natürlich eine komplexere und anspruchsvol-

lere Aufgabe als die bloße Umformulierung demokratischer Prinzipien in islamische Idiome. Wegen dieses Versäumnisses sind die Hoffnungen auf eine dem islamischen Kontext angemessene kohärente Theorie der Demokratie bisher weitgehend unerfüllt geblieben.«[39]

Islamische Fundamentalisten greifen diese unvermeidbaren Unzulänglichkeiten der islamischen Liberalen und Modernisten auf, um sie der angeblichen Abweichung von der wahren religiösen Lehre zu beschuldigen. Die Demokratie in die islamische Zivilisation einführen zu wollen verdeutlicht zwangsläufig, daß

>Bemühungen, Islam und Demokratie zu verschmelzen, auf der Grundlage jenes Korpus ewiger und unveränderlicher Lehren, der die Quintessenz jeder Religion bildet, zum Scheitern verurteilt sind. Jene muslimischen Denker, die sich beherzt und frei von dem Zwang, ihren Glauben aus ephemeren politischen Moden heraushalten zu müssen, diesem Thema stellen, gelangen am Ende für gewöhnlich zu dem offenen Eingeständnis, daß Islam und Demokratie unvereinbar sind.«[40]

Was die Grenzen einer auf Religion basierenden Moralität betrifft, stimme ich Enayat zu. Anders gesagt, Verweise auf religiöse Fundamente der Demokratie in der islamischen wie in jeder anderen religiös geprägten Zivilisation dürfen, wenn es darum geht, die entscheidenden Themen anzusprechen, nur selektiv und in begrenztem Ausmaß erfolgen. Diese Vorsicht ist notwendig, wenn Konflikte zwischen Islam und Demokratie vermieden und die Kompatibilität gefördert werden sollen. Auch wenn ich nachdrücklich für die Aufnahme der Demokratie in die islamische Zivilisation eintrete, und zwar im kulturübergreifenden, nicht im universalistischen Sinn, bin ich mir der Grenzen dieses Ansatzes bewußt. Deshalb ist eine Religionsreform erforderlich, die es möglich macht, den sozialen Wandel kulturell zu bewältigen, und es uns erlaubt, über die bisherigen Beschränkungen von Schriftgläubigkeit und Dogma hinauszugehen. Insofern bin ich überzeugt, daß es ohne ein Überdenken der islamischen Doktrinen keinen islamischen Beitrag zu einer internationalen kulturübergreifenden Moralität geben kann. An den Grenzen einer Neuinterpretation der Doktrin auf der Grundlage der Schriftauslegung müßten jedoch selbst die größten exegetischen Talente scheitern. Das Überdenken muß auf der Vernunft beruhen und sollte keine Frage der Philologie und Schriftauslegung sein.

Die Erfordernisse der Demokratie: Politische Kultur und demokratische Institutionen

Nachdem ich bereits über das normative Bedürfnis nach Etablierung einer internationalen Moralität auf kulturübergreifender Grundlage hinausgegangen bin, wende ich mich nun einer empirischen Analyse der Lage im Nahen Osten zu, wobei ich mich vor allem auf die Ereignisse seit dem Golfkrieg konzentrieren werde. Die Fragen, die ich dabei stellen will, sind von der Einsicht inspiriert, daß die Demokratie kein schöner Traum ist, sondern eine Notwendigkeit, die nur auf einer realistischen Basis verwirklicht werden kann. Beim Aufbau von Demokratien spielen nicht nur ethische, sondern auch strukturelle Erfordernisse eine Rolle.

Demokratie ist eine politische Kultur, die in einem System ohne eine entsprechende Fundierung nicht gedeihen kann. Deshalb verlangt eine Demokratisierung in der islamischen Zivilisation im allgemeinen und im Nahen Osten im besonderen nach grundsätzlichem Wandel auf zwei Hauptgebieten. Erstens erfordert die Veränderung einer politischen Kultur eine der Demokratie als eigenständiger politischer Kultur günstige pluralistische Haltung. Diesem Erfordernis läuft die politische Kultur des *Umma*-Kollektivismus zuwider. Zweitens muß in der arabischen Welt und anderen islamischen Gesellschaften, die jetzt mehr oder weniger von schwacher Institutionalisierung und hoher Personalisierung der Macht gekennzeichnet sind, eine politische Entwicklung im Sinne des Aufbaus von Institutionen stattfinden.[41] Von wenigen Ausnahmen abgesehen, sind diese beiden Voraussetzungen zur Förderung der Demokratisierung in der islamischen Zivilisation bislang nicht erfüllt. (Um eine konkrete Analyse zu erstellen, werde ich mich hier auf den Nahen Osten konzentrieren.)

Im Nahen Osten hat der Golfkrieg die Demokratisierung zu einem aktuellen Thema gemacht. Das soll nicht heißen, daß sie vorher kein Thema gewesen wäre. So kamen im November 1983 siebzig arabische Wissenschaftler, Journalisten und ehemalige Politiker, darunter auch ich, zusammen, um über die *Azmat al-demoqratiyya*/Krise der Demokratie in der arabischen Welt zu diskutieren. Die Konferenz fand in Limassol auf Zypern statt, weil für alle arabischen Städte die Genehmigung verweigert worden war, selbst für Kairo; offenbar hatte Saudi-Arabien die ägyptische Regierung unter Druck gesetzt. Der 927seitige Konferenzbericht in arabischer Sprache erschien jedoch in Beirut. In dem Bericht ging es hauptsächlich um die Frage, wie den Hindernissen der Demokratisierung begegnet werden kann, und er fand in der arabischen Welt, teils legal, teils im Untergrund, weite Verbreitung.[42]

Von den meisten Experten wird die Demokratisierung als entscheidender Bestandteil jeder regionalen Ordnung des Nahen Ostens nach dem Golfkrieg bezeichnet. Beiden lokalen Parteien im Golfkrieg, also Saddam Husseins Irak und der gegen ihn gerichteten arabischen Koalition – der Diktatoren wie Syriens Hafiz al-Assad sowie die mittelalterlichen saudischen und kuwaitischen Ölprinzen angehörten – fehlen jegliche Elemente der Demokratie in ihren Heimatländern, und es wird häufig darauf hingewiesen, daß der Welt der Golfkrieg erspart geblieben wäre, wenn die ihn auslösenden politischen Systeme von demokratischem Zuschnitt gewesen wären. Nach der Kantschen Ethik führen echte Demokratien keine Kriege gegeneinander, und tatsächlich haben sie es auch nie getan. Der Irak hätte vielleicht nicht auf gewaltsame Mittel zurückgegriffen, um seine wirtschaftlichen und territorialen Forderungen durchzusetzen, und Kuwait hätte vielleicht die seit langem in den internationalen Beziehungen bewährten Prozeduren von Diplomatie und Verhandlungen benutzt, um sich mit den irakischen Ansprüchen auseinanderzusetzen, statt den unnachgiebigen Beduinen zu spielen und eine irakische Aggression zu provozieren. (Die Kuwaitis sind Beduinen in eleganten, modernen Autos, die die Bequemlichkeiten der Moderne genießen.)

So argumentieren einige Beobachter, daß die westliche Strategie für den Nahen Osten in erster Linie auf Demokratisierung hinarbeiten müsse. Nach dem Golfkrieg hat William Safire in einem seiner Leitartikel in *The New York Times* (1. April 1991, Seite A17) den Vereinigten Staaten vorgeworfen, sie gingen bei der Erzwingung der Demokratie im Nahen Osten zu zaghaft vor, was er bedauerlich finde. Um der Ironie willen pflichte ich Safires Vorwurf der »Zaghaftigkeit« bei. Zurückweisen muß ich allerdings seinen Gedanken der »Erzwingung«. Demokratie kann nicht aufgezwungen werden; wenn die lokalen Voraussetzungen fehlen, kann sie nicht gedeihen. Damit widerspreche ich nicht meiner Forderung, die Unterstützung der Demokratisierung zu einem wesentlichen Bestandteil der westlichen Nahostpolitik zu machen. Denn die Demokratie zu fördern bedeutet nicht, sie zu oktroyieren, obwohl in manchen Fällen – wie denen der westlichen Verbündeten Kuwait und Saudi-Arabien – ein gewisser Druck gerechtfertigt ist. Die Herrscher beider Staaten glauben, sie könnten auf Demokratisierung verzichten und trotzdem weiterhin mit westlicher Hilfe rechnen – die sie auch tatsächlich erhalten. Ich werde unten genauer darauf eingehen, wie sehr es den saudischen und kuwaitischen Herrschern widerstrebt, die Notwendigkeit demokratischer Maßnahmen zuzugeben. Die kuwaitischen und saudischen Scheichs sind traditionelle Herrscher, keine Fundamentalisten. Aber wie diese sind sie in der Illusion gefangen, Islam und Demokratie ständen im Widerspruch zueinander. Diese ebenso fragwürdige wie unredliche Sichtweise stellt für sie die Verteidigung ihrer Legitimität dar.

Die meisten der bestehenden nahöstlichen Staaten sind nur nominell Nationalstaaten[43], da ihnen die grundlegenden Institutionen einer demokratisch organisierten politischen Gemeinschaft fehlen, etwa ein Mehrparteiensystem, parlamentarische Einrichtungen und vor allem eine unabhängige Justiz. Es gibt sie nicht, weil die Herrscher sie nicht haben wollen. Im Irak sind Machthaber und Opposition gleichermaßen durch ethnische und konfessionelle Gegensätze geteilt, die mit der künstlichen Schaffung des irakischen Staats im Jahr 1921 im Zusammenhang stehen. Der Irak besteht aus den Siedlungsgebieten dreier ethnischer und religiöser Gemeinschaften. Erstens aus der von Kurden bewohnten früheren osmanischen Provinz Mosul im Nordosten (die irakischen Kurden sind, wie die Kurden in der Türkei und im Iran, überwiegend sunnitische Muslime, aber weder Araber noch Türken noch Iraner, sondern eine eigenständige ethnische Gruppe mit eigener Identität, aber ohne einen eigenen Staat). Das zweite Territorium ist die riesige sunnitische Provinz Bagdad. Und drittens die schiitische Provinz Basra im Süden. Die herrschende Ba'th-Partei ist als säkulare, totalitäre Organisation bekannt, die – mit äußerster Gewalt – versucht hat, das gesamte Land nach den Vorgaben der vereinigenden panarabischen Ideologie umzuformen. Dennoch ist nicht zu übersehen, daß die politische Elite trotz ihrer säkularen Sprache und ihres modernen Anspruchs traditionell sunnitisch und arabisch geprägt ist. Politische Gemeinschaften organisieren sich im Irak auf der Grundlage von Konfession und Ethnizität. In einem Land wie dem Irak besteht das Haupthindernis einer wahren Demokratisierung darin, daß die Gemeinschaften nicht unabhängig, nach politischen Maßstäben, sondern ethnoreligiös definiert sind. Darüber hinaus betrachten sie sich selbst als Kollektive, in denen der einzelne der Gruppe untergeordnet ist, und ihre Gegner sehen sie in ähnlicher Weise (siehe Kapitel 6). Angesichts solcher ethnischer und konfessioneller Unterteilungen – Vergleichbares gibt es in den meisten anderen islamischen Staaten – muß man die Idee einer einheitlichen islamischen Zivilisation erheblich relativieren.

Die schwache institutionelle Basis der existierenden nominellen Nationalstaaten im Nahen Osten ist zusammen mit der vorherrschenden neopatriarchalen politischen Kultur[44] ein großes Hindernis auf dem Weg zur Demokratie. Für eine Aufnahme dieses Konzepts der Demokratisierung in einer ihm fremden Zivilisation bedarf es zweifellos einer Revision seines westlichen Verständnisses. Nach meiner Ansicht ist aber vor allem eine Veränderung der vorherrschenden Muster politischer Kultur im Nahen Osten – in Richtung einer Akzeptanz kulturübergreifender demokratischer Werte, die eine der Voraussetzungen der Demokratisierung darstellt – unerläßlich. Zwischen meinem Engagement für die individuellen Menschenrechte und meiner Überzeugung, daß den kollektiven Freiheiten religiöser und ethnischer Minderheiten auf lokaler und regionaler Ebene ebenfalls Beachtung geschenkt werden muß, sehe ich keinen Widerspruch. Als Komponente der Demokratie im Nahen Osten ist eine ethnopolitische Machtteilung erforderlich, das heißt eine Balance nicht zwischen veränderlichen politischen Interessengruppen, sondern zwischen dauerhaft bestehenden religiösen und ethnischen Gruppen. Daher müssen die Araber als erstes lernen, daß Menschen als freie Individuen zu betrachten sind und nicht als ergebene Mitglieder von Kollektiven, die heute an die Stelle der alten arabischen Stämme getreten sind (siehe Anmerkung 43). Außerdem müssen sie lernen, die unter ihnen lebenden ethnischen und religiösen Minderheiten zu achten und die politische Macht mit ihnen zu teilen. Nicht nur der arabische säkulare Tyrann in Bagdad unterdrückt Minderheiten, sondern zum Beispiel auch das fundamentalistische Regime im Sudan. Angesichts der Tatsache, daß die fundamentalistische Opposition in Ägypten und Algerien heute schon die Menschenrechte von Minderheiten verletzt, muß man sich fragen, was sie erst tun würden, wenn sie an der Macht wären.

Die Beispiele Kuwait und Saudi-Arabien

Hatte die Legitimitätskrise nach der arabischen Niederlage im Sechstagekrieg von 1967 den Panarabismus als Struktur für die ideologische Legitimität erschüttert, so hat der Golfkrieg sein

Ende besiegelt. Insoweit der Panarabismus, obwohl er säkular war, vor allem sunnitisch-arabische Wurzeln hatte, war seine Legitimität insbesondere in multiethnischen arabischen Staaten wie im Irak, in Algerien, im Sudan und vielen Golfstaaten zweifelhaft. Kuwait ist ein Sonderfall, da dort die herrschenden sunnitischen Araber selbst eine Minderheit sind, die über eine buchstäblich rechtlose multiethnische und multireligiöse Mehrheit herrscht. Dem größten Teil dieser Mehrheit wird sogar die Staatsbürgerschaft versagt, obwohl deren Vorfahren seit Generationen in Kuwait ansässig sind. So will ich denn meine Übersicht mit Kuwait beginnen.

In Kuwait liegt die wahre Macht ausschließlich bei der Familie al-Sabah, die aus etwa 1500 Prinzen und Prinzessinnen besteht. Diese Familie regiert das Land nach dynastischen Prinzipien bereits seit 1756. Kuwait beansprucht eine formale demokratische Tradition für sich, die vier Parlamente umfaßt, deren letztes 1992 gewählt worden ist. In rechtlicher Hinsicht sind siebzig Prozent der kuwaitischen Bevölkerung Ausländer, das heißt, diese Menschen sind zwar in Kuwait geboren, doch wird ihnen die Staatsbürgerschaft verweigert. Bei der Wahl von 1985 durften nur zehn Prozent der Kuwaitis, nämlich sechzigtausend Männer, wählen, aber nicht unbedingt auch gewählt werden. Politische Parteien gibt es in Kuwait nicht, so daß die Kandidaten für die Nationalversammlung bei den Wahlen in den siebziger und achtziger Jahren im Namen ihrer traditionellen Familien oder Stammesgemeinschaften antraten. Eine institutionalisierte Beteiligung am politischen Entscheidungsprozeß existiert nicht. Das einzige funktionale, vormoderne Äquivalent zu politischen Parteien ist die *Diwaniyya*, ein Empfangsraum, in dem sich die kuwaitischen Männer treffen, um sich bei Tee und Kaffee über politische Themen zu unterhalten. Sie ähnelt den europäischen Kaffeehäusern im Wien des 19. Jahrhunderts, nur daß ihr der öffentliche Charakter, die Mobilität der Mitgliedschaft und die Anwesenheit von Frauen fehlen. Die herrschende al-Sabah-Familie hat ihre eigene *Diwaniyya*, in der gegenwärtig Kronprinz Saad al-Sabah die Mitglieder seiner Familie empfängt, um mit ihnen – und nur mit ihnen – die zentralen sozialen und politischen Fragen des Emirats zu erörtern. Vom Emir von Kuwait heißt es, er sei mehr mit meist weniger als eine Woche währenden Ehen als mit Politik beschäftigt. Die Kaufleute[45], die wie alle Kuwaitis durch Stammes- und Familienzugehörigkeit getrennt sind, haben jeweils eine eigene *Diwaniyya*.

Formal ist Kuwait ein demokratischer Staat, doch die Nationalversammlung hat nie wirklichen Einfluß auf die Staatsführung besessen. Laut der Schweizer Autorin und führenden Kuwait-Expertin Liesl Graz war des Parlament 1986 unter anderem deshalb aufgelöst worden, weil zu viele Abgeordnete vergessen hatten, daß Kuwait von der Familie al-Sabah regiert wird und nicht vom Parlament.[46] Nach dem Golfkrieg hat Kronprinz Saad al-Sabah auf die von Kuwaitis erhobenen Forderungen nach einer Demokratisierung erwidert, die Demokratie würde das kuwaitische Volk, das eine einzige Familie bilde, spalten.[47] Dies entspricht dem islamischen Verständnis des Gemeinwesens als einer unteilbaren kollektiven Einheit, die von einer patriarchalen Obrigkeit regiert wird, und zwar in entschieden undemokratischer Weise. Darüber hinaus riskieren jene, die mit dieser Idee des Kollektivs nicht übereinstimmen, ihr Leben, was Apters oben zitierte Bemerkung bestätigt, die Normen von Kollektiven seien die Antithese der politischen Demokratie.

Auch in Saudi-Arabien, dem vermeintlich islamischsten Staat des Nahen Ostens, begegnen wir dieser Kultur des tribalen Kollektivs. Obwohl die meisten fudamentalistischen Bewegungen außerhalb der Monarchie von den Saudis großzügig unterstützt werden, ist ihr eigener Staat nicht das Modell des von diesen Bewegungen angestrebten »islamischen Staats«. Tatsächlich sind die Fundamentalisten in Saudi-Arabien unerwünscht. Die politische Struktur Saudi-Arabiens unterscheidet sich deutlich von der Kuwaits, und die Chancen der Demokratisierung sind sogar noch schlechter als dort. Wie in Kuwait besteht die demokratische Opposition aus reichen, liberalen Kaufleuten, aber im Unterschied zu ihren kuwaitischen Pendants gehen sie nicht soweit, Wahlen zu verlangen, ganz zu schweigen von einer Verfassung. In Saudi-Arabien gab es niemals Wahlen oder Verfassungsreformen. Die einzige als gültig angesehene Verfassung nicht nur für Saudi-Arabien, sondern für die gesamte Menschheit ist der Koran. Die wiederholte Botschaft an die Opposition in Saudi-Arabien lautet, daß eine Demokratisierung nicht wünschenwert ist, und so traut sich die Opposition lediglich, die Einrichtung eines konsultativen *Schura*-Rats und die Zügelung der maßlosen Überwachung des Volks durch die Religionspolizei, die sogenannte *Mutawin*, zu fordern. Im August 1993 führte der saudische Staat tatsächlich einen *Schura*-Rat ein, der jedoch keineswegs als Schritt in Richtung Demokratie zu bewerten ist.[48]

Auffällig ist, daß westliche Politiker die Menschenrechtsverletzungen, die sie dem Irak stets vorhalten, im Fall Saudi-Arabiens nie zur Sprache bringen. *Business as usual!* Und daß es in Saudi-Arabien keinerlei Anzeichen für eine in absehbarer Zeit bevorstehende Demokratisierung gibt, scheint im Westen auch niemanden zu stören. Zwar drängen die urbanen, liberalen Kaufleute den schwerkranken König Fahd, wirtschaftliche Modernisierung mit politischen Veränderungen zu verbinden, aber sie haben im Gegensatz zur kuwaitischen Opposition keine Mittel in der Hand, um ihren Vorstellungen gegenüber dem König Nachdruck zu verleihen. Kronprinz Abdullah lehnt die Demokratie sogar noch strikter ab als sein Bruder. Dank der Ölwirtschaft hatte das Land vor dem Golfkrieg eine gewaltige wirtschaftliche Modernisierung vollzogen, die von den heutigen ökonomischen Schwierigkeiten jedoch erheblich gebremst wird. Manche Analytiker glaubten, wirtschaftliche Modernisierung würde automatisch zu sozialen und politischen Veränderungen führen, und wenn ich auch die Idee eines solchen *Automatismus* bestreite, so muß ich doch zugestehen, daß der Islam nicht durch irgendeine Zauberkraft in der Lage ist, jeden sozialen Wandel zu blockieren, und Saudi-Arabien bildet in dieser Hinsicht keine Ausnahme. Die Saudis müssen einen Weg finden, die Demokratisierung mit ihrer islamischen Legitimität zu vereinbaren. Ich halte dies für möglich, und es gibt muslimische Reformer – wenn auch nur wenige –, die an einer islamischen Theorie arbeiten, die Demokratie und Islam in Einklang bringt. Die Neueinrichtung des saudischen *Schura*-Rats jedoch ist kein großer Fortschritt in dieser Beziehung.

Schlußfolgerungen

Im nahöstlichen arabischen Kerngebiet der islamischen Zivilisation sind die Aussichten für eine fortschrittliche Veränderung nicht sehr vielversprechend. Die rapide wirtschaftliche – aber nicht politische – Modernisierung seit den siebziger Jahren hat eine soziale Krise ausgelöst, die eine neue Art der politischen Opposition auf den Plan gerufen hat: den islamischen Fundamentalismus. Fundamentalisten sind keine Traditionalisten; trotz ihrer antiwestlichen Rhetorik machen sie sich in instrumenteller Weise moderne Errungenschaften zunutze.[49] Ungeachtet seiner modernistischen Dynamik ist der islamische Fundamentalismus die Antithese zur Demokratisierung (siehe Anmerkungen 5 und 25). Veränderungen, welche die islamische Zivilisation mit der politischen Kultur der Demokratie versöhnen könnten, lehnen Fundamentalisten ab. Daß ihre Formel von *al-Nizam al-Islami/* dem islamischen (Regierungs-)System die Institutionalisierung des politischen Systems des Nahen Ostens als Grundvoraussetzung für eine Demokratisierung voranbringen würde, ist jedoch nicht zu erwarten. Der von ihnen angestrebte Staat verspricht vielmehr eine verheerende Mischung aus Unordnung und Totalitarismus zu werden (siehe Anmerkung 31).

Sogar in Jordanien, dem einzigen islamischen nahöstlichen Staat mit einigen demokratischen Einrichtungen, stellt der islamische Fundamentalismus die derzeitige Hauptströmung der Opposition dar. Jordanien hält echte Wahlen ab und besitzt ein wirkliches Parlament. Auch wenn die Fundamentalisten im gegenwärtigen jordanischen Parlament mit weniger Abgeordneten vertreten sind als im vorhergehenden, stellen sie immer noch eine starke Fraktion, und sie lehnen den Friedensprozeß mit Israel ab. Was den unlängst verstorbenen König Hussein betrifft, so hat er die Fundamentalisten anscheinend nicht so sehr als Ausdruck wahrer Demokratie am politischen Prozeß beteiligt, sondern vielmehr in der Absicht, sie im Zaum zu halten.

Ägypten bleibt für die Zukunft des Islam von großer Bedeutung, unter anderem weil das Land die Azhar-Universität beherbergt, die autoritative intellektuelle Institution des sunnitischen Islam. Eine *Fetwa* des Scheichs von al-Azhar ist für alle sunnitischen Muslime bindend. In Ägypten sind die Fundamentalisten sowohl legal in Berufsverbänden, die unter dem Einfluß der Muslimbruderschaft stehen, als auch im Untergrund aktiv. Für die Morde und Gewaltausbrüche, die häufig an Bürgerkriegszustände grenzen, sowie für den Terrorismus in den ägyptischen Städten ist der Untergrund verantwortlich. Können die ägyptischen Fundamentalisten wie die jordanischen durch die Einbindung in demokratische Wahlen im Zaum gehalten werden? Oder würde eine echte Demokratisierung paradoxerweise den islamischen Fundamentalisten zur Macht verhelfen, da der Fundamentalismus in dieser Region zur Zeit die politische Option der Bevölkerungsmehrheit repräsentiert?

Diese Frage zu stellen bedeutet nicht, Zweifel an der Notwendigkeit der Demokratisierung selbst zu erheben. In Syrien wurde vor dem Golfkrieg tatsächlich über die Demokratisierung diskutiert. Nach dem Zusammenbruch des Kommunismus in Osteuropa, insbesondere des Ceauşescu-Regimes in Rumänien, wurde in den größeren Städten davon gesprochen, daß nun möglicherweise auch verschiedene »arabische Ceauşescus« stürzen würden. Es war nicht schwer zu erraten, daß damit unter anderen Assad und Saddam Hussein gemeint waren. Die syrische Regierung versprach daraufhin die Demokratisierung und gestand eine gewisse formale, jedoch keineswegs substantielle Machtteilung zu. Mehr war nicht nötig, denn der Kontext des aufsteigenden islamischen Fundamentalismus erlaubt es der syrischen Regierung, ihre Bemühungen derart in Grenzen zu halten, daß man sie beim besten Willen nicht als Demokratisierung bezeichnen kann. Das gleiche gilt unerfreulicherweise auch für die meisten anderen islamischen Länder.

Dabei darf nicht übersehen werden, welche Anziehungskraft der politische Islam auf die Mehrheit der Völker im Nahen Osten ausübt. In Interviews, die ich Ende der achtziger Jahre als Teilnehmer am Fundamentalismusprojekt der Amerikanischen Akademie der Wissenschaft und Künste führte, war ich in der Lage, die Macht dieser Anziehungskraft in Tunesien, Ägypten und im Sudan zu beobachten. Dabei fand ich unter anderem heraus, daß der Fundamentalismus schon damals, also *vor* dem Golfkrieg, die politische Mehrheitsoption der Bevölkerung gewesen war. Der Krieg hat diese Tendenz nur verstärkt. Dieser Eindruck basiert nicht auf einer Umfrage, sondern auf persönlicher Beobachtung. (In den 1990er Jahren wurde es dann ein unmögliches Unterfangen, Fundamentalisten interviewen zu wollen.)

Westlichen Beobachtern, selbst Nahostexperten, fällt es häufig schwer, Anziehungskraft und Taktik des islamischen Fundamentalismus zu begreifen. Die Tatsache, daß fundamentalistische Demagogen ihre Zuhörer zu manipulieren verstehen, trägt zu den Schwierigkeiten bei, denen sich Beobachter gegenübersehen, zumal solche, denen die Sprachkenntnisse fehlen und die daher leicht getäuscht werden können.

Ohne eine gewisse Demokratisierung kann es keine stabile regionale Ordnung im Nahen Osten geben. Der Weg dorthin ist allerdings nicht nur dornig, sondern auch höchst riskant. Deshalb muß jedes ernsthafte Demokratisierungsprogramm auch Schritte zur Verbesserung der Lebensbedingungen enthalten, damit die Menschen weniger für die Heilsversprechungen des Fundamentalismus anfällig sind. Eine aufgeklärte Interpretation des Islam würde die Muslime von der Verzweiflung und den alltäglichen Gefahren der Ghettoisierung und des Totalitarismus befreien. Nur in dieser Weise kann der Versuch der Demokratisierung unternommen werden, wenn er nicht den islamischen Fundamentalisten in die Hände spielen und sie an die Macht bringen soll. Aber trotz aller Widrigkeiten stellen Demokratie und Demokratisierung die einzige Alternative zum islamischen Fundamentalismus in diesem Teil der Welt dar.[50]

X

MENSCHENRECHTE IM ISLAM UND IM WESTEN: KULTURÜBERGREIFENDE GRUNDLAGEN GEMEINSAMER WERTE

Warum schließt ein Buch über den Fundamentalismus mit einem Kapitel über die Menschenrechte? Im vorigen Kapitel wurde gezeigt, daß die Demokratie fester Bestandteil jedes kulturübergreifenden Konsenses über eine internationale Moralität als Voraussetzung des Weltfriedens ist, und in der Idee der Demokratie ist eine bestimmte Vorstellung über die Menschenrechte enthalten. Dagegen ist der Fundamentalismus eine Uneinigkeit stiftende Kraft, welche individuelle Freiheiten verneint, Konflikte auslöst und den Frieden bedroht. Fundamentalismen sind die Antithese zu den Menschenrechten.

Dennoch sind Fundamentalismus, Menschenrechte und Demokratie sämtlich auf untrennbare Weise mit der Moderne verknüpft. In den Kapiteln 2 und 4 haben wir gesehen, daß die Moderne zwei grundsätzliche Dimensionen hat, eine kulturelle und eine institutionelle. Für gewöhnlich sind die Fundamentalisten von beiden Dimensionen der Moderne stark beeinflußt – auch wenn sie es bestreiten –, besonders aber von deren kulturellen Aspekten. Bei der Untersuchung dieser merkwürdigen Verwandtschaft zwischen Fundamentalismus und Moderne, insbesondere was das Verhältnis des ersteren zu den Menschenrechten betrifft, stößt man auf zwei Widersprüche. Der erste besteht darin, daß die Fundamentalisten sich der instrumentellen Moderne ausgiebig bedienen – von Aktivitäten im Internet bis zur Nutzung der Massenmedien für ihre Sache –, gleichzeitig aber das Eindringen der Moderne in die Welt des Islam verdammen. Der zweite Widerspruch ist, daß sie von den autoritären, ja sogar despotischen Herrschern der Welt des Islam für sich selbst die Menschenrechte einfordern, dieselben Rechte ihren Gegnern aber verweigern. Man kann ohne Übertreibung sagen, daß die in Algerien, Ägypten, der Türkei und andernorts verübten Morde an muslimischen Intellektuellen, die mit den Visionen und den »Lösungen« der Fundamentalisten nicht übereinstimmen, die hervorstechendste Verletzung der Menschenrechte in den heutigen islamischen Gesellschaften darstellen.

Ich bin der Ansicht, daß Demokratie und Menschenrechte die wichtigsten Garanten der Menschenwürde sind, wogegen der islamische Fundamentalismus nach Faschismus und Kommunismus die jüngste Welle des Totalitarismus ist. Die Förderung der Menschenrechte auf internationaler, das heißt kulturübergreifender Basis soll im globalen Rahmen dazu beitragen, eine Alternative zum Fundamentalismus zu entwickeln. Während Religion als religiöse Ethik und Glaube Teil der ethischen Grundlagen zur Verwirklichung eines Programms der Menschenrechte sein kann, stellt der Fundamentalismus einen politischen Mißbrauch von Religion dar und kann daher keinen konstruktiven Beitrag zu einem solchen Programm leisten. Fundamentalismus, gleich welcher Art, verleiht dem Glauben einen ideologischen Charakter und mobilisiert die Menschen gegen den angeblichen Feind, die Ungläubigen.[1] Im Fall des islamischen Fundamentalismus ist der Westen dieser Feind. Sicherlich kann man den Islam und den Westen mit einer gewissen historischen Berechtigung als Rivalen bezeichnen[2], und sie vertreten gewiß unterschiedliche Weltanschauungen. Doch heute sind die islamische und die westliche Zivilisation mit der Notwendigkeit konfrontiert, sich zu einigen, Mittel und Wege zu einer friedlichen Koexistenz zu finden. Statt dessen vertieft der Fundamentalismus die vorhandenen Gräben zwischen ihnen.

348

Der Islam und der Westen:
Vom Dissens zu internationaler Moralität

Kulturelle Unterschiede sind so alt wie die Menschheit selbst. In der Menschheitsgeschichte gab es immer sowohl Zusammenstöße als auch Austausch zwischen verschiedenen Kulturen und Zivilisationen. Keiner Zivilisation ist es jemals gelungen, isoliert zu bleiben und sich nur auf die eigenen Entwicklungen zu verlassen, ohne von anderen Zivilisationen Notiz zu nehmen und etwas von ihnen zu übernehmen, sei es kultureller oder sprachlicher Natur.[3] Dies trifft auf den Islam ebenso zu wie auf den Westen. Wie dieser besteht auch die islamische Zivilisation aus einer Vielzahl lokaler Kulturen. Sie sollte dementsprechend sowohl in ihrer kulturellen Vielfalt als auch in ihrer zivilisatorischen Einheit betrachtet werden.

Seit dem Ende des Kalten Krieges konzentriert sich die Relevanz des Dialogs zwischen Islam und dem Westen vor allem auf ein Grundthema. Nach dem Wegfall der der Weltpolitik übergestülpten künstlichen Ordnungsstruktur sind die wirklichen Konfliktlinien zwischen diesen beiden Segmenten der Menschheit sichtbar geworden. Der »Zusammenprall der Zivilisationen« als Auseinandersetzung von Weltanschauungen ist keine Erfindung des Harvard-Professors Samuel P. Huntington, sondern das Ergebnis der Politisierung unvereinbarer zivilisatorischer Weltbilder. Deshalb sollten alle, die sich mit diesem Zusammenprall befassen, beharrlich nach Mechanismen, Modellen und Bezugsrahmen suchen, die zur friedlichen Koexistenz der rivalisierenden Zivilisationen beitragen können, und eine auf kulturübergreifenden Fundamenten fußende internationale Moralität der Menschenrechte, nicht ein aufgezwungener Universalismus, verspricht der fruchtbarste Ansatz dafür zu sein.

Wir leben in einem Zeitalter zunehmender, nahezu unwiderstehlicher struktureller Globalisierung. Motor dieser Entwicklung sind das internationale System von Nationalstaaten, die verzahnte Weltwirtschaft und die ein Schrumpfen der Welt bewirkenden

Kommunikations- und Transportsysteme. Manche meinen, die moderne Populärkultur des Konsums schaffe eine »Weltkultur«. Aber Cheeseburger sind nicht das stolzeste Exportprodukt des Westens, und der islamische Fundamentalismus ist nicht einfach ein »Djihad vs. McWorld«[4] oder ein Anzeichen dafür, daß eine weltweite Kultur im Entstehen begriffen ist. Solche Ansichten simplifizieren ein hochkomplexes Phänomen auf sträfliche Weise. Auch wenn Videos, Fastfood, Jeans und andere Produkte der Konsumkultur von allen geteilt werden, bringen sie Menschen mit unterschiedlichen Weltbildern einander nicht merkbar näher. Um die Kluft zwischen lokalen Kulturen beziehungsweise regionalen Zivilisationen zu überbrücken, müssen die Menschen in einen ernsthaften Dialog eintreten, Gemeinsamkeiten herausfinden und die Themen beim Namen nennen, in denen sie unterschiedlicher Ansicht sind. Die Völker der nichtwestlichen Welt mögen Coca-Cola trinken und amerikanische Seifenopern im Fernsehen sehen, aber trotzdem weiterhin Amerikas unerbittlicher Feind bleiben. Diese Dinge haben wenig Einfluß. Kultur wird, wie ich versucht habe zu verdeutlichen, nicht von den Produkten der konsumorientierten Populärkultur bestimmt, sondern ist Ausdruck der gesellschaftlichen Sinnstiftung durch bestimmte menschliche Gruppierungen. Das heißt, sie ist immer lokaler Art. Eine Weltkultur kann es nicht geben.

Wie der Islam vereint die westliche Zivilisation eine Vielzahl lokaler Kulturen. Was sie vom Islam unterscheidet, ist die Tatsache, daß sie einen Säkularisierungsprozeß durchgemacht hat, in dessen Verlauf die Trennung von Religion und Politik eingeführt wurde.[5] Von Religionssoziologen wird diese Entwicklung »funktionale Differenzierung der Gesellschaft« genannt (siehe Anmerkung 5). In säkularen Gesellschaften erfüllt die Religion zwar eine soziale Funktion, prägt aber nicht mehr den Gesamtcharakter des Gesellschaftssystems. Hier ist nicht der Ort, um zu diskutieren, ob dieser soziale Prozeß auch im Islam verwurzelt werden kann; obwohl dies ein Jahrhundert lang versucht wurde, ist es nicht gelungen. In bezug auf das Konzept der Menschenrechte als Substanz einer internationalen Moralität, die vom Islam und vom Westen geteilt werden könnte, möchte ich mich auf die trennenden wie die vereinenden Elemente beider Zivilisationen konzentrieren. Meine Absicht und mein Ausgangspunkt ist dabei der kulturübergreifende Brückenschlag. Die entscheidenden Punkte und Kardinalfragen in dieser Hinsicht sind:

1. Von den großen Zivilisationen unserer Zeit besitzen nur der Islam und der Westen universelle Anschauungen, weshalb sie dazu neigen, miteinander zusammenzuprallen. Daß sie geographisch und historisch immer Nachbarn gewesen sind, hat kulturelle Anleihen und gegenseitiges Mißtrauen gleichermaßen gefördert. Es stellt sich daher die Frage, wie der Universalismus der beiden Zivilisationen weit genug begrenzt oder verschmolzen werden kann, damit sie auf der Grundlage eines kulturübergreifenden Verständnisses friedlich zusammenleben können.

2. In der mittelalterlichen Periode eignete sich die islamische Zivilisation kulturelle Muster an, die später zu einer der Quellen der westlichen Zivilisation wurden. So wurden die philosophischen und wissenschaftlichen Leistungen der griechischen Antike zum Bestandteil des islamischen Erbes.[6] Es war die islamische Zivilisation, die Europa am Vorabend der Renaissance den Hellenismus übermittelte und es dem Westen damit ermöglichte, seine Orientierung von Rom nach Athen zu verlagern, das heißt von der Autorität des Papstes zu jener der menschlichen Vernunft, wie Aristoteles sie gelehrt hatte.[7] Es trifft zu, daß der Mann auf der Straße weder in der Welt des Islam noch im Westen etwas von diesem Erbe weiß. Dennoch prägt es die Anschauungen beider Zivilisationen. Aufgrund dieser Begegnungen und kulturellen Anleihen hatten Muslime und Europäer die Begeisterung für den Primat von 'Aql/der Vernunft und für die Schönheit des Aristotelischen Rationalismus geteilt. Kann dieses ge-

meinsame Erbe – auch wenn es nur vom Westen wirklich gepflegt wurde, während der Islam es nur ansatzweise bewahrte – als Modell für eine neue, freundlichere Begegnung der beiden Zivilisationen dienen? Ich glaube, die Idee der Menschenrechte könnte der Schlüssel für diese neue Begegnung sein. (Daher schließe ich meine Untersuchung des Phänomens des Fundamentalismus mit diesem Kapitel über die kulturübergreifenden Grundlagen der Menschenrechte ab.)

3. Für einen fruchtbaren Dialog zwischen den beiden Zivilisationen ist es außerdem unerläßlich, daß ihre Abgesandten und Sprecher offen sowohl jene Themenbereiche abstecken, die trennend, als auch jene, die vereinend wirken können. Dagegen schaffen die von den Fundamentalisten unter den Muslimen entfachte Politisierung der Religion einerseits sowie die kulturelle Arroganz und politische Hegemonie, die der Westen als selbstverständlich voraussetzt, andererseits unüberwindliche Hindernisse für eine interzivilisatorische Harmonie. Kulturelle Anleihen und ein Dialog auf der Grundlage von Rationalität und internationaler Moralität könnten erheblich dazu beitragen, diese Hindernisse beiseite zu räumen.

4. Wichtigstes Anliegen in dieser Hinsicht ist eine internationale Moralität, die auf einem von allen Zivilisationen geteilten kulturübergreifenden Minimalkonsens beruht. Den Kern dieser Moralität bilden nach meiner Ansicht die Menschenrechte und die aus ihnen folgende Ethik.

Eine internationale Moralität, welche die Menschenrechte fördert und von allen Zivilisationen anerkannt wird, muß sich auf Säkularität gründen – nicht unbedingt im komplexen Sinn einer »funktionalen Differenzierung der Gesellschaft«, sondern schlicht als Trennung von Religion und Politik. Um nicht mißverstanden zu werden: Religion ist hier als ethischer Glaube und Politik als pragmatisches Unterfangen gemeint. Was ihre Trennung betrifft, unterscheide ich zwischen Säkularismus und Säkularisierung.[8] Während erstere ein *Konstrukt* ist, das selbst eine antireligiöse Ideologie beinhalten kann – so ist der Kemalismus ein Säkularismus, obwohl die türkische Gesellschaft kaum als säkularisiert bezeichnet werden kann –, ist letztere ein auf der »funktionalen Differenzierung der Gesellschaft« beruhender *Prozeß*. Mit anderen Worten, im Unterschied zum »-ismus« des Säkularismus und anderer politischer Ideologien umfaßt die Säkularisierung einen wirklichen gesellschaftlichen Prozeß. Als bekennender Muslim, der dennoch der unreformierten *Schari'a* kritisch gegenübersteht[9] und somit für die Trennung von Religion und Politik eintritt, habe ich vor langer Zeit schon eine säkulare Position gegenüber der fundamentalistischen Herausforderung bezogen. Ich bin säkular ausgerichtet, aber kein Säkularist. Das ist kein Widerspruch.

Die muslimische Gemeinschaft, der ich angehöre, ist nur ein Element der großen Menschheit. Wenn ich dies anerkenne, muß ich die zwangsweise Einführung einer unreformierten *Schari'a* ablehnen, sei es, daß Muslime oder auch Nichtmuslime davon betroffen sind. Um einen gemeinsamen Nenner zu finden, der es erlaubt, die Gräben, welche die Menschheit trennen, zu überbrücken, ist eine internationale, kultur- und religionsübergreifende Moralität vonnöten – eine Moralität, die, wie ich meine, auf der Idee der Menschenrechte basieren muß. Weiterhin argumentiere ich, im Einklang mit meinem Kollegen, dem reformistischen Muslim Abdullahi A. An-Na'im[10], daß das traditionelle Verständnis der *Schari'a* der Idee der individuellen Menschenrechte widerspricht.[11] Es gibt sogar Muslime, die behaupten, es gebe spezifisch islamische Menschenrechte. Darauf könnte man erwidern: Sind Muslime und Nichtmuslime nicht in gleicher Weise Menschen? Kann also ein Katalog von Menschenrechten auf eine bestimmte Religionsgemeinschaft beschränkt sein? Gibt es, zum Beispiel, hinduistische, jüdische, christliche und andere Menschenrechte, die sich von den islamischen unterscheiden? Als Muslim hat man einen eigenen Glauben, aber als Menschen sind alle gleich, und die

Menschenrechte sind daher ihrer Natur nach säkular und sollten auch säkular angewendet werden. Deshalb sollten sich alle Religionsgemeinschaften zu einem umfassenden Kolloquium über religionsübergreifende Moralität zusammenfinden und einen Konsens über säkulare Menschenrechte entwickeln. In einem ersten Schritt sollte die Verknüpfung zwischen Islam und den Menschenrechten darauf beschränkt sein, spezifisch islamische Grundlagen zu entwickeln, um diese Rechte in islamischen Gesellschaften heimisch zu machen (Indigenisierung).

Im Interesse einer nachvollziehbaren Untersuchung erscheint es mir jedoch, bevor wir in die Diskussion einsteigen, unumgänglich, erst einmal die Bedeutung und das historische Gewicht der verwendeten Begriffe zu klären. Auf dieser Basis können wir dann die Frage stellen, wie ein modernes Konzept der Menschenrechte als universell anerkannte Komponente einer gemeinsamen internationalen Moralität in einer kulturell pluralistischen Welt determiniert werden kann.

Was sind »Menschenrechte«?
Warum spielen sie für Muslime eine Rolle?

Die meisten Wissenschaftler, die sich über die Menschenrechte äußern, stimmen darin überein, daß sich der Begriff, so wie er im Westen verwendet wird, auf ein in jeder Beziehung modernes Konzept individueller Rechte bezieht, insofern es sich um dem Individuum gesetzlich verbriefte Ansprüche (im Sinne von Berechtigungen) handelt. Das heißt, sie werden als Anspruch des einzelnen an Staat und Gesellschaft verstanden, nicht als ihm auferlegte Pflicht gegenüber Staat und Gesellschaft. Dieses Konzept beruht auf der zentralen Idee der europäischen Aufklärung, daß jeder Mensch ein »autonomes Subjekt« (Habermas; siehe Anmerkung 19) ist und daher selbst über sein Schicksal entscheiden kann. Konkreter liegt dieses Konzept der am 26. August 1789 zu Beginn der Französischen Revolution von der französischen Nationalversammlung verabschiedeten Erklärung der Menschen- und Bürgerrechte sowie der kurz darauf (1791) der Verfassung der Vereinigten Staaten hinzugefügten *Bill of Rights* zugrunde. In diesen Erklärungen sind die Menschenrechte als *Naturrechte* definiert. So gesehen, waren sie nicht auf das französische und amerikanische Volk beschränkt, zumal die genannten Erklärungen sich als universell, das heißt an die gesamte Menschheit gerichtet, verstanden.[12] Anzumerken ist allerdings, daß es das Konzept der individuellen Menschenrechte – ein Produkt der kulturellen Moderne – in früheren historischen Epochen nirgendwo gab. Daher stellt seine Universalisierung eine neuere Ergänzung des Fundus *aller* Religionen und Zivilisationen dar und muß kulturell bewältigt werden, damit sich Menschen mit kulturell unterschiedlichem Hintergrund in ihrer jeweils eigenen Sprache über die Menschenrechte verständigen können.

Eine Analyse der theozentrischen Weltsicht des Islam führt zu dem Schluß, daß sich diese Weltsicht mit dem im wesentlichen säkularen Konzept der Menschenrechte, wie es anderswo verstanden wird, im Widerstreit befindet.[13] Im Islam steht das Recht Gottes *(Haq Allah)* weit über den Rechten der Menschen *(Haq adami)*. Jene Muslime, welche die moderne Idee der Menschenrechte in das islamische Erbe und die islamische Tradition hineinlesen, begreifen diese Rechte *innerhalb* des Bezugsrahmens der Rechte Gottes. Dabei übersehen diese islamischen Autoren, wie Ann Elizabeth Mayer, eine bekannte Expertin auf diesem Gebiet, feststellt, daß die »vormodernen *Schari'a*-Regeln scharf von den modernen Normen der Menschenrechte abweichen. ... Islamischen Menschrechtsentwürfen ... fehlt jede klare Theorie darüber, was diese Rechte im islamischen Kontext bedeuten sollen.«[14] Die muslimischen Verfechter der islamischen Menschenrechtskataloge schauten nicht über den islamischen Tellerrand hinaus, um über die Grenzen ihrer Religion hinaus die gesamte Menschheit in ihre Betrachtungen mit einzubeziehen. Statt die Probleme einzugestehen, die bei dem Versuch entstehen, die islamischen Doktrinen mit den Menschenrechten in Einklang zu bringen, »neigen sie dazu, traditionelle antiindividualistische, kommunitaristische Werte und Prioritäten zu bewahren, während sie paradoxerweise versuchen, Menschenrechtsvorschriften [in diese] unpassende Matrix einzufügen«.[15]

Daraus ergibt sich die Frage, ob das moderne Konzept der Menschenrechte für Muslime irgend etwas *bedeutet*. Wenn die Antwort »ja« lautet, wie kann diese Tradition dann in der islamischen Zivilisation verankert werden? Da die Allgemeine Erklärung der Menschenrechte auf dem säkularen Begriff der Menschenrechte als Naturrecht beruht, muß man weiter fragen, ob dieser Begriff der Naturrechte des Menschen mit dem Islam vereinbar ist. Angesichts der Tatsache, daß sich beide *tatsächlich* widersprechen, wäre der Versuch, dem Islam das ihm fremde Konzept der Menschenrechte einfach aufzuzwingen, kaum von Erfolg gekrönt. Dagegen setze ich mich als liberaler, für die *Idee* der individuellen Menschenrechte engagierter Muslim dafür ein, nach Möglichkeiten zu suchen, wie wir Muslime die Menschenrechte *in unsere eigene Sprache* übersetzen können. Selbstverständlich bin ich mir der Schwierigkeiten bewußt, die es bereitet, eine auf säkularen Vorstellungen beruhende Praxis in der Welt des Islam einzuführen; eine durch und durch westliche Doktrin der Menschenrechte sollte man der islamischen Zivilisation für diese Überlegungen nicht andienen. Dennoch müssen wir uns mit dem Rest der Welt auf *irgendeine vergleichbare Formulierung* einigen. Ist das ein Widerspruch in sich? Islamische Fundamentalisten würden darauf mit einem klaren »Ja« antworten, während ich ihnen ein zuversichtliches »Nein« entgegenhalte. Es gibt – jenseits neuzeitlicher Dogmen – keinen unabweisbaren Grund, warum ein solches Ergebnis nicht ins Auge gefaßt werden sollte. Die Menschenrechte entstammen einer westlichen Tradition, *aber sie gehören dem Westen nicht*.

Über meinen Fokus der kulturellen Aspekte hinaus möchte ich deutlich machen, daß die Menschenrechte kein religiöses Thema sind; sie sind im wesentlichen eine politische und institutionelle, nicht lediglich eine normative, geschweige denn eine ausschließlich religiöse Angelegenheit. Gewiß müssen dem islamischen Denken und der islamischen Zivilisation irgendwie die kulturellen Grundlagen der Menschenrechte vermittelt werden, aber ein Instrument mit derart weitreichenden Implikationen kann nicht auf seine kulturellen Aspekte reduziert werden, die von lokalen Normen und Werten bestimmt sind, so daß es auf die der jeweiligen Kultur eigene Weltanschauung beschränkt würde. Ich wiederhole: Anders als religiöse Gebote leben Menschenrechte von ihrer *Anwendung*. Sie bedürfen institutioneller Durchsetzung als Grundbestandteil ihrer Existenz. Ohne diesen institutionellen Rahmen könnten sie zwar weiterexistieren, aber nur als interessante, dem Geist der Menschheit entsprungene Abstraktion. In einer Gesellschaft, deren Angehörigen die praktische Ausübung der Menschenrechte verwehrt wird, kann es keine materielle Anerkennung dieser Rechte geben. Trotz aller Betonung des politischen und gesellschaftlichen Charakters der Menschenrechte müssen sie aber auch in kultureller Perspektive betrachtet werden. Dieselben Normen und Werte, durch die sie in einem bestimmten kulturellen Kontext gerechtfertigt werden, tragen auch in Gesellschaften, wo diese Normen fremd sind, sonderbar erscheinen und keine kulturelle Verankerung besitzen, zu ihrer Einführung bei.

Hinsichtlich der Notwendigkeit, mit den Menschenrechten im Rahmen kultureller Gegebenheiten umgehen zu müssen, ist der traditionelle islamische Begriff der *Umma*/Gemeinschaft im Sinne eines Kollektivs der Ausgangspunkt. Die *Umma* besitzt den Vorrang vor dem Individuum; das Individuum ist im Rahmen der Doktrin von *al-Fara'id*/den religiösen Pflichten an die *Umma* gebunden. Im islamischen kulturellen Erbe gibt es daher keine Tradition, die der modernen westlichen Theorie der Naturrechte im Sinne individueller Ansprüche gegenüber der Gemeinschaft oder ihrer institutionellen Durchsetzung entspräche. Obwohl, historisch gesehen, das moderne Konzept der Menschenrechte seinen Ursprung in Europa hat, impliziert allein der Begriff vom Wort her seine Universalität. Die Universalität der Menschenrechte ist die Universalität der Menschheit. Die Vertreter dieser These sind aus philosophischen Gründen überzeugt, sich damit keiner universalistischen Übertragung der europäischen Geschichte auf andere Gebiete schuldig zu machen. Diese Denkweise stellt vielmehr einen Beitrag dazu dar, den Islam in den Kontext der Menschen – aller Menschen – einer kulturell und religiös pluralen Welt zu stellen. Dennoch muß man Wege finden, die Menschenrechte auf einer anderen Grundlage im Islam zu verankern. Es ergibt keinen Sinn, Muslimen die Universalität westlicher Werte nahebringen oder ihnen umgekehrt klarmachen zu wollen, daß ein vom Westen entworfenes Menschenrechtsprogramm letztendlich nicht irgendwie dem Westen zugute kommt.

Der politische Islam und alle anderen Spielarten des Fundamentalismus – einschließlich der westlichen – stehen der Einführung religionsübergreifender Werte im Wege und behindern auf ähnliche Weise eine kultürübergreifende Fundierung der Menschenrechte. Fundamentalismus und Exklusivität sind zwei Seiten derselben Medaille, und auf ihnen zu beharren bedeutet, einen Großteil der islamischen Zivilisation in der »globalen Gesellschaft« zu ghettoisieren. Dagegen würde die Annahme der säkularen Menschenrechte sie leichter ihrem angemessenen Platz zuführen: der Menschheit. Für uns Muslime ist es wichtig, die der islamischen Zivilisation innewohnende geistige Offenheit hervorzuheben und eine klare Trennlinie zwischen dem grundätzlich toleranten Islam und dem dezidiert intoleranten Fundamentalismus zu ziehen. Es ist vorgeschlagen worden, in Anlehnung an Karl Poppers Formel von der »offenen Gesellschaft und ihren Feinden« vom »offenen Islam und seinen Feinden« zu sprechen, um die Weltsichten des islamischen Rationalismus eines Ibn Ruschd/ Averroës und des islamischen Fundamentalismus gegenüberzustellen.[16] Die islamischen Fundamentalisten bekämpfen das, was sie als westlichen Universalismus wahrnehmen, mit einem eigenen Universalismus, während in der Tradition eines Ibn Ruschd/ Averroës stehende islamische Rationalisten für die Rationalität keine zivilisatorischen Grenzen kennen.

Will man dort, wo es sie zuvor nicht gab, eine Tradition der individuellen Menschenrechte begründen, bedarf es einer kulturübergreifenden Anerkennung der relevanten Werte sowie institutioneller Mechanismen, welche die Gewährung dieser Rechte gesetzlich garantieren. Um diese Voraussetzungen zu schaffen, müssen Wege beschritten werden, die zu einer Synthese führen zwischen dem Islam als einer offenen, toleranten Ethik und den Menschenrechten als einem säkularen Konzept, das jedoch nicht notwendigerweise gegen den religiösen Glauben verstoßen muß. Frühe muslimische Säkularisten befanden sich im Irrtum, als sie glaubten, den Islam beiseite schieben zu können, und ihr Scheitern konnte kaum überraschen. Leider verfallen die islamischen Fundamentalisten heute ins entgegengesetzte Extrem, wenn sie die Säkularität wegen ihres vermeintlich irreligiösen Wesens ablehnen und diesen Begriff nicht mehr als *'Ilmaniyya*/Säkularismus, sondern als *Ladiniyya*/antireligiöse Haltung übersetzen. Die Lehre aus der Vergangenheit lautet, daß Säkularität den Muslimen nicht aufgezwungen werden kann, sondern mit kulturübergreifender Fundierung, die auf den Islam Rücksicht nimmt, eingeführt werden muß. Die Menschenrechte müssen mit der islamischen Ethik kompatibel gemacht werden, und Kompatibilität darf hier nicht zum Codewort für Erzwingung werden. Das Ziel besteht vielmehr darin, herauszufinden, wie die Muslime die säkularen Menschenrechte in ihre eigene Sprache übersetzen können, um es nochmals zu wiederholen.

Die Notwendigkeit eines »Überdenkens des Islam«: Die kulturelle Bewältigung der Menschenrechte

Kritisch über den Islam zu denken und ein »Überdenken des Islam«[17] sind keine häretischen Unterfangen, sondern Bemühungen, den Rationalismus in das islamische Denken aufzunehmen. Diese Bemühungen haben eine lange Tradition in der islamischen Geschichte. Aber was ist der Islam? Methodologisch gesehen, kann er auf zwei Arten analysiert werden, entweder durch die Untersuchung der Schriften, wie es westliche Orientalisten und orthodoxe Muslime gleichermaßen tun, oder mit Hilfe von sozialwissenschaftlichen Methoden. Dabei könnten muslimische Gelehrte den Sozialwissenschaftlern folgen, die den Islam – wie jede andere Religion – in der wissenschaftlichen Tradition des französischen Religionssoziologen Emile Durkheim als *fait social* (soziale Tatsache) erfassen. Das heißt, sie könnten untersuchen, wie sich Muslime verhalten, ihren Glauben im täglichen Leben ausüben und zeitgenössisches soziales Handeln in die bestehenden sozialen Strukturen einordnen. Diese Methode ist vielversprechender als die der Skripturalisten, die sich vor allem mit den religiösen Schriften beschäftigen und der Frage nachgehen, ob die Muslime die islamischen Vorschriften befolgen oder nicht. Im Grunde ist die Schriftgläubigkeit eine Form des Essentialismus und als solche fragwürdig. Das Problem besteht darin, daß die religiösen Skripturalisten glauben, der offenbarte Text sei ahistorisch, das heißt für alle Zeiten und Orte gültig. Sie verlieren über der Beschäftigung mit dem Text den Kontext aus den Augen. Muslimische Schriftgläubige befassen sich selten mit der Frage der Bedeutung, das heißt damit, was die Gläubigen in einem bestimmten historischen Kontext dem Text, den sie lesen, entnehmen. Westliche Gelehrte, die den Islam in der abgenutzten Tradition des Orientalismus allein an der Schrift und nicht als Realität studieren, gelangen kaum zu besseren Ergebnissen als die muslimischen Skripturalisten, auch wenn sie sich ansonsten deutlich von ihnen unterscheiden. Jene Sozialwissenschaftler, die über die bloß empirisch-deskriptive Untersuchung der Religion hinausgehen und sich daher mit dem Problem der Bedeutung beschäftigen, erkennen bald, daß die Gläubigen aus den Texten abhängig von Zeit und Umständen sehr verschiedene Bedeutungen ableiten, ihnen aber immer dieselben Symbole beimessen – und zwar die in den jeweiligen religiösen Texten vorgegebenen Symbole. Mich als muslimischen Sozialwissenschaftler hat dieser Ansatz in meinen Bemühungen, den Islam zu überdenken, beseelt.

Die Menschenrechte – in dem neuen Verständnis von Mann oder Frau als in der »Weltzeit«[18] lebenden Individuen – sind ein Produkt der kulturellen Moderne.[19] Vor der Neuzeit gab es diese Rechte als kulturellen Begriff in keiner Religion oder Zivilisation. So ist es denn bedauerlich, daß apologetische islamische Autoren, ohne allerdings konkret zu werden, verkünden, im Islam hätte es die Menschenrechte immer gegeben.[20] Als Beleg werden Schriftstellen aus dem Koran und dem *Hadith*/der Überlieferung des Propheten zitiert. Notgedrungen werden die islamischen Quellen dabei jedoch im Licht unserer Epoche interpretiert; die alten Symbole werden mit neuen Inhalten gefüllt. Daran ist nichts auszusetzen – solange die in dieser Richtung unternommenen Bemühungen mit einem vernünftigen Überdenken des Islam verbunden sind.

Die Wahl zwischen einem auf den Schriften beruhenden Verständnis des Islam und einer sozialwissenschaftlichen Analyse ist nicht ohne Belang für die Neudeutung des Erbes der *Schari'a*/des islamischen Rechts und seiner Vereinbarkeit mit den Menschenrechten. Daher umfaßt deren Diskussion im Islam notwendigerweise eine Neudeutung sowohl der relevanten islamischen kulturellen Werte als auch der islamischen Rechtstradition.

Für ihre Durchsetzung, das heißt für alle praktischen Zwecke, ja für ihre Existenz, bedürfen die Menschenrechte einer institutionellen Untermauerung. Im Sinne von Max Webers legaler Herrschaft ist dies ein institutionalisiertes Rechtssystem, welches die Grundrechte garantiert. Ohne diese moderne Analyse zur Kenntnis zu nehmen, interpretieren manche muslimische Autoren die islamische *Schari'a* als grundlegende Rechtsstruktur der politischen Herrschaft und projizieren damit ein modernes Rechtsverständnis in das traditionelle islamische Recht (siehe Kapitel 8). Hier handelt es sich offenbar um eine ebenso gedankenlose wie fruchtlose Übertragung der Moderne in den Islam. In ähnlicher Weise nehmen sich diese Autoren das im Koran nur zweimal kurz erwähnte *Schura*-Konzept vor und interpretieren es als Rechtskonzept, das in einem gedachten islamischen Regierungssystem eine breite politische Partizipation verlange.

Meiner Meinung nach ist ein islamisches Verständnis der Menschenrechte, das nicht ausschließlich für die Muslime *oder* den Westen gilt, dringend erforderlich. Eine solche Übernahme eines kulturübergreifenden Konzepts sollte nicht in Überlegungen abgleiten, die der selbstgerechten Behauptung Vorschub leisten: »Wir Muslime hatten schon alles, einschließlich der Menschenrechte, bevor es die Europäer hatten.« Die Notwendigkeit, die Menschenrechte als Kern einer internationalen Moralität zu etablieren, läßt sich nicht mit kultureller Exklusivität oder Besitzansprüchen vereinbaren.

Schließlich sind die Menschenrechte säkular in dem Sinne, daß sie nicht auf bestimmte religiöse Gemeinschaften beschränkt sind, sondern für die gesamte Menschheit entworfen wurden. Festzustellen, daß religiöse Kriterien die Menschheit in einzelne Blöcke aufspalten, bedeutet jedoch nicht, daß man eine antireligiöse Haltung einnimmt, sondern es bietet vielmehr die Einsicht in die Notwendigkeit, auf einer gemeinsamen ethischen, das heißt kulturübergreifenden Grundlage in allen Zivilisationen Toleranz und individuelle Rechte einzuführen. Die Idee »islamischer Menschenrechte« ist ebenso unrealistisch wie unannehmbar; sie geht völlig am Punkt vorbei. Internationale Menschenrechtsstandards, die auf dem allgemeinen Konsens der Zivilisationen beruhen, müssen durchweg als Maßstab angelegt werden, wenn auf kulturelle Besonderheiten verwiesen wird. Tatsächlich kann die Behauptung spezifischer Menschenrechte einzelner Zivilisationen, zum Beispiel hinduistischer oder islamischer, sogar der stillschweigenden Rechtfertigung von Menschenrechtsverletzungen dienen. Kulturelle Besonderheiten können daher nur berücksichtigt werden, wenn sie diesen Normen nicht zuwiderlaufen.

Die Auswirkungen der Globalisierung auf lokale Kulturen und regionale Zivilisationen

Vor dem Zeitalter der Globalisierung waren die Prozesse der Interaktion zwischen Zivilisationen überwiegend auf lokale und regionale Schauplätze begrenzt. Einige bemerkenswerte Ausnahmen demonstrieren jedoch, daß eine Zivilisation weit über ihre Grenzen hinaus wirksam werden kann. Die von der islamischen Zivilisation im Lauf der Jahrhunderte in Gang gesetzten Islamisierungsprozesse (zum Beispiel die Ausbreitung des Islam in Südostasien und Westafrika durch Handel) gehören zu diesen Ausnahmen. Aber so weit der Islam auch Verbreitung fand, er schuf keinen globalen Bezugsrahmen, und zwar aus dem einfachen Grund, weil die heute stattfindende Globalisierung ein zeitgenössisches Phänomen ist, das nichts mit Imperien oder Religionen zu tun hat, sondern auf der kulturellen Moderne beruht. Das internationale System des Islam war vergleichsweise regionaler Natur.[21] Im Zuge der Ausdehnung des internationalen Staatensystems mußte die islamische Spielart des Universalismus mit der Globalisierung konkurrieren. Die Reaktion der islamischen Fundamentalisten ist der Anspruch auf den Vorrang des Islam in der Weltordnung. Aus ihrer Sicht wurde die Globalisierung der Moderne nicht nur auf Kosten des Islam erreicht, sondern sie hat darüber hinaus sowohl den Westen als auch den Islam moralisch verdorben.

Obwohl ich Muslim bin, ist mein Verständnis der Menschenrechte unauflöslich mit den in der Französischen und der Amerikanischen Revolution verkündeten Grundrechten verknüpft, die vorher schon in den Konzepten der europäischen Philosophie der Aufklärung formuliert worden waren. Es wäre unehrlich, wollte man die Tatsache ignorieren, daß die Werte der Menschenrechte als säkularer Rechte aus ebendieser europäischen Tradition der westlichen Zivilisation stammen und zutiefst von ihr geprägt sind. Doch diese Rechte sind nicht mehr auf den Westen beschränkt. Die Tradition ist zum Teil des allgemeinen Erbes der Menschheit geworden, wie es bereits das Wort »Menschenrechte« andeutet. Die Regierungen nichtwestlicher Länder mögen diese Tradition aus eigennützigen Gründen verfemen; die *Menschen* aber werden dies, sobald sie das Konzept begriffen haben, vielleicht nicht tun.

Es geht aber nicht einfach nur um die universelle Gültigkeit der Menschenrechte, sondern darum, sie auf ein Fundament zu stellen, das kulturübergreifend genug ist, um eine internationale Moralität zu ermöglichen, die mit den Normen und Werten westlicher *und* nichtwestlicher Zivilisationen vereinbar ist. Da die Idee der Menschenrechte zum Erbe des Liberalismus gehört, kann die Kritik dieser liberalen Tradition sich auch auf die Menschenrechte erstrecken. Als Reaktion darauf wäre zu akzeptieren, daß der abstrakte Individualismus, das heißt die bloße Gewährung politischer Rechte ohne soziale Gerechtigkeit und Verantwortung in Form von politischer Partizipation, einen Mangel der westlichen liberalen Theorie darstellt. Dieser Mangel ist von vielen Wissenschaftlern in dem Bemühen diskutiert worden, den Liberalismus in unserer Zeit neu zu bewerten. Wenn ich argumentiere, daß das moderne Verständnis der Menschenrechte vom säkularen Konzept der Demokratie geprägt ist und auf den liberalen Werten dieser Tradition beruht, soll das nicht heißen, daß ich mich schlicht einem liberalen westlichen Verständnis der modernen Welt verschreibe oder den Liberalismus in die nichtwestliche Geschichte projiziere. Mein Anliegen ist es vielmehr, eine kulturübergreifende internationale Moralität zu fördern, die unter anderem von den Angehörigen der islamischen und der westlichen Zivilisation geteilt wird.

Das Programm der Menschenrechte ist dem Fundamentalismus diametral entgegengesetzt. Dennoch sollte man sich bewußt sein, daß die von der europäischen Expansion ausgelöste Globalisierung nicht zur weltweiten Verbreitung des Erbes der Französischen und Amerikanischen Revolution sowie der politischen Kultur der Aufklärung geführt hat. Kurz, die strukturelle Globalisierung der europäischen Gesellschaft bedeutete keine Universalisierung der kulturellen Moderne. Statt dessen zielte die Expansion darauf ab, einen internationalen Rahmen für die westliche Hegemonie zu schaffen. Deshalb ist es verständlich, wenn die Mehrheit der Muslime es in ihrer »Revolte gegen den Westen« ablehnt, ausländische Verhaltensregeln oder Ethiken anzunehmen oder sich die Oktroyierung dieser Normen und Werte gefallen zu lassen. Die Konfrontation nichtwestlicher Kulturen mit den Auswirkungen der Globalisierung ruft defensiv-kulturelle Haltungen hervor.

Vor dem Hintergrund dieser antiwestlichen Einstellung der meisten Muslime, die durch die Auseinandersetzung mit der Globalisierung und die Erinnerung an die Erniedrigung durch den Kolonialismus hervorgerufen wird, fällt auf, daß nichtwestliche Intellektuelle selten umhin können, ihr eigenes kulturelles Erbe im Licht der Folgen der von der europäischen Expansion geschaffenen »Weltzeit« zu betrachten. So geben sie, ihrer antiwestlichen Rhetorik zum Trotz, den althergebrachten einheimischen Werten neue Bedeutungsgehalte, die stark von der westlichen Zivilisation beeinflußt worden sind. Gewiß eroberten die europäischen Kolonisatoren Asien, Afrika und Lateinamerika weder, um unter anderem – oder gar hauptsächlich – ihr humanistisches Erbe zu verbreiten, noch wollten sie eine weltweite Traditon der Menschenrechte begründen. Ihnen ging es um Rohstoffe und Märkte – auch Sklaven –, nicht um die Gelegenheit, die Werte der menschlichen Würde zu universalisieren. Dessenungeachtet bestand eine Nebenwirkung ihrer Eroberungen – um es mit Hegel auszudrücken, eine »List der Vernunft« – in der Verbreitung des europäischen kulturellen Erbes, in dem die Menschenrechte einen entscheidenden Platz einnehmen. Von wenigen Ausnahmen abgesehen – Khomeini war ein Beispiel –, würde kein vernünftiger Muslim die Menschenrechte einfach deshalb verwerfen, weil sie in der europäischen Zivilisation ihren Ursprung haben. Die Frage ist weniger, ob die Menschenrechte akzeptiert oder abgelehnt werden, sondern wie man ihre Essenz verstehen und zum Ausdruck bringen soll, wenn über sie und ihre Gültigkeit diskutiert wird.

Wie der verstorbene herausragende Oxford-Professor für Internationale Beziehungen Hedley Bull zutreffend beobachtet hat, wird das durch die Intensivierung von Kommunikation und Transport bewirkte Schrumpfen der Welt zu einem internationalen System von einer auffallenden kulturellen Fragmentation begleitet. Obwohl das Schrumpfen des Globus den Gesellschaften einen höheren Grad von gegenseitigem Bewußtsein und Interaktion gebracht hat, »schafft diese Globalisierung allein keine Einheit der Weltanschauungen und hat es auch nie getan«.[22] Das Ergebnis ist, daß die Menschheit gleichzeitig strukturell mehr zusammenrückt und kulturell mehr fragmentiert wird. Leider ist der Bereich der Menschenrechte stärker von letzterem als von ersterem betroffen.

In der Tradition der Aufklärung stehend und im Wissen um einige ihrer globalen Folgen, sollte die Wissenschaft den kulturellen Pluralismus fördern und nicht aus dem Dilemma der kulturellen Fragmentation kulturrelativistische Schlüsse ziehen. Der verständliche Mangel an einheitlichen Anschauungen sollte nicht von der Suche nach einer kulturübergreifenden Grundlage der Menschenrechte im Rahmen einer für alle Zivilisationen annehmbaren internationalen Moralität ablenken. In nichtwestlichen Zivilisationen benötigen die Menschenrechte sowohl ein authentisches kulturelles Fundament, das die unterschiedlichen Kulturen unmittelbar anspricht, als auch eine institutionelle Absicherung, die ihre Durchsetzung garantiert. Als Mittel zur Abwehr der destruktiven Intoleranz des Fundamentalismus könnten die Menschenrechte ein gemeinsames Interesse der islamischen und der westlichen Zivilisation werden.

Schlußfolgerungen

Die Konfrontation der islamischen Zivilisation mit der modernen, zunehmend verwestlichten Welt – mit allen ihren positiven wie negativen politischen, ökonomischen und kulturellen Folgen – hat unterschiedliche Reaktionen an unterschiedlichen Stellen ausgelöst. Im Nahen Osten und in Nordafrika ist der Fundamentalismus nach außen hin Ausdruck der gegenwärtigen Forderung nach der Rückkehr zum ursprünglichen Islam. Doch an dieser Ideologie ist nichts Ursprüngliches. Glauben und Realität stimmen nicht überein.

Der fundamentalistischen Forderung liegt eine Repolitisierung des Islam zugrunde, die an die Stelle früherer Versuche von Anpassung und Versöhnung getreten ist. Mit der Allgemeinen Islamischen Erklärung der Menschenrechte vom Dezember 1981 wurde versucht, spezifisch islamische Menschenrechte zu etablieren, so daß die islamische Zivilisation eine unabsichtliche Trennung vom Rest der Menschheit erfuhr. (Daß die in der Erklärung aufgegriffenen islamischen Vorstellungen im Widerspruch zu den internationalen Standards der Menschenrechte stehen, wurde von Autoren wie Ann E. Mayer bereits nachgewiesen und muß deshalb hier nicht wiederholt werden.)

Nach meiner Ansicht ist das weltweite Phänomen des Fundamentalismus der Beweis dafür, daß die Gleichzeitigkeit von struktureller Globalisierung und kultureller Fragmentation zum Zerfall des Konsenses über die gültigen Normen der internationalen Politik geführt hat. In dem Glauben, daß ein kulturübergreifender Konsens über Werte und Normen unbedingt erforderlich ist, dränge ich auf die Förderung des kulturellen Pluralismus und die Zurückweisung des Kulturrelativismus. Letzterer ist ein Wertenihilismus und kann zur Abwehr der fundamentalistischen Absolutismen nicht beitragen. Die Wiederbelebung von angeblich uranfänglichen authentischen Werten und Normen führt dazu, daß ihnen absolute Gültigkeit beigemessen wird. Während kulturelle Moderne bedeutet, jeden Gedanken als revidierbar anzusehen, verbietet der Neoabsolutismus jegliche Revision geheiligter Vorstellungen.[23] Zudem ist der Fundamentalismus *nicht* einfach nur die Stimme einer anderen Kultur. Für jene, die mit den Menschenrechten als universellen Rechten befaßt sind, darf die Idee des kulturellen Pluralismus (das heißt der Achtung vor legitimen Unterschieden) nicht gleichbedeutend sein mit einem selbstzerstörerischen Kulturrelativismus, der noch die verabscheuungswürdigste

Andersartigkeit entschuldigt. Verletzungen von Menschenrechten – zum Beispiel Folter als Mittel zur Unterdrückung der Meinungsfreiheit oder die genitale Verstümmelung von Frauen – können von einer aufgeklärten Welt nicht als Ausdruck einer anderen Kultur toleriert werden.

Pluralismus der Kulturen bedeutet eine Vielfalt der Mittel zum Zweck, aber keine Vielfalt der Zwecke selbst. Insbesondere in bezug auf die Menschenrechte sind Kompromisse ausgeschlossen. In diesem Sinn kann man von der kulturübergreifenden Gültigkeit des Programms der Menschenrechte sprechen, eines Programms, das mit der kulturellen Vielfalt der Wege, diese Rechte auf lokaler, aber kulturübergreifender Grundlage zu verwirklichen, vereinbar ist. Dabei kann kultureller Pluralismus im Bereich der Menschenrechte nicht mehr bedeuten als die kulturelle Verwurzelung (Indigenisierung) der grundlegenden individuellen Menschenrechte in den lokalen Kulturen.

Daß diejenigen Muslime, welche die Menschenrechte grundsätzlich befürworten, auf deren exklusiv und authentisch islamischem Charakter bestehen und ihren säkularen Ursprung verleugnen, ist zwar bedauerlich, könnte aber vielleicht toleriert werden, wenn dabei die *Substanz* der Menschenrechte geachtet würde. In diesem Zusammenhang könnte man die Norm des kulturellen Pluralismus als Grundlage für die Schaffung unterschiedlicher Fundierungen derselben Werte auffassen. Die jüngste Debatte über die *Schari'a*/das islamische Recht bietet allerdings keine Garantie für den Schutz der Menschenrechte, und die Vertreter der Islamismus genannten politischen Interpretation des Islam geben in dieser Hinsicht keinen Anlaß zu Hoffnung. Ihre Forderung nach Anwendung der *Schari'a* ignoriert die Geschichte, denn sie wurde, wie Hamid Enayat angemerkt hat, nie als einheitliches System eingeführt und blieb überwiegend »gesetzliche Fiktion«.[24]

Darüber hinaus stützte sich das traditionelle Verständnis des islamischen Rechts nicht auf den Staat – es *gab* keinen Staat als legale Institution im modernen Sinn –, sondern auf religiöse Gemeinschaften, die sogenannten *Madhahib* (die vier Rechtsschulen des sunnitischen Islam). Die bindende Natur der heute als Gesetz präsentierten selektiven Auswahl willkürlich festgelegter religiöser Regeln läßt eine neue Variante religiöser Intoleranz befürchten. Daß substantielle individuelle Menschenrechte nur von einem säkularen Staat, nicht aber durch eine religiöse Clique gewährleistet werden können, zeigen die fundamentalistischen Regime im Sudan und im Iran. Und von den Fundamentalisten der illegalen Untergrundopposition ist in dieser Hinsicht nicht mehr zu erwarten; die in Algerien verübten Morde an Intellektuellen[25] sind ein Beispiel für Menschenrechtsverletzungen durch Menschen, die selbst verfolgt werden. In einer auf kulturübergreifender Grundlage beruhenden internationalen Moralität wird es im Rahmen des Kampfes gegen den Fundamentalismus immer einen Platz für eine wahrhaft islamische Ethik geben. Wenn man einer solchen Moralität die Möglichkeit gäbe, sich zu entwickeln, könnte sie die normative Kluft zwischen dem Westen und der islamischen Zivilisation schließen und sich als wirksames Mittel gegen die militanten islamischen Fundamentalismen erweisen, die den »Zusammenprall der Zivilisationen« anheizen.

Anmerkungen

Einleitung – Der fundamentalistische Traum von einer
Weltmacht Islam. Die Ordnungsvorstellungen des
Islamismus und die Realität einer Weltunordnung

1 Stanley Hoffmann, *World Disorders. Troubled Peace in the Post Cold
War Era*, Boulder/Col.–New York 1998. Mein Buch mit dem Begriff
»World Disorder« erschien jedoch vor Hoffmanns Buch bei University of California Press.

2 Samuel P. Huntington, *The Clash of Civilizations*, New York 1996;
deutsch mit dem falsch übersetzten Titel *Kampf der Kulturen*, Wien–
München 1996.

3 Zum Afghanistan-Krieg vgl. Barnett R. Rubin, *The Fragmentation of
Afghanistan*, New Haven/Conn. 1995, besonders die Kapitel des 3.
Teils.

4 Anthony Arnold, *The Fateful Pebble. Afghanistan's Role in the Fall
of the Soviet Union*, Novato/Cal. 1993.

5 Nimatullah Djunainah, *Tanzim al-djihad* (Die Organisation des Djihad), Kairo 1988.

6 Martin van Creveld, *The Transformation of War*, New York 1991;
Kalevi J. Holsti, *The State, War and the State of War*, Cambridge
1996; Bassam Tibi, *Conflict and War in the Middle East* (Erstausgabe
1993), veränderte und erweiterte Neuausgabe, ebenfalls unter Harvard-Patronage, mit dem neuen Untertitel: *From Interstate War to
New Security*, New York 1998; nicht identisch mit *Konfliktregion
Naher Osten*, 2. erweit. Aufl. München 1991.

7 Bassam Tibi, *Pulverfaß Nahost. Eine arabische Perspektive*, Stuttgart
1997, Kap. 1 und 6.

8 Zur Hizbullah vgl. Hala Jaber, *Hezbollah*, New York 1997; sowie
Magnus Ranstorp, *Hizb'Allah in Lebanon*, New York 1997.

9 'Isam Draz, *al-'Aidun min Afghanistan* (Die Rückkehrer aus Afghanistan), Kairo 1993.

10 Hierzu vgl. William Maley (Hrsg.), *Fundamentalism Reborn? Afghanistan and the Talibans*, New York 1998.

11 Zur Berichtigung Bassam Tibi, *Krieg der Zivilisationen. Politik und Religion zwischen Vernunft und Fundamentalismus*, Hamburg 1995, erweit. u. rev. TB-Neuausg. München 1998, insbesondere darin die neue Einleitung sowie das neue Kap. 7 mit entsprechenden Klarstellungen.

12 Zu diesen Zusammenhängen s. Bassam Tibi, *Der wahre Imam. Der Islam von Mohammed bis zur Gegenwart*, München ²1997; erweit. TB-Neuausg. Serie Piper 1998.

13 Zum islamischen Schisma und zur Entwicklung der Schia siehe Moojan Momen, *An Introduction to Shi'i Islam*, New Haven/Conn. 1985.

14 Zur Kamelschlacht und dem ersten Fitnakrieg siehe B. Tibi, *Der wahre Imam* (wie Anm. 12), Kap. 1.

15 D. A. Spellberg, *Politics, Gender and the Islamic Past. The Legacy of A'isha bint Abi Bakr*, Berkeley/Cal. 1994.

16 Hierzu Hichem Djaït, *La Grande Discorde*, Paris 1989, arabische Ausgabe: *al-Fitna al-kubra*, Beirut 1992.

17 Vor allem das klassische Werk des islamischen Rationalisten des Mittelalters al-Farabi, *al-Madina al-fadila*, arabischer Text und englische Übersetzung herausgegeben von Richard Walzer, *al-Farabi on The Perfect State*, Oxford 1985; dazu mit Belegen B. Tibi, *Der wahre Imam* (wie Anm. 12), Kap. 4.

18 William C. Chittick, *The Sufi Path of Love*, Albany/N.Y. 1983.

19 Herbert Davidson, *Alfarabi, Avicenna, Averroës on Intellect*, New York 1992.

20 Zum Neo-Osmanismus vgl. Bassam Tibi, *Aufbruch am Bosporus. Die Türkei zwischen Europa und dem Islamismus*, München 1998.

21 Fatma Müge Göcek, *East Encounters West. France and the Ottoman Empire in the Eighteenth Century*, New York 1987.

22 Bassam Tibi, *Islamischer Fundamentalismus, moderne Wissenschaft und Technologie*, Frankfurt/M. 1992, ²1993.

23 Bernard Lewis, *The Muslim Discovery of Europe*, New York 1982, deutsche Übersetzung mit dem falschen Titel: *Die Welt der Ungläubigen*, Frankfurt/M. 1983, Kap. 9, S. 229 ff.

24 Bassam Tibi, *Vom Gottesreich zum Nationalstaat*, 2. erweit. Aufl. Frankfurt/M. 1991.

25 Hierzu Bassam Tibi, *Arab Nationalism. Between Islam and the Na-*

tion-State, 3. veränderte Auflage mit neuem Untertitel, New York 1997 (nicht identisch mit der in Anm. 24 zitierten Arbeit). Zum Krieg selbst B. Tibi, *Conflict and War in the Middle East* (wie Anm. 6), dort Kap. 3 und 4.

26 Über den politischen Islam sind die folgenden in der Bibliographie angeführten Arbeiten zentral: Arabisch: al-Aschmawi und Mustafa; englisch: Ayubi; französisch: Roy und Kepel; deutsch: Hottinger (siehe auch Anm. 27).

27 Hierzu Muhammad Dharif, *al-Islam al-siyasi fi al-watan al-'Arabi* (Der politische Islam in der arabischen Welt), Rabat 1992; sowie Hala Mustafa, *al-Daula wa al-harakat al-Islamiyya al-mu'arida* (Der Staat und die islamistischen oppositionellen Bewegungen), Kairo 1995.

28 Muhammad 'Imara, *al-Sahwa al-Islamiyya wa al-tahaddi al-hadari* (Das islamische Erwachen und die zivilisatorische Herausforderung), Kairo 1991.

29 Hasan Kayali, *Arabs and Young Turks. Ottomanism, Arabism, and Islamism*, Berkeley/Cal. 1997.

30 Bassam Tibi, *Europa ohne Identität? Die Krise der multikulturellen Gesellschaft*, München 1998, Teil 3; auch Gilles Kepel, *Allah im Westen*, München 1996.

31 Hierzu Said Arjomand, *The Turban for the Crown. The Islamic Revolution in Iran*, New York 1988.

32 Zum Sechstagekrieg 1967 vgl. B. Tibi, *Conflict and War in the Middle East*; Ders., *Konfliktregion Naher Osten* (beide wie Anm. 6).

33 Yusuf al-Qaradawi, *Hatmiyyat al-hall al-Islami* (Die islamische Lösung ist vorherbestimmt), 3 Bde., Kairo–Beirut, zwischen 1971 und 1988 zahlreiche Auflagen und Neudrucke.

34 al-Qaradawi (wie Anm. 33), Bd. 1, 1980 (Ausgabe Beirut), S. 10 f.

35 Bassam Tibi, »The Iranian Revolution and the Arabs. The Quest for Islamic Identity and the Search for an Islamic System of Government«, *Arab Studies Quaterly*, Bd. 8, 1 (1986), S. 29–44; sowie Ders., »Die Terror-Connection. Khomeinis Revolution als Export-Artikel«, *Stern*, Beiheft zu Heft 20 vom 7. Mai 1998, S. 16 f.

36 Norman Daniel, *Islam and the West. The Making of an Image*, Oxford 1993 (zuerst 1960); aus einer islamischen Perspektive: Hichem Djaït, *Europe and Islam. Cultures and Modernity*, Berkeley/Cal. 1985.

37 Siegfried Kohlhammer, *Die Feinde und die Freunde des Islam*, Göttingen 1996.

38 Zum politischen Islam in Algerien vgl. Ahmad Rouadjia, *Les frères et la mosquée. Enquête sur le mouvement Islamiste en Algérie*, Algier 1991; sowie die in Algier erschienene arabische Arbeit von Ahmidah 'Ayaschi, *al-Islamiyyun al-djaza'iriyyun bain al-sulta wa al-rasas* (Die algerischen Islamisten zwischen Herrschaft und Gewehrkugeln), Algier 1991; ferner Michael Willis, *The Islamic Challenge in Algeria. A Political History*, New York 1997.

39 Vgl. Badr M. al-Badr, *Al-Djama'ah al-Islamiyya* (Die Gruppe der Djama'ah Islamiyya), Kairo 1989.

40 John Waterbury, *The Commander of the Faithful. The Moroccan Political Elite*, New York 1970.

41 Bassam Tibi, *Die Krise des modernen Islams*, erweiterte Neuausg. Frankfurt/M. 1991 (zuerst München 1981).

42 Zur Islam-Reform vgl. den Klassiker von Malcolm Kerr, *Islamic Reform. The Political and Legal Theories of Muhammad 'Abduh and Rashid Rida*, Berkeley/Cal. 1966.

43 Zu Tahtawi ausführlich B. Tibi, *Der wahre Imam* (wie Anm. 12), Kap. 7.

44 Rifa'a Rafi' al-Tahtawi, *Ein Muslim entdeckt Europa. Die Reise eines Ägypters im 19. Jahrhundert nach Paris*, übersetzt, komm. und hrsg. von Karl Stowasser, München 1988, S. 150.

45 Ebd., S. 9.

46 Muhammad 'Abduh, *al-Islam wa al-nasraniyya bain al-'ilm wa al-madaniyya* (Der Islam und das Christentum zwischen der Wissenschaft und der Zivilisation), Neudr., Kairo 1983.

47 Ali 'Abd al-Raziq, *al-Islam wa usul al-hukm* (Der Islam und die Grundlagen der Herrschaft), (zuerst 1925), Nachdruck, Beirut 1966; dazu und zum Kontext B. Tibi, *Vom Gottesreich zum Nationalstaat* (wie Anm. 24), S. 159 ff.

48 Richard Mitchell, *The Society of the Muslim Brothers*, Oxford-London 1969.

49 Hassan al-Banna, *Madjmu'at rasa'il al-imam al-schahid Hassan al-Banna* (Gesammelte Essays des Märtyrers Imam Hassan al-Banna), Alexandria 1990.

50 Bassam Tibi, *Vom Gottesreich zum Nationalstaat* (vgl. Anm. 24).

51 Zum »arabischen Bismarck« und dem ersehnten »arabischen 1871« vgl. Bassam Tibi, *Der wahre Imam* (wie Anm. 12), Kap. 8.

52 Zur Baath vgl. die klassische Arbeit von Kamel Abu-Jaber, *The Arab Ba'th Socialist Party*, Syracuse/N.Y. 1966.

53 Eberhard Kienle, *Ba'th versus Ba'th. The Conflict Between Syria and Irak*, London 1990; und dazu das Kap. 8: »Bruder gegen Bruder« in: Bassam Tibi, *Die Verschwörung. Das Trauma arabischer Politik*, Hamburg 1993 ([2]1994; aktualisierte TB-Neuausgabe München 1994), S. 178 ff.

54 So auch der Titel seines Buches: Malcolm Kerr, *The Arab Cold War*, New York 1974.

55 Zu beiden Modellen, Bassam Tibi, *Das arabische Staatensystem*, Mannheim 1996, Kap. 5 und 6.

56 Vgl. Bassam Tibi, »Fi al-fikr al-'Arabi al-mu'asir« (Über das zeitgenössische arabische Denken), in: *Mawaqif*, Heft März/April 1969, S. 93–117; zehn Jahre später trug ich in Tunis den Inhalt dieses nach dem Sechstagekrieg in Beirut veröffentlichten und in der ganzen arabischen Welt breit diskutierten Essays ebenso auf arabisch vor. Der Text wurde dort auf arabisch veröffentlicht im Band des C.E.R.E.S. (Hrsg.): *al-'Arab amam masirahum/Les Arabes face à leur destin*, Tunis 1980, S. 177–215.

57 Sadiq Djalal al-'Azm, *al-Naqd al-dhati ba'd al-hazimah* (Die Selbstkritik nach der Niederlage), Beirut 1968; zu dieser Arbeit von al-Azm und zu der in Anm. 56 angeführten Arbeit von B. Tibi vgl. Fouad Ajami, *The Arab Predicament. Arab Political Thought and Practice after 1967*, Cambridge 1981, S. 24 ff.

58 Vgl. Anm. 26, 27 und 28.

59 Bassam Tibi, »The Worldview of Sunni Arab Fundamentalists. Attitudes Toward Modern Science and Technology«, in: Martin Marty/Scott Appleby (Hrsg.), *Fundamentalisms and Society*, Chicago 1993, S. 73–102.

60 Zum Unterschied zwischen Fundamentalismus und Orthodoxie vgl. meinen Beitrag in der G. Wiessner-Festschrift, *Religion und Wahrheit*, hrsg. von Bärbel Köhler, Wiesbaden 1998, S. 179–191.

61 Edgar O'Ballance, *Islamic Fundamentalist Terrorism 1979–1997*, New York 1997, übersieht diesen Unterschied.

62 Zum türkischen Islamismus B. Tibi, *Aufbruch am Bosporus* (wie Anm. 20), bes. Kap. 1 und 2.

63 Bassam Tibi, »The Fundamentalist Challenge to the Secular Order in the Middle East«, *The Fletcher Forum of World Affairs*, Bd. 23, 1 (1999), S. 191–210.

Kapitel 1 – Der Kontext: Globalisierung, Fragmentation und Unordnung

1 Martin Marty und Scott Appleby (Hrsg.), *Fundamentalisms Observed*, Chicago 1991. Siehe auch Anm. 8.

2 Hedley Bull, »The Revolt against the West«, in: Hedley Bull und Adam Watson (Hrsg.): *The Expansion of International Society*, Oxford 1984, S. 217–228.

3 Samuel P. Huntington, *The Clash of Civilizations* (wie Anm. 2 zur Einleitg.)

4 Zu weiteren Einzelheiten s. Bassam Tibi, *Krieg der Zivilisationen* (wie Anm. 11 zur Einleitg.).

5 John L. Esposito, *The Islamic Threat. Myth or Reality?*, New York 1992.

6 Mathew Horsman und Andrew Marshall, *After the Nation-State. Citizens, Tribalism and the New World Disorder*, London 1994, S. 255.

7 Das Interview wurde von Youssef M. Ibrahim geführt und erschien unter dem Titel »Hassan's Fears for the Mideast« in *The New York Times*; hier zit. aus: *International Herald Tribune*, 14. März 1995, S. 7. Siehe auch: *al-Hayat* (in London erscheinende, von den Saudis finanzierte, weit verbreitete arabische Zeitung), 14. März 1995, S. 4.

8 Siehe das fünfbändige Hauptwerk des Fundamentalismusprojekts. Neben dem in Anm. 1 genannten sind die anderen vier Bände: *Fundamentalisms and Society*, Chicago 1993; *Fundamentalisms and the State*, Chicago 1993; *Accounting for Fundamentalisms*, Chicago 1994; und *Fundamentalisms Comprehended*, Chicago 1995. Alle hrsg. v. Martin Marty und Scott Appleby. Hinsichtlich meines Beitrags zu dem Projekt s. Anm. 59 zur Einleitung.

9 T. K. Oommen, »Religious Nationalism and Democratic Polity. The Indian Case«, *Sociology of Religion*, Bd. 55, 4 (1994), S. 455–472.

10 Siehe Norman Daniel, *Islam and the West* (wie Anm 36 zur Einleitg).

11 Clifford Geertz, *The Interpretation of Cultures*, New York 1973. Dt. Übers.: *Dichte Beschreibung. Beiträge zum Verstehen kultureller Systeme*, Frankfurt/M. 1983.

12 Hedley Bull, *The Anarchical Society. A Study of Order in World Politics*, New York 1977, S. 273.

13 Anthony Giddens, *The Nation-State and Violence*, Berkeley/Cal. 1987, S. 255.

14 Ebd.

15 Zu diesem Thema s. Bassam Tibi, *The Crisis of Modern Islam. A Preindustrial Culture in the Scientific-Technological Age,* Salt Lake City/Uth. 1988, Kap. 7, S. 95–112.

16 A. Giddens, *The Nation-State* ... (wie Anm. 13), S. 256.

17 Bassam Tibi, »The Simultaneity of the Unsimultaneous. Old Tribes and Imposed Nation-States in the Modern Middle East«, in: Philip Khoury und Joseph Kostiner (Hrsg.), *Tribes and State Formation in the Middle East,* Berkeley/Cal. 1990, S. 127–152.

18 A. Giddens, *The Nation-State...* (wie Anm. 13), S. 258.

19 Zur Frage der Legitimität in der arabischen Politik s. Michael Hudson, *Arab Politics. The Search for Legitimacy,* New Haven/Conn. 1977, S. 1–30.

20 Robert H. Jackson, *Quasi-States. Sovereignty, International Relations and the Third World,* Cambridge [2]1990.

21 Bassam Tibi, *Die Verschwörung* (wie Anm. 53 zur Einleitg.), Teil 2.

22 Siehe Munir Muhammad Nadjib, *al-Harakat al-qaumiyya al-haditha fi mizan al-Islam* (Die modernen nationalen Bewegungen im Gleichgewicht des Islam), al-Zarqa/Jordanien [2]1983.

23 Muhammad Salim al-'Awwa, *Fi al-nizam al-siyasi li al-daula al-Islamiyya* (Über das politische System des islamischen Staates), Kairo [6]1983. Eine 7. Aufl. dieses fundamentalist. Hauptwerks erschien 1989 bei Dar al-Schuruq, Kairo.

24 Lynn H. Miller, *Global Order. Values and Power in International Politics,* Boulder/Col. [2]1990.

25 Horsman und Marshall, *After the Nation-State* (wie Anm. 6), S. 74.

26 Siehe z. B. Samuel Wells Jr. und Mark Bruzonsky (Hrsg.), *Security in the Middle East. Regional Change and Great Power Strategies,* Boulder/Col. 1987.

27 Bassam Tibi, *Conflict and War in the Middle East* (wie Anm. 6 zur Einleitg.)

28 Siehe Stephen Philip Cohen, *The Security of South Asia. American and Asian Perspectives,* Urbana–Chicago 1987.

29 Siehe Bassam Tibi, *Im Schatten Allahs. Der Islam und die Menschenrechte,* München 1994 (erweit. TB-Neuausg. Serie Piper 1996), Kap. 13: »Die islamische Dimension des Balkankrieges«.

30 Horsman und Marshall, *After the Nation-State* (wie Anm. 6), S. 75.

31 Siehe z. B. James D. Davidson und William Rees-Moog, *The Great Reckoning,* London [2]1993, insbes. Kap. 7: »Muhammad Replaces Marx«, S. 213–244.

32 Horsman und Marshall, *After the Nation-State* (wie Anm. 6), S. 150.

33 Ebd., S. 266.

34 Fred Halliday, »The Politics of Islamic Fundamentalism«, in: Akbar S. Ahmed und Hastings Donnan (Hrsg.), *Islam, Globalization and Postmodernity*, London 1994, S. 92.

35 David Beetham, *The Legitimation of Power*, Basingstoke–London 1991, S. 191–204.

36 F. Halliday, »The Politics ...« (wie Anm. 34), S. 92.

37 Ebd., S. 110.

38 Ali Benhadj zit. in Ahmidah 'Ayaschi, *al-Islamiyyun al-djaza'iriyyun...* (wie Anm. 38 zur Einleitg.), S. 57.

39 Siehe Hassan al-Turabis Artikel (auf arab.) in: *al-Mustaqbal al-'Arabi*, Bd. 8, 75 (Mai 1985), insbes. S. 13. Siehe auch Haidar I. Ali, *Azmat al-Islam al-siyasi. al-Djahba al-Islamiyya al-qaumiyya fi al-Sudan namuzajan* (Krise des politischen Islam. Der Fall der Nationalen Islamischen Front im Sudan), Casablanca 1991, insbes. S. 194 f., 197.

40 Mark Juergensmeyer, *The New Cold War? Religious Nationalism Confronts the Secular State*, Berkeley/Cal. 1993, S. 1.

41 Ebd., S. 1 f.

42 Ebd., S. 4 ff.

43 Siehe Anm. 1 und 8 sowie Bassam Tibi, »The Worldview of Sunni Arab Fundamentalists« (wie Anm. 59 zur Einleitg.).

44 Siehe die ausgezeichnete Darstellung der Weltreligionen in Arvind Sharma (Hrsg.), *Our Religions*, San Francisco 1993.

45 Marty und Appleby (Hrsg.), *Fundamentalisms Observed* (s. Anm. 1), S. 815.

46 Siehe Bassam Tibi, »War and Peace in Islam«, in: Terry Nardin (Hrsg.), *The Ethics of War and Peace. Religious and Secular Perspectives*, Princeton/N.J. 1996, S. 128–145; Neuausgabe 1998.

47 Horsman und Marshall, *After the Nation-State* (wie Anm. 6), S. 267.

48 Robert Kaplan, »The Coming Anarchy«, *The Atlantic Monthly*, 2 (Februar 1994), S. 44–67.

49 Anthony Arnold, *The Fateful Pebble* (wie Anm. 4 zur Einleitg.) Siehe auch Kurt Lohbeck, *Holy War, Unholy Victory. Eyewitness to the CIA's Secret War in Afghanistan*, Washington, D.C., 1993.

50 Siehe das Kap. über den *Djihad* in Kenneth L. Vaux, *Ethics and the Gulf War. Religion, Rhetoric, and Righteousness*, Boulder/Col. 1992, S. 63–86.

51 Zur Theologie der serbisch-orthodoxen Christenheit als Grundlage

des serbischen Ethnofundamentalismus s. Thomas Bremer, *Ekklesiale Struktur und Ekklesiologie in der serbisch-orthodoxen Kirche im 19. und 20. Jahrhundert,* Würzburg 1992, insbes. Teil 2, S.107ff.

52 Zur Organization of the Islamic Conference s. die Artikel von Golam Choudhury und J. P. Bannerman in: *The Oxford Encyclopedia of the Modern Islamic World,* 4 Bde., hrsg. v. John L. Esposito, New York 1995, hier Bd. 3, S.260–266.

53 John Kelsay, *Islam and War. The Gulf War and Beyond,* Louisville/Ky. 1993, S.118.

54 Zum Islam in Europa s. Bassam Tibi, *Europa ohne Identität?* (wie Anm. 30 zur Einleitg.), Teil 3.

55 Jean François Revel, *Democracy against Itself,* New York 1993, insbes. Kap. 12 über den islamischen Fundamentalismus.

56 Bassam Tibi, »Fundamentalismus und Totalitarismus«, in: Richard Saage (Hrsg.), *Das Scheitern diktatorischer Legitimationsmuster und die Zukunftsfähigkeit der Demokratie,* Berlin 1995, S.305–318.

KAPITEL 2 – DAS STUDIUM DES ISLAMISCHEN FUNDAMENTALISMUS: GEGENSTAND UND REICHWEITE DER UNTERSUCHUNG

1 Siehe Anm. 1 und 8 zu Kap. 1.

2 Clifford Geertz (wie Anm. 11 zu Kap. 1), Kap. 4 über die Religion als kulturelles System. Das Geertzsche Konzept, weiterentwickelt und auf den Islam übertragen, in: Bassam Tibi, *Der Islam und das Problem der kulturellen Bewältigung sozialen Wandels,* Frankfurt/M. ³1991.

3 Zu organisierten Religionen im Kontext von Krisen s. Leslie Lipson, *The Ethical Crises of Civilization. Moral Meltdown or Advance?,* Newbury–London 1993, S.294f.

4 Nach dem Ende des Kalten Krieges stellen Zivilisationen einen zentralen Gegenstand der Weltpolitik dar. Das Standardwerk auf dem Gebiet des Studiums von Zivilisationen ist weiterhin: Will und Ariel Durant, *The Story of Civilization,* 11 Bde. Neudruck New York 1981–1985. Einen nützlichen neueren Überblick bietet Fernand Braudel, *A History of Civilizations,* London 1994. Vgl. auch Anm. 3 und 4 zu Kap. 1.

5 Die beste mir bekannte Darstellung der Staatsbürgerschaft findet sich in A. Giddens, *The Nation-State …* (wie Anm. 13 zu Kap. 1), Kap. 8.

6 Oliver Roy, *Islam and Resistance in Afghanistan*, Cambridge 1986. Siehe auch die in Anm. 49 zu Kap. 1 genannten Bücher von Arnold und Lohbeck.

7 L. Lipson, *The Ethical Crises ...* (wie Anm. 3), S. 297.

8 Zu dieser Idee s. Robert Nisbet, *The Idea of Progress*, New York 1980.

9 Siehe Theodor Nikolaou, »Die Orthodoxie auf dem Balkan«, *Litterae*, Bd. 4, 1 (1994), S. 27–35; s. auch Anm. 51 zu Kap. 1.

10 Siehe Bassam Tibi, »Die Zerstörung des Religionsfriedens auf dem Balkan. Serbischer Ethno-Fundamentalismus«, *Universitas*, Bd. 49, 3 (März 1994, dt. Ausgabe), S. 205–215.

11 Das grundlegende Werk über die kulturelle Moderne ist Jürgen Habermas, *Der philosophische Diskurs der Moderne. Zwölf Vorlesungen*, Frankfurt/M. 1985.

12 Siehe das entsprechende Kap. in Sebastian de Grazia, *Machiavelli in Hell*, Princeton/N.J. 1985, S. 194 ff.

13 Siehe Anthony Giddens, *The Consequences of Modernity.*, Stanford/Cal. 1990, S. 55 ff.

14 Siehe die in Anm. 2 und 3 zu Kap. 1 zitierten Arbeiten von Bull und Huntington.

15 Interview mit Mahathir bin Mohammad in: *Der Spiegel*, Nr. 34/1995, S. 136–139, hier S. 139.

16 John L. Esposito, *The Islamic Threat* (wie Anm. 5 zu Kap. 1), S. 186.

17 Yusuf al-Qaradawi, *Hatmiyyat al-hall al-Islami* (wie Anm. 33 zur Einleitg.), hier Bd. 1: *al-Hulul al-mustaurada wa kaif djanat 'ala ummatina* (Die importierten Lösungen und welche Verbrechen sie an unserer Gemeinschaft begangen haben), Neudruck, Beirut 1980.

18 Zu diesem Thema, mit Details und Verweisen, s. Bassam Tibi, *Im Schatten Allahs* (wie Anm. 29 zu Kap. 1), Teil 4, insbes. Kap. 12 .

19 Siehe Nicholas Pelham, »Islamic Extremists Join Battle in Britain«, *The Sunday Telegraph,* 7. August 1994, S. 7, und den Kommentar »The Enemies Within«, ebd., S. 27.

20 Reymer Klüver, »Fundamentalisten auf dem Vormarsch. Radikale Türken in der Bundesrepublik«, *Süddeutsche Zeitung*, 28. April 1995, S. 3. Siehe auch die Beiträge in Tomas Gerholm und Georg Lithman (Hrsg.), *The New Islamic Presence in Western Europe*, London 1988.

21 Abdulrahman A. Kurdi, *The Islamic State. A Study Based on the Islamic Holy Constitution*, London 1984.

22 Mark Juergensmeyer (wie Anm. 40 zu Kap. 1).

23 Siehe William McNeill, *The Rise of the West,* Chicago 1963; und, aktueller, Wolfgang Reinhard, *Geschichte der europäischen Expansion,* 4 Bde., Stuttgart 1983–1990.

24 Djamaluldin al-Afghani, *al-A'mal al-kamila* (Gesammelte Schriften), hrsg. von Muhammad 'Imara, Kairo 1968, S. 328.

25 Bassam Tibi, »The Worldview of Sunni Arab Fundamentalists« (wie Anm. 59 zur Einleitg.).

26 Abu al-A'la al-Maududi, *al-Islam wa al-madaniyya al-haditha* (Der Islam und die moderne Zivilisation), zit. in: Muhammad Dharif, *al-Islam al-siyasi* ... (wie Anm. 27 zur Einleitg.), S. 99.

27 Zu weiteren Einzelheiten zum Begriff der *Hakimiyyat Allah* s. Dharif, *al-Islam al-siyasi* ... (wie Anm. 27 zur Einleitg.), S. 87–110.

28 Leslie Lipson, *The Ethical Crises* ... (s. Anm. 3), S. 62.

29 Mourad Wahba, »The Paradoxon of Averroës«, in: Ders. (Hrsg.), *Proceedings of the First International Islamic Philosophy Conference: Islam and Civilization (November 19–22, 1979),* Kairo 1982, S. 81–84.

30 Bassam Tibi, *Krieg der Zivilisationen* (wie Anm 11 zur Einleitg.).

31 Vgl. das Kap. »Fundamentalismus und Totalitarismus« in: Bassam Tibi, *Der wahre Imam* (wie Anm. 12 zur Einleitg).

32 Eric Hobsbawm und Terence Ranger (Hrsg.), *The Invention of Tradition,* Cambridge 1983, Neuausg. 1998, Einleitung.

33 Siehe die Schriften von Maududi (aufgelistet in Dharif, wie Anm. 27 zur Einleitg.) und Sayyid Qutb (s. Anm. 42 bis 45 zu Kap. 3).

34 John L. Esposito, *The Islamic Threat* (wie Anm. 5 zu Kap. 1), S. 186.

35 Siehe Bassam Tibi, »A Typology of Arab Political Systems (with Special Reference to Islam and Government as Exemplified in Arab Monarchies Legitimized by Islam: Morocco and Saudi Arabia)«, in: Samih Farsoun (Hrsg.), *Arab Society. Continuity and Change,* London 1985, S. 48–64. Zur Einführung der *Schura* in Saudi-Arabien s. Bassam Tibi, »Das Königs-Dilemma. Mit der Gründung einer Schura hat in Riad nicht die Demokratie begonnen«, in: *Frankfurter Allgemeine Zeitung,* 17. Dezember 1993, S. 14.

36 Zu diesem Thema s. die interessanten Beiträge von W. Montgomery Watt, *Islamic Fundamentalism and Modernity,* London 1988, und Youssef M. Choueiri, *Islamic Fundamentalism,* Boston/Mass. 1990. Zu neueren Arbeiten vgl. die Anm. zur Einleitung der vorliegenden deutschen Ausgabe.

37 Siehe Charles C. Adams, *Islam and Modernism in Egypt. A Study of*

the Modern Reform Movement Inaugurated by Muhammad 'Abduh, Neuausgabe, New York 1968 (Erstausgabe 1933).

38 Muhammad 'Abduhs Hauptschrift zu diesem Thema ist zit. in Anm. 46 zur Einleitg.

39 Der Jurist Abdullahi A. An-Na'im, ein Schüler Scheich Tahas, gab heraus: Mahmoud M. Taha, *The Second Message of Islam,* übersetzt, bearbeitet und mit einer Einleitung versehen von A. An-Na'im, Syracuse/N.Y. 1987.

40 Siehe Tore Lindholm und Kari Vogt (Hrsg.), *Islamic Law Reform and Human Rights. Challenges and Rejoinders,* Kopenhagen–Oslo 1993, mit Beiträgen von Mohammed Arkoun, Abdullahi A. An-Na'im, Ann E. Mayer und Bassam Tibi.

41 U. a. in der Einleitung zu Bassam Tibi, *Arab Nationalism. (wie Anm. 25 zur Einleitg.),* insbes. S. 25 f.

42 Die von Martin Riesebrodt in seinem Buch *Fundamentalismus als patriarchalische Protestbewegung,* Tübingen 1990, verfochtene These weise ich entschieden zurück.

43 John Kelsay, *Islam and War* (wie Anm. 53 zu Kap. 1), S.7–27.

44 Siehe Bernard Lewis, *The Emergence of Modern Turkey,* Oxford ²1979, S.45–50; und Ders., *The Muslim Discovery of Europe* (wie Anm. 23 zur Einleitg.), Kap. 9: »Science and Technology«, S. 221–238.

45 David B. Ralston, *Importing the European Army. The Introduction of European Military Techniques and Institutions into the Extra-European World, 1600–1914,* Chicago 1990.

46 Die Industrialisierung der Kriegführung, die zur Vorherrschaft des Westens und zum Niedergang der islamischen Zivilisation führte, schildert Anthony Giddens in *The Nation-State…* (wie Anm. 13 zu Kap. 1), Kap. 9, S.222–254.

47 Zur Weltordnung im allgemeinen s. Lynn H. Miller, *Global Order* (wie Anm. 24 zu Kap. 1).

48 Zu diesen Elementen der internationalen Moralität s. Bassam Tibi, »Islamic Law/Shari'a, Human Rights, Universal Morality and International Relations«, *Human Rights Quarterly,* Bd. 16, 2 (1994), S.277–299. Vgl. auch Kap. 9 und 10 in diesem Buch.

Kapitel 3 – Die Weltordnung und das Erbe Saddam Husseins

1 Siehe die veröffentlichten fünf Bde. des Fundamentalismusprojekts der Amerikanischen Akademie der Wissenschaft und Künste (s. Anm. 1 und 8 zu Kap. 1).

2 Zu den islamischen Minderheiten in der Welt s. M. Ali Kettani, *Muslim Minorities in the World Today*, London 1986.

3 Zum Begriff der »Defensiv-Kultur« s. Bassam Tibi, *Die Krise des modernen Islams* (wie Anm. 41 zur Einleitg.). Siehe auch W. Montgomery Watt, *Islamic Fundamentalism and Modernity* (wie Anm. 36 zu Kap. 2).

4 Hinsichtlich der Idee der Weltordnung stütze ich mich weitgehend auf Hedley Bulls Studie *The Anarchical Society* (wie Anm. 12 zu Kap. 1). Siehe auch Lynn H. Miller, *Global Order* (wie Anm. 24 zu Kap. 1). Vgl. auch die Einleitung zu der vorliegenden Ausgabe.

5 Siehe Hedley Bull und Adam Watson (Hrsg.), *The Expansion of International Society* (wie Anm. 2 zu Kap. 1).

6 Die Bezeichnung des Golfkriegs als »Mr. Bushs Krieg« geht zurück auf Stephen R. Graubard, *Mr. Bush's War. Adventures in the Politics of Illusion*, New York 1992.

7 Mohammed Yacine Kassab, *Après l'Irak à qui le tour? L'Islam face au Nouvel Ordre Mondial*, Algier 1991; s. insbes. das Verschwörungskapitel: »Une vaste conspiration judeo-chrétienne«, S. 75–93.

8 Siehe Abu al-'Abbas Ahmed Ibn Taimiyya (1263–1328): *al-Siyasa al-schar'iyya fi islah al-ra'i wa al-ra'iyya* (Die *Schari'a*-orientierte Politik zur Anleitung des Herrschers und seiner Untertanen), Neuausg., Beirut 1988. Zur Aktualität von Ibn Taimiyya s. Emmanuel Sivan, *Radical Islam. Medieval Theology and Modern Politics*, New Haven/Conn. 1985.

9 Der Begriff der *Hakimiyyat Allah*/Gottesherrschaft wurde von Sayyid Qutb und Maududi geprägt. Zu weiteren Einzelheiten s. Muhammad Dharif, *al-Islam al-siyasi ...* (wie Anm. 27 zur Einleitg.), S. 89–134.

10 Siehe Raymond Aron, *Frieden und Krieg*, Frankfurt/M. 1986, S. 468 f. Zur nachfolgenden Unordnung s. Zbigniew Brzezinski, *Out of Control. Global Turmoil on the Eve of the 21st Century*, New York 1993, Teil IV, S. 147 ff.

11 Siehe John Kelsay, *Islam and War* (wie Anm. 53 zu Kap. 1), Kap. 5.

Die von Trevor N. Dupuy in *Future Wars,* New York 1993, vertretene Auffassung, daß alle kommenden großen Kriege zwischenstaatlicher Art sein werden, teile ich nicht. Vgl. dazu meine in Anm. 6 zur Einleitg. zit. Bücher.

12 Fred Halliday, »The Politics of Islamic Fundamentalism« (wie Anm. 34 zu Kap. 1). Vgl auch das neue Buch von Halliday, *Islam and the Myth of Confrontation,* London 1996.

13 S. P. Huntington, *The Clash of Civilizations* (wie Anm. 2 zur Einleitg.).

14 Kelsay, *Islam and War* (wie Anm. 53 zu Kap. 1), S. 26 f.

15 Diese Dokumente sind auf arabisch in einer Sonderausgabe von *al-Muntada* (Amman, Jordanien), Bd. 5, 60 (1990), S. 19–22, abgedruckt.

16 Ebd.

17 J. Kelsay, *Islam and War* (wie Anm. 53 zu Kap. 1), S. 8.

18 Rick Atkinson, *Crusade. The Untold Story of the Persian Gulf War,* Boston/Mass. 1993, S. 500 f.

19 Zum Nahen Osten als regionalem Subsystem s. Bassam Tibi, *Conflict and War in the Middle East* (wie Anm. 6 zur Einleitg.), Kap. 2.

20 Charles Tilly in dem von ihm herausgegebenen Band *The Formation of National States in Western Europe,* Princeton/N.J. 1975, S. 45.

21 Bassam Tibi, *Die Krise des modernen Islams* (wie Anm. 41 zur Einleitg.).

22 Siehe Bassam Tibi, »The European Tradition of Human Rights and the Culture of Islam«, in: Francis Deng und Abdullahi A. An-Na'im (Hrsg.), *Human Rights in Africa. Cross-Cultural Perspectives,* Washington, D.C., 1990, S. 104–132; Ders., »Universality of Human Rights and Authenticity of Non-Western Cultures«, *Harvard Human Rights Journal,* Bd. 5 (1994), S. 221–226. Siehe auch Anm. 48 zu Kap. 2.

23 Der ehemalige ägyptische General Sa'duldin al-Schadhli präsentiert den Golfkrieg in seinem Bestseller *al-Harb al-salibiyya al-thamina* (Der achte christliche Kreuzzug), Casablanca 1991, als westlichen Kreuzzug gegen »die stärkste islamische Armee seit dem Niedergang des Islam« (Untertitel). Über die Bedeutung der Kreuzzüge in historischer Perspektive s. Karen Armstrong, *Holy War. The Crusades and Their Impact on Today's World,* New York 1991.

24 Siehe die kritische Analyse von Wolfgang G. Lerch, »Der serbische Kreuzzug. Die Bosnienkrise und das islamische Jahrhundert«,

Frankfurter Allgemeine Zeitung, 22. Juli 1995, Nr. 168/Wochenend-beilage. Zur Unfähigkeit des Westens, die zur »Vernichtung Bosniens« führende großserbische Politik zu zügeln, siehe Noel Malcolm, Bosnia, London 1994, Kap. 16, und Viktor Meier, *Wie Jugoslawien verspielt wurde,* München 1995.

25 Siehe zu diesem Thema den interessanten Aufsatz von Michiko Kakutani, »Opinion versus Reality«, *The New York Times,* 28. Januar 1994, S. B1, Forts. S. B12.

26 Zu dieser Debatte s. mit vielen Verweisen Bassam Tibi, »Culture and Knowledge. The Islamization of Knowledge as a Postmodern Project?«, *Theory, Culture and Society,* Bd. 12, 1 (1995), S. 1–24.

27 Bassam Tibi, *Krieg der Zivilisationen* (wie Anm. 11 zur Einleitg.).

28 Ernest Gellner, *Postmodernism, Reason and Religion,* London 1992. Als Gegensatz zum religiösen Fundamentalismus plädiert Gellner ironisch für einen »rationalen Fundamentalismus« (S. 80–96).

29 Siehe den Artikel von Henry Siegman, »Don't Ignore Bosnia's Parallels with the Holocaust«, *International Herald Tribune,* 16. Juli 1993. Vgl. auch Anm. 29 zu Kap. 1.

30 Verweise hierzu bei Bassam Tibi, »The Iranian Revolution and the Arabs« (wie Anm. 35 zur Einleitg.).

31 Zu Indonesien s. Adam Schwarz, *A Nation in Waiting. Indonesia in the 1990s,* Boulder/Col. 1994; einen historischen Überblick gibt M. C. Ricklefs, *A History of Modern Indonesia since ca. 1300,* Stanford/Cal. ²1993. Siehe auch den Artikel von Fred von der Mehden in: *The Oxford Encyclopedia of Modern Islamic World* (wie Anm. 52 zu Kap. 1), hier Bd. 2, S. 196–203.

32 Mehr zum Verhältnis zwischen diesen beiden Regionen der islamischen Zivilisation findet sich bei Fred von der Mehden, *Two Worlds of Islam. Interaction between Southeast Asia and the Middle East,* Miami–Jacksonville/Fla. 1993, insbes. S. 97. Nach Ansicht Ozay Mehmets kann die islamische Peripherie, womit er Malaysia und die Türkei meint, als Modell für andere Muslime dienen: Ozay Mehmet, *Islamic Identity and Development. Studies of the Islamic Periphery,* London 1990, insbes. S. 218–233. Siehe meinen Essay über meine Beobachtungen in Indonesien in der *Frankfurter Allgemeinen Zeitung,* 27. Oktober 1995, S. 10 f.

33 Bassam Tibi, *Conflict and War in the Middle East* (wie Anm. 6 zur Einleitg.). Siehe auch die Besprechung von Fred Halliday in *International Affairs,* Bd. 70, 1 (Winter 1994), S. 162.

34 Siehe H. Bull, *The Anarchical Society* (wie Anm. 12 zu Kap. 1), S. 260 f.

35 In den ersten beiden Kapiteln meines Buches *Konfliktregion Naher Osten* (wie Anm. 6 zur Einleitg.), habe ich vorgeschlagen, die Weltregionen als Einheiten der Weltpolitik im Sinne des Ansatzes der Subsysteme zu begreifen. Dieses Buch ist nicht identisch mit dem in ders. Anm. zit. englischen Buch von mir.

36 Siehe Fouad Ajami, *The Arab Predicament* (wie Anm. 57 zur Einleitg.), S. 50 ff., 177 ff.

37 Siehe Muhammad 'Imara, *al-Sahwa al-Islamiyya …* (wie Anm. 28 zur Einleitg.).

38 Siehe Hassan al-Hanafi, *al-Usuliyya al-Islamiyya* (Islamischer Fundamentalismus), Kairo 1989.

39 Zu den unterschiedlichen Bedeutungen des Wortes *Umma* s. Bassam Tibi, »Islam and Arab Nationalism«, in: Barbara Freyer Stowasser (Hrsg.), *The Islamic Impulse,* Washington, D.C., 1987, S. 59–74.

40 Zur islamischen Sicht s. Muhammad Schadid, *al-Djihad fi al-Islam* (Der Djihad im Islam), Kairo [7]1985. Zum ursprünglichen Begriff des *Djihad* und seiner Verwendung in der Zeitgeschichte s. Bassam Tibi, »Jihad«, in: Roger S. Powers und William Vogele (Hrsg.), *Protest, Power, and Change. An Encyclopedia of Nonviolent Action from ACT-UP to Women's Suffrage,* New York–London 1997, S. 277–281. Siehe auch Ders., »War and Peace in Islam« (wie Anm. 46 zu Kap. 1).

41 Dilip Hiro, *Holy Wars. The Rise of Islamic Fundamentalism,* London 1989; Kurt Lohbeck, *Holy War, Unholy Victory* (wie Anm. 49 zu Kap. 1).

42 Sayyid Qutb, *al-Salam al-'alami wa al-Islam* (Der Weltfrieden und der Islam), Kairo [10]1992, S. 172 f.

43 Über Qutb in Amerika s. Salah A. al-Khalidi, *Amerika min al-dakhil bi mindar Sayyid Qutb* (Amerika von innen aus der Perspektive von Sayyid Qutb), Djidda/Saudi-Arabien 1987.

44 Sayyid Qutb, *al-Islam wa muschkilat al-hadara* (Der Islam und die Problematik der Zivilisation), Kairo (laut Impressum: 9. »legale Aufl.«) 1988.

45 Sayyid Qutb, *al-Mustaqbal li hadha al-din,* (Die Zukunft gehört dieser Religion), Kairo 1981; Ders., *Ma'alim fi al-tariq* (Wegzeichen), Kairo (laut Impressum: 13. »legale Auflage«) 1989.

46 Siehe die übersetzten Dokumente in J. G. Jansen, *The Neglected*

Duty. The Creed of Sadat's Assassins and Islamic Resurgence in the Middle East, New York-London 1986.

47 Siehe den Überblick und die Dokumente in Omar Massalha, *Towards the Long Promised Peace*, London 1994. Zum Oslo-Frieden vgl. Bassam Tibi, *Pulverfaß Nahost* (wie Anm. 7 zur Einleitg.).

48 Zu weiteren Einzelheiten s. Ziad Abu-Amr, *Islamic Fundamentalism in the West Bank and Gaza*, Bloomington/Ind. 1994.

49 Siehe Djadulhaq Ali Djadulhaq, für die al-Azhar-Universität, *Bayan li al-nas* (Deklaration an die Menschheit), 2 Bde., Kairo 1984/88, hier Bd. 1, S. 368 ff., Bd. 2, S. 273 ff.

50 Zum fundamentalistischen Verständnis von *Djihad* s. die ebenso einflußreiche wie leidenschaftliche Abhandlung des Gründers der Muslimbruderschaft Hassan al-Banna in der Auswahl seiner Schriften: *Madjmut'at rasa'il* (wie Anm 49 zur Einleitg.), S. 271–291.

51 Zum islamischen »irregulären Krieg« s. Kelsay, *Islam and War* (wie Anm. 53 zu Kap. 1), S. 77 ff. Siehe auch David Rapoport, »Sacred Terror. A Contemporary Example from Islam«, in: Walter Reich (Hrsg.), *Origins of Terrorism*, New York 1990, S. 103–130; und Edgar O'Ballance, *Islamic Fundamentalist Terrorism* (wie Anm. 61 zur Einleitg.).

52 Die Fundamentalisten versuchen, den ehemaligen Scheich von al-Azhar, Djadulhaq, lächerlich zu machen (arabisch *al-haq* heißt »rechtschaffen« und *djad* »der, der am besten handelt«, so daß Djadulhaq »der auf beste Weise das Richtige tut« bedeutet), indem sie seinen Namen in *Djadul Batil*, »der das Schlechte am besten tut«, abwandeln.

53 Siehe die Dokumente in *al-Muntada* (s. Anm. 15).

54 James Piscatori (Hrsg.), *Islamic Fundamentalisms and the Gulf Crisis*, Chicago 1992.

55 Dies sind die Worte von Qutb in seinen *Ma'alim fi al-tariq* (s. Anm. 45), S. 6.

56 Kanan Makiya, *Cruelty and Silence. War, Tyranny, Uprising, and the Arab World*, New York 1993, S. 260–262.

57 Zum Hintergrund s. B. Tibi, *Der Islam und das Problem der kulturellen Bewältigung ...* (wie Anm. 2 zu Kap. 2), Kap. 8.

58 Hier folge ich Everett Mendelsohn, *A Compassionate Peace*, New York 1989.

59 J. Kelsay, *Islam and War* (wie Anm. 53 zu Kap. 1), S. 117.

60 Siehe Ann Elizabeth Mayer, *Islam and Human Rights. Tradition and Politics*, Boulder/Col. ²1995; und Bassam Tibi, *Im Schatten Allahs* (wie Anm. 29 zu Kap. 1).

Kapitel 4 – Der soziokulturelle Hintergrund und die Auseinandersetzung mit der kulturellen Moderne

1 Siehe Mary Kaldor, *The Imaginary War. Understanding the East-West-Conflict*, Oxford 1990.

2 A. Giddens, *The Consequences of Modernity* (wie Anm. 13 zu Kap. 2), S.55ff.

3 J. Habermas, *Der philosophische Diskurs...* (wie Anm. 11 zu Kap. 2).

4 Bassam Tibi, »Strukturelle Globalisierung und kulturelle Fragmentierung. Dialog der Zivilisationen«, *Internationale Politik*, Bd. 51, 1 (Januar 1996), S.29–36.

5 David Apter, *The Politics of Modernization*, Chicago, 1965; und, aktueller und z.T. in Revision seiner Thesen: Ders., *Rethinking Development*, London 1987.

6 Raymond Aron, *Frieden und Krieg* (wie Anm. 10 zu Kap. 3), S.468f.

7 Bassam Tibi, »Islamic Dream of Semi-Modernity«, *India International Quarterly* (Neu-Delhi), Bd. 22, 1 (Frühjahr 1995), S.79–87. Den Begriff der »halben Moderne« habe ich zum ersten Mal in dem Artikel »Der Traum von der halben Moderne«, *Frankfurter Allgemeine Zeitung*, 19. Februar 1991, S.35, zur Kennzeichnung der Trennung der instrumentellen Moderne (Wissenschaft und Technik) von der mit ihr verbundenen Weltsicht verwendet und später in der Einleitung zu meinem Buch *Islamischer Fundamentalismus, moderne Wissenschaft und Technologie* (wie Anm. 22 zur Einleitg.) weiterentwickelt.

8 Clifford Geertz, *The Interpretation of Cultures* (wie Anm. 11 zu Kap. 1; vgl. auch Anm. 2 zu Kap. 2).

9 Zu einem begrifflichen Vorschlag s. Bassam Tibi, »The Interplay between Social and Cultural Change. The Case of Germany and the Arab Middle East«, in: George Atiyeh und Ibrahim Oweiss (Hrsg.), *Arab Civilization. Challenges and Responses*, New York 1988, S.166–182.

10 Hedley Bull, »The Revolt against the West« (wie Anm. 2 zu Kap. 1), hier S.223.

11 Siehe Bassam Tibi, »The Worldview of Sunni Arab Fundamentalists« (wie Anm. 59 zur Einleitg).

12 Geoffrey Parker, *Die militärische Revolution. Die Kriegskunst und der Aufstieg des Westens, 1500–1800*, Frankfurt/M. 1990.

13 David B. Ralston, *Importing the European Army* (wie Anm. 45 zu Kap. 2).

14 Fatma M. Göcek, *East Encounters West* (wie Anm. 21 zur Einleitg.); Bernard Lewis, *The Muslim Discovery of Europe* (wie Anm. 23 zur Einleitg.).

15 Franz Borkenau, *Der Übergang vom feudalen zum bürgerlichen Weltbild. Studien zur Geschichte der Philosophie der Manufakturperiode*, Neudruck, Darmstadt 1988 (Erstausgabe Paris 1934).

16 Edgar Zilsel, *Die sozialen Ursprünge der neuzeitlichen Wissenschaft*, Frankfurt/M. 1976.

17 Martin van Creveld, *Technology and War*, New York 1989, Teil 2; Anthony Giddens, *The Nation-State...* (wie Anm. 13 zu Kap. 1), Kap. 9.

18 Vgl. das Kap. über Tahtawis Begegnung mit der europäischen Zivilisation in: Bassam Tibi, *Der wahre Imam* (wie Anm. 12 zur Einleitg.).

19 Siehe Hichem Djaït, *Europe and Islam* (wie Anm. 36 zur Einleitg.); W. Montgomery Watt, *Muslim-Christian Encounters*, London 1991.

20 Bassam Tibi, »The Simultaneity of the Unsimultaneous« (wie Anm. 17 zu Kap. 1). Siehe auch Kap. 6 in diesem Buch.

21 Zu den Spannungen zwischen orthodoxem Islam und islamischen Rationalismus in der islamischen Zivilisation s. Bassam Tibi, *Der wahre Imam* (wie Anm. 12 zur Einleitg.), insbes. Kap. 4 über al-Farabi, Kap. 5 über al-Mawardi und Ibn Taimiyya.

22 Vgl. Anm. 2 zu Kap. 2.

23 L. Lipson, *The Ethical Crises...* (wie Anm 3 zu Kap. 2), S. 62f. Zur Renaissance s. Peter Burke, *Die Renaissance in Italien. Sozialgeschichte einer Kultur zwischen Tradition und Erfindung*, Neuausgabe, Darmstadt 1996, insbes. S. 271–302 über den sozialen und kulturellen Wandel.

24 Wissenschaft kann in einer Zivilisation nur Wurzeln schlagen, wenn sie institutionalisiert wird. Zu diesem Gedanken s. Robert Wuthnow, *Meaning and Moral Order. Explorations in Cultural Analysis*, Berkeley/Cal. 1987, Kap. 8. Zur Verhinderung der Institutionalisierung des islamischen Rationalismus im klassischen islamischen Bildungssystem s. George Makdisi, *The Rise of Colleges. Institutions of Learning in Islam and the West*, Edinburgh 1981, insbes. S. 75f.

25 Joseph Schacht, *An Introduction to Islamic Law*, Oxford 1964, Nachdruck 1979, S. 1.

26 Zu weiteren Einzelheiten über dieses Thema s. Bassam Tibi, *Die Krise des modernen Islams* (wie Anm. 41 zur Einleitg.), § 2 und 3.

27 Daniel Pipes, *In the Path of God. Islam and Political Power*, New York 1983.

28 'Ali M. Djarischa und Muhammad Zaibaq, *Asalib al-ghazu al-fikri li al-'alam al-Islami* (Methoden der intellektuellen Invasion der islamischen Welt), Kairo ²1978.

29 Vgl. Anm. 54 zu Kap. 3.

30 Bassam Tibi, »The Worldview of Sunni Arab Fundamentalists« (wie Anm. 59 zur Einleitg).

31 Reinhard Bendix, *Nation-Building and Citizenship. Studies of Our Changing Social Order*, Neuausgabe, Berkeley/Cal. 1977, S. 411, 416.

32 Siehe die erhellenden Anmerkungen von Gerald Holton, *Science and Anti-Science*, Cambridge/Mass. 1993, insbes. S. 145 ff. Ein Beispiel dieser Anti-Wissenschaft ist die vom Washingtoner International Institute for Islamic Thought hrsg. Schrift *Toward Islamization of Disciplines*, Herndon/Va. 1989.

33 Christian Meier, *Die Entstehung des Politischen bei den Griechen*, Frankfurt/M. 1989, S. 469–499.

34 Bruce B. Lawrence, *Defenders of God. The Fundamentalist Revolt Against the Modern Age*, San Francisco 1989, S. 2. Siehe auch das neue Buch von B. B. Lawrence, *Shattering the Myth. Islam Beyond Violence*, Princeton/N.J. 1998.

35 Zum Beitrag der Aufklärung zur Französischen Revolution und zu ihrer antireligiösen Haltung s. z. B. Roger Chartier, *Die kulturellen Ursprünge der Französischen Revolution*, Frankfurt/M. 1995, Kap. 5.

36 Zu den fortgesetzten Morden islamischer Fundamentalisten s. Chris Hedges, »Islamic Guerillas in Algeria Gain«, *The New York Times*, 24. Januar 1994, S. 1, A4; Ders., »Egypt Loses Ground to Muslim Militants and Fear«, ebd., 11. Februar 1994, S. A3.

37 Vgl. das Kap. über Saudi-Arabien und Marokko in: Bassam Tibi, *Der Islam und das Problem der kulturellen Bewältigung …* (wie Anm. 2 zu Kap. 2), S. 204–224.

38 Ernst Bloch, *Thomas Müntzer als Theologe der Revolution*, Frankfurt/M. 1972, S. 56.

39 Zu Verweisen s. Anm. 17 zu Kap. 2.

40 Bassam Tibi, »Islam and Modern European Ideologies«, *International Journal of Middle East Studies*, Bd. 18, 1 (1986), S. 15–29.

41 Abdulrahman A. Kurdi, *The Islamic State* (wie Anm. 21 zu Kap. 2).

42 Bassam Tibi, *Der wahre Imam* (wie Anm. 12 zur Einleitg.), Kap. 12.

43 Jean François Revel, *Democracy against Itself* (wie Anm 55 zu Kap. 1). Siehe auch Bassam Tibi, »Fundamentalism«, in: Seymour M.

Lipset (Hrsg.), *The Encyclopedia of Democracy*, 4 Bde., hier Bd. 2, Washington, D.C., 1995, S. 507–510.

44 Siehe die autoritative Studie von Richard P. Mitchell, *The Society of the Muslim Brothers* (wie Anm. 48 zur Einleitg.)

45 Wolfgang G. Lerch, »Der serbische Kreuzzug« (wie Anm. 24 zu Kap. 3). Siehe auch Tibi, »Die islamische Dimension des Balkan-Krieges« (wie Anm. 29 zu Kap. 1).

46 Bassam Tibi, »Die Zerstörung des Religionsfriedens auf dem Balkan« (wie Anm. 10 zu Kap. 2).

47 J. Habermas, *Der philosophische Diskurs...* (wie Anm. 11 zu Kap. 2).

KAPITEL 5 – KULTURELLE FRAGMENTATION, KONSENSVERLUST UND MACHTDIFFUSION IN DER WELTPOLITIK

1 H. Bull, »The Revolt against the West« (wie Anm. 2 zu Kap. 1).

2 S. P. Huntington, *The Clash of Civilizations* (wie Anm. 2 zur Einleitg).

3 Bassam Tibi, *Krieg der Zivilisationen* (wie Anm. 11 zur Einleitg.), darin bes. Kap. 2 und 6.

4 Siehe den Leitartikel von Charles Krauthammer, »The Issue Is World Order, Not Just Oil«, in: *International Herald Tribune*, 18./19. August 1990.

5 Interview mit Hichem Djaït, *North African News* (Washington, D.C.), Bd. 1, 3 (September 1990), S. 5. Djaït ist der Autor des Buchs *Europe and Islam* (wie Anm. 36 zur Einleitg.)

6 Siehe Joseph Nye, *Bound to Lead. The Changing Nature of American Power*, New York 1990, Teile 2 und 3.

7 Lionel Caplan (Hrsg.), *Studies in Religious Fundamentalism*, London 1987, Einleitung, S. 1. Siehe auch B. B. Lawrence, *Defenders of God* (wie Anm. 34 zu Kap. 4), S. 189–226; sowie Gilles Kepel, *Die Rache Gottes. Radikale Moslems, Christen und Juden auf dem Vormarsch*, München 1991.

8 Joel S. Migdal, *Strong Societies and Weak States. State-Society Relations and State Capabilities in the Third World*, Princeton/N.J. 1988. Zum Nahen Osten s. einige der interessanten Beiträge in: Milton J. Esman und Itamar Rabinovich (Hrsg.), *Ethnicity, Pluralism, and the State in the Middle East*, Ithaca/N.Y. 1988, insbes. den Aufsatz von Gabriel Ben-Dor, S. 71–92.

9 John Kelsay, *Islam and War* (wie Anm. 53 zu Kap. 1). Siehe auch Bassam Tibi, »War and Peace in Islam« (wie Anm. 46 zu Kap. 1).

10 J. Nye, *Bound to Lead* (wie Anm. 6), S.187.

11 Theda Skocpol, *States and Social Revolutions*, Cambridge 1987, S.23.

12 H. Bull, *The Anarchical Society* (wie Anm. 12 zu Kap. 1), S.68.

13 Ebd., S.13f.

14 H. L. A. Hart, *The Concept of Law*, Oxford [2]1970, S.221.

15 Siehe Robert Jackson, *Quasi-States* (wie Anm. 20 zu Kap. 1), S.21–26.

16 H. Bull, *The Anarchical Society* (wie Anm. 12 zu Kap. 1), S.54.

17 S. Qutb, *Ma'alim fi al-tariq* (wie Anm 45 zu Kap. 3), S.6. Siehe auch Qutbs Forderung nach einer »*Thaura 'alamiyya*/Weltrevolution« in: *al-Salam* ... (wie Anm. 42 zu Kap. 3), S.171ff.

18 H. Bull, *The Anarchical Society* (wie Anm. 12 zu Kap. 1), S.257.

19 Ebd., S.273.

20 Zbigniew Brzezinski, *Between Two Ages*, New York 1970, S.3.

21 A. Giddens, *The Consequences of Modernity* (wie Anm. 13 zu Kap. 2), insbes. Teil 2 über die Globalisierung der Moderne.

22 Zu diesem Thema s. Bassam Tibi, »Politische Ideen in der Dritten Welt während der Dekolonisation«, in: Iring Fetscher und Herfried Münkler (Hrsg.), *Pipers Handbuch der Politischen Ideen*, 5 Bde., München 1987, Bd. 5, S.361–402.

23 H. Bull, »The Revolt against the West« (wie Anm. 2 zu Kap. 1), S.223.

24 Ebd., S.227. Mit dieser Revolte gepaart ist ein Interessenkonflikt. Zu letzterem s. Stephen Krasner, *Structural Conflict. The Third World against Global Liberalism*, Berkeley/Cal. 1985.

25 Dies ist z.B. der Tenor in der arabischen Arbeit von Munir Muhammad Nadjib, zit. in Anm. 22 zu Kap. 1. Zu den Spannungen zwischen islamischem und arabischem Nationalismus s. Bassam Tibi, *Arab Nationalism* (wie Anm. 25 zur Einleitg.), Kap. 8, insbes. auch die neue Einleitung, S.1–26, sowie Teil 5 der Neuausgabe.

26 Zu den Ansichten über internationale Beziehungen von islamischer Seite s. Sabir Tu'ayma, *al-Schari'a al-Islamiyya fi 'asr al-'ilm* (Die islamische *Schari'a* im Zeitalter der Wissenschaften), Beirut 1979, S.208–229. Zur Wahrnehmung einer westlichen Verschwörung s. Mohammed Kassab, *Après l'Irak ...* (wie Anm. 7 zu Kap. 3), insbes. S.75–93.

27 S. Qutb, *Ma'alim fi al-tariq* (wie Anm. 45 zu Kap. 3).

28 Abu al-A'la al-Maududi, *Bayn yadi al-schabab* (In den Händen der Jugend), Djidda 1987, S.59ff.

29 Siehe B. Tibi, »Islamic Law/Shari'a ...« (wie Anm. 48 zu Kap. 2).
    Siehe auch Kap. 10 in diesem Buch.

30 J. Habermas, *Der philosophische Diskurs ...* (wie Anm. 11 zu Kap. 2),
    S. 28.

31 Siehe Bassam Tibi, *Im Schatten Allahs* (wie Anm. 29 zu Kap. 1), Kap.
    3, S. 96–116. Siehe auch Anm. 29 oben.

32 Siehe R. J. Vincent, *Human Rights and International Relations,* Cam-
    bridge 1986, S. 42–44, sowie Bassam Tibi, »The European Tradition
    of Human Rights ...« (wie Anm. 22 zu Kap. 3).

33 René Descartes, Brief an Mersenne, März 1637, zit. in L. Gäbes Vor-
    wort zu Descartes, *Discours de la Méthode/Von der Methode des
    richtigen Vernunftgebrauchs und der wissenschaftlichen Forschung,*
    hrsg. von Lüder Gäbe, Nachdruck, Hamburg 1969, S. VI.

34 Tu'ayma, *al-Schari'a al-Islamiyya* (s. Anm. 26), S. 208.

35 Stephen D. Krasner (Hrsg.), *International Regimes,* Ithaca/N. Y.–
    London 1988, S. 2.

36 Siehe S. Qutb, *Ma'alim fi al-tariq* (wie Anm. 45 zu Kap. 3); al-Mau-
    dudi, *Bayn yadi al-schabab* (wie Anm. 28); und zur Interpretation der
    Forderung nach einer islamischen Weltordnung Kelsay, *Islam and
    War* (wie Anm. 53 zu Kap. 1), Kap. 6, insbes. S. 117.

37 Djamaluldin al-Afghani, *al-A'mal al-kamila* (wie Anm. 24 zu Kap. 2),
    S. 328.

38 Nikki R. Keddie (Hrsg.), *An Islamic Response to Imperialism. Politi-
    cal and Religious Writings of Sayyid Djamal ad-Din »al-Afghani«,*
    Berkeley/Cal. [2]1983, zit. nach der Einleitung zur Neuaufl.: »From
    Afghani to Khomeini«, S. XXI.

39 Hasan al-Scharqawi, *al-Muslimun 'ulama' wa-hukama'* (Die Musli-
    me als Gelehrte und Weise), Kairo 1987, S. 12.

40 Siehe Bassam Tibi, »The Worldview of Sunni Arab Fundamentalists«
    (wie Anm. 59 zur Einleitg.).

41 Siehe den historischen Überblick von Adam Watson, *The Evolution
    of International Society. A Comparative Historical Analysis,* London
    1992.

42 Charles Tilly (Hrsg.), *The Formation of National States in Western
    Europe,* Princeton/N. J. 1975, S. 45.

43 Tu'ayma, *al-Schari'a al-Islamiyya* (s. Anm. 26), S. 211 ff.

44 Zu weiteren Einzelheiten s. Geoffrey Parker, *Die militärische Revo-
    lution* (wie Anm. 12 zu Kap. 4).

45 Siehe das Kap. »Aslamat al-teknologia« (Islamisierung der Technolo-

gie) in: 'Imaduldin Khalil, *al-'Aql al-Muslim wa al-ru'ya al-hada-riyya* (Muslimischer Rationalismus und zivilisatorische Perspektive), Kairo 1983, S. 43–53.

46 Sayed M. N. al-Attas, *Islam, Secularism and the Philosophy of the Future*, London 1985, S. 127 ff. Zu einer kritischen Sicht s. Bassam Tibi, »Culture and Knowledge ...« (wie Anm. 26 zu Kap. 3).

47 Ziauddin Sardar, *Islamic Futures. The Shape of Ideas to Come*, London 1985, S. 85 ff.

48 al-Attas, *Islam, Secularism and the Philosophy* ... (s. Anm. 46), S. 138.

49 Siehe Bernard Lewis, *The Emergence of Modern Turkey* (wie Anm. 44 zu Kap. 2).

50 Siehe Bassam Tibi, »Islam and Arab Nationalism« (wie Anm. 39 zu Kap. 3).

51 Eine ausführliche Würdigung Husris findet sich in Bassam Tibi, *Arab Nationalism* (wie Anm. 25 zur Einleitg.), Teil 3 und Teil 4.

52 Samir al-Khalil, *Republic of Fear. The Politics of Modern Iraq*, Berkeley/Cal. 1989, S. 152–160.

53 Zu weiteren Einzelheiten s. Bassam Tibi, *Conflict and War in the Middle East* (wie Anm. 6 zur Einleitg.), Teil 2.

54 Die beste Analyse dieses Prozesses ist Fouad Ajami, *The Arab Predicament* (wie Anm. 57 zur Einleitg.), insbes. S. 28–40 mit einem Verweis auf meinen Beitrag.

55 Siehe die Übersetzungen und Interpretationen in John L. Esposito (Hrsg.), *Voices of Resurgent Islam*, New York 1983.

56 Vg. Fouad Ajami, »The End of Pan-Arabism«, nachgedr. in: Tawfic E. Farrah (Hrsg.), *Pan-Arabism and Arab Nationalism. The Continuing Debate*, Boulder/Col. 1987, S. 96–114.

57 Siehe 'Ali M. Djarischa und Muhammad S. Zaibaq, *Asalib al-ghazu al-fikri* ... (wie Anm. 28 zu Kap. 4).

58 Siehe z. B. Anwar al-Djundi, *Ahdaf al-taghrib fi al-'alam al-Islami* (Die Ziele der Verwestlichung der islamischen Welt), Kairo 1987. Siehe auch das in Anm. 57 genannte fundamentalistische Pamphlet.

59 Yusuf al-Qaradawi, *Bayinat al-hall al-Islami wa schabahat al-'ilmaniyyin wa al-mutagharibin* (Die besonderen Merkmale der islamischen Lösung und das Mißtrauen der Säkularisten und Verwestlichten), Bd. 3 von Qaradawis Buchreihe *Hatmiyyat al-hall al-Islami* (Die islamische Lösung ist vorherbestimmt), Kairo 1988. Die ersten beiden Bände wurden zuerst 1971 und 1974 in Beirut veröffentlicht und sind im gesamten Nahen Osten regelmäßig neu aufgelegt wor-

den. Die drei Bände enthalten alle grundlegenden Aussagen des gegenwärtigen islamischen Fundamentalismus.

60 Zu dieser »Repolitisierung« s. Bassam Tibi, *Aufbruch am Bosporus* (wie Anm. 20 zur Einleitg.), Kap. 1–2.

61 Siehe Bassam Tibi, »Islam and Modern European Ideologies« (wie Anm. 40 zu Kap. 4).

62 Muhammad al-Mubarak, *al-Umma al-'Arabiyya fi ma'rakat tahqiq al-dhat* (Die arabische Nation im Kampf um Selbstbestimmung), Damaskus 1959, S. 67 ff., s. auch Teil 2, S. 86 ff.

63 Zur grundlegenden Unterscheidung zwischen *Stamm, Umma*/Gemeinschaft und *Nation* im Kontext der arabisch-islamischen Geschichte s. Bassam Tibi, »The Simultaneity of the Unsimultaneous« (wie Anm. 17 zu Kap. 1).

64 Siehe Bassam Tibi, *Der Islam und das Problem der kulturellen Bewältigung* ... (wie Anm. 2 zu Kap. 2).

65 Siehe Bassam Tibi, »Islam and Secularization«, in: Mourad Wahba (Hrsg.), *Proceedings*... (wie Anm. 29 zu Kap. 2), S. 65–79.

66 Djarischa und Zaibaq, *Asalib al-ghazu al-fikri*... (wie Anm. 28 zu Kap. 4), S. 15 ff.

67 Zur islamischen Dimension und deren globalen Implikationen, besonders für den Westen, s. Tibi, *Im Schatten Allahs* (wie Anm. 29 zu Kap. 1), Kap. 13, S. 315–335.

68 Eine aufgeklärte Betrachtung des Kalifats findet sich in M. Said al-Aschmawi, *al-Khilafa al-Islamiyya* (Das islamische Kalifat), Kairo 1990, insbes. S. 13–28.

69 Djarischa und Zaibaq *Asalib al-ghazu al-fikri* ... (wie Anm. 28 zu Kap. 4), S. 38 f.

70 Zu diesem von Verschwörungsverdacht beherrschten Denken s. Bassam Tibi, *Die Verschwörung* (wie Anm. 21 zu Kap. 1).

71 Djarischa und Zaibaq *Asalib al-ghazu al-fikri* ... (wie Anm. 28 zu Kap. 4), S. 75–84.

72 Ebd., S. 248.

73 Ebd., S. 244.

74 Mahmud 'Abdulmaula, *Anzimat al-mudjtama' wa al-daula fi al-Islam* (Die Organisation von Gesellschaft und Staat im Islam), Tunis 1973, S. 44.

75 M. S. al-'Awwa, *Fi al-nizam al-siyasi*... (wie Anm. 23 zu Kap. 1).

76 Zu diesem Thema s. R. Stephen Humphreys, *Islamic History*, überarbeitete Ausgabe, Princeton/N.J. 1991.

77 al-'Awwa, *Fi al-nizam al-siyasi* ... (wie Anm. 23 zu Kap. 1), S. 11.

78 Ebd., S. 259.

79 Ebd., S. 280.

80 Bassam Tibi, »Die Entwestlichung des Rechts. Die islamische *Scha-ri'a* und der Krieg der Zivilisationen«, *Frankfurter Allgemeine Zeitung*, 23. Juni 1995, S. 13 f.

81 Zu weiteren Einzelheiten über diese Frage s. Bassam Tibi, *Die Krise des modernen Islams* (wie Anm. 41 zur Einleitg.).

82 R. K. Ramazani, *Revolutionary Iran. Challenge and Response in the Middle East*, Baltimore/Md. 1986; B. Tibi, »The Iranian Revolution and the Arabs« (wie Anm. 35 zur Einleitg.). Siehe auch Graham Fuller, *The Center of the Universe. The Geopolitics of Iran*, Boulder/Col. 1991.

83 Khalid Muhammad Khalid, *Min huna nabda'* (Hier beginnen wir), Kairo–Bagdad [10]1963, S. 184.

84 Khalid Muhammad Khalid, *al-Daula fi al-Islam* (Der Staat im Islam), Kairo [3]1989, S. 28.

85 Joseph Mughaizil, *al-'Uruba wa al-'ilmaniyya* (Arabismus und Säkularismus), Beirut 1980.

86 Bassam Tibi, »al-Islam wa al-almanah« (Der Islam und die Säkularisierung), *Qadaya 'Arabiyya* (Beirut), Bd. 7, 3 (1980), S. 12–23; ders., »al-Islam wa al-taghyir al-itjtima'i fi al-scharq« (Der Islam und der soziale Wandel im Nahen Osten), *al-Waq'* (Beirut), Bd. 1, 2 (1981), S. 61–80.

87 'Imaduldin Khalil, *Tahafut al-'ilmaniyya* (Die Widerlegung des Säkularismus), Beirut 1979, S. 108–111, 136.

88 Ebd., S. 166.

89 Diese sehr zahlreichen Schriften können hier aus Platzmangel nicht behandelt werden. Beispielhaft ist Yahya H. H. Farghal, *Haqiqat al-'ilmaniyya* (Die Wahrheit über den Säkularismus), Kairo 1989, insbes. das Kap. »Säkularismus ist gleichbedeutend mit intellektueller Invasion«, S. 250–271.

90 Siehe Bassam Tibi, *Krieg der Zivilisationen* (wie Anm. 11 zur Einleitg.).

91 Siehe Fred Halliday, *Islam and the Myth of Confrontation* (wie Anm. 12 zu Kap. 3). Leider werden – wie etwa bei John Esposito – Islam und Fundamentalismus miteinander verwechselt. Der Islam ist keine Bedrohung, wohl aber der Fundamentalismus.

92 Bassam Tibi, »Strukturelle Globalisierung und kulturelle Fragmentierung« (wie Anm. 4 zu Kap. 4).

93 C. Geertz, *The Interpretation of Cultures* (wie Anm. 11 zu Kap. 1), S. 87–125.

94 In der islamischen Tradition ist der Imam ein religiöser und politischer Führer, das heißt ein Machthaber. Die Figur des Untergrund-Imams ist eine fundamentalistische Ergänzung des Islam. Im Gegensatz zum traditionellen Imam, der die bestehende Ordnung aufrechterhält, führt der Untergrund-Imam eine illegale Opposition und schafft Unordnung, indem er zum Sturz der bestehenden Ordnung aufruft. Zu weiteren Einzelheiten s. Bassam Tibi, *Der wahre Imam* (wie Anm. 12 zur Einleitg.), zum Untergrund-Imam s. Teil 4.

95 F. S. C. Northrop, *The Taming of the Nations. A Study of the Cultural Bases of International Policy,* Neuausgabe, Woodbridge/Conn. 1980, S. 2 f.

96 Ebd., S. 172.

97 Richard Falk, »Religion and Politics. Verging on the Postmodern«, *Alternatives,* Bd. 13, 3 (1988), S. 379–384, hier S. 391.

98 Ebd., S. 380.

99 Zu diesem islamischen Fundamentalisten im Untergrund s. die Überblickskapitel in dem vom Beiruter Markaz Dirasat al-Wihda al-'Arabiyya/Center for Arab Unity Studies (CAUS) herausgegebenen Band *al-Harakat al-Islamiyya al-mu'asira fi al-watan al-'Arabi* (Zeitgenössische islamistische Bewegungen in der arabischen Welt), Beirut 1987. Vgl. auch Anm. 26 zu Kap. 2.

100 Robert D. Kaplan, »The Coming Anarchy« (wie Anm. 48 zu Kap. 1).

KAPITEL 6 – DIE KRISE DES NATIONALSTAATS: ISLAMISCHE, PANARABISCHE, ETHNISCHE UND KONFESSIONELLE IDENTITÄTEN IM KONFLIKT

1 Siehe David Apter, *The Politics of Modernization* und zwei Jahrzehnte später: Ders., *Rethinking Development* (beide wie Anm. 5 zu Kap. 4).

2 Siehe Bohadan Nahaylo und Victor Swoboda, *Soviet Disunion. A History of the Nationalities Problem in the USSR,* New York 1990.

3 Siehe Christopher Chase-Dunn, *Global Formation,* Cambridge/Mass. 1989, insbes. Teil 2.

4 Siehe die in Anm. 1 und 8 zu Kap. 1 genannten 5 Bde. dieses Projekts.

5 Zu Regionalstudien über den Nahen Osten s. Leonard Binder (Hrsg.)., *The Study of the Middle East,* New York 1976; und aktueller Tareq Y. Ismael (Hrsg.), *Middle East Studies. International Perspectives on the State of the Art,* New York 1990; s. darin Bassam Tibi, »The Modern Middle East in German Political Science«, S. 131–148.

6 Eric Hobsbawm, »The Missing History«, *The Times Literary Supplement,* 23.–29. Juni 1989.

7 Siehe Theda Skocpol (Hrsg.), *Vision and Method in Historical Sociology,* Cambridge 1984; Charles Tilly, *Big Structures, Large Processes, Huge Comparisons,* New York 1984.

8 Weiteres zu diesem Thema findet sich in Bassam Tibi, *Krieg der Zivilisationen* (wie Anm. 11 zur Einleitg.).

9 Siehe Marshall G. Hodgson, *The Venture of Islam. Conscience and History in a World Civilization,* 3 Bde., Chicago 1974.

10 Siehe David Fromkin, *A Peace to End All Peace. The Fall of the Ottoman Empire and the Creation of the Modern Middle East,* New York 1989.

11 Zu weiteren Einzelheiten s. Bassam Tibi, »The Simultaneity of the Unsimultaneous« (wie Anm. 17 zu Kap. 1).

12 Diese Kritik richtet sich gegen James Piscatoris Ansatz in *Islam in a World of Nation-States,* Cambridge 1987.

13 Die beste und autoritative Darstellung des Nationalstaats ist Anthony Giddens, *The Nation-State …* (wie Anm. 13 zu Kap. 1).

14 Siehe z.B. die Arbeit von Munir Muhammad Nadjib, zit. in Anm. 22 zu Kap. 1.

15 Yusuf al-Qaradawi, *Hatmiyyat al-hall al-Islami* (wie Anm. 17 zu Kap. 2), Bd. 1, insbes. S. 49 ff., 307 ff.

16 B. Tibi, *Arab Nationalism* (wie Anm. 6 zur Einleitg.).

17 Zum Thema des Nahen Ostens als Untersystem s. Bassam Tibi, *Conflict and War in the Middle East* (wie Anm. 6 zur Einleitg.). Siehe auch die Besprechung dieses Buches durch Fred Halliday in *International Affairs,* Bd. 70, 1 (1994), S. 162.

18 Siehe Bassam Tibi, *Die Krise des modernen Islams* (wie Anm. 41 zur Einleitg.).

19 Siehe z.B. Hassan al-Hanafi, *al-Usuliyya al-Islamiyya* (wie Anm. 38 zu Kap. 3).

20 Benedict Anderson, *Imagined Communities*, überarb. Aufl. London 1991.

21 Einen historischen Überblick gibt Jonathan Riley-Smith, *The Crusades*, New Haven/Conn. 1987. Zum Bezug auf die aktuelle Geschichte s. Karen Armstrong, *Holy War* (wie Anm. 23 zu Kap. 3).

22 Ein Beispiel dieser Auffassung ist 'Ali M. Djarischa und Muhammad S. Zaibaq, *Asalib al-ghazu al-fikri ...* (wie Anm. 28 zu Kap. 4); zur Wiederbelebung der Erinnerung an die Kreuzzüge s. dort S. 16 ff.

23 Zu weiteren Einzelheiten s. Bassam Tibi, »The Worldview of Sunni Arab Fundamentalists« (wie Anm. 59 zur Einleitg.).

24 Abdulrahman A. Kurdi, *The Islamic State* (wie Anm. 21 zu Kap. 2).

25 J. Habermas, *Der philosophische Diskurs...* (wie Anm. 11 zu Kap. 2).

26 Zur Idee des *Nizam Islami* s. Muhammad Salim al-'Awwa (wie Anm. 23 zu Kap. 1).

27 So die Vision von Sayyid Qutb in: *al-Salam al-'alami...* (wie Anm. 42 zu Kap. 3); über Qutb s. Ahmed Mousalli, *Radical Islamic Fundamentalism. The Ideological Discourse of S. Qutb*, Beirut 1992.

28 Abbasi Madani, zit. nach A. 'Ayaschi, *al-Islamiyyun al-djaza'iriyyun ...* (wie Anm. 38 zur Einleitg.), S. 120.

29 Zur Geschichte dieser Idee s. Francis H. Hinsley, *Sovereignty*, Cambridge ²1986. Als Grundlage der Staatsordnung behandelt sie Alan James, *Sovereign Statehood. The Basis of International Society*, London 1986. Siehe auch das Kap. über die Souveränität in: Giddens, *The Nation-State ...* (wie Anm. 13 zu Kap. 1), S. 198–221.

30 Zur Wiederbelebung dieses mittelalterlichen Begriffs in Algerien s. z. B. A. 'Ayaschi, *al-Islamiyyun al-djaza'iriyyun ...* (wie Anm. 38 zur Einleitg.). Die in fundamentalistischen Kreisen am weitesten verbreitete grundlegende Schrift Ibn Taimiyyas ist: *al-Siyasi al-schar'iyya ...* (wie Anm. 8 zu Kap. 3). Siehe auch Emmanuel Sivan, *Radical Islam* (in ders. Anm.).

31 Hisham Sharabi, *Neopatriarchy. A Theory of Distorted Change in Arab Society*, New York 1988.

32 Robert H. Jackson, *Quasi-States* (wie Anm. 20 zu Kap. 1).

33 Zur Frage der Legitimität in der arabischen Politik s. Michael Hudson, *Arab Politics* (wie Anm. 19 zu Kap. 1), S. 1–30.

34 Siehe Adam Seligman, *The Idea of Civil Society*, New York 1992.

35 Siehe das Kap. über die Staatsbürgerschaft in Giddens, *The Nation-State ...* (wie Anm. 13 zu Kap. 1), Kap. 8, S. 198 ff.

36 Samir al-Khalil, *Republic of Fear* (wie Anm. 52 zu Kap. 5). Siehe auch

Bassam Tibi, »Saddam Hussein und kein Ende«, *MUT*, Nr. 348 (August 1996), S. 38–53.

37 Siehe zu diesem Thema Bassam Tibi, »Islam and Arab Nationalism« (wie Anm. 39 zu Kap. 3).

38 Zur Ideologie des Iraker-Seins s. Amatzia Baram, *Culture, History and Ideology in the Formation of Ba'thist Iraq, 1968–1989*, New York 1991, insbes. Kap. 9–12.

39 Siehe S. Qutb, *Ma'alim fi al-tariq* (wie Anm. 45 zu Kap. 3), S. 10.

40 Zu weiteren Einzelheiten s. Haidar Ibrahim 'Ali, *Azmat al-Islam al-siyasi* ... (wie Anm. 39 zu Kap. 1) sowie den knappen Artikel von Carolyn Fluehr-Lobban, »Protracted Civil War in the Sudan. Its Future as a Multi-Religious, Multi-Ethnic State«, *The Fletcher Forum of World Affairs*, Bd. 16, 2 (Sommer 1992), S. 67–79. Siehe auch das Kap. über den Sudan in Bassam Tibi, *Die Verschwörung* (wie Anm. 21 zu Kap. 1), Kap. 9.

41 L. Lipson, *The Ethical Crises* ... (wie Anm. 3 zu Kap. 2), S. 278 f.

42 Siehe den Hinweis auf Fred Halliday in Anm. 34 zu Kap. 1.

43 Zur schiitischen Opposition im Irak s. A. Baram, »From Radicalism to Radical Pragmatism«, in: James Piscatori (Hrsg.), *Islamic Fundamentalisms* ... (wie Anm. 54 zu Kap. 3).

44 Zur sunnitisch-fundamentalistischen Sicht s. Umar F. Abd-Allah, *The Islamic Struggle in Syria*, Berkeley/Cal. 1983.

45 Das autoritative Werk über die Ethnizität ist Donald L. Horowitz, *Ethnic Groups in Conflict*, Berkeley/Cal. 1985. Zu ethnosoziologischen und anthropologischen Studien s. John Rex und David Mason (Hrsg.), *Theories of Race and Ethnic Relations*, Cambridge 1988.

46 Ein Überblick über die Debatte über Untersysteme in internationalen Beziehungen und ihre Anwendung auf den Nahen Osten findet sich in Bassam Tibi, *Conflict and War in the Middle East* (wie Anm. 6 zur Einleitg.).

47 Zu Frankreich und England, die das Modell lieferten, s. Reinhard Bendix, *Kings or People*, Berkeley/Cal. 1978; zur Globalisierung dieses Modells s. Francis H. Hinsley, *Nationalism and the International System*, London 1973, S. 35 ff., 67 ff.; zu seiner Einführung in die Welt des Islam s. Tibi, »The Simultaneity of the Unsimultaneous« (s. Anm. 17 zu Kap. 1).

48 Giddens, *The Nation-State* ... (wie Anm. 13 zu Kap. 1), S. 214 ff.

49 Peter Weinrich, »The Operationalization of Identity Theory in Racial

and Ethnic Relations«, in: Rex und Mason (Hrsg.), *Theories of Race* … (s. Anm. 45), S. 229–320, hier S. 301.

50 Michael Hudson, *Arab Politics* (wie Anm. 19 zu Kap. 1), S. 38.

51 Ebd., S. 79.

52 Tibi, *Arab Nationalism* (wie Anm. 25 zur Einleitg.). Siehe auch die in Tawfic E. Farrah (Hrsg.), *Pan-Arabism and Arab Nationalism* (wie Anm. 56 zu Kap. 5), dokumentierte Debatte, insbes. den Beitrag von Elia Chalala, S. 18–50.

53 M. Hudson, *Arab Politics* (wie Anm. 19 zu Kap. 1), S. 56 f.

54 Anthony D. Smith, *The Ethnic Origins of Nations,* Oxford 1986, S. 15.

55 Milton J. Esman und Itamar Rabinovich (Hrsg.), *Ethnicity, Pluralism* … (wie Anm. 8 zu Kap. 5).

56 A. D. Smith, *The Ethnic Origins of Nations* (wie Anm. 54), S. 7–13.

57 Ebd., S. 10. Siehe auch die Beiträge in Charles Tilly (wie Anm. 42 zu Kap. 5).

58 Ali Eddin Hilal-Dessouki und Dj. Matar, *al-Nizam al-iqlimi al-'Arabi* (Das arabische Regionalsystem), Beirut 1983; Saad Eddin Ibrahim, *The New Arab Social Order. A Study of the Social Impact of Oil Wealth,* Boulder/Col. 1982.

59 Ghassan Salamé, *al-Mudjtama' wa al-daula fi al-maschriq al-'Arabi* (Gesellschaft und Staat im arabischen Osten), Beirut 1987, S. 69–114.

60 C. Geertz, *The Interpretation of Cultures* (wie Anm. 11 zu Kap. 1).

61 W. Montgomery Watt, *Islamic Political Thought,* Edinburgh 1968, S. 14. Siehe auch ders., *Muhammad at Medina,* Oxford [6]1977, S. 144–149.

62 A. D. Smith, *The Ethnic Origins of Nations* (s. Anm. 54), S. 35 ff.

63 Marshall W. Murphree, »Ethnicity and Third World Development«, in: Rex und Mason (Hrsg.), *Theories of Race* … (s. Anm. 45), S. 153–169, hier S. 157.

64 John Waterbury, »An Attempt to Put Patrons and Clients in Their Context«, in: Ders. und Ernest Gellner (Hrsg.), *Patrons and Clients,* London 1977, S. 329–332.

65 Vgl. den Beitrag von Gabriel Ben-Dor, zit. in Anm. 8 zu Kap. 5.

66 Charles Tilly (Hrsg.), *The Formation of National States* … (wie Anm. 42 zu Kap. 5), S. 45.

67 Bernard Lewis, *The Emergence of Modern Turkey* (wie Anm. 44 zu Kap. 2), S. 45.

68 Kemal Karpat, »The Ottoman Ethnic and Confessional Legacy in the Middle East«, in: Esman und Rabinovich (Hrsg.), *Ethnicity, Pluralism* ... zit. in Anm. 8 zu Kap. 5.

69 Philip Khoury, *Syria and the French Mandate. The Politics of Arab Nationalism, 1920–1945,* Princeton/N.J. 1987, S. 13.

70 Hanna Batatu, »Some Observations on the Social Role of Syria's Ruling Military Group and the Causes for Its Dominance«, *Middle East Journal,* Bd. 45, 3 (1981), S. 331–334. Siehe auch Patrick Seale, *Asad. The Struggle for the Middle East,* Berkeley/Cal. 1989, S. 8–11.

71 Die *Muqaddimah* von Ibn Khaldun wurde von dem berühmten Yale-Gelehrten Franz Rosenthal ins Englische übertragen. Eine gekürzte deutsche Fassung liegt in der Übersetzung von Matthias Pätzold vor. Zu Ibn Khaldun s. Bassam Tibi, *Der wahre Imam* (wie Anm. 12 zur Einleitg.), Kap. 6.

72 Ghassan Salamé, *al-Mudjtama' wa al-daula* ... (s. Anm. 59), S. 24.

73 Muhammad Y. Muslih, *The Origins of Palestinian Nationalism,* New York 1988, S. 214 f.

74 Siehe John Waterburys Fallstudie *The Egypt of Nasser and Sadat,* Princeton/N.J. 1983, S. 93–100.

75 Geprägt wurde dieser Begriff von Hedley Bull in seinem klassischen Werk, zit. in Anm. 12 zu Kap. 1.

76 Anthony Giddens, *The Nation-State* ... (wie Anm. 13 zu Kap. 1), S. 214.

77 Siehe Josef van Ess, *Theologie und Gesellschaft im 2. und 3. Jahrhundert Hidschra. Eine Geschichte des religiösen Denkens im frühen Islam,* 5 Bde., hier Bd. 1, Berlin 1991.

Kapitel 7 – Die fundamentalistische Ideologie: Kontext und Textquellen

1 Zu diesem umstrittenen Thema vgl. den Lexikon-Artikel von B. Tibi, »Fundamentalism« (wie Anm. 43 zu Kap. 4). Zur gegenteiligen Ansicht s. John L. Esposito und John O. Voll, *Islam and Democracy,* New York 1996, und dazu meine kritische Rezension in: *Journal of Religion* (Chicago), Bd. 78 (Oktober 1998), H 4, S. 667 ff.

2 Siehe Bassam Tibi, »The Iranian Revolution and the Arabs«, nachgewiesen in Anm. 35 zur Einleitg.

3 Vgl. C. Geertz, *The Interpretation of Cultures* (wie in Anm. 11 zu

Kap. 1) und B. Tibi, *Der Islam und das Problem der kulturellen Be-wältigung ...* (wie Anm. 2 zu Kap. 2).

4 R. Hrair Dekmejian, *Islam in Revolution. Fundamentalism in the Arab World,* Syracuse/N.Y. 1985, insbes. das Kap. »Islamic Ideology and Practice«, S. 37–58.

5 Siehe z. B. Daniel Pipes, *In the Path of God* (wie Anm. 27 zu Kap. 4); Edward Mortimer, *Faith and Power. The Politics of Islam,* London 1982.

6 Siehe z. B. die Beiträge in James Piscatori (Hrsg.), *Islam in the Political Process,* Cambridge 1983; John L. Esposito (Hrsg.), *Islam and Political Development. Religion and Sociopolitical Change,* Syracuse/N.Y. 1980; Shireen T. Hunter (Hrsg.), *The Politics of Islamic Revivalism,* Bloomington/Ind. 1988.

7 Sehr interessant ist Olivier Roys Buch *Islam and Resistance in Afghanistan* (wie Anm. 6 zu Kap. 2), während seine Studie *The Failure of Political Islam,* Cambridge/Mass. 1994, eher problematisch ist.

8 Emmanuel Sivan, *Radical Islam* (wie Anm 8 zu Kap. 3). Siehe auch Ders., *Interpretations of Islam. Past and Present,* Princeton/N.J. 1985; Youssef M. Choueiri, *Islamic Fundamentalism* (wie Anm. 36 zu Kap. 2); Nazih Ayubi, *Political Islam,* London 1991.

9 Der Begriff *Nizam* taucht weder im Koran noch in den anderen klassischen Quellen auf. Siehe Wilfred C. Smith, *The Meaning and End of Religion,* Neudruck New York 1978, S. 117.

10 Siehe Bernard Lewis, *The Political Language of Islam,* Chicago 1988, S. 3–6.

11 Anwar 'Abd al-Malek, *al-Fikr al-'Arabi fi ma'rakat al-nahda* (Arabisches Denken im Kampf einer Renaissance), Beirut ²1978, S. 115.

12 Zu Yusuf al-Qaradawi, *Hatmiyyat al-hall al-Islami* vgl. Anm. 17 zu Kap. 2 und Anm. 59 zu Kap. 5.

13 Ervand Abrahamian, *Khomeinism,* Berkeley/Cal. 1993.

14 Muhammad Salim al-'Awwa, *Fi al-nizam al-siyasi ...* (wie Anm. 23 zu Kap. 1).

15 Bernard Lewis, *The Emergence of Modern Turkey* (wie Anm. 44 zu Kap. 2), S. 21–39.

16 Zu weiteren Einzelheiten über al-Husri und den Panarabismus s. Bassam Tibi, *Arab Nationalism* (wie Anm. 25 zur Einleitg.).

17 Abdallah Laroui, *The Crisis of the Arab Intellectuals. Traditionalism or Historicism?,* Berkeley/Cal. 1986, S. VII–XI. Zu den Auswirkun-

gen des Sechstagekriegs s. auch den neuen Teil 5 zur 3., erweiterten Aufl. von Tibi, *Arab Nationalism* (vgl. Anm. 25 zur Einleitg.).

18 Sadiq Djalal al-'Azm, *al-Naqd al-dhati ba'd al-hazima* (Selbstkritik nach der Niederlage), Beirut [4]1970. Weitere Meinungsäußerungen (auch von mir), auf die ich hier anspiele, erschienen in den Beiruter Zeitschriften *Dirasat, 'Arabiyya, al-Adab, al-'Ulum* und – vor allem – *Mawaqif.* F. Ajami behandelt in *The Arab Predicament* (wie Anm. 57 zur Einleitg.), nur die in *Mawaqif* geführte Debatte, einschließlich der Beiträge von al-'Azm und mir.

19 Zu einer Erwähnung und Kontextualisierung dieses Artikels von mir s. Ajami, *The Arab Predicament* (wie Anm. 57 zur Einleitg.), S. 28 f.

20 Bassam Tibi, »The Renewed Role of Islam in the Political and Social Development of the Middle East«, *The Middle East Journal*, Bd. 37, 1 (1983), S. 3–13. Zu den Auswirkungen des Sechstagekriegs s. Ders., *Konfliktregion Naher Osten* (wie Anm. 6 zur Einleitg.), Teil 2.

21 Hinsichtlich der politischen Rolle des Islam in diesen Fällen s. die folgenden Studien: zur Muslimbruderschaft s. Richard P. Mitchell, *The Society of Muslim Brothers* (wie Anm. 48 zur Einleitg.); zum wahhabitischen Saudi-Arabien s. Helen Lackner, *A House Built on Sand*, London 1978; zum Islam im kolonialen Algerien s. Ali Merad, *Le Réformisme Musulman en Algérie,* Paris 1967.

22 Siehe B. Tibi, »Islam and Modern European Ideologies« (wie Anm. 40 zu Kap. 4).

23 Anis Sayigh, *al-Haschimiyun wa al-thaura al-'Arabiyya al-kubra* (Die Haschimiten und die große arabische Revolte), Beirut 1966, S. 238 f.

24 H. al-Banna, *Madjmu'at rasa'il …* (wie Anm. 49 zur Einleitg), S. 14.

25 Muhammad al-Mubarak, *al-Umma al-'Arabiyya …* (wie Anm. 62 zu Kap. 5), S. 43, 108 f. Siehe auch B. Tibi, »Islam and Arab Nationalism« (wie Anm. 39 zu Kap. 3), S. 59–74.

26 Siehe z.B. 'Abdulrahman al-Bazzaz, *Hadhihi qaumiyatuna* (Dies ist unser Nationalismus), Kairo [2]1964, S. 230 ff. In bezug auf die heutige Zeit spricht al-Bazzaz von einem »modernen arabischen Nationalismus« (ebd., S. 369 ff.).

27 Siehe Bassam Tibi, »The Worldview of Sunni Arab Fundamentalists« (wie Anm. 59 zur Einleitg). Zu Säkularisierung und sozialem Wandel s. Ders., »Islam and Secularization. Religion and the Functional Differentiation of the Social System«, *Archives for Philosophy of Law and Social Philosophy,* Bd. 66, 2 (1980), S. 207–222.

28 Muhammad el-Bahy (mit dieser der üblichen Transliteration – el-Bahi – widersprechenden Schreibweise seines Namens reichte er 1936 seine Hamburger Dissertation ein), *Muhammad Abduh. Eine Untersuchung seiner Erziehungsmethode zum Nationalbewußtsein und zur nationalen Erziehung in Ägypten,* Dissertation, Universität Hamburg 1936.

29 Muhammad el-Bahi, *al-Fikr al-Islami al-hadith wa silatuhu fi al-istimar al-gharbi* (Das moderne islamische Denken und seine Verbindung zum Imperialismus des Westens), Kairo [4]1964, S. 15 ff. Als dieses Buch erschien, war al-Bahi Scheich/Rektor der al-Azhar.

30 Ebd., S. 409.

31 Edward Said, *Orientalismus,* Frankfurt/M.–Berlin–Wien 1981, S. 8–16 (eine sehr mangelhafte Übersetzung von *Orientalism*, New York 1978).

32 Sadiq Djalal al-'Azm, *al-Istischraq wa al-istischraq ma'kusan* (Orientalismus und umgekehrter Orientalismus), Beirut 1981, inzwischen auch abgedruckt in Ders., *Dhihniyyat al-tahrim* (Die Mentalität des Tabus), London 1992. Zu al-'Azm s. Anm. 18.

33 Der Dualismus von Orient und Okzident ist schlichtweg eine moderne Version der manichäistischen Zweiteilung der Welt. Saids Anti-Orientalismus hat ganz klar den Beigeschmack eines solchen romantisierenden Manichäismus. Maxime Rodinson hält Saids Argumentation wie ich selbst zwar für wichtig, warnt aber vor dem »Schdanowismus«, das heißt vor der Aufteilung der Welt in Freund und Feind. Siehe Maxime Rodinson *La fascination de l'Islam,* Paris 1980, S. 14 f.

34 'Abdulhalim Mahmud, *Urubba wa al-Islam* (Europa und der Islam), Kairo 1979, S. 39 ff.; Ahmad M. Djamal, *Muhadarat fi al-thaqafa al-Islamiyya* (Vorlesungen über die islamische Zivilisation), Kairo [3]1975, S. 11–28.

35 Siehe die vom International Institute of Islamic Thought in Herndon/Va. herausgegebene Reihe *Toward Islamization of Disciplines.* Zu einer kritischen Sicht s. Bassam Tibi, »Culture and Knowledge« (wie Anm. 26 zu Kap. 3).

36 'Ali 'Abd al-Raziq, *al-Islam wa usul al-hukm* (wie Anm. 47 zur Einleitg). Diese zuerst 1925 erschienene Arbeit wurde angegriffen unter anderem von Mahmud 'Abdulmaula, *Anzimat al-mudjtama'* ... wie Anm. 74 zu Kap. 5), S. 47 ff., und Muhammad Salim al-'Awwa, *Fi al-nizam al-siyasi* ... (wie Anm. 23 zu Kap. 1), S. 131 ff. Frühere Attacken finden sich unter anderem in den in Anm. 41 angeführten Büchern.

37 Siehe Tareq und Jacqueline Ismael, *Government and Politics in Islam*, London 1985.

38 Zum Gegensatz von schriftgläubigem und historischem Islam s. die Einschätzung von Clifford Geertz, *Religiöse Entwicklungen im Islam. Beobachtet in Marokko und Indonesien*, mit einem Nachwort von B. Tibi, Frankfurt/M. ²1991.

39 Siehe Mohammed Arkoun, *Rethinking Islam. Common Questions, Uncommon Answers*, Boulder/Col. 1994.

40 Zu Ridas Ansichten und Verweisen s. Malcolm Kerrs berühmte Studie *Islamic Reform* (wie Anm. 42 zur Einleitg.).

41 Die bibliographischen Angaben sind: Muhammad Yusuf Musa, *Nizam al-hukm fi al-Islam* (Das politische System des Islam), Kairo 1962; Muhammad Dia'uddin al-Rayes, *al-Nazariyyat al-siyasiyya al-Islamiyya* (Die politischen Theorien des Islam), Kairo 1953; 'Abdulhamid Mutawalli, *Mabadi' nizam al-hukm fi al-Islam* (Prinzipien des Regierungssystems im Islam), Alexandria 1964.

42 Mahmud Schaltut, *al-Islam 'aqida wa schari'a* (Der Islam als Dogma und Gesetz), Kairo ¹⁰1980.

43 Ebd., S.433.

44 Ebd., S.440. Siehe das Kap. über die *Schura* in Bassam Tibi, *Der wahre Imam* (wie Anm. 12 zur Einleitg.), Kap. 10, S.315–332.

45 Siehe Scheich Djadulhaq Ali Djadulhaq, *Bayan li al-Nas* (wie Anm. 49 zu Kap. 3). Dieser Azhar-Scheich starb im März 1996. Sein Nachfolger ist Sayyid Tantawi.

46 'Ali M. Djarischa und Muhammad S. Zaibaq, *Asalib al-ghazu al-fikri* ... (wie Anm. 28 zu Kap. 4), hier S.201–204.

47 Zu al-Tahtawi s. Albert Hourani, *Arabic Thought in the Liberal Age*, Oxford 1992, S.67–82. Siehe auch das Kap. über al-Tahtawi in Tibi, *Der wahre Imam* (wie Anm. 12 zur Einleitg.), Kap. 7, S.221–237, mit Verweisen.

48 Zu dem vom Verschwörungsverdacht geprägten Denken im heutigen arabisch-islamischen Nahen Osten s. Bassam Tibi, *Die Verschwörung* (wie Anm. 21 zu Kap. 1).

49 Djarischa und Zaibaq, *Asalib al-ghazu al-fikri* ... (wie Anm. 28 zu Kap. 4), S.239.

50 Ebd., S.60f. Diese antisemitische Haltung findet sich auch bei Faruq Abdel-Salam, *al-Ahzab al-siyasiyya wa al-fasl bain al-din wa al-siyasa* (Politische Parteien und die Trennung von Religion und Politik), Kairo 1979, S.8–36 sowie auf S.53f.

51 Siehe Ibn Taimiyya, *al-Siyasa al-schar'iyya* ... (wie Anm. 8 zu Kap. 3).

52 Siehe Bassam Tibi, »Authority and Legitimation«, in: *The Oxford Encyclopedia of the Modern Islamic World*, Bd. 1, S. 155–160.

53 Djarischa und Zaibaq, *Asalib al-ghazu al-fikri* ... (wie Anm. 28 zu Kap. 4), S. 239.

54 Ebd., S. 248f.

55 Mark Juergensmeyer, *The New Cold War?* (wie Anm. 40 zu Kap. 1), S. 199.

56 Siehe Muhammad al-Ghazali, *Huquq al-insan bain ta'alim al-Islam wa i'lan al-umam al-muttahida* (Die Menschenrechte zwischen islamischer Lehre und UN-Deklaration), Kairo ³1984.

57 Diese *Fetwa* ist in Auszügen abgedruckt in der in London erscheinenden arabischen Zeitung *al-Hayat* vom 23. Juni 1993. Zu dieser *Fetwa* s. Bassam Tibi, *Im Schatten Allahs* (wie Anm 29 zu Kap. 1), S. 175–178.

58 Siehe das *Schari'a*-Kap. in B. Tibi, *Im Schatten Allahs* (wie Anm. 29 zu Kap. 1), S. 194–216.

59 Siehe Bassam Tibi, »Islamic Law/Shari'a ...« (wie Anm 48 zu Kap. 2).

60 Siehe Flora Lewis, »In Algeria and Elsewhere. A War on Liberal Thought«, *International Herald Tribune*, 20. August 1993.

61 'Ali Husni al-Khartabuli, *al-Islam wa al-khilafa* (Der Islam und das Kalifat), Beirut 1969, S. 39.

62 Muhammad Said al-Aschmawi, *al-Khilafa al-Islamiyya* (wie Anm. 68 zu Kap. 5), Kairo 1990, S. 21.

63 Zu diesen Autoren gehört Muhammad Said al-Aschmawi mit seinem Buch *al-Islam al-siyasi* (Der politische Islam), Kairo ²1989. Ein prominenter Vertreter des aufgeklärten Islam ist Mohammed Arkoun mit seiner Studie *Rethinking Islam* (s. Anm. 39).

64 Mark Juergensmeyer, *The New Cold War?* (wie Anm. 40 zu Kap. 1), S. 199.

KAPITEL 8 – DIE IDEE EINES ISLAMISCHEN STAATES UND DER RUF NACH ANWENDUNG DER *Schari'a*/DES GOTTESGESETZES

1 Von reformistischen Muslimen wie al-Aschmawi (vgl. Anm. 63 zu Kap. 7) wird der Begriff »politischer Islam« zur Bezeichnung des

religiösen Fundamentalismus vorgezogen. Siehe auch den informativen Überblick bei Hala Mustafa, *al-Islam al-siyasi fi Misr* (Der politische Islam in Ägypten), Kairo 1992.

2 Zum Kalifat s. das klassische Werk von Sir Thomas Arnold, *The Caliphate*, London ²1965 (Erstausgabe 1924). Eine reformistische Sichtweise findet sich bei Muhammad Said al-Aschmawi, *al-Khilafa al-Islamiyya* (wie Anm. 68 zu Kap. 5). Zur Idee eines islamischen Staats s. unter anderem Abdulrahman A. Kurdi, *The Islamic State* (wie Anm. 21 zu Kap. 2).

3 William C. Chittick, *The Sufi Path of Love* (wie Anm. 18 zur Einleitg.).

4 Zu al-Farabis vollkommenem Staat s. Bassam Tibi, *Der wahre Imam* (wie Anm. 12 zur Einleitg.), Kap. 4, S. 133–150 (mit Verweisen). Vgl. auch das Kap. über Demokratie und Fundamentalismus im selben Buch, S. 333–348. Diese Ansichten wurden international anerkannt durch die Aufnahme meines Artikels »Fundamentalism« in das autoritative Werk von Seymour M. Lipset (Hrsg.), *The Encyclopedia of Democracy* (wie Anm. 43 zu Kap. 4). In der Interpretation von John L. Esposito und John O. Voll, *Islam and Democracy,* New York 1996, vermisse ich die Unterscheidung zwischen Islam und politischem Islam beziehungsweise Fundamentalismus, die ein Hauptargument des vorliegenden Buchs ist. Vgl. Anm. 1 zu Kap. 7.

5 M. ʼAbdulmaula, *Anzimat al-mudjtamaʼ* … (wie Anm. 74 zu Kap. 5). In diesem Buch wird behauptet, der Islam sei eine *Din wa daula*/Einheit von Religion und Staat. Dagegen argumentiert Hischam Qublan in *Maʼa al-Qurʼan fi al-din wa al-dunya* (Der Koran als Leitfaden in Angelegenheiten der Religion und der Welt), Beirut–Paris 1986, S. 125–133, der Islam sei eine Art zu leben, also *Din wa dunya*. Somit ist der Islam entweder fundamentalistisch eine *Din wa daula* oder wie klassisch eine *Din wa dunya*/religiöse Lebensführung; beide werden oft bewußt verwechselt.

6 Siehe ʼAli ʼAbd al-Raziq, *al-Islam wa usul al-hukm* (wie Anm. 47 zur Einleitg.). Zu diesem Thema s. B. Tibi, *Arab Nationalism* (wie Anm. 25 zur Einleitg.), S. 107–177.

7 Muhammad Salim al-ʼAwwa, *Fi al-nizam al-siyasi* … (wie Anm. 23 zu Kap. 1), S. 22.

8 ʼAli M. Djarischa und Muhammad S. Zaibaq, *Asalib al-ghazu al-fikri* … (wie Anm. 28 zu Kap. 4).

9 al-ʼAwwa, *Fi al-nizam al-siyasi* … (wie Anm. 23 zu Kap. 1), S. 22 f.

10 Siehe Max Weber, »Die drei reinen Typen der legitimen Herrschaft«, in: Ders., *Soziologie, Weltgeschichtliche Analysen, Politik,* Stuttgart 1964, S. 151–166.

11 Siehe Marshall G. S. Hodgson, *The Venture of Islam* (wie Anm. 9 zu Kap. 6), Bd. 1, S. 280–296.

12 Zu dieser Betrachtungsweise der islamischen Geschichte im Sinne Ibn Khalduns s. Bassam Tibi, *Der wahre Imam* (wie Anm. 12 zur Einleitg.), Kap. 6, S. 179–209.

13 al-'Awwa, *Fi al-nizam al-siyasi...* (wie Anm. 23 zu Kap. 1), S. 10 f.

14 Zu 'Abd al-Raziqs islamischem Liberalismus s. Leonard Binder, *Islamic Liberalism,* Chicago 1988, S. 128–169.

15 al-'Awwa, *Fi al-nizam al-siyasi...* (wie Anm. 23 zu Kap. 1), S. 11 und 130.

16 Zu diesem vom Verschwörungsverdacht beherrschten Denken in der Politik des Nahen Ostens s. Bassam Tibi, *Die Verschwörung* (wie Anm. 21 zu Kap. 1). Spanische Ausgabe: *La Conspiración. El trauma de la política árabe,* Barcelona 1996.

17 al-'Awwa, *Fi al-nizam al-siyasi...* (wie Anm. 23 zu Kap. 1), S. 127.

18 Joseph Schacht, *An Introduction to Islamic Law* (wie Anm. 25 zu Kap. 4), S. 54.

19 al-'Awwa, *Fi al-nizam al-siyasi...* (wie Anm. 23 zu Kap. 1), S. 75–82.

20 Ebd., S. 129.

21 Siehe Bassam Tibi, »The Worldview of Sunni Arab Fundamentalists« (wie Anm. 9 zur Einleitg.).

22 al-'Awwa, *Fi al-nizam al-siyasi...* (wie Anm. 23 zu Kap. 1), S. 146 f.

23 Ebd., S. 191–252.

24 Ebd., S. 255–260.

25 Ebd., S. 259.

26 Ebd., S. 280.

27 Siehe B. Tibi, »The Iranian Revolution *and the Arabs*« (wie Anm. 35 zur Einleitg.).

28 E. Hobsbawm und T. Ranger (Hrsg.), *The Invention of Tradition* (wie Anm. 32 zu Kap. 2).

29 Husain Fauzi al-Nadjar, *al-Islam wa al-siyasa. Bahth fi usul al-nazariyya al-siyasiyya wa nizam al-hukm fi al-Islam* (Der Islam und die Politik. Eine Untersuchung über die Grundlagen der politischen Theorie und des politischen Systems des Islam), Kairo 1977, S. 64.

30 Ebd., S. 66.

31 Ebd., S. 172.

32 Ebd., S. 202 und 205. Zu diesem Thema s. das autoritative Werk von Sir Hamilton Gibb, *Studies on the Civilization of Islam,* Princeton/N.J. 1982, insbes. Teil 2, S. 141–165.

33 al-Nadjar, *al-Islam wa al-siyasa* (s. Anm. 29), S. 74.

34 al-'Awwa, *Fi al-nizam al-siyasi ...* (wie Anm. 23 zu Kap. 1), S. 153 f.

35 Siehe Hisham Sharabi, *Neopatriarchy* (wie Anm. 31 zu Kap. 6), insbes. Kap. 8, S. 104–124.

36 Siehe die Verweise auf Schacht und Coulson in Anm. 38 sowie Kap. 7 über die *Schari'a* in Bassam Tibi, *Im Schatten Allahs* (wie Anm. 29 zu Kap. 1).

37 Siehe das Kap. über den Sudan in B. Tibi, *Die Verschwörung* (wie Anm. 53 zur Einleitg.), S. 191–208.

38 Siehe die Standardwerke von Schacht, *An Introduction to Islamic Law* (wie Anm. 25 zu Kap. 4), und Noel J. Coulson, *A History of Islamic Law,* Edinburgh [3]1978.

39 Siehe Ann E. Mayer, »The Shari'a«, in: Nicholas Heer (Hrsg.), *Islamic Law and Jurisprudence,* Seattle–London 1990, S. 177–198.

40 Veröffentlicht in der in London erscheinenden arabischen Zeitung *al-Hayat,* 23. Juni 1993. Zu weiteren Einzelheiten über diese *Fetwa* s. Bassam Tibi, *Im Schatten Allahs* (wie Anm. 29 zu Kap. 1), S. 175–178.

41 Johannes J. G. Jansen, *The Neglected Duty* (wie Anm. 46 zu Kap. 3).

42 Siehe Nabil 'Abdul al-Fattah, *al-Mishaf wa al-saif* (Das Heilige Buch und das Schwert), Kairo 1984. In diesem Buch behandelt 'Abdul al-Fattah vom al-Ahram Center in Kairo Ideologie und Taten der islamisch-fundamentalistischen Untergrundgruppe *al-Djama'a al-Islamiyya* in Ägypten.

43 Der *Koran* wird hier wie im folgenden zitiert nach: *Der Koran,* übers. v. Abdel Theodor Khoury, unter Mitwirkung von Muhammad Salim Abdullah, Gütersloh 1987.

44 Muhammad al-Aschmawi, *Usul al-schari'a* (Die Ursprünge der *Schari'a*), Kairo 1983, S. 53 und 93. Siehe auch Ders., *al-Schari'a al-Islamiyya wa al-kanun al-Misri* (Die islamische *Schari'a* und das ägyptische Recht), Kairo 1996.

45 al-Aschmawi, *Usul al-schari'a* (s. Anm. 44), S. 31. Siehe auch al-Aschmawis kritische Studie *al-Khilafa al-Islamiyya* (wie Anm. 68 zu Kap. 5).

46 Nasr Hamid Abu-Zaid, *Naqd al-khitab al-dini* (Kritik des religiösen Diskurses), Neuausgabe mit allen Dokumenten zur Affäre Abu-Zaid, Kairo 1995.

47 Hussain Ahmad Amin, *Dalil al-Muslim al-hazin* (Führer des traurigen Muslims) / *Haul a-da'wa ila tatbiq al-schari'a al-Islamiyya* (Gedanken über die Forderung nach Anwendung der islamischen *Schari'a*), 3. Aufl. des »*Dalil* ...«, 2. Aufl. des »*Haul* ...« in einem Band, Kairo 1987, hier S. 198.

48 Ebd., S. 290.

49 Siehe Mahmoud M. Taha, *The Second Message of Islam*, übersetzt, hrsg. und mit einer Einleitung von Abdullahi A. An-Na'im, Syracuse/N.Y. 1987.

50 Siehe das *Schura*-Kap. in Bassam Tibi, *Der wahre Imam* (wie Anm. 12 zur Einleitg.), S. 315–332.

51 Mustafa Abu-Zaid-Fahmi, *Fan al-hukm fi al-Islam* (Die Regierungskunst im Islam), Kairo 1981, S. 195–255.

52 Michael Hudson, »Islam and Political Development«, in: John L. Esposito (Hrsg.), *Islam and Political Development* (wie Anm. 6 zu Kap. 7), S. 1–24, hier S. 12.

53 Siehe Bassam Tibi, »Démocratie et Démocratisation en Islam. La quête d'un Islam éclaire et les contre-forces de l'autoritarisme et du fundamentalisme religieux«, in: *Revue Internationale de Politique Comparée*, Bd. 2, 2 (September 1995), S. 285–299.

54 Zu weiteren Einzelheiten über Maududis Ansichten s. Muhammad Dharif, *al-Islam al-siyasi*... (wie Anm. 27 zur Einleitg.), insbes. S. 98 f.

55 Schakib Arslan, *Limatha ta'akhara al-Muslimun wa limatha taqadama ghairuhum* (Warum sind die Muslime rückständig, während andere sich entwickelt haben?), Beirut [2]1965. In neuerer Zeit hat sogar ein Professor der al-Azhar-Universität Arslans Konzept einer Synthese von Islam und Arabismus wiederaufgenommen: Ahmed al-Scharabasi, *Schakib Arslan. Da'iyat al-'uruba wa al-Islam* (Schakib Arslan. Der Aufruf zu Arabismus und Islam), Beirut [2]1987.

56 M. Arkoun, *Rethinking Islam* (wie Anm. 39 zu Kap. 7).

57 Abdullahi A. An-Na'im, *Toward an Islamic Reformation*, Syracuse/N.Y. 1990.

58 Zu einer Diskussion der Ideen von An-Na'im s. die Beiträge von Mohammed Arkoun, Bassam Tibi, Ann E. Mayer, Roy Mottahadeh und anderen in: T. Lindholm und K. Vogt (Hrsg.), *Islamic Law Reform and Human Rights* (wie Anm. 40 zu Kap. 2).

59 Abdallah Laroui, *The Crisis of the Arab Intellectuals* (wie Anm. 17 zu Kap. 7), Teil 2.

Kapitel 9 – Demokratie und Demokratisierung im Islam: Eine Alternative zum Fundamentalismus

1 Siehe die aktuelle Studie von Anthony H. Birch, *Concepts and Theories of Modern Democracy*, London 1993, und die 1993 erschienene Neuausgabe von Carol C. Gould, *Rethinking Democracy*, Cambridge 1988.

2 David E. Apter, *The Politics of Modernization*, S. 457; siehe auch Apters neueres Buch *Rethinking Development* (beide wie Anm. 5 zu Kap. 4).

3 Samuel P. Huntington, *The Third Wave. Democratization in the Late Twentieth Century*, Norman/Okla. 1991.

4 Eine deutsche Fassung meines Diskussionspapiers ist abgedruckt in der Festschrift für meinen akademischen Mentor Iring Fetscher: Herfried Münkler (Hrsg.), *Die Chancen der Freiheit. Grundprobleme der Demokratie*, München 1992, S. 199–223.

5 Siehe Bassam Tibi, »Fundamentalism« (wie Anm. 43 zu Kap. 4).

6 Bassam Tibi, *Der wahre Imam* (wie Anm. 12 zur Einleitg.), Teil 2, insbes. Kap. 4.

7 Die autoritative Geschichte der islamischen Zivilisation ist M. G. S. Hodgson, *The Venture of Islam* (wie Anm. 9 zu Kap. 6).

8 J. Kelsay, *Islam and War* (wie Anm. 53 zu Kap. 1), S. 117.

9 Zu weiteren Einzelheiten über dieses Konzept s. B. Tibi, »Islamic Law/Shari'a ...« (wie Anm. 48 zu Kap. 2).

10 Robert Kaplan, »The Coming Anarchy« (wie Anm. 48 zu Kap. 1).

11 Siehe Bassam Tibi, »Nationalisten gefährden Indiens Vielvölkerstaat«, *Berliner Morgenpost*, 30. Mai 1996, S. 4. Siehe auch Kap. 7 über Indien in Ders., *Der religiöse Fundamentalismus im Übergang zum 21. Jahrhundert*, Mannheim 1995, S. 97–106.

12 Fred von der Mehden, *Two Worlds of Islam* (wie Anm. 32 zu Kap. 3), S. 97.

13 Siehe die deutsche Übersetzung von al-Tahtawis Pariser Tagebuch (arab.: *Takhlis al-ibiz fi takhlis Paris*) *Ein Muslim entdeckt Europa* (wie Anm. 44 zur Einleitg.), S. 223.

14 Leonard Binder, *Islamic Liberalism* (wie Anm. 14 zu Kap. 8).

15 'Abbas Mahmud al-'Aqqad, *al-Demoqratiyya fi al-Islam* (Demokratie im Islam), Kairo 1952. Das Buch ist in vielen Auflagen erschienen.

16 Siehe W. Montgomery Watt, *Islamic Philosophy and Theology*, Edinburgh 1962; und die Beiträge in der Festschrift für Muhsin Mahdi:

Charles Butterworth (Hrsg.), *The Political Aspects of Islamic Philosophy*, Cambridge/Mass. 1992. Siehe auch die Verweise in Anm. 19 und mein in Anm. 6 zitiertes Buch.

17 Leslie Lipson, *The Ethical Crises of* ... (wie Anm. 3 zu Kap. 2), S. 63.

18 Ernst Bloch, *Avicenna und die aristotelische Linke*, Frankfurt/M. 1963, S. 30.

19 Eine ausführliche Darstellung der beiden konkurrierenden Traditionen in der islamischen Geistesgeschichte mit umfangreichen Verweisen ist in meiner in Anm. 22 zu Kap. 5 nachgewiesenen Arbeit zu finden.

20 Hamid Enayat, *Modern Islamic Political Thought*, Austin/Tex. 1982, S. 138 f.

21 Richard J. Payne, *The Clash with Distant Cultures. Values, Interest and Force in American Foreign Policy*, New York 1995.

22 Siehe Bassam Tibi, *Arab Nationalism* (wie Anm. 41 zu Kap. 2).

23 Siehe den Beitrag von Roger Owen in: Ellis Goldberg u. a. (Hrsg.), *Rules and Rights in the Middle East. Democracy, Law, and Society*, Seattle–London 1993, S. 17–40.

24 Zu diesem Krieg und seinen Auswirkungen s. Bassam Tibi, *Konfliktregion Naher Osten*, München ²1991, Teil 2.

25 Diese Behauptung findet sich in John L. Esposito, *The Islamic Threat* (wie Anm. 5 zu Kap. 1), S. 184–189. Zu der Auseinandersetzung mit Esposito vgl. Anm. 1 zu Kap. 7.

26 Goldberg u. a. (s. Anm. 23), S. 8.

27 Siehe die auf Beobachtungen in Algerien beruhenden Kap. in Bassam Tibi, *Die Verschwörung* (wie Anm. 53 zur Einleitg.), S. 161 ff., 228 ff.

28 Abu al-A'la al-Maududi, *al-Islam wa al-madaniyya al-haditha* (Der Islam und die moderne Zivilisation), Neudruck, Kairo o. J., S. 41 f. Zu diesen Ansichten Maududis s. M. Dharif, *al-Islam al-siyasi* ... (wie Anm. 27 zur Einleitg.), S. 98 f.

29 Sayyid Qutb, *Ma'alim fi al-tariq* (wie Anm. 45 zu Kap. 3), S. 5 f.

30 Yusuf al-Qaradawi, *Hatmiyyat al-hall al-Islami* (wie Anm. 17 zu Kap. 2), Bd. 1, S. 51, 53.

31 Siehe meine Interpretation der *Hakimiyyat Allah*/Gottesherrschaft als neuer Variante des Totalitarismus in meinem Buch *Der wahre Imam* (wie Anm. 12 zur Einleitg.), S. 349–362.

32 Wie Muhammad Said al-Aschmawi in *Usul al-schari'a* (wie Anm. 44

zu Kap. 8), S. 52 ff., argumentiert, ist die *Schari'a* als koranische Ethik göttlich, denn sie ist *Din*/Religion, während religiöses Denken von Menschen (wie der *Fiqh*/die Jurisprudenz) nur eine Interpretation von Menschen ist und deshalb nicht göttlich sein kann.

33 Enayat, *Modern Islamic Political Thought* (s. Anm. 20), S. 131.

34 Maßgeblich ist Joseph Schacht, *An Introduction to Islamic Law* (wie Anm. 25 zu Kap. 4). Siehe auch Bassam Tibi, *Im Schatten Allahs* (wie Anm. 29 zu Kap. 1), S. 194–216.

35 Enayat, *Modern Islamic Political Thought* (s. Anm. 20), S. 131.

36 Ebd., S. 126.

37 M. Arkoun, *Rethinking Islam* (wie Anm. 39 zu Kap. 7).

38 B. Tibi, *Der Islam und das Problem der kulturellen Bewältigung …* (wie Anm. 2 zu Kap. 2).

39 Enayat, *Modern Islamic Political Thought* (s. Anm. 20), S. 135.

40 Ebd.

41 Ich beziehe mich hier auf das von Samuel P. Huntington in *Political Order in Changing Societies,* New Haven/Conn. 1968, entwickelte Konzept des geringen Grades der Institutionalisierung. Zu diesem Konzept in bezug auf den Nahen Osten s. Bassam Tibi, *Das arabische Staatensystem* (wie Anm. 55 zur Einleitg.), Kap. 1.

42 Markaz Dirasat al-Wihda al-'Arabiyya/Center for Arab Unity Studies/CAUS (Hrsg.), *Azmat al-demoqratiyya fi al-watan al-'Arabi* (Die Krise der Demokratie in der arabischen Welt), Beirut 1984, darin (S. 73–87) mein auf der Konferenz präsentiertes Papier über die strukturellen Erfordernisse der Demokratisierung.

43 Zu den nominellen Staaten des Nahen Ostens s. Bassam Tibi, »The Simultaneity of the Unsimultaneous« (wie Anm. 17 zu Kap. 1).

44 Siehe Hisham Sharabi, *Neopatriarchy* (wie Anm. 31 zu Kap. 8).

45 Zur Rolle der kuwaitischen Kaufleute s. Jill Crystal, *Oil and Politics in the Gulf. Rulers and Merchants in Kuwait and Qatar,* Cambridge 1990. Zu Kuwait s. auch Jacqueline S. Ismael, *Kuwait. Social Change and Historical Perspective,* Syracuse/N.Y. 1982.

46 Zu weiteren Einzelheiten s. das Kap. über Kuwait in Liesl Graz, *The Turbulent Gulf,* London 1990, S. 84–108, hier S. 99.

47 Siehe das Kap. »Demokratie spaltet die arabische Familie« in: Bassam Tibi, *Die Verschwörung* (wie Anm. 53 zur Einleitg.), S. 216–227.

48 Zu diesem Thema s. den Artikel von Bassam Tibi, »Das Königs-Dilemma. Mit der Gründung einer Schura hat in Riad nicht die Demokratie begonnen«, in: *Frankfurter Allgemeine Zeitung,* 17. Dezember

1993, S. 14. Siehe auch das Kap. über die *Schura* in Ders., *Der wahre Imam* (wie Anm. 12 zur Einleitg), S. 315–322.

49 Zu weiteren Einzelheiten s. Bassam Tibi, »The Worldview of Sunni Arab Fundamentalists« (wie Anm. 59 zur Einleitg.).

50 Siehe Bassam Tibi, »Democracy and Democratization in Islam«, in: Michèle Schmiegelow (Hrsg.), *Democracy in Asia*, New York 1997, S. 127–146.

KAPITEL 10 – MENSCHENRECHTE IM ISLAM UND IM WESTEN: KULTURÜBERGREIFENDE GRUNDLAGEN GEMEINSAMER WERTE

1 Siehe die vergleichende Studie von Bassam Tibi, *Der religiöse Fundamentalismus im Übergang zum 21. Jahrhundert*, Mannheim 1995.

2 Zu den gespannten islamisch-westlichen Beziehungen s. W. Montgomery Watt, *Muslim – Christian Encounters* (wie Anm. 19 zu Kap. 4); Hichem Djaït, *Europe and Islam* (wie Anm. 36 zur Einleitg.); Norman Daniel, *Islam and the West* (wie Anm. 36 zur Einleitg.)

3 Siehe die vergleichende Studie von L. Lipson, *The Ethical Crises …* (wie Anm. 3 zu Kap. 2).

4 Benjamin R. Barber, »Jihad vs. McWorld«, *The Atlantic Monthly*, 3 (März 1992), S. 53–65.

5 Siehe Bassam Tibi, »Islam and Secularization« (wie Anm. 27 zu Kap. 7).

6 Zu den beiden Wellen des Hellenismus im Islam, denen eine Periode der Dunkelheit folgte, s. W. Montgomery Watt, *Islamic Philosophie and Theology*, Edinburgh 1962, Teile 2–4.

7 Siehe L. Lipson, *The Ethical Crises…* (wie Anm. 3 zu Kap. 2), S. 62 f.

8 Siehe Anm. 5 und Bassam Tibi, *Die Krise des modernen Islams* (wie Anm. 41 zur Einleitg.).

9 Siehe Bassam Tibi, »Islamic Law/Shari'a, Human Rights …« (wie Anm. 48 zu Kap. 2).

10 Abdullah A. An-Na'im, *Toward an Islamic Reformation* (wie Anm. 57 zu Kap. 8). Zu Na'im vgl. auch Anm. 58 zu Kap. 8.

11 Siehe z. B. von dem Fundamentalisten Mohammed 'Imara, *al-Islam wa huquq al-insan* (Der Islam und die Menschenrechte), Kairo 1989.

12 Siehe Jack Donnelly, *Universal Human Rights in Theory and Practice*, Ithaca/N.Y. 1989.

13 Zu weiteren Einzelheiten s. Ann E. Mayer, *Islam and Human Rights*

(wie Anm. 60 zu Kap. 3); B. Tibi, *Im Schatten Allahs* (wie Anm. 29 zu Kap. 1).

14 Ann E. Mayer, *Islam and Human Rights* (wie Anm. 60 zu Kap. 3), S. 53.

15 Ebd., S. 66.

16 Wolfgang Günther Lerch, »Der offene Islam und seine Feinde«, *Frankfurter Allgemeine Zeitung,* 4. Mai 1995, Rezension von Anke von Kügelgen, *Averroës und die arabische Moderne. Ansätze zu einer Neugründung des Rationalismus im Islam,* Leiden 1994.

17 Mohammed Arkoun, *Rethinking Islam* (wie Anm. 39 zu Kap. 7).

18 Theda Skocpol, *States and Social Revolutions* (wie Anm. 11 zu Kap. 5), S. 23.

19 Das grundlegende Werk über die kulturelle Moderne bleibt Jürgen Habermas, *Der philosophische Diskurs ...* (wie Anm. 11 zu Kap. 2).

20 Siehe z. B. Muhammad al-Ghazali, *Huquq al-insan* (wie Anm. 56 zu Kap. 7).

21 Adam Watson, *The Evolution of International Society* (wie Anm. 41 zu Kap. 5), Kap. 11: »The Islamic System«, S. 112–119.

22 Siehe Hedley Bull, *The Anarchical Society* (wie Anm. 12 zu Kap. 1), S. 273.

23 Siehe die Beiträge in: The Erasmus Foundation (Hrsg.), *The Limits of Pluralism. Neo-Absolutisms and Relativisms,* Amsterdam 1994.

24 Hamid Enayat, *Modern Islamic Thought* (wie Anm. 20 zu Kap. 9), S. 131.

25 Siehe den gedankenvollen Leitartikel von Flora Lewis, »In Algeria and Elsewhere«, *International Herald Tribune,* 20. August 1993.

Bibliographie

Quellen in europäischen Sprachen

Monographien

Abd-Allah, Umar F., *The Islamic Struggle in Syria*, Berkeley/Cal. 1983.

Abrahamian, Ervand, *Khomeinism*, Berkeley/Cal. 1993.

Abu-Amr, Ziad, *Islamic Fundamentalism in the West Bank and Gaza*, Bloomington/Ind. 1994.

Abu-Jaber, Kamel, *The Arab Ba'th Socialist Party*, Syracuse/N.Y. 1966.

Adams, Charles C., *Islam and Modernism in Egypt: A Study of the Modern Reform Movement Inaugurated by Muhammad 'Abduh*, Neudruck New York 1968, erste Ausgabe 1933.

Ajami, Fouad, *The Arab Predicament: Arab Political Thought and Practice after 1967*, Cambridge 1981.

An-Na'im, Abdullahi Ahmed, *Toward an Islamic Reformation*, Syracuse, N.Y., 1990.

Anderson, Benedict, *Imagined Communities*, überarbeitete Aufl. London 1991; deutsch: *Die Erfindung der Nation*, Berlin 1998.

Apter, David, *The Politics of Modernization*, Chicago 1965.

– *Rethinking Development*, London 1987.

Arjomand, Said, *The Turban for the Crown: The Islamic Revolution in Iran*, New York 1988.

Arkoun, Mohammed, *Rethinking Islam: Common Questions, Uncommon Answers*, Boulder/Col. 1994.

Armstrong, Karen, *Holy War: The Crusades and Their Impact on Today's World*, New York 1991.

Arnold, Anthony, *The Fateful Pebble: Afghanistan's Role in the Fall of the Soviet Empire*, Novato/Cal. 1993.

Arnold, Sir Thomas, *The Caliphate*, London ²1965 (¹1924).

Aron, Raymond, *Paix et guerre entre les nations*, Paris 1962; deutsch: *Frieden und Krieg*, Frankfurt/M. 1986.

416

Atkinson, Rick, *Crusade: The Untold Story of the Persian Gulf War*, Boston/Mass. 1993.

Attas, Sayed M. N. al-, *Islam, Secularism and the Philosophy of the Future*, London 1985.

Ayubi, Nazih, *Political Islam*, London 1991.

Bahy, Muhammad el-, *Muhammad Abduh. Eine Untersuchung seiner Erziehungsmethode zum Nationalbewusstsein und zur nationalen Erziehung in Ägypten*, Dissertation, Hamburg 1936.

Baram, Amatzia, *Culture, History and Ideology in the Formation of Ba-'thist Iraq, 1968–1989*, New York 1991.

Barber, Benjamin R., *Jihad vs. McWorld*, New York 1996.

Beetham, David: *The Legitimation of Power*, Basingstoke–London 1991.

Bendix, Reinhard, *Kings or People*, Berkeley/Cal. 1978; deutsch: *Könige oder Volk. Machtausübung und Herrschaftsmandat*, 2 Bde., Frankfurt/M. 1980.

– *Nation-Building and Citizenship: Studies of Our Changing Social Order*, Neuauflage, Berkeley/Cal. 1977.

Binder, Leonard (Hrsg.), *The Study of the Middle East*, New York 1976.

– *Islamic Liberalism*, Chicago 1988.

Birch, Anthony H., *Concepts and Theories of Modern Democracy*, London 1993.

Bloch, Ernst, *Avicenna und die aristotelische Linke*, Frankfurt/M. 1963.

– *Thomas Müntzer als Theologe der Revolution*, Frankfurt/M. 1972.

Borkenau, Franz, *Der Übergang vom feudalen zum bürgerlichen Weltbild. Studien zur Geschichte der Philosophie der Manufakturperiode*, Neudruck Darmstadt 1988 (Erstausg. Paris 1934).

Braudel, Fernand, *A History of Civilizations*, London 1994.

Bremer, Thomas, *Ekklesiale Struktur und Ekklesiologie in der serbisch-orthodoxen Kirche im 19. und 20. Jahrhundert*, Würzburg 1992.

Brzezinski, Zbigniew, *Between Two Ages*, New York 1970.

– *Out of Control: Global Turmoil on the Eve of the 21st Century*, New York 1993; deutsch: *Macht und Moral*, Hamburg 1994.

– *The Grand Chessboard: American Primacy and its Geostrategic Imperatives*, New York 1997; deutsch: *Die einzige Weltmacht*, Weinheim 1997.

Bull, Hedley, *The Anarchical Society: A Study of Order in World Politics*, New York 1977.

Bull, Hedley und Watson, Adam (Hrsg.), *The Expansion of International Society*, Oxford 1984.

Burke, Peter, *Die Renaissance in Italien. Sozialgeschichte einer Kultur zwischen Tradition und Erfindung*, Neuausg. Darmstadt 1996.

Butterworth, Charles (Hrsg.), *The Political Aspects of Islamic Philosophy*, Cambridge/Mass. 1992.

Caplan, Lionel (Hrsg.), *Studies in Religious Fundamentalism*, London 1987.

Chartier, Roger, *Die kulturellen Ursprünge der Französischen Revolution*, Frankfurt/M. 1995.

Chase-Dunn, Christopher, *Global Formation*, Cambridge/Mass. 1989.

Chittick, William C., *The Sufi Path of Love*, Albany/N.Y. 1983.

Choueiri, Youssef M., *Islamic Fundamentalism*, Boston/Mass. 1990.

Cohen, Stephen Philip, *The Security of South Asia: American and Asian Perspectives*, Urbana–Chicago 1987.

Coulson, Noel J., *A History of Islamic Law*, Edinburgh ³1978.

Creveld, Martin van, *Technology and War*, New York 1989.

– *The Transformation of War*, New York 1991.

Crystal, Jill, *Oil and Politics in the Gulf: Rulers and Merchants in Kuwait and Qatar*, Cambridge 1990.

Daniel, Norman, *Islam and the West: The Making of an Image*, Oxford 1993, zuerst 1960.

Davidson, Herbert, *Alfarabi, Avicenna, Averroës on Intellect*, New York 1992.

Davidson, James D. und Rees-Mogg, William, *The Great Reckoning*, London ²1993.

Dekmejian, R. Hrair, *Islam in Revolution: Fundamentalism in the Arab World*, Syracuse/N.Y. 1985.

Descartes, René, *Von der Methode des richtigen Vernunftgebrauchs und der wissenschaftlichen Forschung*, hrsg. von Lüder Gäbe, Neudruck Hamburg 1969.

Djaït, Hichem, *Europe and Islam: Cultures and Modernity*, Berkeley/Cal. 1985.

– *La Grande Discorde*, Paris 1989, arabische Ausgabe: *al-Fitna al-kubra*, Beirut 1992.

Donnelly, Jack, *Universal Human Rights in Theory and Practice*, Ithaca/N.Y. 1989.

Dupuy, Trevor N., *Future Wars*, New York 1993.

Durant, Ariel und Durant, Will, *The Story of Civilization*, 11 Bde., Neudruck New York 1981–85; deutsch: *Kulturgeschichte der Menschheit*, 18 Bde., Köln 1985.

Enayat, Hamid, *Modern Islamic Political Thought*, Austin/Tex. 1982.

Erasmus Foundation, The (Hrsg.), *The Limits of Pluralism: Neo-Absolutisms and Relativism*, Amsterdam 1994.

Esman, Milton J. und Rabinovich, Itamar (Hrsg.), *Ethnicity, Pluralism, and the State in the Middle East*, Ithaca/N.Y. 1988.

Esposito, John L. (Hrsg.), *Islam and Political Development: Religion and Sociopolitical Change*, Syracuse/N.Y. 1980.

- (Hrsg.), *Voices of Resurgent Islam*, New York 1983.

- *The Islamic Threat: Myth or Reality?*, New York 1992.

- (Hrsg.), *The Oxford Encyclopedia of the Modern Islamic World*, 4 Bde., New York 1995.

- und Voll, John O., *Islam and Democracy*, New York 1996.

Ess, Josef van, *Theologie und Gesellschaft im 2. und 3. Jahrhundert Hidschra. Eine Geschichte des religiösen Denkens im frühen Islam*, 5 Bde., Berlin 1991ff.

Farabi, Abu Nasr al-, *al-Farabi on the Perfect State* (engl. u. arab. Text v. *al-Madina al-fadila*), übers. u. hrsg. von Richard Walzer, Oxford 1985.

Farrah, Tawfic E. (Hrsg.), *Pan-Arabism and Arab Nationalism*, Boulder/Col. 1987.

Fromkin, David, *A Peace to End All Peace: The Fall of the Ottoman Empire and the Creation of the Modern Middle East*, New York 1989.

Fuller, Graham, *The Center of the Universe: The Geopolitics of Iran*, Boulder/Col. 1991.

Geertz, Clifford, *Islam Observed*, Chicago ²1971; deutsch: *Religiöse Entwicklungen im Islam. Beobachtet in Marokko und Indonesien*, Frankfurt/M. ²1991.

- *The Interpretation of Cultures*, New York 1973; deutsch: *Dichte Beschreibung. Beiträge zum Verstehen kultureller Systeme*, Frankfurt/M. 1983.

Gellner, Ernest, *Postmodernism, Reason and Religion*, London 1992.

Gerholm, Tomas und Lithman, Georg (Hrsg.), *The New Islamic Presence in Western Europe*, London 1988.

Gibb, Sir Hamilton, *Studies on the Civilization of Islam*, Princeton/N.J. 1982.

Giddens, Anthony, *The Nation-State and Violence*, Berkeley/Cal. 1987.

- *The Consequences of Modernity*, Stanford/Cal. 1990; deutsch: *Konsequenzen der Moderne*, Frankfurt/M. ²1995.

Göcek, Fatma Müge, *East Encounters West: France and the Ottoman Empire in the Eighteenth Century*, New York 1987.

Goldberg, Ellis u. a. (Hrsg.), *Rules and Rights in the Middle East: Democracy, Law, and Society*, Seattle–London 1993.

Gould, Carol C., *Rethinking Democracy*, Cambridge 1988.

Graubard, Stephen R., *Mr. Bush's War: Adventures in the Politics of Illusion*, New York 1992.

Graz, Liesl, *The Turbulent Gulf*, London 1990.

Grazia, Sebastian de, *Machiavelli in Hell*, Princeton/N.J. 1985.

Habermas, Jürgen, *Der philosophische Diskurs der Moderne*, Frankfurt/M. 1985.

Halliday, Fred, *Islam and the Myth of Confrontation*, London 1996.

Hart, H. L. A., *The Concept of Law*, Oxford ²1970.

Hinsley, Francis H., *Nationalism and the International System*, London 1973.

– *Sovereignty*, Cambridge ²1986.

Hiro, Dilip, *Holy Wars: The Rise of Islamic Fundamentalism*, London 1989.

Hobsbawm, Eric und Ranger, Terence (Hrsg.), *The Invention of Tradition*, Cambridge 1983, Neuausg. 1988.

Hodgson, Marshall G. S., *The Venture of Islam: Conscience and History in a World Civilization*, 3 Bde., Chicago 1974.

Hoffmann, Stanley, *World Disorders: Troubled Peace in the Post Cold War Era*, Boulder/Col.–New York 1998.

Holsti, Kalevi J., *The State, War and the State of War*, Cambridge 1996.

Holton, Gerald, *Science and Anti-Science*, Cambridge/Mass. 1993.

Horowitz, Donald L., *Ethnic Groups in Conflict*, Berkeley/Cal. 1985.

Horsman, Mathew und Marshall, Andrew, *After the Nation-State: Citizens, Tribalism and the New World Disorder*, London 1994.

Hottinger, Arnold, *Islamischer Fundamentalismus*, Paderborn 1993.

Hourani, Albert, *Arabic Thought in the Liberal Age*, Oxford 1992.

Hudson, Michael, *Arab Politics: The Search for Legitimacy*, New Haven/Conn. 1977.

Humphreys, R. Stephen, *Islamic History*, überarbeitete Ausg. Princeton/N.J. 1991.

Hunter, Shireen T. (Hrsg.), *The Politics of Islamic Revivalism*, Bloomington/Ind. 1988.

Huntington, Samuel P., *Political Order in Changing Societies*, New Haven/Conn. 1968.

– *The Third Wave: Democratization in the Late Twentieth Century*, Norman/Okla. 1991.

– *The Clash of Civilizations*, New York 1996; deutsch: *Kampf der Kulturen*, Wien–München 1996.

Ibn Khaldun, *al-Muqaddimah*, engl. von Franz Rosenthal, *The Muqaddimah of Ibn Khaldun: An Introduction to History*, 3 Bde., London 1967; deutsch (gekürzt) v. Matthias Pätzold: *al-Muqaddimah. Buch der Beispiele*, Leipzig 1992.

Ibrahim, Saad Eddin, *The New Arab Social Order: A Study of the Social Impact of Oil Wealth*, Boulder/Col. 1982.

International Institute of Islamic Thought (Hrsg.), *Toward Islamization of Disciplines*, Herndon/Va. 1989.

Ismael, Jacqueline S., *Kuwait: Social Change and Historical Perspective*, Syracuse/N.Y. 1982.

– und Ismael, Tareq Y., *Government and Politics in Islam*, London 1985.

Ismael, Tareq Y. (Hrsg.), *Middle East Studies: International Perspectives on the State of the Art*, New York 1990.

Jaber, Hala, *Hezbollah*, New York 1997.

Jackson, Robert H., *Quasi-States: Sovereignty, International Relations and the Third World*, Cambridge [2]1990.

James, Alan, *Sovereign Statehood: The Basis of International Society*, London 1986.

Jansen, Johannes G., *The Neglected Duty: The Creed of Sadat's Assassins and Islamic Resurgence in the Middle East*, New York–London 1986.

Juergensmeyer, Mark, *The New Cold War? Religious Nationalism Confronts the Secular State*, Berkeley/Cal. 1993.

Kaldor, Mary, *The Imaginary War: Understanding the East-West Conflict*, Oxford 1990; deutsch: *Der imaginäre Krieg. Eine Geschichte des Ost-West-Konflikts,* Hamburg 1990.

Kassab, Mohammed Yacine, *Après l'Irak à qui le tour? L'Islam face au nouvel ordre mondial*, Algier 1991.

Kayali, Hasan, *Arabs and Young Turks. Ottomanism, Arabism, and Islamism*, Berkeley/Cal. 1997.

Keddie, Nikki R. (Hrsg.), *An Islamic Response to Imperialism: Political and Religious Writings of* Sayyid Djamal ad-Din »al-Afghani«, Berkeley/Cal. [2]1983.

Kelsay, John, *Islam and War: The Gulf War and Beyond*, Louisville/Ky. 1993.

Kepel, Gilles, *Le prophete et Pharaon. Les mouvements islamistes dans l'Egypte contemporaine*, mit einer Vorrede von Bernard Lewis, Paris 1984.

- *La revanche de Dieu: Chrétiens, Juifs et Musulmans à la reconqueste du monde*, Paris 1991; deutsch: *Die Rache Gottes. Radikale Moslems, Christen und Juden auf dem Vormarsch*, München 1991.
- *A l'Ouest d'Allah*, Paris 1994; deutsch: *Allah im Westen. Die Demokratie und die islamische Herausforderung*, München 1996.

Kerr, Malcolm, *Islamic Reform: The Political and Legal Theories of Muhammad 'Abduh and Rashid Rida*, Berkeley/Cal. 1966.
- *The Arab Cold War*, New York 1974.

Kettani, M. Ali, *Muslim Minorities in the World Today*, London 1986.

Khalil, Samir al-, *Republic of Fear: The Politics of Modern Iraq*, Berkeley/Cal. 1989.

Khoury, Philip, *Syria and the French Mandate: The Politics of Arab Nationalism, 1920–1945*, Princeton/N.J. 1987.

Kienle, Eberhard, *Ba'th versus Ba'th: The Conflict Between Syria and Irak*, London 1990.

Kohlhammer, Siegfried, *Die Feinde und die Freunde des Islam*, Göttingen 1996.

Köhler, Bärbel (Hrsg.), *Religion und Wahrheit*, Wiesbaden 1998.

Krasner, Stephen D., *Structural Conflict: The Third World against Global Liberalism*, Berkeley/Cal. 1985.
- (Hrsg.), *International Regimes*, Ithaca/N.Y.–London 1988.

Kügelgen, Anke von, *Averroës und die arabische Moderne. Ansätze zu einer Neugründung des Rationalismus im Islam*, Leiden 1994.

Kurdi, Abdulrahman A., *The Islamic State: A Study Based on the Islamic Holy Constitution*, London 1984.

Lackner, Helen, *A House Built on Sand*, London 1978.

Laroui, Abdallah, *The Crisis of the Arab Intellectuals: Traditionalism or Historicism?*, Berkeley/Cal. 1986.

Lawrence, Bruce, *Defenders of God: The Fundamentalist Revolt Against the Modern Age*, San Francisco 1989.
- *Shattering the Myth: Islam beyond Violence*, Princeton 1998.

Lewis, Bernard, *The Emergence of Modern Turkey*, Oxford [2]1979.
- *The Muslim Discovery of Europe*, New York 1982; deutsch: *Die Welt der Ungläubigen. Wie der Islam Europa entdeckte*, Frankfurt/M. 1983.
- *The Political Language of Islam*, Chicago 1988; deutsch: *Die politische Sprache des Islam*, Berlin 1991.

Lindholm, Tore und Vogt, Kari (Hrsg.), *Islamic Law Reform and Human Rights: Challenges and Rejoinders*, Kopenhagen–Oslo 1993.

Lipson, Leslie, *The Ethical Crises of Civilization: Moral Meltdown or Advance?*, Newbury–London 1993.

Lohbeck, Kurt, *Holy War, Unholy Victory: Eyewitness to the CIA's Secret War in Afghanistan*, Washington, D.C., 1993.

Makdisi, George, *The Rise of Colleges: Institutions of Learning in Islam and the West*, Edinburgh 1981.

Makiya, Kanan, *Cruelty and Silence: War, Tyranny, Uprising, and the Arab World*, New York 1993.

Malcolm, Noel, *Bosnia*, London 1994.

Maley, William (Hrsg.), *Fundamentalism Reborn? Afghanistan and the Talibans*, New York 1998.

Marty, Martin und Appleby, Scott (Hrsg.), *The Fundamentalism Project* (American Academy of Arts and Sciences), 5 Bde., Chicago 1991–95. Die einzelnen Bände sind:

Bd. 1: *Fundamentalisms Observed*, Chicago 1991.

Bd. 2: *Fundamentalisms and Society*, Chicago 1993.

Bd. 3: *Fundamentalisms and the State*, Chicago 1993.

Bd. 4: *Accounting for Fundamentalisms*, Chicago 1994.

Bd. 5: *Fundamentalisms Comprehended*, Chicago 1995.

Massalha, Omar, *Towards the Long Promised Peace*, London 1994.

Mayer, Ann Elizabeth, *Islam and Human Rights: Tradition and Politics*, Boulder/Col. [2]1995.

McNeill, William, *The Rise of the West*, Chicago 1963.

Mehden, Fred von der, *Two Worlds of Islam: Interaction between Southeast Asia and the Middle East*, Miami–Jacksonville 1993.

Mehmet, Ozay, *Islamic Identity and Development: Studies of the Islamic Periphery*, London 1990.

Meier, Christian, *Die Entstehung des Politischen bei den Griechen*, Frankfurt/M. 1989.

Meier, Viktor, *Wie Jugoslawien verspielt wurde*, München 1995.

Mendelsohn, Everett, *A Compassionate Peace*, New York 1989.

Merad, Ali, *Le Réformisme Musulman en Algérie*, Paris 1967.

Migdal, Joel S., *Strong Societies and Weak States: State-Society Relations and State Capabilities in the Third World*, Princeton/N.J. 1988.

Miller, Lynn H., *Global Order: Values and Power in International Politics*, Boulder/Col. [2]1990.

Mitchell, Richard P., *The Society of the Muslim Brothers*, Oxford–London 1969.

Momen, Moojan, *An Introduction to Shi'i Islam*, New Haven/Conn. 1985.

423

Mortimer, Edward, *Faith and Power: The Politics of Islam*, London 1982.

Mousalli, Ahmed S., *Radical Islamic Fundamentalism: The Ideological Discourse of S. Qutb*, Beirut 1992.

Münkler, Herfried (Hrsg.), *Die Chancen der Freiheit. Grundprobleme der Demokratie*, München 1992.

Muslih, Muhammad Y., *The Origins of Palestinean Nationalism*, New York 1988.

Nahaylo, Bohadan und Swoboda, Victor, *Soviet Disunion: A History of the Nationalities Problem in the USSR*, New York 1990.

Nisbet, Robert, *The Idea of Progress,* New York 1980.

Northrop, F. S. C., *The Taming of the Nations: A Study of the Cultural Bases of International Policy*, Neuausg., Woodbridge/Conn. 1980.

Nye, Joseph, *Bound to Lead: The Changing Nature of American Power,* New York 1990.

O'Ballance, Edgar, *Islamic Fundamentalist Terrorism 1979–1997*, New York 1997.

Oxford Encyclopedia of the Modern Islamic World, The, 4 Bde., hrsg. von John L. Esposito, New York 1995.

Parker, Geoffrey, *Die militärische Revolution. Die Kriegskunst und der Aufstieg des Westens, 1500–1800*, Frankfurt/M. 1990.

Payne, Richard J., *The Clash with Distant Cultures: Values, Interest and Force in American Foreign Policy*, New York 1995.

Pipes, Daniel, *In the Path of God: Islam and Political Power*, New York 1983.

Piscatori, James (Hrsg.), *Islam in the Political Process*, Cambridge 1983.

– *Islam in a World of Nation-States*, Cambridge 1987.

– (Hrsg.), *Islamic Fundamentalisms and the Gulf Crisis*, Chicago 1992.

Ralston, David B., *Importing the European Army: The Introduction of European Military Techniques and Institutions into the Extra-European World, 1600–1914*, Chicago 1990.

Ramazani, R. K., *Revolutionary Iran: Challenge and Response in the Middle East*, Baltimore/Md. 1986.

Ranstorp, Magnus, *Hizb'Allah in Lebanon*, New York 1997.

Reinhard, Wolfgang, *Geschichte der europäischen Expansion*, 4 Bde., Stuttgart 1983–1990.

Reissmüller, Johann Georg, *Die bosnische Tragödie*, Stuttgart 1993.

Revel, Jean François, *Democracy against Itself,* New York 1993.

Rex, John, und Mason, David (Hrsg.), *Theories of Race and Ethnic Relations,* Cambridge 1988.

Ricklefs, M. C., *A History of Modern Indonesia since ca. 1300*, Stanford/Cal. ²1993.

Riesebrodt, Martin, *Fundamentalismus als patriarchalische Protestbewegung*, Tübingen 1990.

Riley-Smith, Jonathan, *The Crusades*, New Haven/Conn. 1987.

Rodinson, Maxime, *La fascination de l'Islam*, Paris 1980; deutsch: *Die Faszination des Islam*, München ²1991.

Rouadjia, Ahmad, *Les frères et la mosquée. Enquête sur le mouvement Islamiste en Algérie*, Algier 1991.

Roy, Olivier, *Islam and Resistance in Afghanistan*, Cambridge 1986.

- *L'échec de l'Islam politique*, Paris 1992; engl.: *The Failure of Political Islam*, Cambridge/Mass. 1994.

Rubin, Barnett R., *The Fragmentation of Afghanistan*, New Haven/Conn. 1995.

Said, Edward, *Orientalism*, New York 1978; deutsch: *Orientalismus*, Frankfurt/M.–Berlin–Wien 1981.

Sardar, Ziauddin, *Islamic Futures: The Shape of Ideas to Come*, London 1985.

Schacht, Joseph, *An Introduction to Islamic Law*, Oxford 1964, Neudruck 1979.

Schwarz, Adam, *A Nation in Waiting: Indonesia in the 1990s*, Boulder/Col. 1994.

Seale, Patrick, *Asad: The Struggle for the Middle East*, Berkeley/Cal. 1989.

Seligman, Adam, *The Idea of Civil Society*, New York 1992.

Sharabi, Hisham, *Neopatriarchy: A Theory of Distorted Change in Arab Society*, New York 1988.

Sharma, Arvind (Hrsg.), *Our Religions*, San Francisco 1993; deutsch: *Innenansichten der großen Religionen, Buddhismus, Christentum, Daoismus, Hinduismus, Islam, Judentum, Konfuzianismus*, Frankfurt/M. 1997.

Sivan, Emmanuel, *Interpretations of Islam: Past and Present*, Princeton/N.J. 1985.

- *Radical Islam: Medieval Theology and Modern Politics*, New Haven/Conn. 1985.

Skocpol, Theda, *States and Social Revolutions*, Cambridge 1987.

- (Hrsg.), *Vision and Method in Historical Sociology*, Cambridge 1984.

Smith, Anthony D., *The Ethnic Origins of Nations*, Oxford 1986.

Smith, Wilfred C., *The Meaning and End of Religion*, Neudruck New York 1978.

Spellberg, D. A., *Politics, Gender and the Islamic Past: The Legacy of A'isha bint Abi Bakr*, Berkeley/Cal. 1994.

Taha, Mahmoud M., *The Second Message of Islam*, übers., hrsg. u. mit Einltg. von Abdullahi A. An-Na'im, Syracuse/N.Y. 1987.

Tahtawi, Rifa'a Rafi' al-, *Ein Muslim entdeckt Europa. Die Reise eines Ägypters im 19. Jahrhundert nach Paris*, übers., komm. u. hrsg. v. Karl Stowasser, München 1988.

Tibi, Bassam, *Vom Gottesreich zum Nationalstaat*, Frankfurt/M. [2]1991.

– *Konfliktregion Naher Osten*, 2. erweit. Aufl. München 1991.

– *Der Islam und das Problem der kulturellen Bewältigung sozialen Wandels*, Frankfurt/M. [3]1991; engl.: *Islam and the Cultural Accommodation of Social Change*, Boulder/Col. 1990.

– *Die Krise des modernen Islams*, erweit. Neuausg. Frankfurt/M. 1991; engl.: *The Crisis of Modern Islam*, Salt Lake City/Uth. 1988.

– *Islamischer Fundamentalismus, moderne Wissenschaft und Technologie*, Frankfurt/M. 1992, [2]1993.

– *Die fundamentalistische Herausforderung*, München [2]1993.

– *Die Verschwörung. Das Trauma arabischer Politik*, Hamburg 1993, [2]1994, aktualisierte TB-Neuausg. München 1994.

– *Im Schatten Allahs. Der Islam und die Menschenrechte*, München 1994, erweit. TB-Neuausg. Serie Piper 1996.

– *Der religiöse Fundamentalismus im Übergang zum 21. Jahrhundert*, Mannheim 1995.

– *Das arabische Staatensystem*, Mannheim 1996.

– *Pulverfaß Nahost. Eine arabische Perspektive*, Stuttgart 1997.

– *Arab Nationalism: Between Islam and the Nation-State*, Neuausg. London–New York 1996, 3. veränderte Aufl. New York 1997.

– *Der wahre Imam. Der Islam von Mohammed bis zur Gegenwart*, München [2]1997; erweit. TB-Neuausg. Serie Piper 1998.

– *Aufbruch am Bosporus. Die Türkei zwischen Europa und dem Islamismus*, München 1998.

– *Conflict and War in the Middle East. From Interstate War to New Security*, veränderte u. erweit. Neuausg. New York 1998.

– *Europa ohne Identität? Die Krise der multikulturellen Gesellschaft*, München 1998.

– *Krieg der Zivilisationen. Politik und Religion zwischen Vernunft und Fundamentalismus*, erw. u. rev. TB-Neuausg. München 1998.

– *The Challenge of Fundamentalism. Political Islam and the New World Disorder*, Berkeley/Cal. 1998.

Tilly, Charles, (Hrsg.), *The Formation of National States in Western Europe*, Princeton/N.J. 1975.

– *Big Structures, Large Processes, Huge Comparisons*, New York 1984.

Vaux, Kenneth L., *Ethics and the Gulf War: Religion, Rhetoric, and Righteousness*, Boulder/Col. 1992.

Vincent, R. J., *Human Rights and International Relations*, Cambridge 1986.

Waterbury, John, *The Commander of the Faithful: The Moroccan Political Elite*, New York 1970.

– *The Egypt of Nasser and Sadat*, Princeton/N.J. 1983.

Watson, Adam, *The Evolution of International Society: A Comparative Historical Analysis*, London 1992.

Watt, W. Montgomery, *Islamic Philosophy and Theology*, Edinburgh 1962.

– *Islamic Political Thought*, Edinburgh 1968.

– *Muhammad at Medina*, Oxford [6]1977.

– *Islamic Fundamentalism and Modernity*, London 1988.

– *Muslim-Christian Encounters*, London 1991.

Wells Jr., Samuel und Bruzonsky, Mark (Hrsg.), *Security in the Middle East: Regional Change and Great Power Strategies*, Boulder/Col. 1987.

Willis, Michael, *The Islamic Challenge in Algeria: A Political History*, New York 1997.

Wuthnow, Robert, *Meaning and Moral Order: Explorations in Cultural Analysis*, Berkeley/Cal. 1987.

Zilsel, Edgar, *Die sozialen Ursprünge der neuzeitlichen Wissenschaft*, Frankfurt/M. 1976.

ARTIKEL UND BEITRÄGE IN SAMMELBÄNDEN

Ajami, Fouad, »The End of Pan-Arabism«, Neudruck in: Tawfic E. Farah (Hrsg.), *Pan-Arabism and Arab Nationalism: The Continuing Debate*, Boulder/Col. 1987, S. 96–114.

Baram, Amatzia, »From Radicalism to Radical Pragmatism«, in: James Piscatori (Hrsg.), *Islamic Fundamentalisms and the Gulf Crisis*, Chicago 1991, S. 28–51.

Barber, Benjamin R., »Jihad vs. MacWorld«, *The Atlantic Monthly*, 3 (März 1992), S. 53–65.

Batatu, Hanna, »Some Observations on the Social Role of Syria's Ruling Military Group and the Causes for its Dominance«, *Middle East Journal*, Bd. 45 (1981), H. 3, S. 331–334.

Ben-Dor, Gabriel, »Ethnopolitics and the Middle Eastern State«, in: Milton J. Esman und Itamar Rabinovich (Hrsg.), *Ethnicity, Pluralism, and the State in the Middle East*, Ithaca/N.Y. 1988, S. 71–94.

Bull, Hedley, »The Revolt against the West«, in: Hedley Bull und Adam Watson (Hrsg.), *The Expansion of International Society*, Oxford 1984, S. 217–228.

Falk, Richard, »Religion and Politics: Verging on the Postmodern«, *Alternatives*, Bd. 13 (1988), H. 3, S. 379–384.

Fluehr-Lobban, Carolyn, »Protracted Civil War in the Sudan: Its Future as a Multi-Religious, Multi-Ethnic State«, *The Fletcher Forum of World Affairs*, Bd. 16 (1992), H. 2, S. 67–79.

Halliday, Fred, »The Politics of Islamic Fundamentalism«, in: Akbar S. Ahmed und Hastings Donnan (Hrsg.), *Islam, Globalization and Postmodernity*, London 1994, S. 91–113.

Hudson, Michael, »Islam and Political Development«, in: John L. Esposito (Hrsg.), *Islam and Political Development*, Syracuse 1980, S. 1–24.

Huntington, Samuel P., »The Clash of Civilizations?«, *Foreign Affairs*, Bd. 72 (1993), H. 3, S. 22–49.

– »If Not Civilizations, What? Paradigms of the Post-Cold War World«, *Foreign Affairs*, Bd. 72, (1993), H. 5, S. 2–10.

Kaplan, Robert D., »The Coming Anarchy«, *The Atlantic Monthly*, Bd. 273 (Februar 1994), H. 2, S. 44–76.

Karpat, Kemal, »The Ottoman Ethnic and Confessional Legacy in the Middle East«, in: Milton J. Esman und Itamar Rabinovich (Hrsg.), *Ethnicity, Pluralism, and the State in the Middle East*, Ithaca/N.Y. 1988, S. 35–53.

Mayer, Ann E., »The Shari'a«, in: Nicholas Heer (Hrsg.), *Islamic Law and Jurisprudence*, Seattle–London 1990, S. 177–98.

Mehden, Fred von der, »Indonesia«, in: John L. Esposito (Hrsg.), *The Oxford Encyclopedia of the Modern Islamic World*, New York 1995, 4 Bde., hier Bd. 2, S. 196–203.

Murphree, Marshall W., »Ethnicity and Third World Development«, in: John Rex und David Mason (Hrsg.), *Theories of Race and Ethnic Relations*, Cambridge 1988, S. 153–169.

Nikolaou, Theodor, »Die Orthodoxie auf dem Balkan«, *Litterae*, Bd. 4, (1994), H. 1, S. 27–35.

Oommen, T. K., »Religious Nationalism and Democratic Polity: The Indian Case«, *Sociology of Religion*, Bd. 55 (1994), H. 4, S. 455–472.

Rapoport, David, »Sacred Terror: A Contemporary Example from Islam«, in: Walter Reich (Hrsg.), *Origins of Terrorism*, New York 1990, S. 103–130.

Tibi, Bassam, »Islam and Secularization: Religion and the Functional Differentiation of the Social System«, *Archives for Philosophy of Law and Social Philosophy*, Bd. 66 (1980), H. 2, S. 207–222.

– »Schwache Institutionalisierung als politische Dimension der Unterentwicklung«, *Verfassung und Recht in Übersee,* Bd. 13, 1 (1980), S. 3–26.

– »Islam and Secularization«, in: Mourad Wahba (Hrsg.), *Proceedings of the First International Islamic Philosophy Conference: Islam and Civilization (November 19–22, 1979)*, Kairo 1982, S. 65–79.

– »The Renewed Role of Islam in the Political and Social Development of the Middle East«, *The Middle East Journal*, Bd. 37, (1983), H. 1, S. 3–13.

– »A Typology of Arab Political Systems«, in: Samih Farsoun (Hrsg.), *Arab Society: Continuity and Change*, London 1985, S. 48–64.

– »The Iranian Revolution and the Arabs: The Quest for Islamic Identity and the Search for an Islamic System of Government«, *Arab Studies Quarterly*, Bd. 8 (1986), H. 1, S. 29–44.

– »Islam and Modern European Ideologies«, *International Journal of Middle Eastern Studies*, Bd. 18 (1986), H. 1, S. 15–29.

– »Islam and Arab Nationalism«, in: Barbara Freyer Stowasser (Hrsg.), *The Islamic Impulse*, Washington, D.C., 1987, S. 59–74.

– »Politische Ideen in der Dritten Welt während der Dekolonisation«, in: Iring Fetscher und Herfried Münkler (Hrsg.), *Pipers Handbuch der Politischen Ideen*, 5 Bde., hier Bd. 5, München 1987, S. 361–402.

– »The Interplay between Social and Cultural Change: The Case of Germany and the Arab Middle East«, in: George Atiyeh und Ibrahim Oweiss (Hrsg.), *Arab Civilization: Challenges and Responses*, New York 1988, S. 166–182.

– »The European Tradition of Human Rights and the Culture of Islam«, in: Francis Deng und Abdullahi A. An-Na'im (Hrsg.), *Human Rights in Africa: Cross-Cultural Perspectives*, Washington, D.C., 1990, S. 104–132.

– »The Simultaneity of the Unsimultaneous: Old Tribes and Imposed Nation-States in the Modern Middle East«, in: Philip Khoury und Joseph Kostiner (Hrsg.), *Tribes and State Formation in the Middle East*, Berkeley/Cal. 1990, S. 127–152, gekürzt abgedruckt in: Anthony D. Smith (Hrsg.), *Ethnicity*, Cambridge 1996.

- »The Modern Middle East in German Political Science«, in: Tareq Y. Ismael (Hrsg.), *Middle East Studies: International Perspectives on the State of the Art*, New York 1990, S. 131–148.
- »Zwischen islamischem Erbe und kultureller Erneuerung. Die Chancen der Demokratisierung im Nahen Osten nach dem Golfkrieg«, in: Herfried Münkler (Hrsg.), *Die Chancen der Freiheit. Grundprobleme der Demokratie. Festschrift für Iring Fetscher*, München 1992, S. 199–223.
- »Politisches Denken im klassischen und mittelalterlichen Islam zwischen Fiqh und Falsafa«, in: Iring Fetscher und Herfried Münkler (Hrsg.), *Pipers Handbuch der politischen Ideen*, 5 Bde., hier Bd. 2, München 1993, S. 87–140.
- »The Worldview of Sunni Arab Fundamentalists: Attitudes toward Modern Science and Technology«, in: Martin Marty und Scott Appleby (Hrsg.), *Fundamentalisms and Society*, Chicago 1993, S. 73–102.
- »Die islamische Dimension des Balkan-Krieges«, *Europa-Archiv*, Bd. 48, 22 (1993), S. 635–644.
- »Democracy and Democratization in Islam: The Quest for Islamic Enlightenment«, *Universitas: Journal for Science and Humanities*, Bd. 36 (1994), H. 4 (englische Ausgabe), S. 244–254.
- »Die Zerstörung des Religionsfriedens auf dem Balkan: Serbischer Ethno-Fundamentalismus«, *Universitas*, Bd. 49 (März 1994), H. 3 (deutsche Ausgabe), S. 205–215.
- »Universality of Human Rights and Authenticity of Non-Western Cultures«, *Harvard Human Rights Journal*, Bd. 5 (1994), S. 221–226.
- »Islamic Law/Shari'a, Human Rights, Universal Morality and International Relations«, *Human Rights Quarterly*, Bd. 16 (1994), H. 2, S. 277–299.
- »Authority and Legitimation«, in: John L. Esposito (Hrsg.), *The Oxford Encyclopedia of the Modern Islamic World*, 4 Bde., hier Bd. 1, New York 1995, S. 155–160.
- »Culture and Knowledge: The Islamization of Knowledge as a Postmodern Project?«, *Theory, Culture and Society*, Bd. 12 (1995), H. 1, S. 1–24.
- »Démocratie et Démocratisation en Islam: La quète d'un Islam éclaie et les contre-forces de l'autoritarisme et du fundamentalisme religieux«, *Revue Internationale de Politique Comparée*, Bd. 2 (September 1995), H. 2, S. 285–299.
- »Fundamentalism«, in: Seymour M. Lipset (Hrsg.), *The Encyclope-*

dia of Democracy, 4 Bde., hier Bd. 2, Washington, D.C., 1995, S. 507–510.

- »Fundamentalismus und Totalitarismus«, in: Richard Saage (Hrsg.), *Das Scheitern diktatorischer Legitimationsmuster und die Zukunftsfähigkeit der Demokratie,* Berlin 1995, S. 305–318.
- »Islamic Dream of Semi-Modernity«, *India International Quarterly,* Bd. 22 (1995), H. 1, S. 79–87.
- »Strukturelle Globalisierung und kulturelle Fragmentierung. Dialog der Zivilisationen«, *Internationale Politik,* Bd. 51 (Januar 1996), H. 1, S. 29–36.
- »War and Peace in Islam«, in: Terry Nardin (Hrsg.), *The Ethics of War and Peace: Religious and Secular Perspectives,* Princeton/N.J. 1996, S. 128–145.
- »Saddam Hussein und kein Ende«, *MUT,* Nr. 348 (August 1996), S. 38–53.
- »Jihad«, in: Roger S. Powers und William Vogele (Hrsg.), *Protest, Power, and Change. An Encyclopedia of Nonviolent Action from ACT-UP to Women's Suffrage,* New York–London 1997, S. 277–281.
- »Democracy and Democratization in Islam«, in: Michèle Schmiegelow (Hrsg.), *Democracy in Asia,* New York 1997, S. 127–146.
- »Die Terror-Connection. Khomeinis Revolution als Export-Artikel«, *Der Stern,* Beiheft zu Heft 20 vom 7. Mai 1998.
- »The Fundamentalist Challenge to the Secular Order in the Middle East«, *The Fletcher Forum of World Affairs,* Band 23 (1999), Heft 1, S. 191–210.

Wahba, Mourad (Hrsg.), »The Paradoxon of Averroës«, in: *Proceedings of the First International Islamic Philosophy Conference: Islam and Civilization, November 19–22, 1979,* (Kairo 1982), S. 81–84.

Waterbury, John, »An Attempt to Put Patrons and Clients in Their Context«, in: John Waterbury und Ernest Gellner (Hrsg.), *Patrons and Clients,* London 1977, S. 329–332.

Weber, Max, »Die drei reinen Typen der legitimen Herrschaft«, in: Ders., *Soziologie, Weltgeschichtliche Analysen, Politik,* Stuttgart 1964, S. 151–166.

Weinrich, Peter, »The Operationalization of Identity Theory in Racial and Ethnic Relations«, in: John Rex und David Mason (Hrsg.), *Theories of Race and Ethnic Relations,* Cambridge 1988, S. 229–320.

'Abd al-Malik, Anwar, *al-Fikr al-'Arabi fi ma'rakat al-nahda* (Das arabische Denken im Kampf einer Renaissance), Beirut ²1978.

'Abdel-Salam, Faruq, *al-Ahzab al-siyasiyya wa al-fasl bain al-din wa al-siyasa* (Politische Parteien und die Trennung zwischen Religion und Politik), Kairo 1979.

'Abd al-Raziq, Ali, *al-Islam wa usul al-hukm* (Der Islam und die Grundlagen der Herrschaft), Kairo 1925, Nachdruck Beirut 1966.

Abduh, Muhammad, *al-Islam wa al-nasraniyya bain al-'ilm wa al-madaniyya* (Der Islam und das Christentum zwischen der Wissenschaft und der Zivilisation), Neudruck, Kairo 1983.

'Abdulmaula, Mahmud, *Anzimat al-mudjtama' wa al-daula fi al-Islam* (Die Organisation von Gesellschaft und Staat im Islam), Tunis 1973.

Abu-Zaid, Nasr Hamid, *Naqd al-khitab al-dini* (Kritik der religiösen Denkweise), Neuausgabe mit Anhang über die Abu-Zaid-Affaire, Kairo 1995.

Abu-Zaid-Fahmi, Mustafa, *Fan al-hukm fi al-Islam* (Herrschaftskunst im Islam), Kairo 1981.

Afghani, Djamaluldin al-, *al-A'mal al-kamila* (Gesammelte Schriften), herausgegeben von Muhammad 'Imara, Kairo 1968.

Ali, Haidar Ibrahim, *Azmat al-Islam al-siyasi: al-Djahba al-Islamiyya al-qaumiyya fi al-Sudan namuzajan* (Krise des politischen Islam: Der Fall der Nationalen Islamischen Front im Sudan), Casablanca 1991.

Amin, Hussain Ahmad, *Dalil al-Muslim al-hazin/Haul al-da'wa ila tatbiq al-schari'a al-Islamiyya* (Führer des traurigen Muslims/Gedanken über den Ruf nach der Anwendung der islamischen *Schari'a*), 3. Aufl. des »*Dalil…*« und 2. Aufl. des »*Haul…*« in einem Band, Kairo 1987.

Aqqad, 'Abbas Mahmud al-, *al-Demoqratiyya fi al-Islam* (Demokratie im Islam), Kairo 1952.

Arslan, Schakib, *Limatha ta'akhara al-Muslimun wa limatha taqadama ghairuhum* (Warum sind die Muslime rückständig, während andere sich entwickelt haben?), Beirut ²1965.

Aschmawi, Muhammad Said al-, *Usul al-schari'a* (Die Ursprünge der *Schari'a*), Kairo 1983.

– *al-Islam al-siyasi* (Der politische Islam), Kairo ²1989.

– *al-Khilafa al-Islamiyya* (Das islamische Kalifat), Kairo 1990.

– *al-Schari'a al-Islamiyya wa al-kanun al-Misri* (Die islamische *Schari'a* und das ägyptische Gesetz), Kairo 1996.

'Awwa, Muhammad Salim al-, *Fi al-nizam al-siyasi li al-daula al-Islamiyya* (Über das politische System des islamischen Staates), Kairo ⁶1983.

'Ayaschi, Ahmidah, *al-Islamiyyun al-djaza'iriyyun bain al-sulta wa al-rasas* (Die algerischen Islamisten zwischen Herrschaft und Gewehrkugeln), Algier 1991.

'Azm, Sadiq Djalal al-, *al-Naqd al-dhati ba'd al-hazima* (Selbstkritik nach der Niederlage), Beirut 1968, ⁴1970.

– *Naqd al-fikr al-dini* (Kritik des religiösen Denkens), Beirut 1969.

– *al-Istishraq wa al-istishraq ma'kusan* (Orientalismus und umgekehrter Orientalismus), Beirut 1981.

– *Dhihniyyat al-tahrim* (Die Mentalität des Tabus), London 1992.

Badr, Badr M. al-, *Al-Djama'a al-Islamiyya* (Die Gruppe der Djama'a al-Islamiyya), Kairo 1989.

Bahi, Muhammad al-, *al-Fikr al-Islami al-hadith wa silatuhu fi al-isti'mar al-gharbi* (Das moderne islamische Denken und seine Verbindung zum Imperialismus des Westens), Kairo ⁴1964.

Banna, Hassan al-, *Majmu'at rasa'il al-imam al-shahid Hassan al-Banna* (Gesammelte Essays des Märtyrers Imam Hassan al-Banna), Alexandria 1990.

Bazzaz, 'Abdulrahman al-, *Hadhihi qaumiyatuna* (Dies ist unser Nationalismus), Kairo ²1964.

Centre for Arab Unity Studies s. Markaz Dirasat al-Wihda al-Arabiyya

Dharif, Muhammad, *al-Islam al-siyasi fi al-watan al-'Arabi* (Der politische Islam in der arabischen Welt), Rabat 1992.

Djadulhaq, Djadulhaq Ali, *Bayan li al-nas* (Deklaration an die Menschheit), 2 Bde., Kairo 1984, 1988.

Djamal, Ahmad M., *Muhadarat fi al-thaqafa al-Islamiyya* (Vorlesungen über die islamische Zivilisation), Kairo ³1975.

Djarischa, 'Ali M. und Zaibaq, Muhammad S., *Asalib al-ghazu al-fikri li al-'alam al-Islami* (Methoden der intellektuellen Invasion der islamischen Welt), Kairo ²1978.

Djunainah, Nimatullah, *Tanzim al-djihad* (Die Organisation des Djihad), Kairo 1988.

Djundi, Anwar al-, *Ahdaf al-taghrib fi al-'alam al-Islami* (Die Ziele der Verwestlichung der islamischen Welt), Kairo 1987.

Draz, 'Isam, *al-'Aidun min Afghanistan* (Die Rückkehrer aus Afghanistan), Kairo 1993.

Farghal, Yahya H. H., *Haqiqat al-'ilmaniyya* (Die Wahrheit über den Säkularismus), Kairo 1989.

Fattah, Nabil 'Abdul al-, *al-Mishaf wa al-saif* (Das heilige Buch und das Schwert), Kairo 1984.

Ghazali, Muhammad al-, *Huquq al-insan bain bain ta'alim al-Islam wa i'lan al-umam al-muttahida* (Die Menschenrechte zwischen islamischer Lehre und UN-Deklaration), dritte überarbeitete Aufl. Kairo 1984.

Hanafi, Hassan al-, *al-Usuliyya al-Islamiyya* (Islamischer Fundamentalismus), Kairo 1988.

Hilal-Dessouki, Ali Eddin und Matar, Dj., *al-Nizam al-iqlimi al-'Arabi* (Das Arabische Regionalsystem), Beirut 1983.

Ibn Taimiyya, Abu al-'Abbas Ahmed, *al-Siyasa al-schar'iyya fi islah al-ra'i wa al-ra'iyya* (Die an der *Schari'a* orientierte Politik zur Anleitung der Herrscher und seiner Untertanen), Neuausgabe Beirut 1988.

'Imara, Muhammad, *al-Islam wa huquq al-insan* (Der Islam und die Menschenrechte), Kairo 1989.

– *al-Sahwa al-Islamiyya wa al-tahaddi al-hadari* (Das islamische Erwachen und die zivilisatorische Herausforderung), Kairo 1991.

Khalid, Khalid Muhammad, *Min huna nabda'* (Hier beginnen wir), Kairo–Baghdad [10]1963.

– *al-Daula fi al-Islam* (Der Staat im Islam), Kairo [3]1989.

Khalidi, Salah A. al-, *Amerika min al-dakhil bi mindar Sayyid Qutb* (Amerika von innen aus der Perspektive von Sayyid Qutb), Djidda/Saudi-Arabien, 1987.

Khalil, 'Imaduldin, *Tahafut al-'ilmaniyya* (Die Widerlegung des Säkularismus), Beirut 1979.

– *al-'Aql al-Muslim wa al-ru'ya al-hadariyya* (Muslimischer Rationalismus und die zivilisatorische Perspektive), Kairo 1983.

Khartabuli, 'Ali Husni al-, *al-Islam wa al-khilafa* (Der Islam und das Kalifat), Beirut 1969.

Mahmud, 'Abdulhalim, *Urubba wa al-Islam* (Europa und der Islam), Kairo 1979.

Markaz Dirasat al-Wihda al-'Arabiyya/Center for Arab Unity Studies/CAUS (Hrsg.), *Azmat al-demoqratiyya fi al-watan al-'Arabi* (Die Krise der Demokratie in der arabischen Welt), Beirut 1984.

– *al-Harakat al-Islamiyya al-mu'asira fi al-watan al-'Arabi* (Zeitgenössische islamistische Bewegungen in der arabischen Welt), Beirut 1987.

Maududi, Abu al-A'la al-, *al-Islam wa al-madaniyya al-haditha* (Der Islam und die moderne Zivilisation), Neudr., Kairo o.J.

– *Bayn yadi al-schabab* (In den Händen der Jugend), saudische Ausgabe, Djidda 1987.

Mubarak, Muhammad al-, *al-Umma al-'Arabiyya fi ma'rakat tahqiq al-dhat* (Die arabische Nation im Kampf um Selbstbestimmung), Damaskus 1959.

Mughaizil, Joseph, *al-'Uruba wa al-'ilmaniyya* (Arabismus und Säkularismus), Beirut 1980.

Musa, Muhammad Yusuf, *Nizam al-hukm fi al-Islam* (Das politische System des Islam), Kairo 1962.

Mustafa, Hala, *al-Islam al-siyasi fi Misr* (Der politische Islam in Ägypten), Kairo 1992.

– *al-Daula wa al-harakat al-Islamiyya al-mu'aridah* (Der Staat und die islamistischen oppositionellen Bewegung), Kairo 1995.

Mutawalli, 'Abdulhamid, *Mabadi'nizam al-hukm fi al-Islam* (Prinzipien des Regierungssystems im Islam), Alexandria 1964.

Nadjar, Husain Fauzi al-, *al-Islam wa al-siyasa: Bahth fi usul al-nazariyya al-siyasiyya wa nizam al-hukm fi al-Islam* (Der Islam und die Politik: Eine Untersuchung über die Grundlagen der politischen Theorie und des politischen Systems im Islam), Kairo 1977.

Nadjib, Munir Muhammad, *al-Harakat al-qaumiyya al-haditha fi mizan al-Islam* (Die modernen nationalen Bewegungen im islamischen Gleichgewicht), al-Zarqa/Jordanien [2]1983.

Qaradawi, Yusuf al-, *Hatmiyyat al-hall al-Islami* (Die islamische Lösung ist vorherbestimmt), 3 Bde.:

Bd. 1: *al-Hulul al-mustaurada wa kaif djanat 'ala ummatina* (Die importierten Lösungen und welche Verbrechen sie an unserer Gemeinschaft begangen haben), Beirut 1971, Neudr. 1980.

Bd. 2: *al-Hall al-Islami farida wa darura* (Die islamische Lösung ist eine Verpflichtung und eine Notwendigkeit), Beirut 1974.

Bd. 3: *Bayinat al-hall al-Islami wa schabahat al-'ilmaniyyin wa al-mutagharibin* (Die besonderen Merkmale der islamischen Lösung und das Mißtrauen der Säkularisten und der Verwestlichten), Kairo 1988.

Qublan, Hisham, *Ma'a al-Qur'an fi al-din wa al-dunya* (Der Koran als Leitfaden in Angelegenheiten der Religion und der Welt), Beirut–Paris 1986.

Qutb, Sayyid, *al-Mustaqbal li hadha al-din* (Die Zukunft gehört dieser Religion), Kairo 1981.

– *al-Islam wa muschkilat al-hadara* (Der Islam und die Problematik der Zivilisation), 9.»legaler Druck«, Kairo 1988.

– *al-Salam al-'alami wa al-Islam* (Der Weltfrieden und der Islam), Kairo [10]1992.

– *Ma'alim fi al-tariq* (Wegzeichen), 13. »legaler Druck«, Kairo 1989.

Rayes, Muhammad Dia'uddin al-, *al-Nazariyyat al-siyasiyya al-Islamiyya* (Die politischen Theorien des Islam), Kairo 1953.

Salamé, Ghassan, *al-Mudjtama' wa al-daula fi al-maschriq al-'Arabi* (Gesellschaft und Staat im arabischen Osten), Beirut 1987.

Sayigh, Anis, *al-Haschimiyyun wa al-thaura al-'Arabiyya al-kubra* (Die Haschimiten und die große arabische Revolte), Beirut 1966.

Schadhli, Sa'duldin al-, *al-Harb al-salibiyya al-thamina* (Der achte christliche Kreuzzug), Casablanca 1991.

Schadid, Muhammad, *al-Djihad fi al-Islam* (Djihad im Islam), Kairo [7]1985.

Schaltut, Mahmud, *al-Islam 'aqidah wa schari'a* (Der Islam als Dogma und Gesetz), Kairo [10]1980.

Scharbasi, A. al-, *Schakib Arslan: Da'iyat al-'uruba wa al-Islam* (Schakib Arslan: der Aufruf zu Arabismus und Islam), Beirut [2]1987.

Scharqawi, Hasan al-, *al-Muslimun 'ulama' wa-hukama'* (Die Muslime als Gelehrte und Weise), Kairo 1987.

Tibi, Bassam, »Fi al-fikr al-'Arabi al-mu'asir« (Über das zeitgenössische arabische Denken), *Mawaqif* (hrsg. v. Adonis), Bd. 1 (1969), H. 3, S. 93–117, ein Aufsatz vorgelegt mit Änderungen in Tunis und neugedruckt in: Markaz al-dirasat wa al-abhath al-iqtisadiyya wa al-ijtima'iyya/C.E.R.E.S. (Hrsg.), *al-'Arab amam masirahum/Les Arabes face à leur destin*, Tunis 1980, S. 177–215.

– »al-Islam wa al-'almanah« (Der Islam und die Säkularisierung), *Qadaya 'Arabiyya* (Beirut), Bd. 7, (1980), H. 3, S. 12–23.

– »al-Islam wa al-taghyir al-itjtima'i fi al-scharq« (Der Islam und der soziale Wandel im Nahen Osten), *al-Waq'* (Beirut), Bd. 1 (1981), H. 2, S. 61–80.

Tu'ayma, Sabir, *al-Schari'a al-Islamiyya fi 'asr al-'ilm* (Die islamische Schari'a im Zeitalter der Wissenschaften), Beirut 1979.

PERSONENREGISTER